Thomas Perk

Sach- und Vermögensversicherungen leicht gemacht

Handbuch für Verkäufer

Thomas Perk

Sach- und Vermögens-versicherungen leicht gemacht

Handbuch für Verkäufer

4. Auflage

Bibliografische Information der Deutschen Nationalbibliothek

Die Deutsche Nationalbibliothek verzeichnet diese Publikation in der Deutschen Nationalbibliografie; detaillierte bibliografische Daten sind im Internet über http://dnb.d-nb.de abrufbar.

Beachten Sie bitte stets unseren Aktualisierungsservice auf unserer Homepage unter: **vvw.de** → **Service** → **Ergänzungen/Aktualisierungen** Dort halten wir für Sie wichtige und relevante Änderungen und Ergänzungen zum Download bereit.

Gleichstellungshinweis

Zur besseren Lesbarkeit wird auf geschlechtsspezifische Doppelnennungen verzichtet.

ISBN   978-3-96329-080-0

Vorwort zur 4. Auflage

Wenn der Kunde das „unsichtbare Gut" Versicherung kauft, wünscht er in der Regel keine tiefgründigen fachlichen Erörterungen zum Inhalt, sondern er möchte seinen persönlichen Nutzen und Vorteil auf einen Blick erkennen.

Genau hier setzt mein Buch an: Anders als die herkömmliche Ausbildungsliteratur verbindet es kompaktes Wissen zu den einzelnen Sparten mit praktischen Verkaufstipps für das Privatkundengeschäft. Anwendungsorientierte, nützliche Übersichten mit speziellen Verkaufstipps sowie viele praxiserprobte Argumente und Beispiele verstärken diese Verbindung. Zudem finden Sie zahlreiche Inhalte in Tabellenform wieder, mit denen Sie sich Ihr Wissen sehr gut aneignen und anwenden können.

Grundlage der Inhalte für das Privatkundengeschäft ist das neue Bedingungswerk Proximus 4, welches seit August 2018 auf dem Markt ist. Dieses Buch ist daher für alle Lernenden in der Versicherungsbranche ein wertvoller Begleiter auf dem Weg zur Prüfung. Behandelt werden die Sparten Haftpflicht, Kraftfahrt, Rechtsschutz, Hausrat und Wohngebäude, deren Inhalte die Prüfung im Kompositbereich ausmachen. Im Vergleich zu der 3. Auflage habe ich hier neben den neuen Bedingungen in Proximus 4 die Kfz-Versicherung mit aufgenommen, sodass Sie nun mit einer Lektüre die Grundlagen und noch vieles mehr für Ihre Prüfung im Kfz-, Haftpflicht-, Rechtsschutz- und Sachversicherungsgeschäft in der Hand halten.

Ich wage zu behaupten, dass der Spagat zwischen Prüfung und Praxis durchaus machbar ist und Sie mit diesem Werk ebenfalls eine einfache, aber wirkungsvolle Hilfe für Ihren beruflichen Alltag erhalten. Und gerade eine einfache und verständliche Sprache wird sowohl von den Kunden als auch von den Fachleuten und Verbraucherschützern immer mehr gefordert. Daher hoffe ich mit meinem Prinzip „leicht gemacht" Ihre speziellen Bedürfnisse herausgestellt und den Nerv der Zeit getroffen zu haben.

Zudem wird Sie dieses Buch mit den Grundlagen der Gewerblichen Versicherungen vertraut machen. Wie in den Privatversicherungen werden auch hier keine Bedingungstexte „auseinandergenommen". Die Ausführungen sollen Sie in die Lage versetzen, Gewerbekunden anzusprechen und mit praxisnahen Erläuterungen und Beispielen auf die Notwendigkeit der verschiedensten Absicherungen hinzuweisen.

Ich habe mich dabei nicht auf eine spezielle Sparte konzentriert, sondern gebe Ihnen eine Gesamtübersicht mit den wichtigsten Inhalten zu den grundlegendsten Absicherungen eines Unternehmens, wie der Betriebshaftpflicht-, der Inhalts- und Gebäudeversicherung sowie der Gewerblichen Rechtsschutzversicherung. Hiermit haben Sie eine Basis für das durchaus lukrative Gewerbegeschäft. Mit Unterstützung Ihrer unternehmenseigenen Hilfen erzielen Sie hoffentlich erste Erfolge bzw. werden Sie Ihre Erfolge ausbauen können.

Ich wünsche Ihnen viel Spaß beim Lesen und allen erdenklichen Erfolg beim Umsetzen der Inhalte – sowohl für die Prüfung als auch für Ihre tägliche Praxis!

Thomas Perk   Münster, im Januar 2019

Inhaltsverzeichnis

1 Vermögensversicherungen

1.1 Haftpflicht und Haftpflichtversicherung

1.1.1 Grundlagen der Haftung

„Was heißt eigentlich Haftpflicht?" Wenn ich meinen Seminarteilnehmern diese Frage stelle, kommen folgende Antworten. Sie bedeutet demnach z. B.

- Schutz vor Ansprüchen Dritter oder eine
- Absicherung dafür, wenn ich einem anderen einen Schaden zufüge.
- Wenn jemand einem anderen einen Schaden zufügt, übernimmt die Versicherung die Haftung für denjenigen.

Hier zeigt sich bereits, dass viele Teilnehmer die Frage nach Haftpflicht gleich mit der Versicherung, also ihrer beruflichen Sparte, verbinden. Dabei ist es umso wichtiger, die Frage der Haftung von der Frage des Versicherungsschutzes ganz deutlich voneinander abzugrenzen. Wie die Überschrift schon sagt, geht es um

Haftpflicht und Haftpflichtversicherung

Im Verkauf und in der Schadenregulierung – Bereiche, in denen die Bedeutung der Versicherung für den Kunden besonders sichtbar wird – sollten Sie als Verkäufer diese beiden Punkte ganz klar auseinanderhalten können. Diesen Sachverhalt einem Kunden dann auch verständlich zu machen – darin liegt die Kunst und Schwierigkeit beim Verkauf der Haftpflichtversicherung. Eine einzige Frage macht den Unterschied bereits deutlich:

Habe ich für alles, wofür ich haften muss, auch Versicherungsschutz?

Die Antwort ist ganz klar: **Nein!** Auch für vorsätzlich begangene Taten muss ich zwar haften, ich werde dafür aber niemals Versicherungsschutz seitens des Versicherers bekommen.

Was heißt Haftpflicht also?

Haftpflicht bedeutet nichts anderes als die Verpflichtung zum Schadenersatz, wenn ich jemand anderem einen Schaden zugefügt habe.

1.1.2 Haftung nach § 823 BGB – Verschuldenshaftung

Die Schadenersatzverpflichtung hat kein Versicherer festgelegt, sondern der Gesetzgeber. Die zentrale Vorschrift hierfür steht im Bürgerlichen Gesetzbuch, § 823 I BGB. Dort heißt es:

§ 823 I BGB

„Wer vorsätzlich oder fahrlässig das Leben, den Körper, die Gesundheit, die Freiheit, das Eigentum oder ein sonstiges Recht eines anderen widerrechtlich verletzt, ist dem anderen zum Ersatz des daraus entstehenden Schadens verpflichtet."

So lautet die gesetzliche Bestimmung, die letztendlich den Begriff „Haftpflicht" definiert. Wir sollten aber den § 823 BGB etwas näher betrachten, da diese Bestimmung wesentliche Voraussetzungen für die Schadenersatzverpflichtung enthält. Bildlich lässt sich das folgendermaßen darstellen:

Abb. 1: Haftungsvoraussetzungen nach § 823 I BGB

Es sind fünf wesentliche Voraussetzungen, die alle erfüllt sein müssen, damit es zu einer Haftung – also zu einer Verpflichtung zum Schadenersatz – kommt.

1.1.2.1   Verschulden

Die erste und entscheidende Voraussetzung ist sicherlich das Verschulden. Wenn ich für etwas nicht verantwortlich bin, besteht auch keine Verpflichtung zum Schadenersatz. Die Frage nach dem Verschulden findet sich auch immer in allen Schadenanzeigen der Versicherer wieder: Worin liegt das Verschulden unseres Versicherungsnehmers? Dies ist die Kernfrage, da unseren Kunden oder einer versicherten Person ein Verschulden treffen muss – ansonsten ist logischerweise auch der Versicherer nicht zu einer Zahlung an den Geschädigten verpflichtet.

Wie kann dieses Verschulden aussehen? In der Rechtsprechung gibt es hierzu vier Abstufungen, wie ich einer anderen Person einen Schaden zufügen kann:

- Direkter Vorsatz
- Bedingter Vorsatz
- Grobe Fahrlässigkeit
- Leichte Fahrlässigkeit

Anhand von zahlreichen Beispielen könnten wir jetzt versuchen zu beurteilen, welche Tat welchem Verschuldensgrad entspricht. Dies macht aber keinen Sinn, da dies in der

Praxis ohnehin nicht Aufgabe des Verkäufers ist und die meisten Schadenfälle eindeutig zuzuordnen sind. Soweit etwas strittig ist und es sich um einen größeren Schaden handelt, werden es die Gerichte entscheiden. Nun zu jeder Abstufung ein Beispiel, um zu verdeutlichen, welche Haltungen mit den juristischen Definitionen gemeint sein können:

- Direkter Vorsatz

  („Ja, ich will das und das ...", ich will z. B. die Fensterscheibe meines Nachbarn zerstören und schieße einen Ball hinein.)

- Bedingter Vorsatz

  („Ich will nicht unbedingt etwas zerstören, aber es ist mir auch egal, wenn es passiert ...", ich nehme z. B. die Fensterscheibe meines Nachbarn als Tor.)

- Grobe Fahrlässigkeit

  („Ich erkenne zwar die Gefahr schon etwas mehr, aber es wird schon nichts passieren ...", ich spiele mir z. B. mit meinem Bruder im Wintergarten meines Nachbarn ein paar Bälle zu.)

- Leichte Fahrlässigkeit

  („Entschuldigung, das wollte ich nicht ...", ein Ball fliegt z. B. versehentlich beim Fußballspielen auf der Straße in die Fensterscheibe des Nachbarn.)

Die größten Abgrenzungsschwierigkeiten liegen zwischen der groben Fahrlässigkeit und dem bedingten Vorsatz. Wichtig zu wissen ist, dass in der Haftpflichtversicherung sowohl Taten der leichten als auch der groben Fahrlässigkeit versichert sind. Dies macht einen wesentlichen Unterschied zu den Sachversicherungen aus, in denen für die grobe Fahrlässigkeit durch die Quotelung im Schadenfall nur teilweise Versicherungsschutz gewährt wird.

Die meisten Fälle werden durch den Tatbestand der Fahrlässigkeit erfasst und der Kunde muss sich nicht um seinen Versicherungsschutz wegen des Ausschlusses „Vorsatz" sorgen.

Hier nur einige Beispiele:

- Ein Fußgänger achtet nicht auf den Straßenverkehr und verursacht einen Autounfall.

- Beim Betrachten der Videokamera des Bekannten wird diese versehentlich fallengelassen.

- Leicht angetrunken fährt der Passant mit dem Fahrrad gegen ein Auto.

Gerade wenn in Schadenmeldungen die Formulierungen „versehentlich" oder „aus Unachtsamkeit" verwendet werden, handelt es sich in der Regel um Fälle der Fahrlässigkeit. Für den Versicherer wird es schwierig sein, Vorsatz zu unterstellen, da der Versicherer diesen Vorsatz dann seinem Versicherungsnehmer nachweisen muss. Auch die Befürchtung vieler Kunden, dass Schäden durch „Trunkenheit" nicht versichert sind, ist nicht angebracht. Es darf sich nur nicht um einen vorsätzlich verursachten Schaden handeln, wobei hier nicht das vorsätzliche Trinken, sondern die Frage **„Wie ist dieser Schaden entstanden?"** eine Rolle spielt.

Auf der anderen Seite müssen Sie – wie bereits erwähnt – Ihren Kunden auch klar machen, dass ein Verschulden in Form der Fahrlässigkeit **auch vorhanden sein muss**, damit es zu einer Zahlung durch den Versicherer kommt. Warum sollte der Versicherer eine Zahlung erbringen, wenn der Kunde nach § 823 I BGB nicht zum Schadenersatz mangels Verschuldens verpflichtet ist? (Aussagen wie: „Ich war's zwar nicht, aber ich möchte, dass dieser Schaden bezahlt wird", sind schon vorgekommen. Wo ist hier das Verschulden?)

Abschließend sei noch darauf hingewiesen, dass der Kunde nicht nur für sein Handeln, sondern auch für das Unterlassen zur Haftung herangezogen werden kann. Auch das „Nichtstreuen" (bei Schnee oder Glatteis) oder die „unterlassene Hilfeleistung" stellen ein Verschulden dar.

1.1.2.2   Rechtsgutverletzung

Natürlich muss ein Schaden entstanden sein. Ohne Schaden keine Haftung. Der Schaden liegt in der Verletzung der benannten Rechtsgüter wie Körper, Gesundheit, Freiheit, Eigentum etc. Was unter den einzelnen Rechten zu verstehen ist, ergibt sich aus den Begriffen selbst. Es ist in etwa gleichzusetzen mit den versicherten Personen-, Sach- und Vermögensschäden in der Haftpflichtversicherung. Beispiele lassen sich aus dem täglichen Leben ableiten. Ein Verkäufer sollte sich allein aus Presse und Fernsehen hin und wieder ein paar Beispiele merken, die er im Gespräch mit dem Kunden wieder aufgreifen kann. Nur anhand von hautnahen und realistischen Beispielen erkennt der Kunde die Notwendigkeit einer möglichst hohen Absicherung, mit der gerade bei Personenschäden alle finanziellen Folgen gedeckt werden können.

Zu erwähnen sei noch die Verletzung eines sonstigen Rechtsgutes. Hierunter wäre z. B. die Verletzung eines Namensrechts oder des Persönlichkeitsrechts zu verstehen. Nicht umsonst wurde die „Klatschpresse" schon häufig genug auf Zahlung eines Schmerzensgeldes an Prominente verklagt, weil sie deren Namen „in den Dreck" gezogen habe. Für den privaten Bereich spielen diese „sonstigen Rechte" aber keine erwähnenswerte Rolle.

1.1.2.3   Widerrechtlichkeit

Der Schädiger muss widerrechtlich handeln. Dies bedeutet nichts anderes, als dass man „wider das Recht" handeln muss, d. h., man darf keinem anderen einen Schaden zufügen: Ich darf keinen Verkehrsunfall verursachen, ich darf keinem anderen die Videokamera zerstören und, und, und … Die Bedeutung ist einfach.

Wir müssen demnach die Frage anders formulieren und sie wie folgt stellen: Was wäre denn nicht widerrechtlich? Was für schädigende Handlungen sind also erlaubt? Wann kann ich jemandem einen Schaden zufügen, ohne dafür haften, ohne dafür „bezahlen" zu müssen?

Hierfür gibt es die sogenannten Rechtfertigungsgründe, die sich aus der Rechtsprechung ergeben haben und von denen ich an dieser Stelle einige kurz nennen möchte:

Notwehr

Ich werde angegriffen, wehre mich und der Angreifer fällt aufgrund meiner Gegenwehr zu Boden und bricht sich den Arm. Schauen wir uns einmal die Voraussetzungen nach § 823 I BGB an, die wir bisher besprochen haben: Verschulden meinerseits liegt vor (mindestens Fahrlässigkeit, wenn nicht sogar Vorsatz), ich habe auch ein Rechtsgut, nämlich den Körper eines anderen verletzt. Aber habe ich widerrechtlich gehandelt? Hätte ich mich nicht gewehrt, hätte ich noch einen viel größeren Schaden erlitten! Verständlich, dass die Gerichte hier zugunsten des Angegriffenen entscheiden. Dieses wird als Notwehr bezeichnet und schließt die Widerrechtlichkeit aus. Und wenn eine der fünf Voraussetzungen nach § 823 BGB nicht gegeben ist, ist auch keine Haftung gegeben und ich muss für den verletzten Arm nicht aufkommen.

Natürlich muss hier die Verhältnismäßigkeit beachtet werden. Ich darf dem Angreifer nicht einen noch größeren Schaden zufügen, wenn er am Boden liegt und seine Körperfunktionen sowieso schon weitestgehend ausgeschaltet sind. Dieses wäre schon eher „wider das Recht".

Notstand

Ich gehe an einem brennenden Haus vorbei, sehe hinter einer Fensterscheibe ein Kind um Hilfe schreien. Ich schlage die Fensterscheibe ein und rette das Kind. Auch hier sind wieder die Voraussetzungen nach § 823 I BGB zu prüfen: Vorsätzlich schlage ich die Scheibe eines anderen ein und beschädige sein Eigentum. Es wäre wohl menschlich eine Katastrophe, wenn dieses Verhalten als widerrechtlich eingestuft werden würde. Auch die Fälle, in denen ein Kind oder auch ein Hund aus einem komplett verschlossenen Auto bei 40 Grad Hitze befreit wurden, sind schon häufig genug vorgekommen und wurden nicht als widerrechtlich eingestuft.

Einwilligung

Jeder Arzt holt sich im Normalfall vor einer Operation die Einwilligung seiner Patienten ein. Macht er dies nicht, läuft er Gefahr, von den Patienten erfolgreich auf Schadenersatz bzw. Schmerzensgeld verklagt zu werden. Und wenn es nur wegen der unschönen Narbe ist, die nach der Operation zurückbleibt und dem Patienten nicht gefällt. Auch der Arzt beschädigt vorsätzlich den Körper eines anderen. Mit der Einwilligung des Patienten schließt er die Widerrechtlichkeit für sich aus. Natürlich darf aber auch ein Arzt nicht das linke Bein amputieren, wenn es das rechte Bein hätte sein sollen, oder die berühmte Schere im Körper des Patienten zurücklassen.

Dies sind drei Rechtfertigungsgründe, die gegen eine Haftung des Verursachers sprechen. Dieses Wissen ist für den Verkauf sicherlich nicht entscheidend, hilft aber u. U. bei der Beurteilung von Schadenfällen und soll das Bewusstsein für die Haftungsproblematik schärfen. Zudem gibt es ein besseres Verständnis für die Entscheidung eines Versicherers, welcher einen Schadenfall aufgrund der fehlenden Widerrechtlichkeit eventuell ablehnt.

1.1.2.4   Ursächlichkeit

Ursächlichkeit als Voraussetzung für eine Haftung bedeutet nichts anderes, als dass durch meine Handlung oder mein Unterlassen der Schaden unmittelbar entstanden sein muss. Dies ist der Sinn der Vorschrift, nach der jemand „dem anderen zum Ersatz des daraus entstehenden Schadens" verpflichtet ist.

Beispiele:

Wenn ich nicht streue und jemand stürzt wegen des Glatteises, war mein Nichtstreuen ursächlich für den Schaden.

Wenn ich beim Fahrradfahren gegen ein parkendes Auto fahre, war meine Unaufmerksamkeit ursächlich für den Lackschaden am Auto.

Wenn sich jemand aufgrund eines von mir verursachten Verkehrsunfalls das rechte Bein bricht, derjenige mit dem Krankenwagen abgeholt wird, der Krankenwagen auf dem Weg zum Krankenhaus verunfallt und derjenige sich dadurch auch noch das linke Bein bricht, stellt sich die Frage: Für welchen Schaden an welchem Bein bin ich verantwortlich? Nun könnte man sagen, hätte ich demjenigen nicht das rechte Bein gebrochen, hätte auch nicht der Krankenwagen kommen müssen und dann wäre dieser auch nicht verunfallt etc.

Das sind aber zu viele „hätte" und „wäre". In dem geschilderten Fall bin ich nur für die Regulierung des Schadens **am rechten Bein** verantwortlich. Dies ist unter „Ursächlichkeit" zu verstehen: Ersatz für meine Handlung oder mein Unterlassen und für den daraus unmittelbar entstandenen Schaden.

1.1.2.5   Deliktsfähigkeit

Kommen wir nun zu einer weiteren wichtigen Voraussetzung für die Haftung nach § 823 I BGB, die in der Praxis eine sehr viel größere Rolle spielt und zusammen mit der sogenannten Aufsichtspflichtverletzung immer wieder Schwierigkeiten aufwirft. Ich möchte die Deliktsfähigkeit und die Haftung der Aufsichtspflichtigen (z. B. der Eltern) aber nicht vermischen, sondern nacheinander behandeln. Bleiben wir also erst bei der Deliktsfähigkeit und schließen die Aufsichtspflicht nach der Behandlung des § 823 I BGB an.

Was heißt Deliktsfähigkeit?

Wir sprechen beim § 823 BGB von deliktsfähigen Ansprüchen, die der Geschädigte gegenüber dem Schädiger hat. Dies bedeutet, dass der Schädiger dazu fähig und in der Lage sein muss, ein Delikt, also einen Schaden verursachen zu können. Diesen Personenkreis, der dazu in der Lage ist, hat der Gesetzgeber von vornherein eingegrenzt und beschrieben. Demnach sind bestimmte Personen überhaupt nicht oder nur eingeschränkt für ihre Taten verantwortlich und können demnach nicht oder nur eingeschränkt haftbar gemacht werden:

> Kinder bis zur Vollendung des 7. Lebensjahres sind für ihre Taten nicht verantwortlich. Im Straßenverkehr hat der Gesetzgeber diese Grenze bis auf das vollendete 10. Lebensjahr heraufgesetzt.

Man muss sich dieses ganz deutlich vor Augen führen: Läuft ein 6-Jähriger unachtsam über die Straße und ich muss mit meinem teuren Pkw ausweichen und setze diesen gegen einen Baum, so bleibe ich auf meinem Schadenfall sitzen. Und wenn mich die Reparatur 10.000 € kostet – Pech gehabt. Einzig und allein eine eventuell vorhandene Vollkaskoversicherung für mein Auto könnte da weiterhelfen. Und so läuft es grundsätzlich mit allen Schäden, die Kinder in diesen Altersgrenzen verursachen: ich habe als Geschädigter grundsätzlich keinen Anspruch auf Schadenersatz. Fragen Sie Ihre Kunden, was deren Kinder schon alles können und was dadurch passieren kann; sie werden Ihnen einiges erzählen können.

Sie werden jetzt beim Lesen sicherlich aufschreien und meinen: „Aber da müssen doch die Eltern im Rahmen ihrer Aufsichtspflicht ran!" Dieser Zwischenruf ist sicherlich in vielen Fällen angebracht, aber Sie werden beim Weiterlesen noch feststellen, dass das nicht immer so ganz einfach ist und die Eltern längst nicht für jedes Verhalten ihrer Kinder einstehen müssen.

Warum gibt es diese Deliktsunfähigkeit von Kindern überhaupt?

Der Gesetzgeber will dadurch unsere Kinder vor Ansprüchen schützen. Kinder in diesem Alter wissen oft noch nicht, was sie tun, haben selbst noch kein Geld und können sich ohne Hilfe nicht wehren. Deshalb ergibt die Regelung zu 100 Prozent Sinn.

Diese Gesetzesregelung muss man als Verkäufer verstehen, um dem Kunden eine sinnvolle Erweiterung des Versicherungsschutzes – nämlich die Deckung von Schäden durch deliktsunfähige Kinder – anbieten und verkaufen zu können. Dazu aber später mehr beim Thema Haftpflicht**versicherung**.

> Kinder zwischen dem 7. und 18. Lebensjahr sind bedingt deliktsfähig. Bedingt bedeutet:

„Es kommt darauf an …" Aber worauf kommt es an? Zwei Punkte sind hier entscheidend:
- Wie alt ist das Kind?
- Wie ist das Kind entwickelt? Hatte es die nötige Einsicht?

Ein Extrembeispiel soll dies verdeutlichen:

Ein 8-Jähriger wächst wohl behütet zu Hause auf, die Eltern halten alles Gefährliche von ihm ab, der Freundeskreis des Jungen lebt in ähnlichen Verhältnissen. Er weiß auch noch nicht, wofür ein Feuerzeug da ist und was Feuer alles bewirken kann. Dieser Junge findet zufällig auf der Straße ein Feuerzeug, geht damit in die Scheune des Nachbarn und zündelt ein wenig.

Gleiches macht ein 17-Jähriger mit seinem Feuerzeug, das er immer bei sich hat, da er seit vier Jahren Raucher ist und sogar schon mal ein Osterfeuer mit einem Feuerzeug angezündet hat.

Folge in beiden Fällen:

Die Scheune brennt ab: 100.000 € Sachschaden.

Einfache Frage: Wen von beiden würden Sie zur Verantwortung ziehen?

Antwort: Natürlich den 17-Jährigen.

Sie erkennen: Ein 17-Jähriger hat allein seines Alters wegen mehr Erfahrung und kann die Folgen seines Handelns im Normalfall besser abschätzen. Er ist einfach in seiner Entwicklung weiter. Und genau dies muss im Einzelfall geprüft werden:

Wusste das Kind/der Jugendliche, was er tat bzw. was sein Tun für Folgen hat oder nicht? In größeren Schadenfällen wird dies auch häufig von Sachverständigen mit Erstellung von psychologischen Gutachten etc. vor Gericht festgestellt. Für unseren 17-Jährigen bedeutet dies, dass er für den Schaden wird aufkommen müssen, da er auch haftbar gemacht werden kann.

Ab dem 18. Lebensjahr ist jeder volljährig und kann auch vollständig zur Verantwortung gezogen werden (mit Einschränkungen bei behinderten Personen).

Die Haftung nach § 823 BGB ist an bestimmte Voraussetzungen geknüpft, worüber Sie nun einen Überblick haben. Fehlt es an einer Voraussetzung, ist der § 823 BGB nicht anwendbar und es besteht keine Haftung des Schädigers. Die Beweislast für eine Schadenersatzpflicht liegt beim Geschädigten, sprich dem Anspruchsteller, der den Schaden ersetzt haben will.

Was ist jetzt aber die Folge, wenn es zu einer Haftung nach § 823 I BGB kommt?

Auch diese Folge sollte dem Kunden ganz klar vor Augen geführt werden. Der Schädiger haftet mit seinem jetzigen und zukünftigen Vermögen in **unbegrenzter** Höhe. Im BGB steht kein Wort von einer Summenbegrenzung.

Jeder Kunde, der dieses nachvollziehen kann, wird nach einer Haftpflichtversicherung schreien und über Verhandlungen bezüglich der Höhe der Deckungssumme wegen 10 € Beitrags mehr oder weniger nur lachen können. Deckungssummen von 15 Mio. € oder mehr für Personen- und Sachschäden sollten zum Standardangebot eines jeden guten Vermittlers gehören. Das Ziel ist erreicht, wenn der Kunde fragt: Warum bieten Sie mir nur 5 Mio. € an, wenn mir das Gesetz eine unbegrenzte Haftung auferlegt? Hier sollte man dann gut argumentieren können, wenn der Versicherer aus geschäftspolitischen Gründen keine höhere Deckungssumme anbieten kann oder will.

Allein hier könnten wir nun Schluss machen mit den Verkaufsargumenten zur privaten Haftpflichtversicherung. Gibt es bessere Argumente als die vom Gesetzgeber vorgegebenen? Jeder versteht, dass er eine Kfz-Haftpflichtversicherung benötigt. Worin liegt der Unterschied zur privaten Haftpflichtversicherung? Ich jedenfalls kann keinen erkennen.

Fazit mit nützlichen Verkaufstipps

- Jeder ist täglich Haftpflichtsituationen ausgesetzt, die zu einer Geldzahlung verpflichten können, mit Ausnahme von deliktsunfähigen Kindern.
- Der Gesetzgeber schreibt die Haftung vor, wobei das Verschulden eine Kernvoraussetzung ist.
- Die Haftung ist der Höhe nach unbegrenzt, was eine höchstmögliche Absicherung erforderlich macht.
- Wir schützen unsere Kunden demnach vor den finanziellen Belastungen in allen versicherten Fällen. Selbst grob fahrlässig verursachte Schäden sind versichert.

Lassen Sie uns nachfolgend noch einige weitere Haftungsrisiken anreißen, die der Gesetzgeber uns vorgibt.

1.1.3   Haftung aus vermutetem Verschulden

Die Haftung nach § 823 BGB nennt man auch „Verschuldenshaftung". Warum? Weil definitiv ein Verschulden des Schädigers in Form des Vorsatzes oder der Fahrlässigkeit vorliegen muss, damit ein Anspruch auf Schadenersatz entsteht.

Dies ist bei der Haftung aus vermutetem Verschulden ebenso.

Der Unterschied liegt darin, dass die **Beweislast** eine andere ist! Grundsätzlich hat der **Geschädigte** oder Anspruchsteller die Voraussetzungen nach § 823 I BGB gegenüber dem Schädiger zu beweisen. Kann er dies nicht, wird es zu keiner Haftung bzw. Zahlungsverpflichtung kommen.

Bei der Haftung aus vermutetem Verschulden ist der **Geschädigte** nicht verpflichtet irgendetwas **zu beweisen**. Die Behauptung, der Schädiger habe den Schaden verursacht, reicht aus, um so seine Ansprüche durchsetzen. Wenn der Schädiger sich dieser Behauptung widersetzen will, muss er dem Geschädigten das Gegenteil beweisen.

Dies bedeutet, dass es Aufgabe des **Schädigers ist, zu beweisen**, dass er für den Schaden **nicht** verantwortlich war. Er muss sich entlasten – kann er dies nicht, ist er haftbar. **Die Beweislast liegt demnach beim Schädiger und nicht beim Geschädigten.** Dieser hat es somit leichter, seine Ansprüche durchzusetzen.

Der Gesetzgeber hat eindeutig festgelegt, für wen diese umgekehrte Beweislast gilt – nämlich für bestimmte Bereiche, von denen eine „höhere" Gefahr ausgeht. Für den privaten Bereich sind insbesondere zwei Bestimmungen relevant:

1.1.3.1 Haftung der Aufsichtspflichtigen

Wir haben bei der Besprechung des § 823 festgestellt, dass Kinder eine besondere Gruppe hinsichtlich der Haftung darstellen, da sie u. U. noch nicht deliktsfähig sind. Was kann ich demnach tun, wenn ich als Geschädigter (10.000 € Schaden an meinem Pkw) das Kind mangels Deliktsfähigkeit nicht belangen kann? Mir bleibt nur noch die Möglichkeit, mich an die Aufsichtspflichtigen, meistens die Eltern, zu wenden.

Hier ist der Weg dann folgendermaßen:

- Das Kind ist nicht deliktsfähig oder hat kein Vermögen, den Schaden an meinem Pkw auszugleichen.
- Ich sage zu den Eltern: „Ihr habt eure Aufsichtspflicht verletzt, somit mache ich euch haftbar und ihr müsst für den Schaden aufkommen."
- Die Eltern können mir nicht das Gegenteil beweisen und somit müssen sie zahlen.

Das **Verschulden** der Eltern liegt demnach in der Aufsichtspflichtverletzung. Ich als Geschädigter habe behauptet bzw. vermutet, dass die Eltern ihre Aufsichtspflicht verletzt haben (Haftung aus vermutetem Verschulden). Die Eltern können mir nicht das Gegenteil beweisen und müssen demnach haften. Hierin liegt der Vorteil für den Geschädigten: Ihm wird es leichter gemacht, seine Ansprüche durchzusetzen, da er nichts mehr beweisen muss. Der Unterschied zur Verschuldenshaftung soll in dem nachstehenden Schaubild nochmals verdeutlicht werden:

Haftung aus vermutetem Verschulden	Verschuldenshaftung
verschärfte Haftung zugunsten des Geschädigten	generelle Anspruchsgrundlage nach § 823 BGB
Beweislast liegt beim **Schädiger**	Beweislast liegt beim **Geschädigten**
für bestimmte / ausgewählte Bereiche vom Gesetzgeber festgelegt	für grundsätzlich alle Bereiche deliktischer Ansprüche

Tab. 1: Unterscheidung zwischen Haftung aus vermutetem Verschulden / Verschuldenshaftung

In Bezug auf unseren Fall der Aufsichtspflichtverletzung heißt dies: Es muss eine Verletzung der Aufsichtspflicht der Eltern vorliegen – nur dann liegt auch ein Verschulden der Eltern vor – und nur dann liegt auch eine Haftung der Eltern mit einer Zahlungsverpflichtung vor.

Kommen wir zu einer Aussage von Eltern:

> „Meine Tochter (fünf Jahre alt) hat das Auto meines Nachbarn beschädigt. Eigentlich kann ich auch nichts dafür, da ich auf meine Tochter gut aufgepasst habe. Aber ich würde es trotzdem begrüßen, wenn mein Nachbar entschädigt wird."

Dies wird nicht funktionieren! Erkennen Sie hier ein Verschulden?

Wann letztendlich eine Aufsichtspflichtverletzung der Eltern vorliegt, wird oftmals von Gerichten entschieden. Jeder Fall ist anders, wobei die Gerichte auch eindeutig sagen, dass die Eltern die Kinder nicht ununterbrochen „im Auge behalten müssen". Dies hängt wiederum vom Alter der Kinder und den tatsächlichen Gegebenheiten im Schadenfall ab.

1.1.3.2   Haftung für Gebäudebesitzer

Die gleiche Haftung wie bei Aufsichtspflichtigen gilt für Gebäudebesitzer. Hier ist insbesondere die Einhaltung der Verkehrssicherungspflicht anzusprechen. Löst sich von dem Gebäude ein Dachziegel und trifft dieser einen Passanten, dann ist der Gebäudebesitzer in der Haftung. Er kann sich nur entlasten, wenn er nachweist, dass das Gebäude im einwandfreien Zustand war, regelmäßig kontrolliert und gewartet wurde etc. Aber wer kann das schon?

Dies sind zwei schärfere Haftungsformen, die den Schädiger zur Zahlung zwingen können. Umso wichtiger ist es für den Kunden, die Haftungsrisiken mithilfe einer geeigneten Versicherung abzudecken. Das dem Kunden klarzumachen, ist Aufgabe eines guten Verkäufers.

Aber bevor wir zur Absicherung mithilfe einer Haftpflichtversicherung kommen, müssen wir uns noch die schärfste Form der Haftung anschauen, die alles andere noch übertrifft: die Gefährdungshaftung!

1.1.4   Gefährdungshaftung

Das Verschulden war bisher die zentrale Voraussetzung für eine begründete Haftung. Und genau diese Voraussetzung fällt nun bei der Gefährdungshaftung weg. Hierbei ist es völlig gleichgültig, ob ich als Person etwas zu dem Schaden beigetragen habe oder nicht.

- **Und wer hat die Gefährdungshaftung festgelegt?**

  Natürlich der Gesetzgeber.
- Und für was?

  Für bestimmte Sachen/Tiere, die ich als Person besitze und die Verantwortung trage bzw. für bestimmte Tätigkeiten, die ich ausübe, z. B.
  - für den privaten Bereich
    - als Halter eines Kfz,

- als Halter eines Tieres zu meinem privaten Vergnügen (z. B. Hund, Katze, Pferd),
- als Besitzer eines Öltanks,
  - für den gewerblichen Bereich
    - als Hersteller von Produkten,
    - als Besitzer / Betreiber von umweltgefährdenden Anlagen.
- Und warum?

  Weil von diesen Sachen / Tieren / Eigenschaften eine Gefahr ausgeht oder ausgehen kann, vor der die Allgemeinheit geschützt werden soll (Fürsorge des Staates). Der Staat sagt sich: „Kein Mensch ist verpflichtet, diese Sachen / Tiere zu besitzen oder z. B. Produkte herzustellen. Aber wenn er sie hat oder Produkte herstellt, dann soll er auch für Schäden, die diese anrichten, geradestehen und zahlen."

Die Bestimmungen hierzu finden sich in den verschiedenen Gesetzen wieder. Diese sind z. B. das Straßenverkehrsgesetz, das Bürgerliche Gesetzbuch, das Wasserhaushaltsgesetz oder das Produkthaftungsgesetz. Jeder gut organisierte Betrieb erkennt aufgrund seiner kaufmännischen Kenntnisse die Gefahren, die aus seiner Tätigkeit hervorgehen und die Notwendigkeit einer entsprechenden Absicherung.

Jede Privatperson weiß, dass für ein Auto eine Kfz-Haftpflichtversicherung benötigt wird, allein schon, weil diese zur Pflicht gemacht wurde. Aber eine ebenso große Gefahr geht von einem Pferd, einem Hund oder einem Öltank im Keller aus – nicht, weil z. B. ein Hund bissig ist, sondern weil die Privatperson u. U. auch dann haften muss, wenn der „Fiffi" den Briefträger nur schief anschaut. Denn welcher Hund achtet beim Spazierengehen auf alle Fußgänger, Radfahrer und auf jedes Auto? Kann der Hund nicht einmal jemanden anbellen, der sich dann erschreckt und stolpert oder vom Fahrrad fällt? Auch wenn jemand noch so gut auf seinen Hund aufpasst, dieser hat dennoch seinen eigenen Kopf und macht nicht immer das, was „Frauchen" oder „Herrchen" will.

Aussagen von Kunden wie „Mein Hund tut doch niemandem was!" oder „Unser Öltank im Keller entspricht den neuesten Sicherheitsvorschriften!" sind in diesem Zusammenhang absolut belanglos.

Auch die Gewässerverunreinigung aufgrund auslaufenden Öls kann wegen der strengen Umweltvorschriften für den Besitzer eines Öltanks sehr teuer werden. Wenn Öl ausläuft (z. B. nach einer Explosion, bei einem Leck oder fehlerhafter Wartung und Befüllung des Tanks), steht der Kunde immer in der Haftung. Die einzige Ausnahme von der Haftung besteht bei Schäden, die durch „höhere Gewalt" entstanden sind.

Und genau dies müssen wir unseren Privatkunden klarmachen: Der Gesetzgeber hat die Gefahrenlage für bestimmte Risiken so definiert, dass Versicherungsschutz zwingend notwendig ist – zwingend notwendig wie die Kfz-Haftpflichtversicherung. Wir von der Versicherung schützen ihn vor der Gefahrenlage, die der Gesetzgeber definiert hat – und damit seinen Geldbeutel!

> **Fazit mit nützlichen Verkaufstipps**
>
> - Aufsichtspflichtige und Gebäudebesitzer unterliegen einer verschärften Haftung, die leichter zu einer Zahlungsverpflichtung führt. Eine Haftpflichtabsicherung ist dringend anzuraten.
> - Tierhalter und Öltankbesitzer sollten schon allein aus der Gefährdungshaftung heraus eine entsprechende Haftpflichtversicherung abschließen. Eine Befreiung von der Haftung ist nahezu unmöglich.

Die drei Haftungsarten nochmals im Überblick

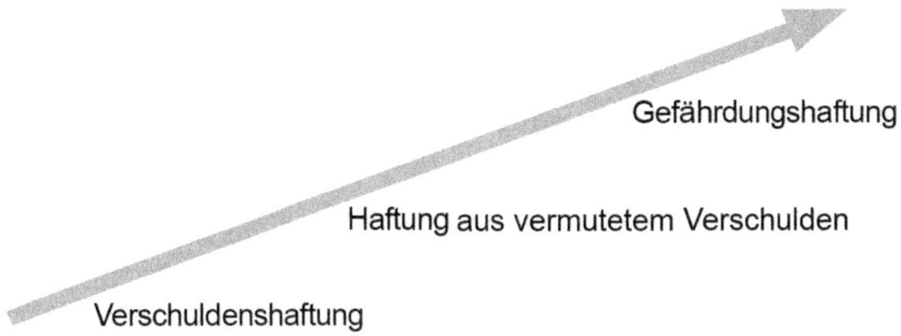

Gefährdungshaftung

Haftung aus vermutetem Verschulden

Verschuldenshaftung

Abb. 2: Haftungsarten im Überblick

Der Pfeil macht noch einmal die Schärfe der unterschiedlichen Haftungsarten deutlich. Je höher die Haftung, umso einfacher ist es für den Geschädigten, seine Ansprüche durchzusetzen und umso schneller wird es zu einer Zahlungsverpflichtung des Schädigers kommen.

Der Staat gibt uns durch seine Gesetzgebung genügend Verkaufsargumente für den Abschluss einer Haftpflichtversicherung. Dies dem Kunden deutlich zu machen, ist eine unserer Aufgaben. Hat der Kunde diese verinnerlicht, sollte der Verkauf (zumindest bei den meisten Kunden) kein Problem mehr darstellen.

Es ist wie mit der staatlichen Altersvorsorge. Die Lücken sind da, aber die Bevölkerung wird über die Risiken (hier die Altersarmut) immer noch nicht genügend aufgeklärt. Der Staat macht es nicht, also müssen wir es tun. Für die Haftpflichtversicherung bedeutet dies: Wir müssen die Kunden über die gesetzliche Haftungslage aufklären und über die Folgen, die sich daraus ergeben können. Es gibt noch genug zu tun – viel zu viele Bundesbürger stehen immer noch ohne einen ausreichenden Haftpflichtversicherungsschutz da!

Wir werden uns jetzt in dem folgenden Kapitel mit den Inhalten der Haftpflichtversicherung vertraut machen. Die einzelnen Inhalte sind schon deswegen wichtig, weil wir nicht alle eventuell vorhandenen Risiken mit einer Haftpflichtversicherung abdecken können. Dies zu erkennen und voneinander abzugrenzen, gehört ebenfalls zu den Pflichten eines guten Verkäufers.

1.1.5 Haftpflichtversicherungen für den privaten Bereich

1.1.5.1 Rechtsbeziehung zwischen Versicherungsnehmer (VN), Versicherer (VR) und Anspruchsteller (AS)

Wir haben bei den gesetzlichen Grundlagen immer über die Beziehung

(VN) Schädiger ↔ (AS) Geschädigter

gesprochen.

Wir nennen den Schädiger nun unseren Versicherungsnehmer (VN) und den Geschädigten den Anspruchsteller (AS), da dieser etwas von unserem Kunden will – nämlich sein Geld. Nun kommt ein Dritter hinzu, und zwar der Versicherer (VR). Unser Kunde hat einen Vertrag mit dem Unternehmen abgeschlossen. Die Beziehung der drei Beteiligten stellt sich wie folgt dar:

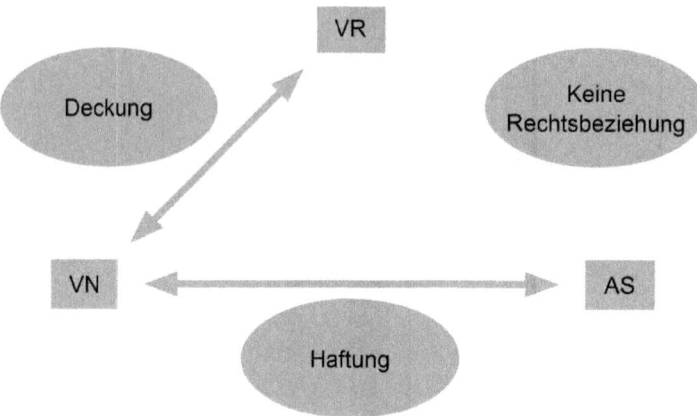

Abb. 3: Rechtsbeziehung zwischen VN, VR und AS

Über die Haftung zwischen VN und AS haben wir im ersten Kapitel bereits ausreichend gesprochen. Der VN fügt dem AS einen Schaden zu und muss dafür haften oder vielleicht auch nicht. Dies muss natürlich zunächst geprüft werden. Unser VN meldet seinem VR den Schadenfall und bei vorhandener Deckung kümmert sich der VR um diesen Schadenfall. Deckung bedeutet nichts anderes als vorhandener Versicherungsschutz.

Die Rechtsbeziehung zwischen VN und AS ergibt sich aus den verschiedenen Gesetzen, die eine Haftung begründen. Die Rechtsbeziehung zwischen VN und VR ergibt sich daraus, dass der VN einen Versicherungsvertrag abschließt und der VR die notwendige Deckung bietet, während der VN hierfür seine Prämie zahlt.

Und gibt es eine Rechtsbeziehung zwischen AS und VR? Nein, diese beiden haben weder einen Vertrag geschlossen, noch lässt sich irgendetwas aus einem Gesetz herleiten (bis auf wenige Ausnahmen im VVG, die für die Praxis aber nicht relevant sind und daher hier nicht besprochen werden sollen). In der Praxis ist es nur häufig so, dass der VR den Schaden an den AS ausbezahlt bzw. mit ihm Korrespondenz führt und der AS Belege, Rechnungen etc. an den VR versendet.

Was ist nun der Idealfall?

Der Idealfall ist, wenn für den angerichteten Schaden, für den unser Kunde haften muss, auch eine 100-%ige Deckung aus seiner Haftpflichtversicherung besteht. Der Schutz aus dem Versicherungsvertrag „deckt" die Haftung unseres Kunden ab. Der Kunde kann sich demnach zu 100 % auf seinen Versicherer verlassen, er weiß die ganze Finanzstärke des Versicherers hinter sich und kann sich beruhigt zurücklehnen. Wenn wir dieses unserem Kunden sagen können, wird er mehr als zufrieden sein.

Probleme wird es immer dann geben, wenn die Deckung eben nicht zu 100 % gegeben ist. Dies kann verschiedene Gründe haben, z. B.

- ein Ausschluss kommt zur Anwendung,
- die vereinbarte Versicherungs-/Deckungssumme reicht nicht aus,
- der Deckungsumfang des abgeschlossenen Vertrages reicht nicht aus,
- es wurde vom Berater vergessen, ein vorhandenes Risiko mit einzuschließen.

Damit gerade die zwei zuletzt genannten Dinge nicht passieren, muss der Berater wissen, was die Haftpflichtversicherung beinhaltet. Die Deckung ergibt sich aus dem abgeschlossenen Versicherungsvertrag und lässt sich auch nur daraus herleiten.

In der Haftpflichtversicherung gibt es viele Bereiche, für die ein separater Vertrag abgeschlossen werden kann, z. B.: die

- Privat-Haftpflichtversicherung,
- Tierhalter-Haftpflichtversicherung, insbes. für Hunde- und Pferdehalter,
- Haus- und Grundbesitzer-Haftpflichtversicherung,
- Bauherren-Haftpflichtversicherung,
- Gewässerschaden-Haftpflichtversicherung.

Der Aufbau lässt sich wie folgt darstellen:

Allgemeine Versicherungsbedingungen für die Haftpflichtversicherung privater Risiken	
Privat-HV	Tierhalter-HV
für Privatpersonen	für Halter von z. B. Hunden oder Pferden
Haus- und Grundbesitzer-HV	
für Eigentümer insbesondere von vermieteten Wohnungen/Häusern	
Bauherren-HV	Gewässerschaden-HV
für Bauherren von Häusern	für Besitzer von Öltanks

Die Versicherungsbedingungen beschreiben die Inhalte der einzelnen Risiken. Für jeden Haftpflichtzweig gibt es einen separaten Abschnitt, in dem der Versicherungsschutz erläutert wird.

1.1.5.2   Aufgaben der Haftpflichtversicherung

Jede Haftpflichtversicherung hat drei zentrale Aufgaben, die sie für den Kunden erfüllt:

- Prüfung der Haftungsfrage, d. h., besteht überhaupt laut Gesetz ein Anspruch des Geschädigten und in welcher Höhe?
- Wenn ja, dann

  Zahlung der berechtigten Ansprüche bzw. Freistellung des VN von berechtigten Schadenersatzverpflichtungen,
- und wenn nein, dann

  Abwehr der unberechtigten Ansprüche.

All dieses müsste der Kunde bei einem angerichteten Schadenfall selbst übernehmen, was seinen Geldbeutel u. U. stark belasten würde.

Als wichtigste Grundabsicherung ist hier die Privat-Haftpflichtversicherung (PHV) zu nennen. Diese braucht jeder, das sagen sogar die sonst so kritischen Verbraucherschützer. Was eine PHV beinhaltet, sollte ein guter Berater wissen, denn wofür die PHV keinen Versicherungsschutz bietet, benötigt der Kunde eine entsprechende Zusatzabsicherung (Tierhalter-HV, Haus- und Grundbesitzer-HV etc.).

Deswegen werden wir uns die PHV nach dem Bedingungswerk Proximus 4 im Folgenden etwas detaillierter ansehen.

1.1.6 Die Privat-Haftpflichtversicherung

Wie der Name schon sagt, versichert die PHV Schäden, die aus dem privaten Bereich heraus entstehen können. Wir genießen also in unserer Eigenschaft als Privatperson Versicherungsschutz. Alles, was zum täglichen Leben dazugehört, wird grundsätzlich vom Versicherungsschutz erfasst. Natürlich wollen die Versicherer diesen Bereich etwas näher definiert haben und auch die Kunden sollten nachlesen können, was zu dem täglichen Leben einer Privatperson dazugehört. Deswegen gibt es zu jedem Haftpflichtzweig wie der PHV einen gesonderten Abschnitt, mit dem der Versicherungsschutz beschrieben wird. Und nur diese „Risikobeschreibungen" mit den einzelnen Bestimmungen machen die PHV der verschiedenen Versicherungsgesellschaften vergleichbar.

Und was sind die wichtigsten Inhalte?

1.1.6.1 Radfahrer und Fußgänger

Grundsätzlich bietet die PHV Versicherungsschutz für entstandene

- Personenschäden,
- Sachschäden und
- Vermögensschäden.

Hierfür werden nach Proximus 4 Versicherungssummen von 15 Mio. oder 30 Mio. € pauschal für Personen-, Sach- und Vermögensschäden angeboten.

Was bedeutet pauschal? Pauschal bedeutet nichts anderes, als dass insgesamt 15 Mio. € für Personen-, Sach- und Vermögensschäden **zusammen** in einem Schadenfall zur Verfügung stehen.

Beispiel: Radfahrer

Nehmen wir ein Beispiel mit einer Versicherungssumme von 15 Mio. €:

Als Radfahrer beachte ich eine rote Ampel nicht. Ein Lkw-Fahrer muss ausweichen, der Lkw fährt gegen eine Hauswand und der Fahrer verletzt sich. Wir haben drei Schäden:

Person = der Lkw-Fahrer

Sach = der Lkw selbst und das Haus

Für die Behandlung, Schmerzensgeld, Verdienstausfall des Fahrers und die Reparatur des Lkw sowie des Hauses stehen insgesamt 15 Mio. € zur Verfügung. Gerade ein derartiges Beispiel mit Personenschaden zeigt immer wieder, wie wichtig eine hohe Versicherungs- = Deckungssumme ist. Was passiert nämlich, wenn der Lkw-Fahrer sein Leben lang nicht mehr arbeiten kann?

Wir erinnern uns: Haftung besteht für den Schädiger in unbegrenzter Höhe und lebenslang!

Vermögensschäden spielen im privaten Bereich eine eher untergeordnete Rolle. Früher haben die Versicherer den Schutz hierfür stark eingeschränkt; mittlerweile geht diese Art von Schäden weitestgehend in der Gesamtdeckung unter. Was bedeutet dies für Ihre Praxis? Vermögensschäden kommen im privaten Bereich äußerst selten vor und sind auch nicht entscheidend für den Verkauf eines privaten Haftpflichtproduktes.

Nur zur Erläuterung: Vermögensschäden entstehen, ohne dass vorher ein Personen- oder Sachschaden eingetreten ist. Ich benutze z. B. das Telefon eines Freundes und vergesse danach aufzulegen. Die Verbindung wird gehalten und meinem Freund entstehen zusätzliche Telefonkosten.

Der Verdienstausfall des Lkw-Fahrers in unserem vorherigen Beispiel stellt ebenfalls einen Vermögensschaden dar. Allerdings ist hier vorher ein Personenschaden vorausgegangen, sodass der Verdienstausfall als Folge des Personenschadens angesehen wird.

Insgesamt sind die PHV-Verträge derart gestaltet, dass die vereinbarte Deckungssumme zweimal im Versicherungsjahr zur Verfügung steht, also der Versicherer insgesamt bei einer 15-Mio.-€-Deckung nicht mehr als 30 Mio. € pro Jahr für entstandene Schäden bezahlt.

> **Woraus können sich noch Personen- und Sachschäden ergeben und was ist in der PHV mitversichert?**

Neben Schäden, die durch einen Radfahrer entstehen, können natürlich auch Schäden durch Fußgänger verursacht werden. Ohne viel von Ihren Kunden zu wissen, sind mit diesen beiden Merkmalen bereits alle Kunden angesprochen. Jeder versichert sich bzw. muss sich versichern, wenn er mit seinem Auto unterwegs ist. Kann denn als Fußgänger oder Radfahrer so viel weniger passieren?

1.1.6.2 Haus- und Grundbesitz

Irgendwo werden Ihre Kunden wohnen. Deshalb sind auch die Gefahren versichert, die aus dem Haus- und Grundbesitz heraus entstehen können. Hier geht es für die Eigentümer insbesondere um die Einhaltung der **Verkehrssicherungspflichten**, wie z. B. das Streuen im Winter und die Instandhaltung von Häusern. So dürfen sich z. B. keine Teile vom Objekt ablösen, die jemanden verletzen können (wir erinnern uns: Haftung aus vermutetem Verschulden).

Mitversichert im Rahmen der PHV nach den Proximus-4-Bedingungen sind die Inhaber

- einer oder mehrerer im Inland gelegener Wohnungen, einschließlich der Ferien-/Wochenendwohnungen,
- eines im Inland gelegenen Einfamilienhauses,
- eines im Inland gelegenen Zweifamilienhauses,
- eines im Inland gelegenen Wochenend-/Ferienhauses,

einschließlich dem Betrieb einer privat/gewerblich genutzten Solar- und/oder Photovoltaikanlage, die sich auf diesen Gebäuden oder Grundstücken befinden.

Die Wohnungen/Objekte müssen von Ihren Kunden ausschließlich **selbst** zu Wohnzwecken verwendet werden. Eine Vermietung ist nicht zulässig. Sobald dieses bekannt ist, müssen Sie genauer nachfragen und zusätzlich die

Haus- und Grundbesitzer-Haftpflichtversicherung (siehe S. 39)

mit anbieten oder eine Zusatzdeckung zur PHV vereinbaren, wie z. B. bei einer gelegentlichen Vermietung des eigenen Ferienhauses (siehe S. 36).

Mitversichert sind **ohne Mengenbegrenzung lediglich einzeln vermietete Räume** zu privaten Zwecken im **selbst bewohnten** Haus, so z. B. das Studentenzimmer (ein möglicher Versicherungsfall wäre hier das Ausrutschen des Studenten auf dem nassen Flurboden). Ebenso sind die **Vermietung einer Einliegerwohnung** im selbst bewohnten Haus **sowie die Vermietung der Wohnung innerhalb des selbst bewohnten Zweifamilienhauses** versichert. Sollte ein Mieter die Räum- und Streupflicht per Vertrag oder auch Hausordnung vom Eigentümer übertragen bekommen, hat dieser hierfür ebenfalls über seine PHV Versicherungsschutz, falls z. B. durch seine Nachlässigkeit ein Passant verletzt wird.

Vom Kunden genutzte Garagen, Carports, Kfz-Stellplätze und Gärten sowie die Gefahren aus einem Schrebergarten sind ebenfalls vom Versicherungsschutz erfasst.

Nun kann es auch vorkommen, dass ein Hauseigentümer Um- oder Anbauarbeiten an seinem Haus vornimmt. Hier sollte der erste Blick eines Verkäufers auf das Angebot für eine

Bauherren-Haftpflichtversicherung (siehe S. 40)

fallen.

Der Bauherr ist für eine ordnungsgemäße Absicherung der Baustelle verantwortlich. Aber welche Privatperson weiß schon, was alles für eine ordnungsgemäße Absicherung notwendig ist? Und es passiert nicht selten, dass jemand über ein Bauloch stolpert oder gar hineinfällt.

In der Privat-Haftpflichtversicherung sind nur Bauvorhaben bis zu einer Bausumme von 200.000 € versichert. Wird diese Summe überschritten, sollte eine separate Bauherren-Haftpflichtversicherung abgeschlossen werden.

1.1.6.3 Schäden an fremdem überlassenem Eigentum

Es gibt nicht nur zahlreiche Eigentümer von Häusern/Wohnungen, sondern auch **Mieter** von Häusern/Wohnungen. Für diese Zielgruppe ergibt sich ein zusätzliches Risiko:

Neben den Gefahren, die von der Wohnung ausgehen, können auch Schäden an der Wohnung selbst passieren. Auch hier haben wir einen Geschädigten, nämlich den Vermieter, dem die Wohnung gehört. Hierbei handelt es sich um die sogenannten Mietsach-schäden.

Insgesamt gibt es drei Bereiche, die unter der o. g. Überschrift zusammengefasst werden.

- Mietsachschäden an zu privaten Zwecken gemieteten Räumen,
- Mietsachschäden am Inventar der Reiseunterkunft,
- gemietete, geliehene, geleaste, gepachtete, unentgeltlich überlassene bewegliche Sachen.

Es wird in den Bedingungen genau definiert, welche Schäden dieser Art unter den Versicherungsschutz fallen und welche nicht. Es gibt immer wieder Einschränkungen und Besonderheiten zu beachten, die in der Praxis eine Rolle spielen und wo Sie schon einmal genauer hinsehen sollten. Zudem gibt es Begrenzungen bei der Höhe der zur Verfügung gestellten Deckungssummen.

Der Grund liegt darin, dass die Versicherer der Meinung sind, eine ausgeliehene oder gemietete Sache sollte so wie die eigene behandelt werden. Eigenschäden sind bekanntlich nicht versichert und deswegen kann auch hier nicht uneingeschränkt Deckung geboten werden.

Schauen wir uns den Versicherungsschutz im Einzelnen an:

Mietsachschäden an zu privaten Zwecken gemieteten Räumen

Die Beschädigung von Wohnräumen und allen fest mit dem Gebäude verbundenen Bestandteilen sind in der PHV mitversichert (wie z. B. das vom Vermieter eingebrachte Parkett, die sanitären Anlagen, Decken und Wände). Hierbei spielt es grundsätzlich keine Rolle, welcher Bewohner den Schaden angerichtet hat und wie er entstanden ist, ob durch Ungeschicklichkeit wie herabfallende Gegenstände oder z. B. durch Feuer. Versicherungsschutz wird bis zur vereinbarten Deckungssumme geboten.

Einige Sachen bzw. Gefahren sind allerdings von diesem Versicherungsschutz wiederum ausgenommen, da es bei der Regulierung immer wieder zu Problemen kommt. Zum einen ist unklar, ob es tatsächlich einen Haftpflichtschaden darstellt und zum anderen sind derartige Schäden mit zu hohen Kosten verbunden. Es handelt sich im Einzelnen um:

- Abnutzung, Verschleiß und übermäßige Beanspruchung,
- Schäden an Heizungs-, Maschinen-, Kessel- und Warmwasserbereitungsanlagen sowie an Elektro- und Gasgeräten,
- Glasschäden (auch Schäden an Scheiben und Platten aus Kunststoff), soweit sich der Versicherungsnehmer oder mitversicherte Personen hiergegen besonders versichern können,
- Schäden infolge von Schimmelbildung.

Gerade der Ausschluss bzgl. der Glasschäden wirft in der Praxis immer wieder Probleme auf, da die Kunden mit Unverständnis reagieren, wenn eine Glasscheibe in der Mietwohnung zu Bruch geht und der Schaden von der Versicherung abgelehnt wird. Hintergrund dieses Ausschlusses ist die Forderung der Versicherer nach Abschluss einer Haushalt-Glasversicherung, die derartige Schäden übernimmt. Die Haushalt-Glasversicherung deckt in der Regel alle Schäden an Gebäude- und Mobiliarverglasungen und wird als Anhang zur Hausratversicherung verkauft.

Gleichzeitig stellt der Ausschluss in der Haftpflichtversicherung auch ein Verkaufsargument für den Abschluss einer Glasversicherung dar. Dieser Punkt sollte in keiner Beratung für einen Mieter fehlen, da derartige Schäden in der Praxis nicht selten sind.

Wichtig ist noch einmal zu erwähnen, dass diese Glasschäden dann **nicht versichert sind, soweit sich der Versicherungsnehmer hiergegen besonders versichern kann**. In einer Ferienwohnung oder in einem Ferienhaus ist es keinem Kunden zuzumuten, für die Urlaubzeit eine gesonderte Glasversicherung abzuschließen. Sollte in dieser Zeit eine Glasscheibe durch Unachtsamkeit des Mieters zu Bruch gehen, wird der Schaden auch von der Versicherung bezahlt.

Mietsachschäden am Inventar der Reiseunterkunft

Neben fest mit dem Gebäude verbundenen Teilen werden oftmals auch bewegliche Gegenstände mitgemietet, die mit dem eigenen Hausrat gleichzusetzen sind. Dies ist insbesondere bei Urlaubsreisen der Fall, wenn Ferienwohnungen oder -häuser für die Dauer des Aufenthaltes gemietet werden. Aber auch in Hotelzimmern und Pensionen sind schon häufig Couchgarnituren, Stühle, Vasen, Lampen oder der Fernseher beschädigt worden.

Hierfür wird nach Proximus 4 ebenfalls Versicherungsschutz geboten. Deckung besteht bis zu einer Summe von 100.000 €. Achten Sie darauf, dass diese Erweiterung auch in Ihrer angebotenen PHV enthalten ist!

Gemietete, geliehene, geleaste, gepachtete, unentgeltlich überlassene bewegliche Sachen

Auch außerhalb der Reiseunterkunft ist es üblich, Gegenstände zu mieten oder sich auszuleihen. Die Versicherer reagieren hier nach wie vor sehr zurückhaltend mit der Deckung, da doch ein nicht gerade geringes Schadenpotenzial besteht und – ohne irgendjemandem etwas unterstellen zu wollen – der Anreiz zum gefälligkeitshalben „Schummeln" gegenüber dem VR gegeben ist. Von einem Nachbarn oder Freund geht etwas kaputt und die Frage wird gestellt: „Können wir das nicht über die Versicherung laufen lassen?"

Dass es sich hierbei nicht nur um ein Kavaliersdelikt handelt, sollte uns allen klar sein. Für tatsächlich entstandene Schäden an insbesondere ausgeliehenen Sachen haben viele Versicherer den Versicherungsschutz mit in ihre Angebote aufgenommen. Dieses ist auch gut so und sollte von Ihnen aktiv mit angesprochen werden. Dadurch lässt sich das „Tricksen" bei vielen Schadenkonstellationen vermeiden.

Schäden an Gegenständen wie z. B. der geborgten Bohrmaschine des Nachbarn, der Videokamera oder dem Handy des Freundes / der Freundin sind dadurch versichert; aber auch Schäden an Sachen, die ich mir offiziell ausleihe und dafür Geld bezahle (z. B. die CD einer Videothek, das ausgeliehene Fahrrad im Urlaub oder das Surfbrett am Strand).

Die Deckungssumme für derartige Schäden wird verständlicherweise nicht so hoch angesetzt, sondern beträgt nach Proximus 4 je Versicherungsfall 15.000 €. Es gilt eine Selbstbeteiligung von 100 €.

Vom Versicherungsschutz ausgeschlossen bleiben Ansprüche wegen Abnutzung, Verschleiß, übermäßiger Beanspruchung und das einfache **Abhandenkommen von Sachen (z. B. leiht sich jemand ein Kleidungsstück und verliert dieses – hier fehlt es an dem eigentlichen Sachschaden).**

Vorsicht:

Schäden, die jemand verursacht

- als Fahrer an ausgeliehenen / gemieteten Pkw,
- als Führer an fremden motorgetriebenen und führerscheinpflichtigen Wasserfahrzeugen,
- als Führer an motorgetriebenen Luftfahrzeugen,

fallen z. B. nicht unter den Versicherungsschutz!

Ebenso sind Schäden an fremden Sachen, die durch verbotene Eigenmacht erlangt wurden (d. h. ohne Wissen und Erlaubnis des Besitzers), vom Versicherungsschutz ausgeschlossen.

Dieses erfüllt nicht den Tatbestand der Leihe etc.

Neben diesen drei wichtigen Bausteinen bietet Proximus 4 zusätzliche Deckungsinhalte, die ebenfalls mit der Beschädigung von fremdem Eigentum zusammenhängen und an dieser Stelle mit aufgeführt werden sollen:

Schäden an ärztlich verordneten medizinischen Hilfsmitteln

Dieser zusätzliche Versicherungsschutz beinhaltet die Mitversicherung von Schäden an Hilfsmitteln, die ärztlich verordnet werden und z. B. von einer Krankenkasse für therapeutische und diagnostische Zwecke befristet zur Verfügung gestellt werden. Auch diese Hilfsmittel, wie z. B. Blutdruckmessgeräte, Inhaliergeräte etc., werden vom Patienten ausgeliehen und sind bis zu 15.000 € bei einer Selbstbeteiligung von 100 € mitversichert.

Schäden an Ausbildungsgegenständen

In der Schule, im fachpraktischen Unterricht oder bei Berufs- oder Studienpraktika werden oft Gegenstände benutzt, die leicht beschädigt werden können. Denken Sie beispielsweise an Experimente im Chemie- oder Physikunterricht oder an das Hantieren mit Maschinen. Schäden an diesen Gegenständen, die für die Tätigkeit zur Verfügung gestellt werden, sind auch hier bis zu 15.000 € bei einer vereinbarten Selbstbeteiligung von 100 € versichert.

Personen-, Sach- oder Vermögensschäden **aus dieser Tätigkeit heraus** sind ebenfalls von der PHV im Rahmen der vereinbarten Versicherungssummen gedeckt, sofern nicht Versicherungsschutz über die Schule oder den Betrieb bestehen sollte (z. B. wird eine Person bei einem Experiment verletzt).

Es bleiben Ansprüche wegen Abnutzung, Verschleiß, übermäßiger Beanspruchung und das einfache **Abhandenkommen** von Ausbildungsgegenständen und medizinischen Hilfsmitteln vom Versicherungsschutz ausgeschlossen.

Abhandenkommen von Türschlüsseln oder Codekarten

Wenn Ihr Kunde als Mieter seinen Haustürschlüssel verliert, hat der Vermieter als Geschädigter das Recht, die Auswechslung der Schlösser auf Kosten des Mieters zu verlangen. Dieses Risiko ist ebenfalls enthalten und der Versicherer übernimmt dann bis zu 100.000 € für Ihren Kunden die Kosten.

Nicht nur Mieter sind eine wichtige Zielgruppe für diese Erweiterung. Auch unter Nachbarn werden häufig Schlüssel ausgetauscht (z. B. für das Blumengießen während des Urlaubs), die jeder schnell verlieren kann. Ebenso werden im Rahmen einer ehrenamtlichen Tätigkeit überlassene Schlüssel vom Versicherungsschutz erfasst (insbesondere die für die Tätigkeit in Vereinen notwendigen Schlüssel von Sporthallen oder Vereinshäusern).

Proximus 4 bietet selbst Versicherungsschutz für den Verlust von **beruflich bzw. dienstlich** erhaltenen Schlüsseln im Rahmen der Deckungssumme von 100.000 €.

Sie erkennen, dass der Versicherungsschutz für viele gemietete / geliehene Sachen bereits in der PHV enthalten ist. Je mehr und höher Sie hierfür Deckung anbieten können, umso besser für Ihre Kunden.

1.1.6.4   Sport / Hobby

Sport, solange er privat ausgeübt wird, ist durch die PHV gedeckt. Hierzu zählen auch private Radrennen ohne eine erforderliche Lizenz sowie die Nutzung von Pedelecs bis zu 25 km / h (mit oder ohne Anfahrhilfe). Außerdem privat betriebene Sportarten wie:

Fußball	Badminton
Basketball	Golf
Volleyball	Eishockey
Handball	Skifahren
Bungee-Jumping und …	Tennis

Tab. 2: Beispiele für versicherte Sportarten in der PHV

Was hier im Einzelnen passieren kann, ist leicht vorstellbar. In erster Linie sind es Personenschäden, die schnell eintreten und zu einem Anspruch des Geschädigten führen können.

Der Versicherungsschutz (Deckung) stellt hier kein Problem dar, anders ist es schon mit der Frage der Haftung. Kann es sein, dass mein Mitspieler/Gegner beim Tennis, Fußball etc. einen Anspruch gegen mich hat, wenn ihn ein Ball etwas härter trifft und er verletzt wird?

Der gesunde Menschenverstand sagt uns: nein! Und so bestätigen es die Gerichte hier in Deutschland. Wenn jemand sich dem Spiel bewusst aussetzt, dann muss/kann er mit Verletzungen aus dem Spielbetrieb heraus rechnen und kann dadurch nicht von seinem Gegner auch noch ein Schmerzensgeld zugesprochen bekommen.

Zumindest nicht bei leichter Fahrlässigkeit. Bei grober Fahrlässigkeit oder gar Vorsatz sieht es schon wieder anders aus.

Kurze Zwischenfrage: Also besteht doch kein Versicherungsschutz? Ich verletze jemanden beim Fußballspielen, derjenige will Geld von mir und meine Versicherung zahlt nicht?

Doch! Natürlich besteht Versicherungsschutz!

Und worin besteht die Leistung des Versicherers? **In der Abwehr unberechtigter Ansprüche!**

Wie oben beschrieben, darf diese Leistung nicht unterschätzt werden. Wer übernimmt denn ansonsten die Anwalts- und Gerichtskosten für mich, wenn ich von dem Geschädigten vor ein Gericht geladen werde? Eine etwaig vorhandene Rechtsschutzversicherung wird dies nicht tun – aber dazu im zweiten Kapitel mehr.

Fast jeder Kunde hat ein Hobby. Auch hieraus lassen sich genug alltägliche Schadenbeispiele herleiten, die die PHV unverzichtbar machen.

Aber nicht jedes Hobby ist in der PHV automatisch versichert. Hierzu sollte sich der Verkäufer in den Bedingungen seines Versicherers genau auskennen, damit er vorhandene Deckungslücken nicht übersieht.

Im Kern kann man sagen, dass die etwas „luxuriöseren" Hobbys bzw. Sportarten nicht von der PHV erfasst werden und hierfür eine gesonderte Haftpflichtversicherung abgeschlossen werden muss. Beispielhaft sei die Ausübung von Jagd genannt.

Lösung: Die Jagd-Haftpflichtversicherung

Erwähnt werden muss hier, dass der **erlaubte** private Besitz von Waffen über die PHV mitversichert ist (wenn sich z. B. unerwartet beim Anschauen einer im Waffenschrank gelagerten Pistole ein Schuss löst und einen Besucher verletzt), solange der Schaden nicht während der Jagd passiert.

Wasserfahrzeuge

Des Weiteren ist das Führen oder Halten von **eigenen** Motorbooten und Segelbooten nicht versichert. Hierfür ist der Abschluss einer **Wassersport-Haftpflichtversicherung** (siehe S. 41) notwendig.

Allerdings ist in der PHV das Führen von **fremden** Segelbooten versichert. Warum wird zwischen dem Gebrauch von eigenen und fremden Segelbooten ein Unterschied gemacht? Segelboote, die jemand besitzt, wird er auch häufig benutzen. Die Gefahr des Schadens liegt demnach höher als bei denjenigen, die sich nur mal gelegentlich ein Boot am Sonntag ausleihen und damit einen Ausflug machen. Zudem soll Versicherungsschutz für den Fall geboten werden, dass der Bootsverleiher keinen ausreichenden Versicherungsschutz nachweisen kann.

Gleicher Versicherungsschutz gilt für den Gebrauch von **eigenen und fremden** Windsurfbrettern, Ruder-, Paddel-, Schlauchbooten und dergleichen ohne Motor sowie von **fremden** Wassersportfahrzeugen mit Motoren, die nur gelegentlich benutzt werden, wenn für das Führen keine behördliche Erlaubnis erforderlich ist (Jetski im Urlaub, Benutzung von Motorbooten in verschiedenen Ländern). Der Benutzer soll durch die PHV vor Ansprüchen geschützt werden, da nicht jeder gleich über eine eventuell vorhandene Haftpflichtversicherung für das Boot nachdenkt (wer von uns überprüft das schon?).

Aufpassen muss man bei der Frage, welche Schäden denn hiermit überhaupt gemeint sind. Es geht nicht um Schäden an dem Boot oder Surfbrett, sondern um Schäden, die **durch** den Gebrauch des Bootes oder Surfbrettes angerichtet werden, wie z. B. das Anfahren eines anderen Bootes oder die Verletzung einer Person durch das Boot. Diese Unterscheidung ist sehr wichtig, da viele Kunden glauben, der Schaden an dem Boot sei ebenfalls uneingeschränkt versichert. Dies ist er aber nicht, und warum nicht?

Weil es sich hierbei wieder um einen Schaden an einem gemieteten / geliehenen Gegenstand handelt, der aber nur eingeschränkt unter die mitversicherten Mietsachschäden an beweglichen Sachen fällt (siehe oben).

Kitesportgeräte, Strand- und Eissegler

Diese Sportarten kommen immer mehr in Mode und es versteht sich von selbst, dass eine PHV derartige Risiken mit aufgreifen muss. Versichert ist deren Gebrauch, wenn

- diese keinen Motor besitzen,
- die Kite- bzw. Segelfläche maximal 15 m² und
- bei Kitesportgeräten die Seillänge max. 30 m beträgt.

Kraftfahrzeuge

Für sein Auto benötigt jeder eine Kfz-Haftpflichtversicherung. Demnach ist es klar, dass derartige Risiken nicht von der PHV erfasst werden:

"Ausgeschlossen sind Ansprüche wegen Schäden, die der Eigentümer, Besitzer, Halter oder Führer eines Kraftfahrzeugs oder Kraftfahrzeug-Anhängers durch den Gebrauch des Fahrzeuges verursacht." (vgl. Risikobeschreibungen zur PHV gemäß Proximus 4)

Mitversichert sind aber kleinere Kfz- oder Arbeitsmaschinen, für die keine separate Kfz-Haftpflichtversicherung abgeschlossen werden kann, wie z. B. für

- Kfz mit nicht mehr als 6 km/h Höchstgeschwindigkeit (Kinder-Kfz, Krankenfahrstühle),
- selbst fahrende Arbeitsmaschinen mit nicht mehr als 20 km/h (z. B. der Aufsitzrasenmäher, das Schneeräumgerät oder ein Mähroboter).

In der Praxis kommt es zum Teil zu Abgrenzungsschwierigkeiten, da es Kunden oft nicht wahrhaben wollen, warum ein Schaden der Kfz-Haftpflichtversicherung und nicht der PHV zugeordnet wird. Und der gravierende Nachteil der Inanspruchnahme der Kfz-Haftpflichtversicherung ist ganz klar die darauf folgende Rückstufung im Schadenfreiheitsrabatt.

Knackpunkt des Ausschlusses in der PHV ist die Formulierung: "Nicht versichert ist der Gebrauch eines Kfz …"

Denn zum Gebrauch eines Kfz gehören z. B. auch

- das Be- und Entladen eines Kfz
- das Waschen eines Kfz
- das Reparieren eines Kfz.

Der Einkaufswagen, der beim Beladen des Fahrzeugs gegen ein anderes rollt; das schmutzige Autowaschwasser, welches gegen die Wäsche meines Nachbarn spritzt; der beim Reparieren in Brand geratene Pkw, der Fahrzeuge in der Umgebung beschädigt – das alles sind Kfz-Haftpflichtfälle und sie führen aufgrund der Rückstufung in vielen Fällen zu Unstimmigkeiten mit dem Versicherungsnehmer. Hierüber mit dem Kunden zu reden und ihn aufklären zu können, dies gehört ebenfalls zu unseren Aufgaben.

Viele Versicherer haben die erwähnten Be- und Entladeschäden mittlerweile in den Versicherungsschutz der PHV mit aufgenommen. Der verursachte Lackschaden am nebenstehenden Auto durch den wegrollenden Einkaufswagen muss also nicht über die Kfz-Haftpflichtversicherung reguliert werden und Ihr Kunde behält den für ihn so wichtigen Schadenfreiheitsrabatt.

Proximus 4 versichert derartige Schäden automatisch bis zu einem Betrag von 1.500 €. Somit kann zumindest ein Teil oder u. U. auch der komplette Schaden an dem Fremdfahrzeug über die PHV reguliert werden. Demnach gilt: Die Regelung ist ein **Rabattretter in der PHV für die Kfz-Haftpflichtversicherung!**

Sie haben zugleich ein elegantes Argument, um über die Kfz-Versicherung auch gleich Ihre PHV mit anzubieten. Es ist zu begrüßen, wenn Produkte einer Gesellschaft mehr oder weniger voneinander abhängig gemacht werden und sich zahlreiche Vorteile für den Kunden ergeben, wenn er möglichst viele Verträge bei einem Unternehmen abschließt.

Zu erwähnen ist noch der Fall, in dem der Beifahrer in einem Kfz die Tür öffnet und einen von hinten heranfahrenden Radfahrer übersieht und ihn verletzt. Gehört dieser Fall zur Kfz-Haftpflichtversicherung oder zur PHV?

Die Antwort lässt sich einzig und allein aus der Formulierung ableiten: „Ausgeschlossen sind Ansprüche wegen Schäden, die der Eigentümer, Besitzer, Halter oder Führer eines Kraftfahrzeugs …"

Erfüllt der Beifahrer als Person keine dieser Eigenschaften, gehört so ein Fall im Umkehrschluss dann zur PHV!

Modell- und Luftfahrzeuge

Ferngelenkte Modellfahrzeuge zu Lande und zu Wasser können ebenfalls Schäden verursachen und werden vom Versicherungsschutz erfasst. Insbesondere die schnellen „Landflitzer" sind nicht gerade ungefährlich und der Gebrauch (auch durch die Kinder) stellt ein Risikopotenzial dar.

Bei Luftfahrzeugen beschränkt sich der Versicherungsschutz auf reine Spielmodelle. Es handelt sich hierbei z. B. um kleinere batteriebetriebene Flugmodelle, Segelflugmodelle, Kinder- und Lenkdrachen bis max. 5 kg Fluggewicht. **Hinzu kommen nach Proximus 4 die Drohnen bis maximal 250 g Fluggewicht.**

In den Bedingungen werden die versicherten Kraft-, Luft- und Wasserfahrzeuge im Detail beschrieben. Im Umkehrschluss fällt der Besitz oder das Führen nicht definierter Fahrzeuge automatisch auch **nicht** unter den Versicherungsschutz.

1.1.6.5 Versicherte Tiere

Die Überschrift ist streng genommen nicht ganz korrekt, da der Halter des Tieres und nicht das Tier selbst versichert ist. Das Tier kann auch schlecht zur Haftung herangezogen werden.

Als Halter von welchen Tieren ist man nun in der PHV geschützt und wofür muss jemand eine separate

Tierhalter-Haftpflichtversicherung (siehe S. 38) abschließen?

Vorab sei nochmals erwähnt, dass es sich bei den Tieren, die ich zu meinem privaten Vergnügen halte, um eine Gefährdungshaftung handelt. Umso notwendiger ist ein geeigneter Versicherungsschutz! Grundsätzlich ist es egal, wie der Schaden durch das Tier entsteht – der Halter ist dafür haftbar zu machen (auch wenn – etwas überspitzt gesagt – der Hund den Radfahrer nur etwas lauter anbellt und dieser mit dem Rad stürzt).

Aufgrund dieser Tatsache kann die PHV mit ihren günstigen Beiträgen gemäß den Risikobeschreibungen nur einen begrenzten Versicherungsschutz bieten: „Versicherungsschutz besteht als Halter oder Hüter von zahmen Haustieren, gezähmten Kleintieren und Bienen". Demnach fallen darunter z. B.

- die Katze,
- das Meerschweinchen,
- der Hamster,
- alle Arten von „normalen" Vögeln, wie z. B. der Wellensittich, der Papagei etc.,
- das Kaninchen und sogar ein Schaf.

Nicht unter den Versicherungsschutz fallen die bereits erwähnten Hunde, alle Arten von Pferden, sonstige Reit- und Zugtiere sowie alle Tiere, die zu gewerblichen oder landwirtschaftlichen Zwecken gehalten werden. Ebenso fallen wilde Tiere nicht unter den Versicherungsschutz – auch wenn sie nachträglich gezähmt wurden. Erwähnenswert sind hier die Besitzer von Terrarien, die alle möglichen Arten von Tieren, wie z. B. Schlangen, Eidechsen, Leguane, Spinnen etc. enthalten können.

Können Sie als Vermittler ein Tier nicht eindeutig zuordnen, ist ein Anruf in der Fachabteilung der jeweiligen Versicherungsgesellschaft ratsam. Oftmals kann ein Tier gegen einen geringen Prämienzuschlag im Rahmen der PHV und damit ohne Abschluss einer separaten Tierhalter-Haftpflichtversicherung mitversichert werden.

Es gibt auch viele Kunden bzw. Familien, die sich ein Pferd ausleihen und damit ausreiten. Was passiert, wenn der Reiter einen Fehler begeht und das Pferd z. B. gegen ein parkendes Auto tritt? Wer ist für diesen Schaden nun haftbar zu machen? Natürlich der Halter und Eigentümer des Pferdes, da dieser in der Regel aufgrund der Gefährdungshaftung zur Verantwortung gezogen werden kann.

Aber kann der Reiter ebenfalls zur Kasse gebeten werden? Natürlich! Die Gefährdungshaftung schließt die Haftung aus eigenem Verschulden nicht aus. Daher könnte in diesem Fall bei einem erwiesenen Reitfehler die Versicherung des Pferdehalters sich das Geld bei dem Reiter wiederholen. Auch dafür hat die PHV Vorsorge getroffen:

Die Kunden genießen ebenfalls Versicherungsschutz als Reiter bei der Benutzung fremder Pferde!

Doch Vorsicht: Verletzt sich das Pferd bei dem Tritt gegen das Auto und verlangt der Tierhalter vom Reiter Schadenersatz für die Behandlungskosten, ist dieser Fall nicht abgesichert! Es geht auch hier um Schäden, die durch das Pferd verursacht werden, und nicht um Schäden an dem Pferd.

Gleiches gilt, wenn z. B. jemand auf einen Hund oder eine Katze des Nachbarn aufpasst und durch ein Verschulden des Hüters der Hund oder die Katze einen Schaden anrichtet. Dieser Schaden wird ebenfalls von der PHV gedeckt.

In diesem Punkt zeigt sich wieder, wie wichtig es ist, die Inhalte einer PHV zu kennen. Wenn ich als Verkäufer nicht weiß, was eine PHV beinhaltet, kann ich auch nicht wissen, wofür ich zusätzlichen Versicherungsschutz anbieten muss und weitere Verträge schreiben kann.

1.1.6.6 Internetnutzung

Zum Alltag im Zeitalter von Computer und Internet gehören die private Verarbeitung und der Versand von Daten. Im Netz zirkulierende Computerviren und ähnliche Schadenprogramme können dabei unwissentlich mit versendet werden. Hierdurch können Daten auf dem Rechner des Empfängers unbrauchbar gemacht oder sogar gelöscht werden.

Die PHV bietet hierfür ebenfalls Versicherungsschutz und dies europaweit. Bereitgestellt wird eine Versicherungssumme von 15.000.000 €. Eine wichtige Voraussetzung für die Leistungen des VR ist jedoch, dass der Kunde seine Daten nach dem aktuellen Stand der Technik sichert und prüft bzw. prüfen lässt.

Insbesondere junge Leute nutzen das Internet und „surfen durch die Welt". Sind die Kinder denn auch uneingeschränkt in der PHV versichert? Wie lange zählen sie zu den versicherten Personen? Dies ist eine weitere wichtige Frage, die Sie in der Praxis häufig beantworten müssen.

1.1.6.7 Versicherter Personenkreis

Wer ist denn nun versichert in der PHV? Welche Personen werden von einer Familien-PHV erfasst und für wen muss ich einen gesonderten Vertrag abschließen?

Grundsätzlich mitversichert sind:

- der Versicherungsnehmer
- sein Ehegatte (immer bis zur rechtskräftigen Scheidung)
- der eingetragene Lebenspartner
- alle unverheirateten minderjährigen Kinder.

Soweit kein Ehegatte/Lebenspartner vorhanden ist, kann ein nichtehelicher Lebenspartner in die PHV mit aufgenommen werden (Lebensgemeinschaft). Voraussetzung ist eine Aufnahme in den Vertrag sowie das Bestehen einer häuslichen Gemeinschaft mit amtlicher Meldung unter der gleichen Anschrift. Die Kinder des Lebenspartners sind dann ebenfalls mitversichert.

Volljährige Kinder sind nur mitversichert, soweit sie sich noch in einer Schul- oder innerhalb von 12 Monaten sich daran anschließenden Berufsausbildung befinden. **Eine Altersbegrenzung gibt es hier nicht. Auch ist keine häusliche Gemeinschaft Voraussetzung für die Mitversicherung.** Bei Ableistung des freiwilligen Wehrdienstes, des Bundesfreiwilligendienstes oder des freiwilligen sozialen Jahres besteht ebenfalls noch Versicherungsschutz im Rahmen der elterlichen PHV.

Man kann sagen, dass für volljährige Kinder bis zum **Abschluss** einer beruflichen Ausbildung – auch Zweitausbildung – der Versicherungsschutz in der Familien-PHV besteht und diejenige Person erst nach dieser Zeit eine eigene Absicherung benötigt. Hierzu zählen z. B. die Lehre, das Studium mit Bachelor- oder/und Masterstudiengang sowie das Anerkennungsjahr für Erzieher oder Sozialpädagogen (jedoch keine Referendarzeit oder Fortbildungsmaßnahmen).

Die Regelungen für volljährige Kinder wurden in den vergangenen Jahren von den Versicherungsgesellschaften sehr unterschiedlich gehandhabt. Bei Unklarheiten empfiehlt sich eine Anfrage an die Gesellschaft. Es sollte dabei immer eine kurze schriftliche Bestätigung mit eingeholt werden.

Versichert sind aber nicht nur Familienangehörige, sondern auch

- im Haushalt des Versicherungsnehmers beschäftigte Personen gegenüber Dritten aus dieser Tätigkeit (wenn z. B. eine Haushälterin beim Einkauf im Supermarkt ein Weinregal umstößt oder die Aushilfe beim Servieren einem Gast ein Glas Rotwein über seinen teuren Anzug schüttet).

Aus einem privaten Beschäftigungsverhältnis heraus können unserem VN auch Schadenersatzansprüche aus Diskriminierungstatbeständen nach dem Allgemeinen Gleichbehandlungsgesetz – z. B. bei einer Einstellung – treffen. Selbst dieses Risiko ist **in Deutschland** innerhalb der PHV mit abgedeckt.

- Personen, die aufgrund eines Arbeitsvertrags oder aus Gefälligkeit Wohnung, Haus und Garten betreuen oder den Streudienst versehen (wenn z. B. ein Nachbar vergisst, im Winter für mich zu streuen und ein Passant sich verletzt).

Diese Personen genießen ebenfalls den Versicherungsschutz der PHV – unabhängig von einer eventuell vorhandenen eigenen Haftpflichtabsicherung. Der Grund für die Mitversicherung liegt darin, dass diese Personen nur das tun, was unser Kunde selbst im Rahmen seiner Privatsphäre tun würde – und deshalb sollen auch sie Versicherungsschutz für eventuelle „Fehler" haben.

Weiterhin mitversichert sind

- minderjährige Gast- bzw. Austauschkinder sowie Au-Pairs während der Dauer ihres Aufenthaltes bis zu maximal einem Jahr, sofern sie nicht über eine eigene Haftpflichtabsicherung verfügen,
- im gemeinsamen Haushalt des VN lebende alleinstehende, unverheiratete Angehörige mit einer Pflegebedürftigkeit von mindestens Pflegegrad II. Die Mitversicherung bleibt bei einem direkt anschließenden Aufenthalt in einem Pflegeheim bestehen, sofern nicht anderweitig Versicherungsschutz besteht.

Zur Klarstellung bleibt noch anzumerken, dass gegenseitige Ansprüche untereinander jeweils vom Versicherungsschutz ausgeschlossen sind.

Tätigkeit als Tagesmutter

Viele Mütter, die selbst kleine Kinder haben, betätigen sich nebenbei als Tagesmutter. Es muss unbedingt darauf geachtet werden, dass das Risiko der Aufsichtspflichtverletzung mit abgesichert ist. Verletzen sich kleine Kinder, ist dies schon schlimm genug; besteht keine Absicherung gegenüber den Eltern der verletzten Kinder, ist dies unverzeihlich.

Proximus 4 bietet Versicherungsschutz für bis zu fünf zur Betreuung übernommene minderjährige Kinder, soweit sie im eigenen Haushalt oder im Haushalt der betreuten Kinder – also nicht in separat angemieteten Räumen – versorgt werden. Aufenthalte außerhalb der Wohnung (z. B. auf Spielplätzen oder bei Ausflügen) sind ebenfalls mitversichert.

Ehrenamtliche Tätigkeit, Freiwilligenarbeit, Nebenberufliche Tätigkeiten

Ebenso wie die Tagesmuttertätigkeit fällt die ehrenamtliche Tätigkeit bereits in den Bereich einer beruflichen Tätigkeit, die dem eigentlichen Sinne einer **Privat**haftpflicht widerspricht und nicht so ohne Weiteres versichert ist. Die Grenzen hierzu sind allerdings fließend und es wäre fatal, wenn im Falle eines Falles der Kunde auf einmal ohne jeglichen Versicherungsschutz dasteht. Zum einen wird eine Privatperson im Regelfall sich nicht selbst um eine Haftpflichtabsicherung für ihre ehrenamtliche Tätigkeit kümmern und zum anderen ist es nicht sichergestellt, ob die Organisation bzw. der Verein seine Helfer ausreichend mit absichert.

Mit seiner PHV soll sich der Kunde über derartige Fälle keine Gedanken machen müssen und daher stellt Proximus 4 klar, dass für folgende Konstellationen/Tätigkeiten Versicherungsschutz besteht, sofern nicht aus einem anderen Vertrag oder von einer anderen Person Schadenersatz beansprucht werden kann:

Die Tätigkeit muss unentgeltlich erfolgen oder es dürfen max. steuerfreie Einnahmen nach dem Einkommensteuergesetz erzielt werden. Darunter fällt die Mitarbeit

- in der Kranken- und Altenpflege, der Behinderten-, Kirchen- und Jugendarbeit,
- in Vereinen, Bürgerinitiativen, Parteien und Interessenverbänden,
- bei der Freizeitgestaltung in Sportvereinigungen, Musikgruppen oder gleichartig organisierten Gruppen.

Nicht zu verwechseln sind diese Tätigkeiten mit leitenden Ehrenämtern (z. B. Vorstandsarbeit), öffentlichen oder hoheitlichen Ehrenämtern (z. B. Gemeinderatsmitglied) oder einer Tätigkeit als Betriebs- oder Personalrat.

Derartige Beschäftigungen sind mit dem „normalen" privaten Charakter nicht mehr vereinbar und müssen anderweitig abgesichert werden.

Ebenso wurde erkannt, dass kaum jemand über eine Absicherung für geringe nebenberufliche Tätigkeiten nachdenkt. Sobald in einer Schadenmeldung das Wort „beruflich" auftaucht, wird es mit einer Regulierung schwierig. Nun gibt es aber viele Personen, die sich neben ihrer eigentlichen Beschäftigung noch etwas hinzuverdienen. Als Klassiker sind hier der Verkauf von Küchenartikeln oder die Erteilung von Nachhilfeunterricht zu nennen. Hierfür eine separate Betriebshaftpflicht abschließen zu müssen, ist dem Kunden gegenüber schwer vermittelbar. Proximus 4 hat daher nebenberufliche Tätigkeiten bis zu einem **Jahresgesamtumsatz von maximal 10.000 €** mit aufgenommen, sofern keine Angestellten beschäftigt werden und durch keinen anderen Vertrag Haftpflichtversicherungsschutz besteht. Die Tätigkeiten sind genau definiert – es muss sich handeln um

- Flohmarkt- und Basarverkauf,
- Änderungsschneiderei, Handarbeiten,
- Zeitungs-, Zeitschriften- und Prospektzustellung,

- Annahme von Sammelbestellungen,
- Markt- und Meinungsforschung, Daten- und Texterfassung,
- die Erteilung von Nachhilfe- und Musikunterricht sowie Fitnesskursen,
- den Vertrieb von Kosmetik, Haushaltsartikeln, Bekleidung, Schmuck, Kunsthandwerk.

Entstehende Schäden gegenüber Kunden oder auch als Fahrradfahrer während einer Prospektzustellung sind hier leicht vorstellbar.

Nicht versichert sind im Rahmen dieser Tätigkeiten die sogenannten **Bearbeitungsschäden.** Erläuterungen hierzu finden Sie auf S. 203 zur Betriebshaftpflicht im gewerblichen Teil.

1.1.6.8   Auslandsaufenthalte

Versicherungsschutz besteht bis auf wenige Ausnahmen (vgl. Internetnutzung) für die Risiken innerhalb **der EU** sowie der Schweiz, in Norwegen, Island, Andorra, San Marino, Monaco oder Liechtenstein ohne eine zeitliche Einschränkung. Darüber hinaus besteht **weltweit** bis zu **zwei Jahren** Aufenthalt Versicherungsschutz.

Steht z. B. von Beginn an fest, dass ein Aufenthalt in den USA länger als zwei Jahre dauert, besteht von Beginn an kein Versicherungsschutz, auch nicht für die ersten beiden Jahre.

Besondere Vereinbarungen mit Ihrem Versicherer bzgl. einer zeitlichen Ausdehnung des Versicherungsschutzes sind natürlich jederzeit denkbar.

An dieser Stelle nochmals der Hinweis, dass es sich um eine **Privat**-Haftpflichtversicherung handelt. Alle Schäden, die im Rahmen einer **beruflichen** Tätigkeit z. B. auf einer Dienstreise im Ausland entstehen, sind nicht vom Versicherungsschutz erfasst (mit den bereits genannten Ausnahmen).

1.1.6.9   Schäden durch nicht deliktsfähige Kinder

Auch an diesem Punkt wird deutlich, wie wichtig es ist, als Berater die Grundlagen der gesetzlichen Haftung zu verstehen. Kurz zur Wiederholung folgende Aussage:

> „Wenn ein 6-Jähriger im Straßenverkehr einen Schaden anrichtet und die Aufsichtspflicht nicht verletzt wurde, besteht über die PHV der Eltern kein Versicherungsschutz!"

Ist diese Aussage richtig oder falsch?

Um die Frage beantworten zu können, müssen Haftung und Deckung ganz klar voneinander getrennt betrachtet werden. Wie wir am Anfang festgestellt haben, können unter 7-Jährige grundsätzlich für ihre Taten nicht zur Verantwortung gezogen werden.

Also besteht keine Haftung.

Gehören die Kinder zu den mitversicherten Personen einer Familien-PHV?

Natürlich, also besteht Deckung = Versicherungsschutz.

Demnach muss die Aussage eindeutig als falsch bewertet werden.

Aber worin besteht der Versicherungsschutz?

In der Abwehr der unberechtigten Ansprüche!

Die Erweiterung des Versicherungsschutzes liegt durch den Einschluss von „Schäden durch nicht deliktsfähige Kinder" demnach darin, dass der Versicherer die Ansprüche des Geschädigten nicht abwehrt, sondern im Interesse des Versicherungsnehmers, also wenn der Versicherungsnehmer es wünscht, bezahlt. Und gerade dieses kann bei Schäden in der Nachbarschaft oder bei Bekannten eine erhebliche Rolle spielen. Aber nicht nur hier. Viele Bürger sehen eine moralische Verpflichtung für einen Ausgleich derartiger Schäden.

Es steckt der Gedanke dahinter: „Schon peinlich genug, wenn mein Kind einem anderen einen Schaden zufügt. Dann soll der Geschädigte auch wenigstens einen Ausgleich für den Schaden bekommen und ich will mich nicht auch noch mit ihm herumärgern müssen, weil meine Versicherung nicht zahlt. Schließlich will ich auch nach dem Schaden mit ihm reden können."

Familien mit Kindern sind für diese Erweiterung eine starke Zielgruppe. Aber auch für Großeltern und ihre Enkelkinder wird dieses teilweise mit angeboten. Für diese Zielgruppen ist diese Erweiterung ein Muss, möchte man sich als Verkäufer nicht mit verärgerten Kunden herumschlagen. Frei nach dem Motto: Jetzt habe ich mal einen Schadenfall und die Versicherung will nicht zahlen. Typisch!

Die Versicherer begrenzen die Leistungen für diese Erweiterung in der Regel auf eine Obergrenze. Nicht wenig sind z. B. 100.000 € nach Proximus 4.

1.1.6.10 Gefälligkeitsschäden

Mit den sogenannten Gefälligkeitsschäden verhält es sich wie bei den „Schäden durch nicht deliktsfähige Kinder". Was ist, wenn ich jemandem beim Umzug helfe, dabei etwas fallen lasse und dieser Gegenstand dann zu Bruch geht? Auch hier besteht der Versicherungsschutz in der Abwehr der unberechtigten Ansprüche. Die Gerichte in Deutschland haben nämlich festgelegt, dass ich nicht dafür haften muss, wenn ich wie in diesem Beispiel jemandem behilflich bin und dabei versehentlich etwas kaputt geht („dann soll derjenige seinen Umzug doch allein machen, das hätte ihm genauso passieren können" – so die Argumentation der Richter).

Aber auch hier habe ich als Verursacher oftmals die moralische Verpflichtung zu zahlen, da es mir ja auch ein wenig peinlich ist. Diesem kann ich mit der Erweiterung durch die Gefälligkeitsschäden begegnen. Der Versicherer wird den Schaden bezahlen, soweit ich als Kunde dieses wünsche.

Als Gefälligkeit gelten übrigens nur Umstände, durch die der Hilfeempfänger einen wirtschaftlichen Vorteil erzielt, wenn er z. B. nicht extra ein Umzugsunternehmen beauftragen muss und dadurch Geld spart.

Die Höhe des Einschlusses beträgt auch hier 100.000 €.

1.1.6.11 Forderungsausfalldeckung

Sie gehört zu jedem guten Angebot dazu. Man kann den Spieß ja auch umdrehen und dem Kunden erläutern, dass nicht unbedingt er einen anderen schädigen muss, sondern selbst Betroffener wird und geschädigt werden kann. Hiervor kann sich leider keiner schützen.

- Nun ist die **PHV** leider immer noch keine **Pflichtversicherung**.
- **Fast jeder Dritte** ist nach Zahlen des Gesamtverbandes der Deutschen Versicherungswirtschaft **nicht haftpflichtversichert** und hat demnach keine große Versicherung, die als Bank hinter ihm steht.
- Deutschland ist gezeichnet von einer **wachsenden Kluft zwischen Arm und Reich.**

All diese Faktoren erhöhen die Wahrscheinlichkeit, dass unser Kunde von jemandem geschädigt wird, der selbst kein Vermögen hat und bei dem über längere Zeit auch nichts zu holen ist. Ihr Kunde ist aber z. B. durch einen mit einem Fahrrad verursachten Verkehrsunfall schwer getroffen und hat Anspruch auf ein hohes Schmerzensgeld, Unterhalts- oder Rentenzahlungen. Was nun?

Hier hilft die Forderungsausfalldeckung, die nichts anderes besagt, als dass die Forderung gegenüber dem Schädiger ausfällt, der Kunde vom Schädiger kein Geld bekommt und die Forderungsausfalldeckung dann den **eigenen** Schaden übernimmt. Der Schädiger kann auch in den EU-Staaten, in der Schweiz, in Norwegen, Island, Andorra, San Marino, Monaco oder Liechtenstein seinen Wohnsitz haben und wer weiß schon, wie einfach oder schwer es ist, dort seine Forderungen durchzusetzen.

Die Forderungsausfalldeckung stellt ein Spiegelbild der eigenen PHV dar. Sie leistet bis auf wenige Ausnahmen immer dann, wenn die eigene PHV auch für Personen- und Sachschäden leisten würde (z. B. keine Vermögensschäden). Da in der PHV auch keine Vorsatztaten versichert sind, würde verständlicherweise auch hierfür kein Versicherungsschutz bestehen

(wobei hiervon zum Teil schon von einigen Versicherern abgewichen wird).

Voraussetzung für den Versicherungsschutz ist, dass der Kunde den Schädiger auf Schadenersatz verklagt, einen vollstreckbaren Titel erhält und nicht oder nicht vollständig zu seinem Schadenausgleich kommt. Diese Erweiterung tritt nach Proximus 4 erst bei Schäden ab 1.500 € in Kraft. Die Forderungsausfalldeckung soll nicht für jeden „Kleckerschaden" genutzt werden.

Dafür wird sie auch aktiv, wenn der Schaden nicht durch eine Person, sondern durch einen Hund oder ein Pferd verursacht wird und der Halter mittellos ist.

Die Forderungsausfalldeckung ist eine Existenzabsicherung. Dieses muss dem Kunden auch so verkauft werden und sie ist daher unverzichtbar in jeder PHV-Absicherung!

1.1.6.12   Neuwertentschädigung

In § 823 BGB steht:

§ 823 BGB

„ … ist dem anderen zum Ersatz des daraus entstehenden Schadens verpflichtet".

Hieraus begründet sich, dass die Haftpflichtversicherung Schadenersatz zum Zeitwert leistet. Wenn eine Sache beschädigt wird, ist diese meist schon älter und der VR ist berechtigt, gewisse Abzüge, die im Laufe der Jahrzehnte von der Rechtsprechung entwickelt wurden, vorzunehmen. Sie wissen vermutlich, dass gerade bei z. B. elektronischen Geräten der Wertverlust in den ersten Jahren besonders hoch ist.

Aber nehmen wir einmal an, Ihr Kunde beschädigt das 4 Monate alte Sofa eines Nachbarn, welches nicht gerade preiswert gewesen ist. Leider ist dies nicht mehr zu reparieren und der Nachbar verlangt von Ihrem Kunden verständlicherweise das Sofa in der Höhe zu ersetzen, sodass es wieder neu gekauft werden kann. Ihr Kunde meldet den versicherten Schaden seinem Haftpflicht-Versicherer und dieser nimmt von der ursprünglichen Anschaffungsrechnung gleich (berechtigterweise) einen Abzug von 300 € vor. Sie können sich vorstellen, dass der Nachbar nun ziemlich sauer sein wird und auch auf die restlichen 300 € besteht. Und Ihr Kunde wird sich bei Ihnen beschweren, was die hohen Abzüge denn überhaupt sollen?

Der VR hat nach Gesetzeslage korrekt gehandelt und Ihr Kunde würde vermutlich aus privater Tasche ebenfalls nicht mehr zahlen als er müsste. Aber der Ärger unter den Nachbarn und auch mit Ihnen als Vermittler ist vorprogrammiert. Sie haben nun die Möglichkeit, für Ihren VN gegenüber dem VR nachzuverhandeln oder aber Sie haben die Möglichkeit gehabt, eine PHV zu verkaufen, die auch eine Neuwertentschädigung beinhaltet!

Nach Proximus 4 gestaltet sich diese wie folgt:

Auf Wunsch des VN wird bis zu einem Betrag von **3.000 €** für Sachschäden auch Schadenersatz zum Neuwert geleistet, sofern der beschädigte bzw. zerstörte Gegenstand **nicht älter als 1 Jahr** alt ist. Das Kaufdatum muss nachgewiesen werden.

Aufgrund einer „Manipulationsgefahr" sind Schäden an

- Elektronischen Geräten (insbesondere Smartphones),
- Film- und Fotoapparate einschließlich Objektiven,
- Brillen jeder Art und Ferngläser

nicht von dieser Erweiterung erfasst.

1.1.7   Zusatzdeckungen zur Privat-Haftpflichtversicherung[1]

Alle bislang beschriebenen Inhalte bilden die Grunddeckung einer guten PHV und sind in dem Musterbedingungswerk „Proximus 4" enthalten. Jedes PHV-Angebot mit hiervon abweichenden entscheidenden Lücken oder Einschränkungen sollte dem Kunden nicht unterbreitet werden.

Ganz im Gegenteil: Die Privat-Haftpflichtversicherer haben ihren Versicherungsschutz in den vergangenen Jahren erheblich erweitert und bieten zahlreiche Einschlüsse, mit denen die beschriebene Deckung um ein Vielfaches erweitert werden kann. Je mehr der nachfolgend beschriebenen Einschlüsse Sie im PHV-Angebot einer Gesellschaft wiederfinden, desto stärker kann die PHV dieser Gesellschaft auch empfohlen werden.

Im Einzelnen gibt es z. B. folgende Versicherungsschutzerweiterungen, die für viele Kunden sinnvoll sind:

1.1.7.1   Forderungsausfall mit Opferschutz

Wie bereits dargelegt, sind reine Vorsatztaten auch im Rahmen der Forderungsausfalldeckung vom Versicherungsschutz ausgeschlossen. Nun wird Ihr Kunde aber Opfer einer Gewalttat und erleidet einen nicht unerheblichen Personenschaden. Zunächst einmal kann Ihr VN versuchen, wie immer Schadenersatz und Schmerzensgeld auf dem zivilrechtlichen Weg von dem Täter einzuklagen. Oftmals wird in derartigen Fällen aber nicht viel vom Täter zu bekommen sein und somit könnte die eigene Forderungsausfalldeckung hier einspringen. Aufgrund der Vorsatztat greift der „normale" Forderungsausfall hier aber nicht und es bietet sich diese nennenswerte Erweiterung an.

1.1.7.2   Teilweise Vermietung von Ferien-/Wochenendhäusern und -wohnungen

Die Nutzung eines Wochenend-/Ferienhauses bzw. von Wochenend-/Ferienwohnungen **zu eigenen Zwecken** ist in der PHV mitversichert. Es ist aber Alltag, dass diese auch hin und wieder von den Eigentümern **vermietet** werden. Dieses stellt ein zusätzliches Risiko dar, was gegen einen geringen Zusatzbeitrag in der PHV nach Proximus 4 mitversichert werden kann.

Ebenso können einzeln vermietete Eigentumswohnungen oder Garagen / Kfz-Stellplätze für kleines Geld mit eingeschlossen werden, ohne hierfür einen eigenen Haftpflichtvertrag abschließen zu müssen.

Fragen Sie nach den Möglichkeiten Ihres Versicherers, die auch oft überraschend praxisnahe und einfache Lösungen für Zusatzrisiken bereithalten.

---

[1]   Sie sind nicht automatisch in der PHV enthalten, sondern müssen gesondert vereinbart werden. Nicht alles ist in Proximus 4 wiederzufinden, aber in der täglichen Praxis!

1.1.7.3 Mietsachschäden am Inventar von Wohnwagen, Booten und Schiffen

Bei den mitversicherten Mietsachschäden am Inventar der Reiseunterkunft ist dieser Schutz begrenzt auf Inventar in Hotels, Pensionen und Wohnungen. Gute Versicherer erweitern diesen Schutz auch für Schäden in anderen Reiseunterkünften. Gerade für die zurzeit sehr beliebten Kreuzfahrten ist das eine durchaus sinnvolle Ergänzung.

1.1.7.4 Mitversicherung von volljährigen Angehörigen im gemeinsamen Haushalt des Versicherungsnehmers

Volljährige Angehörige und auch Kinder, die bereits einen Beruf ausüben, benötigen eine eigene Haftpflichtabsicherung. Hier besteht bei vielen VR die Möglichkeit, diese mit in die PHV-Deckung des Hauseigentümers bzw. VN mit einzuschließen, sofern sie im gleichen Haushalt leben. Gerade Kinder im Beruf verweilen meist noch viele Jahre über die Ausbildungszeit hinaus im elterlichen Heim. Dieser Schutz wird oft gegen eine geringe Zusatzprämie geboten und ist daher für die betreffende Person preiswerter, als eine eigene PHV abzuschließen.

1.1.7.5 Sachschäden an Arbeitgebereigentum

Sie wissen, dass alle Tätigkeiten aus dem Beruf / Betrieb heraus nicht Gegenstand der PHV, sondern Aufgabe einer hoffentlich abgeschlossenen Betriebshaftpflicht des Arbeitgebers sind. Nun ist aber auch folgender Fall denkbar, dass Sie als Arbeitnehmer Ihrem Betrieb einen Sachschaden zuführen, wofür Sie geradestehen müssen (insbesondere bei grob fahrlässigem Verhalten). Zudem kommt es in der Praxis häufig genug vor, dass ein Arbeitgeber unabhängig von der Haftungsfrage Schadenersatz fordert.

Bei derartigen Schäden wird Ihnen aber **weder die PHV noch die Betriebshaftpflicht** weiterhelfen. Vereinzelt finden Sie den Einschluss dieses Risikos auf dem Markt und können derartige **Sach**schäden mit bis zu z. B. 1.000 € in Ihre PHV mit einschließen.

Eine durchaus sinnvolle Erweiterung, um sich unnötigen Stress mit dem Arbeitgeber zu ersparen.

1.1.7.6 Verlust von Autoschlüsseln und Betankungsschäden

Wer kennt das nicht? Unser Kunde mietet sich im Urlaub einen Pkw und verliert die Autoschlüssel oder betankt das Kfz bei der Rückgabe mit dem falschen Treibstoff. Die daraus resultierenden Kosten sind mittlerweile ebenfalls über eine PHV-Deckung bis zu bestimmten Grenzen versicherbar.

1.1.7.7 Internet-Risiken

Bei Fehlern, die jemand wissentlich oder mangels Kenntnis im Internet begeht und dabei die Rechte von anderen Personen verletzt, werden in Zukunft verstärkt zunehmen. Denken Sie allein an die im Mai 2018 in Kraft getretene neue Datenschutzgrundverordnung. Leider sind derartige Schäden bislang explizit vom Versicherungsschutz ausgeschlossen oder es steht der Vorsatzvorwurf im Raume. Der Bedarf wird die VR aber dazu lenken, für Privatleute z. B. auch Schäden durch **Persönlichkeits- und Namensrechtsverletzungen** oder „Cybermobbing" mit anzubieten – und wenn die Leistung des VR darin besteht, derartige Schäden für unsere Kunden abzuwehren. Vereinzelt gibt es bereits derartige Angebote, die in Zukunft eine noch größere Rolle spielen werden.

Fazit mit nützlichen Verkaufstipps

- Für die vom Gesetzgeber vorgegebenen Haftungsgrundsätze sollte eine größtmögliche Deckung bereitgestellt werden.
- Bei einer vorhandenen Deckung prüft die Haftpflichtversicherung die Ansprüche des Geschädigten, zahlt diese oder wehrt diese ab. Das alles greift das Vermögen unserer Kunden an.
- Die PHV bietet für viele Bereiche im privaten Umfeld Versicherungsschutz. Dennoch müssen Sie die Inhalte kennen, um eine Abgrenzung zu nicht versicherten Tatbeständen vorzunehmen und anschließend Zusatzangebote unterbreiten zu können.
- Eine Versicherungssumme von mindestens 10 oder 15 Mio. € sollte aufgrund der unbegrenzten Haftung immer angeboten werden.
- Schäden an gemieteten Sachen sind nur in einem begrenzten Umfang versichert. Sprechen Sie jeden Mieter auf eine Haushalt-Glasversicherung an.
- Die Forderungsausfalldeckung, Schäden an u. a. gemieteten/geliehenen **beweglichen** Sachen und das Abhandenkommen von privaten und beruflichen Türschlüsseln stellen wichtige Bestandteile des Versicherungsschutzes dar.

Neben der PHV gibt es aber auch noch weitere eigenständige Haftpflichtversicherungen für den privaten Bereich, die je nach Bedarf des Kunden mit angesprochen werden müssen. Nur so ist der Kunde und sind wir als Berater auf der sicheren Seite und werden gegen unliebsame Vermögensverluste geschützt.

Einige Zusatzrisiken wurden bereits angesprochen. Für alle Fälle, die durch eine PHV nicht gedeckt sind, benötigt der Kunde einen separaten Vertrag oder eine Zusatzvereinbarung. Diese gilt es gemeinsam mit dem Kunden zu ermitteln, damit auf einen Abschluss hingewirkt werden kann.

1.1.8 Tierhalter-Haftpflichtversicherung

Die Tierhalter-Haftpflichtversicherung wird für etwas „gefährlichere" Tiere abgeschlossen, bei denen die Wahrscheinlichkeit eines Schadenfalles größer ist. In der Praxis sind das die Versicherungen für den Hund und das Pferd, **also die Hundehalter-Haftpflichtversicherung und die Pferdehalter-Haftpflichtversicherung.**

Für beide Tiere gilt die Gefährdungshaftung und damit stellt der Besitz dieser Tiere für den Halter ein hohes Risikopotenzial dar.

„Mein Hund ist immer ganz lieb und würde nie jemanden beißen."

Kundenaussagen wie diese sind keine Argumente gegen eine entsprechende Absicherung. Wie schon dargestellt: Der Hund muss nur einmal einen Fahrradfahrer anbellen – dieser fällt erschrocken vom Fahrrad und verletzt sich – und schon kann der Hundehalter in der Haftung sein. Selbst wenn das Bellen nicht der Grund für den Sturz war, kann auch die Abwehr eventuell ungerechtfertigter Ansprüche durch die Versicherung den Hundehalter entsprechend entlasten.

Die Prämie wird je nach vereinbarter Deckungssumme pro Tier erhoben. Die sogenannten „Kampfhunde" sind nach Proximus 4 nicht versicherbar.

In der Praxis können Kampfhunde oft nur zu einer erhöhten Prämie oder mit einer Selbstbeteiligung versichert werden. Aufpassen sollte man bei Anbietern, die nur Versicherungsschutz gewähren, wenn der Hund angeleint ist oder die sonstige Einschränkungen vereinbaren wollen. Bitte bieten Sie als Verkäufer solche Haftpflichtversicherungen nicht an!

Gleiches gilt für die Versicherung von Pferden, die z. B. nur von ihren Eigentümern geritten werden dürfen. Es empfiehlt sich ein genauer Blick in die Bedingungen.

Auch die Tierhalter-Haftpflichtversicherung bietet viele Einschlüsse, wie z. B. für **Mietsachschäden aus der Beschädigung von Wohnräumen oder angemieteten Pferdeboxen** oder **Schäden im Ausland.** Bei den Pferden finden sich Erweiterungen für die Nutzung und den Gebrauch von Kutschen, die Teilnahme an Reitturnieren oder Reiterspielen und die beitragsfreie Mitversicherung von Fohlen bis zum Ende des 1. Lebensjahres.

1.1.9   Haus- und Grundbesitzer-Haftpflichtversicherung

Die Frage in einer Haftpflichtberatung muss lauten: „Nutzen Sie Ihr Wohneigentum selbst oder haben Sie Wohnungen oder gar ganze Objekte vermietet?" In der PHV ist nur die Vermietung von einzelnen Zimmern, einer Einliegerwohnung im selbst bewohnten Haus bzw. die vermietete Wohnung im Zweifamilienhaus versichert. Darüber hinaus ist der Abschluss einer Haus- und Grundbesitzer-Haftpflichtversicherung erforderlich. Soweit es sich um einzelne Wohnungen handelt, kann auch ein Zusatzeinschluss zur PHV vorgenommen werden, was dann meist günstiger als ein separater Vertrag ist.

Das Risiko liegt auch hier in den Verkehrssicherungspflichten, die der Haus- und Wohnungseigentümer zu erfüllen hat. Sofern das Objekt vermietet ist, kann der Hauseigentümer nicht selbst dauerhaft auf das Objekt aufpassen. Dies ist einer der Gründe, warum für **vermietete** Risiken eine separate Prämie erhoben wird, wobei das **selbst genutzte** Wohneigentum in der PHV enthalten ist.

Die Prämie richtet sich nach der Anzahl der vermieteten Objekte bzw. nach der Anzahl Wohneinheiten, die sich in einem vermieteten Mehrfamilienhaus befinden.

Natürlich sind auch verpachtete Gewerbeeinheiten oder gemischt genutzte Objekte über die Haus- und Grundbesitzer-Haftpflicht versicherbar. Bei Proximus 4 werden Sie hierzu keinen Tarif finden. Für die Prämienberechnung wird in der Praxis häufig nach dem Bruttojahresmietwert bzw. der Pacht gefragt. Aber auch eine Berechnung nach Wohn- und Gewerbeeinheiten ist oft zu finden und auch meist die günstigere Variante.

1.1.10 Bauherren-Haftpflichtversicherung

Die Bauherren-Haftpflichtversicherung benötigt der Bauherr, sofern die Bausumme seines Vorhabens höher als 200.000 € ausfällt. Bis zu dieser Grenze besteht Versicherungsschutz in der PHV. Was sagen Sie, wenn Ihr Kunde behauptet:

> „Ich benötige keine Bauherren-Haftpflichtversicherung. Ich lasse alles durch meinen Bauunternehmer erledigen. Wenn etwas passiert, dann muss er dafür haften."

Diese Aussage ist schlichtweg nicht korrekt, da grundsätzlich der Bauherr für die Sicherheit der Baustelle verantwortlich ist. Und wenn der Bauunternehmer unsachgemäß arbeitet, steht der Bauherr auch in der Haftung. Der Geschädigte, der sich auf der Baustelle verletzt, kann dann seine Ansprüche gegenüber dem Bauherren geltend machen, ohne auch nur an den Unternehmer zu denken. Ob dann letztendlich der Bauunternehmer in Regress genommen werden kann, spielt hier zunächst keine Rolle. Vielleicht ist der Bauunternehmer auch inzwischen insolvent oder er hat selbst keinen ausreichenden Haftpflichtversicherungsschutz.

> Was ist aber mit dem Schild auf Baustellen: „Eltern haften für ihre Kinder"?

Dieses Schild entbindet den Bauherren nicht von der Haftung für verletzte Kinder, sondern hat lediglich damit etwas tun, wenn Kinder selbst auf der Baustelle etwas zerstören. Dann können Eltern im Rahmen ihrer Aufsichtspflicht für diese Schäden zur Verantwortung gezogen werden. Diese Haftung ergibt sich allein aus dem Gesetz (siehe das Kapitel zu den Grundlagen der Haftung).

Demnach ist eine ausreichende Absicherung für den Bauherren unerlässlich.

Folgende Nachfragen sind erforderlich:

- Werden Eigenleistungen getätigt?
- Werden selbst Baugeräte (Arbeitsmaschinen) für den Bau verwendet?
- Werden gar Planung und Bauleitung selbst übernommen?

All dies hat Einfluss auf die Höhe der zu zahlenden Prämie. Ansonsten richtet sich die Prämie nach der Höhe der Bausumme, wofür ein bestimmter Festbeitrag erhoben wird. Die Prämie wird einmalig für die Dauer der Bauzeit entrichtet, max. für zwei Jahre. Eine Verlängerung ist in der Praxis natürlich möglich.

1.1.11   Gewässerschaden-Haftpflichtversicherung

Allein schon aufgrund der Gefährdungshaftung ist der Abschluss einer Gewässerschaden-Haftpflichtversicherung für alle Öltankbesitzer unverzichtbar. Die deutschen Gesetze zum Schutz der Umwelt wurden im letzten Jahrzehnt zunehmend verschärft. Die Folgekosten eines Umweltschadens können den Besitzer einer Heizölanlage in den Ruin stürzen.

Niemand kann durch Sicherheitsmaßnahmen absolut ausschließen, dass Heizöl aus seiner Anlage ausläuft. Und gerade bei unterirdischen Anlagen werden kleinere Schäden oft erst lange Zeit später bemerkt.

Die PHV bietet für Öltanks im Rahmen der Bedingungen keinen Versicherungsschutz. Nur für Behältnisse bis insgesamt max. 1.000 Liter besteht Versicherungsschutz.

Eine Besonderheit dieser Versicherung ist es, dass sogar Eigenschäden des Versicherungsnehmers mitversichert werden. Hierbei handelt es sich um eine absolute Ausnahme, da diese Mitversicherung der Eigenart einer Haftpflichtversicherung (= Versicherung von Drittschäden) widerspricht. Also nicht nur eine Gewässerverunreinigung ist versichert, sondern auch Schäden und Verschmutzungen durch ausgelaufenes Heizöl am eigenen Gebäude und Boden unseres Kunden. Diese Erweiterung liegt darin begründet, dass derartige Schäden über eine andere Versicherung, wie z. B. eine Sachversicherung, nicht abgedeckt werden können. Ein weiteres Verkaufsargument für die Gewässerschaden-Haftpflichtversicherung.

Die Prämie richtet sich nach dem Fassungsvermögen der Tanks und der Frage, ob dieser ober- oder unterirdisch gelagert ist (ein Kellertank gilt als oberirdisch).

Einige Gesellschaften bieten für den Heizöltank auch Versicherungsschutz im Rahmen einer PHV mit Top- oder Optimalschutz.

1.1.12   Wassersport-Haftpflichtversicherung

Dieser Haftpflichtzweig wird in dem Proximus 4-Bedingungswerk zwar nicht mit aufgeführt, ich möchte ihn allerdings dennoch als Privatrisiko hier erwähnen. Auch an der Wassersport-Haftpflicht erkennen Sie, wie wichtig es ist, den Kunden nach seinen Hobbys zu fragen. In der PHV ist z. B. der Gebrauch von **fremden** Segelbooten und Motorbooten, für die kein Führerschein benötigt wird, mitversichert. Sollte der Verleiher / Vermieter keine entsprechende Absicherung haben oder Regressansprüche nehmen können, stellt die PHV den notwendigen Versicherungsschutz zur Verfügung.

Es besteht jedoch kein Versicherungsschutz für **eigene** Motor- bzw. Segelboote. Hierfür ist der Abschluss einer sogenannten Wassersport-Haftpflichtversicherung notwendig. Es geht hier insbesondere um die Abdeckung von durch das Boot verursachten Personen- und Sachschäden (wenn z. B. ein fremdes Boot angefahren, beschädigt und / oder Personen verletzt werden).

Die Prämie richtet sich nach der PS-Stärke des Motorbootes bzw. nach der qm-Segel-
fläche des Segelbootes. Gefragt werden muss auch, wo sich der Liegeplatz des Bootes
befindet, in welchen Gewässern damit gefahren wird und ob das Boot vom Eigentümer
vermietet wird oder nicht.

1.1.13   Vorsorgeversicherung

Sie erkennen anhand der Vielzahl der Haftpflichtversicherungen, dass nicht alle Gefah-
renlagen unserer Kunden mit einem Haftpflichtvertrag abzusichern sind. Nun denkt aber
auch nicht jeder Kunde daran, dem Versicherer sofort ein neues Risiko zu melden, zumal
es von ihm nicht als ein zusätzliches Risiko angesehen wird. Wir als Vermittler haben
zudem nicht jeden Tag Kontakt zu unserem Kunden, um neue Risiken zu erkennen und
einordnen zu können.

Was passiert aber nun, wenn ein privathaftpflichtversicherter Kunde sich einen Hund an-
schafft? Sie wissen, dass dieser nicht in der PHV versichert ist und Ihr Kunde demnach
ohne Versicherungsschutz dasteht. Dies kann nicht des Rätsels Lösung sein und daher
gibt es für derartige Fälle die Vorsorgeversicherung.

Sie bietet dem Kunden Versicherungsschutz bis zur nächsten Hauptfälligkeit. Der Kunde
hat dann einen Monat nach Aufforderung des Versicherers Zeit – die Aufforderung wird
meist mit der Prämienrechnung ausgesprochen –, das Risiko nachzumelden. Kommt
er dieser Aufforderung nach, besteht auch ab Anschaffung des Hundes rückwirkender
Versicherungsschutz. Unterlässt Ihr Kunde die Meldung, fällt der Versicherungsschutz
rückwirkend fort.

Vorsorge	
Risiko	Ein neues, bisher noch nicht versichertes Risiko kommt hinzu. Kraft-, Luft- und Wasserfahrzeuge, aber auch z. B. berufliche, betriebliche Risiken sind hiervon ausgenommen. Ausgeschlossen bleiben hier insbesondere die Drohnen über 250 g und die nebenberuflichen Tätigkeiten über 10.000 € Gesamtumsatz
Zeitliche Deckung	Ab Eintritt des neuen Risikos, jedoch muss der VN das neue Risiko innerhalb eines Monats nach Aufforderung dem VR mitteilen
Höhe der Deckung	Bis zur vereinbarten Deckungssumme des bestehenden Vertrages
Prämie	VR hat keinen Anspruch auf Prämie und auf Vertragsabschluss, sofern der Kunde das neue Risiko nicht versichern will

Tab. 3: Übersicht Vorsorgeversicherung

Die Vorsorge ist Bestandteil der meisten Haftpflichtverträge (nicht in der Gewässerscha-
den-HV). So sind z. B. folgende Erweiterungen denkbar, für die im Rahmen der Vorsorge
zunächst Versicherungsschutz besteht (in Klammern stehen die Verträge, die dafür neu
abzuschließen sind).

Bestehende PHV	der Kunde baut ein Objekt mit über 200.000 € Bausumme (Bauherren-HV)
Bestehende PHV	der Kunde schafft sich ein Pferd an (Tierhalter-HV)
Bestehende Hundehalter-HV	der Kunde hat ein Mehrfamilienhaus geerbt (Haus- und Grundbesitzer-HV)
Bestehende Bauherren-HV	der Kunde hat sein Objekt fertiggestellt und vermietet es als Einfamilienhaus (Haus- und Grundbesitzer-HV)
Bestehende Haus- und Grundbesitzer-HV	der Kunde rüstet von einer Gasheizung auf eine Ölheizung um (Gewässerschaden-HV)

Tab. 4: Beispiele Vorsorgeversicherung

Eines noch zur Klarstellung:

Die Vorsorge dient dem präventiven Schutz des Kunden bei neuen Risiken. Im täglichen Verkauf kann es nur eine Richtung geben:

Sobald Sie von neuen Risiken erfahren, schließen Sie auch bitte für das Risiko umgehend einen neuen Vertrag ab!

Es hat sich herausgestellt, dass immer mehr Privat-Haftpflichtversicherer dazu tendieren, die PHV mit Inhalten zu füllen, für die zuvor ein Zusatzbeitrag verlangt wurde. In den kommenden Jahren wird sich diese Entwicklung noch weiter verstärken, solange sich neue Zusatzangebote für die Versicherer wirtschaftlich noch rentieren.

Risiken aufzeigen, Inhalte erklären und den bedarfsgerechten Versicherungsschutz zur Verfügung zu stellen – das sind die vorrangigen Aufgaben für uns Verkäufer. Natürlich darf aber auch nicht außer Acht gelassen werden, dass die PHV mit ihren zusätzlichen Risiken zum Massengeschäft gehört und schon viele Verträge geschrieben werden müssen, wenn man als Verkäufer davon leben will. Aber mehrere unterschiedliche Haftpflichtverträge für einen Kunden stellen schon eine solide Grundlage dar. Sind diese auch noch optimal auf den Kunden zugeschnitten, kann keinem Mitbewerber eine Angriffsfläche geboten werden.

Denkt man zusätzlich an die betrieblichen Risiken, wofür es ebenfalls zahlreiche unterschiedliche Deckungsvarianten gibt, stellt sich das Ganze noch umfangreicher dar.

Im gewerblichen Bereich ist die Vorgehensweise ähnlich. Die Leitfragen sind hier:

- Was macht der Betrieb? Eine detaillierte Risikoanalyse ist hier unverzichtbar!
- Was für Inhalte bieten die Deckungskonzepte der Versicherer?
- Wofür benötigt der Betrieb eine Zusatzabsicherung?
- Worauf muss ich ihn hinweisen?

Dazu aber später mehr!

Übersicht zur Privathaftpflichtversicherung mit Verkaufstipps

Zum Abschluss nochmals eine Gesamtübersicht zu den Fragen:

- Was sind wichtige Inhalte in der PHV (nach Proximus 4)?
- Was sind zusätzliche Einschlüsse, die empfehlenswert sind bzw. worauf muss der Verkäufer in der Praxis besonders achten?

Privathaftpflichtversicherung		
Risiken, die automatisch in der PHV enthalten sind	Zusätzlich zu versichernde Risiken	Anmerkungen
Der VN und seine Familie	Volljährige Angehörige, die im Haushalt des VN leben und bereits ausgebildet sind	Die Mitversicherung von volljährigen Kindern ist bei den Gesellschaften sehr unterschiedlich geregelt. Hier sollte eine genaue Prüfung erfolgen
Aufsichtspflicht über eigene und gelegentlich über fremde Kinder		Die Aufsichtspflicht über Minderjährige wird jeder von uns tagtäglich mehr oder weniger wahrnehmen
Gefahren als Fußgänger, Radfahrer, Skater usw. im Straßenverkehr	E-Bikes Pedelecs über 25 km/h	Der Verkehrsbereich ist immens wichtig. Für motorisierte Fahrzeuge ist die Haftpflicht vorgeschrieben und wird über die Kfz-Versicherung abgedeckt. Für das verbleibende Risiko hilft größtenteils die PHV. Die Lücke wird geschlossen
Gefahren aus der Ausübung von Sport, wie z. B. Fußball, Handball, Squash, Tennis, Golf, Schwimmen etc.	Jagdsport	Über die Jagd-HV als Pflichtversicherung versicherbar
Erlaubter privater Waffenbesitz		Aber nicht zu Jagdzwecken
Selbstgenutzte, im Inland gelegene Wohnungen	Vermietete Wohnungen, auch Ferienwohnungen	Meist als Zusatzbaustein zur PHV abschließbar
Selbstgenutztes Einfamilienhaus einschl. Garagen im Inland	Vermietetes Einfamilienhaus bzw. Mehrfamilienhaus	Über die Haus- und Grundbesitzer-HV versicherbar
Selbstgenutztes Wochenend-/Ferienhaus im Inland	Bei Vermietung	Meist als Zusatzbaustein zur PHV abschließbar Bei vorhandenen Häusern/Wohnungen im Ausland genauer beim VR nachfragen
Bauvorhaben bis zu einer Bausumme von 200.000 €	Bauvorhaben mit höheren Bausummen	Abschluss über eine separate Bauherren-HV

Privathaftpflichtversicherung		
Risiken, die automatisch in der PHV enthalten sind	**Zusätzlich zu versichernde Risiken**	**Anmerkungen**
Gefahren aus der Vernachlässigung der Streu- und Räumungspflicht sind generell eingeschlossen		
Schäden durch häusliche Abwässer	Grundwasserverunreinigungen durch leckgeschlagene Öltanks	Abschluss über die Gewässerschaden-HV
Mietsachschäden an gemieteten Immobilien-/Gebäudebestandteilen	Eine Haushalt-Glasversicherung für Kunden in gemieteten Häusern/Wohnungen mit anbieten	Darauf achten, dass auch Schäden an geliehenen/gemieteten beweglichen Sachen in der PHV enthalten sind – wie bei Proximus 4
Halten von zahmen Haustieren, wie z. B. Katzen, Hamstern, Hasen, Wellensittichen, Schafen	Halten von Hunden und Pferden	Abschluss über die Tierhalter-HV, bei wilden Tieren beim VR nachfragen
Auslandsaufenthalte bis zu zwei Jahren		Längere Aufenthalte meist ohne Zusatzbeitrag versicherbar, wenn nicht ohnehin schon enthalten (z. B. in der EU)
Drohnen bis zu 250 g	Achten Sie auf das Flug- bzw. Startgewicht. Drohnen bis zu 5 kg sind ohne Weiteres versicherbar	
Kranken- oder Elektrorollstühle bis 6 km/h		Zu prüfen ist immer, ob vorhandene Fahrzeuge zulassungs- und versicherungspflichtig sind. Evtl. muss eine Abstimmung mit der Kfz-Abteilung erfolgen
Kinderfahrzeuge bis 6 km/h		
Selbstfahrende Arbeitsmaschinen bis 20 km/h (Aufsitzrasenmäher, Schneeräumgeräte)		
Eigene Ruder, Paddel- und Schlauchboote sowie Windsurfbretter		
Gebrauch von fremden Segelbooten und von fremden Motorbooten, soweit keine Führerscheinpflicht vorliegt	Eigene Segel- und Motorboote	Abschluss über die Wassersport-HV
Bezahlung von Schäden, die durch nicht deliktsfähige Kinder verursacht werden		In einer guten PH-Absicherung enthalten

Privathaftpflichtversicherung		
Risiken, die automatisch in der PHV enthalten sind	**Zusätzlich zu versichernde Risiken**	**Anmerkungen**
Bezahlung von Schäden, die durch einfache Fahrlässigkeit bei Gefälligkeitshandlungen entstehen		In einer guten PH-Absicherung enthalten
Verlust von fremden privat, ehrenamtlich und beruflich genutzten Schlüsseln		In einer guten PH-Absicherung enthalten
Forderungsausfalldeckung	Forderungsausfall mit Opferschutz	In einer guten PH-Absicherung enthalten

Tab. 5: Übersicht zur Privathaftpflichtversicherung mit Verkaufstipps

1.2 Die Kraftfahrtversicherung

Die Kfz-Versicherung ist ihrer Art nach sowohl der Vermögensversicherung als auch der Sachversicherung zuzuordnen. Ebenso ist nach genauerer Betrachtung eine Personenversicherung integriert. Einteilen lässt sie sich folgendermaßen:

- Kfz-Haftpflichtversicherung

  für Schäden, die mit dem Fahrzeug anderen zugefügt werden

- Kaskoversicherung

  für Schäden an dem versicherten Fahrzeug

- Fahrerschutz-Versicherung

  für den Personenschaden des Fahrers

- Autoschutzbrief

  für die Hilfe unterwegs

Die Kfz-Versicherung soll dennoch an dieser Stelle des Buches mit aufgeführt werden, da sie viel mit den Haftungsgrundlagen zu tun hat, die wir im vorherigen Kapitel besprochen haben und nahtlos an die Haftpflichtversicherung für Privatpersonen anschließt.

Lassen Sie uns daher zunächst die wichtigsten rechtlichen Grundlagen zu dem Thema beleuchten.

1.2.1 Rechtliche Grundlagen

Eine Haftung aus dem Betrieb eines Kfz kann es sowohl aus der Verschuldens- als auch aus der Gefährdungshaftung geben. Die Grundlagen und Voraussetzungen der Verschuldenshaftung nach § 823 Abs. 1 BGB sind hier 1:1 anzuwenden. Beispiele für mögliche Schäden lassen sich unendlich viele kreieren:

- Der Fahrer eines Pkw übersieht eine rote Ampel und verursacht einen Verkehrsunfall.

- Aufgrund abgefahrener Reifen kommt es schon bei leichter Schneeglätte zu einem Unfall.

- Der Fahrer ist vom Smartphone abgelenkt und übersieht einen Radfahrer.

- Beim Ausparken wird ein danebenstehendes Fahrzeug gestreift.

- Zu geringer Abstand auf der Autobahn ist der Grund für einen Auffahrunfall.

- usw.

Ein Kfz stellt einen gefährlichen Gegenstand dar. Aus diesem Grund hat der Gesetzgeber für diesen Bereich die Ihnen bereits bekannte Gefährdungshaftung festgelegt. Geschädigte Personen sollen geschützt sein, wenn sie durch den Betrieb eines Kfz einen Schaden erleiden. Dies gilt im Übrigen auch für Hinterbliebene von getöteten Personen, die so leichter ihre Ansprüche gegenüber dem Halter durchsetzen können.

Der Gesetzgeber hat die Gefährdungshaftung in § 7 Straßenverkehrsgesetz (StVG) festgelegt:

§ 7 StVG

„Wird bei dem Betrieb eines Kraftfahrzeugs oder eines Anhängers, der dazu bestimmt ist, von einem Kraftfahrzeug mitgeführt zu werden, ein Mensch getötet, der Körper oder die Gesundheit eines Menschen verletzt oder eine Sache beschädigt, so ist der Halter verpflichtet, dem Verletzten den daraus entstehenden Schaden zu ersetzen.

Die Ersatzpflicht ist ausgeschlossen, wenn der Unfall durch höhere Gewalt verursacht wird".

Die Gefährdungshaftung zielt demnach auf eine strenge Haftung des Fahrzeughalters bei dem Betrieb des Kraftfahrzeuges bzw. Anhängers ab. Der Betrieb endet im Normalfall erst, wenn das Fahrzeug endgültig abgestellt wird, z. B. in der privaten Garage.

Zum Betrieb eines Fahrzeuges gehören aber z. B. auch das Be- und Entladen sowie das Ein- und Aussteigen. Beispiele hierfür sind

- das Öffnen der Autotür (ein Fahrradfahrer wird übersehen und verletzt);

- die Materialien aus dem Baumarkt werden entladen und bei einem danebenstehenden Pkw wird der Lack verkratzt.

Sie erkennen, dass auch hier ein Verschulden gegeben sein kann, sodass ohnehin eine Haftung bestehen würde. Was aber nun sind Beispiele für die reine Gefährdungshaftung nach § 7 StVG?

Hier ist ein Verschulden des Halters nicht festzumachen. Dies können z. B. sein:

- Trotz regelmäßiger Fahrzeugwartung versagen plötzlich die Bremsen des Kfz und es kommt zu einer Kollision mit einem anderen Fahrzeug.

- Auf einer Bundesstraße platzt plötzlich und unerwartet ein Vorderreifen des Fahrzeugs und der Fahrer lenkt dieses gegen eine Leitplanke, die stark beschädigt wird.

Die Gefährdungshaftung im Kfz-Bereich gibt dem Geschädigten die Möglichkeit, seine Ansprüche nach dem vom Gesetzgeber festgelegten Grundsätzen leichter durchzusetzen, ohne ein Verschulden des Halters nachweisen zu müssen.

Dafür sind die Höchstgrenzen mit denen der Halter hier haftet der Höhe nach begrenzt. Sie betragen:

Personenschäden: 5.000.000 €

Sachschäden: 1.000.000 €

Sie erinnern sich, dass im Rahmen der Verschuldenshaftung eine unbegrenzte Haftung gegeben ist, die demnach weitaus höhere Schadenersatzansprüche nach sich ziehen kann.

Wie oben schon erwähnt, sieht § 7 StVG eine Entlastungsmöglichkeit des Halters vor, nämlich die der höheren Gewalt. Insbesondere wenn es zu einem Unfall mit einem Fußgänger oder Radfahrer, also zu einem Personenschaden kommt, stellt der Gesetzgeber sehr strenge Anforderungen an diesen Entlastungsbeweis, der in der Praxis vom Halter kaum zu erbringen ist. Dies kann neben etwaiger Naturereignisse noch bei einem vorsätzlichen Eingreifen dritter Personen der Fall sein. Ansonsten wird diese Ausnahme von der Rechtsprechung weniger als selten zugelassen. Das Kfz ist nun einmal der „Stärkere" in dem ganzen Geschehen und eine Haftung hierfür festzulegen ist mehr als gerecht.

Neben der höheren Gewalt sieht der Gesetzgeber nach § 17 StVG, Absatz 3 auch noch ein Ausschlusskriterium durch ein „unabwendbares Ereignis" vor. Auch hier gibt es sehr strenge Anforderungen für den Entlastungsbeweis und der Schaden darf „weder auf einem Fehler in der Beschaffenheit des Fahrzeugs noch auf einem Versagen seiner Vorrichtungen" zurückzuführen sein.

Das klassische Beispiel hierzu ist das Kfz, welches beim Fahren einen Stein hochschleudert, der die Windschutzscheibe des nachfolgenden Fahrzeugs beschädigt. Wenn sonst alles in Ordnung war, kommt es zu keiner Haftung des Halters gegenüber dem Geschädigten (dem Geschädigten hilft hier nur eine hoffentlich abgeschlossene Teilkaskoversicherung für das Fahrzeug).

1.2.2   Versicherungspflicht und Annahmezwang

Die vorstehenden Ausführungen machen deutlich, wie wichtig der Abschluss einer Kraftfahrtversicherung, insbesondere der Kfz-Haftpflichtversicherung, ist. Aufgrund der bestehenden Risiken aus dem Betrieb eines Kfz hat der Gesetzgeber festgelegt, die Kraftfahrt-Haftpflicht zu einer Pflichtversicherung zu machen. Während die Gefährdungshaftung bereits im Jahre 1909 begründet wurde, gibt es die Versicherungspflicht für Fahrzeuge allerdings erst seit dem 01.07.1940.

Die **nicht** versicherungspflichtigen Risiken und „kleineren" Kfz hatten wir bereits in der Privathaftpflicht besprochen, die von ihr erfasst und gedeckt werden – wie z. B. den Aufsitzrasenmäher.

Für alle anderen gilt, dass der Halter dazu verpflichtet ist, für sich, den Eigentümer und den Fahrer eine Haftpflichtversicherung abzuschließen und aufrechtzuerhalten, sofern das Fahrzeug auf öffentlichen Wegen oder Plätzen verwendet wird – § 1 Pflichtversicherungsgesetz (PflVG).

Hierfür sind folgende Mindestversicherungssummen für Personen-, Sach- und Vermögensschäden festgelegt worden:

Personenschäden	7.500.000 €
Sachschäden	1.120.000 €
Vermögensschäden	50.000 €

Tab. 6: Mindestversicherungssummen in der Kfz-Haftpflichtversicherung

In der Praxis werden diese Mindestversicherungssummen in den Angeboten der Versicherer jedoch deutlich überschritten. Proximus 4 stellt **100 Mio. €** pauschal für Personen-, Sach- und reine Vermögensschäden zur Verfügung, wobei die Entschädigungsleistung bei Personenschäden pro Person auf 8 Mio. € limitiert ist.

Über die Begrifflichkeiten hatten wir bereits gesprochen.

Für Vermögensschäden im Kfz-Bereich hier noch zwei ausführlichere Beispiele:

- Der Fahrer des Kfz hat sein Auto in der Waschanlage stehen. Während des Waschvorgangs verliert er seinen Autoschlüssel und er kann daher nicht aus der Anlage herausfahren. Die Waschanlage wird blockiert und der Betreiber erleidet dadurch Umsatzeinbußen.

- Das Auto wird rechtswidrig vor einem Auslieferungslager abgestellt. Der Betrieb kann seine Termine und Fristen bei Kunden nicht einhalten und dadurch kommt es zu Umsatzeinbußen bei dem Auslieferungsbetrieb.

Um der Versicherungspflicht nachzukommen, benötigt der Halter eines Kfz für die Zulassung eine Versicherungsbestätigung (seit 2008 die elektronische Versicherungsbestätigung – eVB). Hiermit sind bereits Fahrten zur Zulassungsbehörde innerhalb des Zulassungsbezirks, eines angrenzenden Zulassungsbezirks sowie zu TÜV-Prüfstellen versichert.

Damit besteht in der Kraftfahrt-Haftpflicht eine **vorläufige Deckung nach den gesetzlichen Vorgaben**, die mit der Einlösung des Versicherungsscheines, also der Zahlung der ersten oder einmaligen Prämie endet bzw. rückwirkend außer Kraft tritt, wenn der Versicherungsschein durch Verschulden des VN nicht innerhalb von 14 Tagen eingelöst wird.

Der Prozess der Zulassung eines Kfz lässt sich wie folgt darstellen:

Zulassung eines Kfz

Die EVB-Nummer erhält der Kunde vom Servicebüro bzw. vom VR
(7-stelliger alphanumerischer Code, z.B. LV376RA)

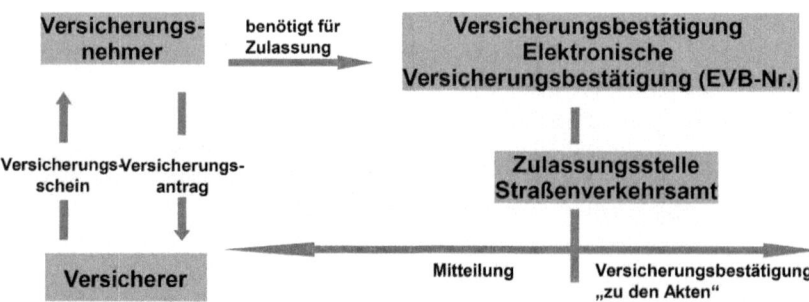

Abb. 4: Der Weg einer Kfz-Zulassung

Jedes Versicherungsunternehmen ist verpflichtet, den **Haltern von Kraftfahrzeugen** nach den gesetzlichen Vorschriften **Haftpflichtversicherungsschutz** zu gewähren. Versicherungsschutz besteht dann z. B. auch, wenn ein Fahrzeug bereits verkauft, aber vom Käufer noch nicht umgemeldet wurde, da die Haltereigenschaft noch besteht.

Für Pkw, Motorräder und Kombinationskraftwagen bis 1 t Nutzlast gilt:

Anträge gelten als angenommen, wenn der VR sie nicht innerhalb einer Frist von zwei Wochen (ab Eingang des Antrages) schriftlich ablehnt oder der VR dem Kunden ein vom allgemeinen Unternehmenstarif abweichendes schriftliches Angebot unterbreitet (§ 5 Pflichtversicherungsgesetz – PflVG).

Der Antrag – für alle Kfz – kann **vom VR nur abgelehnt werden**, wenn einer der im Pflichtversicherungsgesetz aufgezählten Ablehnungsgründe vorliegt, z. B. stehen dem Abschluss des Vertrages sachliche oder örtliche Beschränkungen des VR entgegen

oder

der Antragsteller war bereits beim Unternehmen versichert und der VR ist wegen Nichtzahlung der Erstprämie oder Verletzung der vorvertraglichen Anzeigepflicht vom Vertrag zurückgetreten

oder

der VR hat wegen Nichtzahlung der Folgeprämie oder nach Eintritt eines Versicherungsfalles den Vertrag gekündigt.

Im Rahmen des Kontrahierungs-/Annahmezwangs ist daher lediglich die Annahme bestimmter KH-Risiken mit den gesetzlich vorgesehenen Mindestdeckungssummen verpflichtend. Es kann z. B. sein, dass ein VR bestimmte Fahrzeuge, wie Fahrzeuge mit besonders hohen Typklassen (Ferrari) überhaupt nicht versichert oder aufgrund seines Geschäftsgebietes Fahrzeuge nicht annehmen darf oder will.

1.2.3   Direktanspruch und Schutz des Verkehrsopfers

Aufgrund der besonderen Gefahrensituation im Kfz-Bereich und zum Schutz des Verkehrsopfers hat der Gesetzgeber noch eine Besonderheit bei Ansprüchen des Geschädigten mit eingebaut. Anders als im privaten Bereich steht dem Geschädigten nach dem VVG ein sogenannter Direktanspruch gegenüber dem VR zu. Das Schaubild von S. 14 lässt sich daher wie folgt ergänzen:

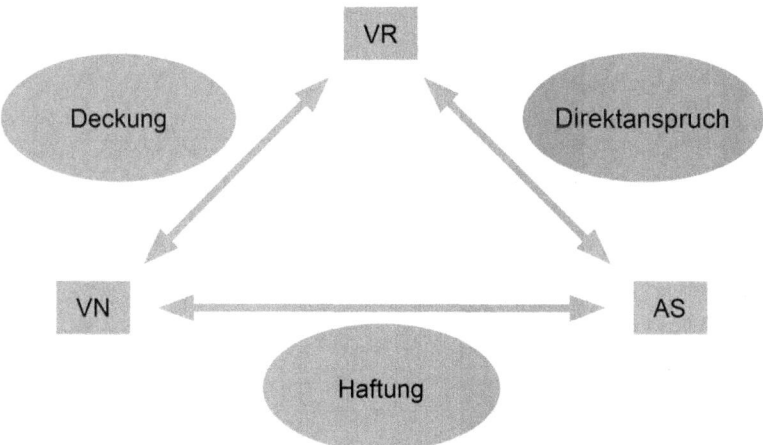

Abb. 5: Rechtsbeziehung zwischen VN, VR, AS in der Kfz-Haftpflicht

Dies bedeutet, dass der Geschädigte seine Schadenersatzansprüche aus Personen-, Sach- oder Vermögensschäden direkt gegenüber dem leistungsstarken VR geltend machen kann. Der entscheidende Vorteil ist, dass sich hinter dem VR in den meisten Fällen eine viel höhere Finanzkraft verbirgt und der Geschädigte nicht den Umweg über den VN gehen muss. Ebenfalls kann er den VR bei Streitigkeiten verklagen, falls dies erforderlich sein sollte.

Der Geschädigte kann natürlich auch über den Versicherungsnehmer gehen und ihm gegenüber die Ansprüche geltend machen. Dies ist aber aufgrund des bestehenden Direktanspruchs nicht zwingend notwendig. In der Praxis werden die Ansprüche oft ausschließlich zunächst bei dem gegnerischen VR geltend gemacht. Erst in einem eventuellen Prozess werden weitere Beteiligte, wie der Fahrer und der Halter mit einbezogen bzw. mit verklagt.

Es ist auch denkbar, dass ein VR aufgrund einer Pflichtverletzung des VN diesem gegenüber leistungsfrei ist. Dies können z. B. die Schadenminderungspflicht, eine Fahrerflucht oder das Fahren ohne Führerschein sein. In § 117 VVG ist hierzu geregelt, dass eine teilweise oder vollständige Leistungsfreiheit dem geschädigten Dritten gegenüber nicht negativ ausgelegt werden darf. Der Geschädigte behält hier seinen Anspruch gegenüber dem VR im Rahmen der Kfz-Haftpflichtversicherung. Die möglichen Konsequenzen, die sich daraus für den VN oder z. B. den Fahrer ergeben, werden wir später noch behandeln.

Wie oben beschrieben, bekommt der Kfz-Halter ohne eine Versicherungsbestätigung keine Zulassung für sein Fahrzeug. Entzieht der VR den Versicherungsschutz nachträglich – häufigster Fall ist hier die Nichtzahlung der Prämie – erhält der **Geschädigte** bis zu einem Monat nach Beendigung des Versicherungsschutzes im Rahmen der sogenannten Nachhaftung noch Leistungen aus der KH. Der zuständige Kfz-VR meldet der Zulassungsstelle den fehlenden Versicherungsschutz und diese leitet gegenüber dem Halter ein Verfahren ein.

Auch hier steht wieder der Schutz des Geschädigten im Vordergrund. Woher soll dieser auch wissen, dass für das Fahrzeug keine Kfz-Haftpflicht mehr besteht bzw. was kann er dafür, wenn der VN eine Pflichtverletzung begeht und daher keinen Versicherungsschutz mehr erhält?

Geleistet wird in diesen Fällen in Höhe der gesetzlichen Mindestversicherungssummen, die aber aufgrund der hohen Summen eher von zweitrangiger Bedeutung sind.

Wenn letztendlich kein Kfz-VR mehr einspringt, z. B. nach Ablauf der Monatsfrist oder bei Unfallflucht, wenn das schädigende Fahrzeug nicht zu ermitteln ist, bleibt dem Geschädigten zu guter Letzt noch die „Verkehrsopferhilfe". Diese bezahlt bestimmte Leistungen, auf die hier aber nicht mehr näher eingegangen werden soll.

Fazit mit nützlichen Verkaufstipps

- Für Kraftfahrzeuge sieht der Gesetzgeber die Gefährdungshaftung vor, die allein schon den Sinn und Zweck einer Absicherung hierfür begründet.
- Aufgrund der bestehenden Versicherungspflicht gilt die Kfz-Versicherung für viele Verkäufer als Einstiegsprodukt beim Kunden.
- Der bestehende Direktanspruch des geschädigten Dritten gegenüber dem VR „befreit" den VN weitestgehend, sich mit den Ansprüchen des Verkehrsopfers auseinandersetzen zu müssen.

1.2.4 Kfz-Haftpflichtversicherung

Was aber leistet nun die Kfz-Haftpflichtversicherung im einzelnen bzw. was sind die Besonderheiten? Die Kfz-Haftpflicht bildet das Kernstück einer jeden Autoversicherung:

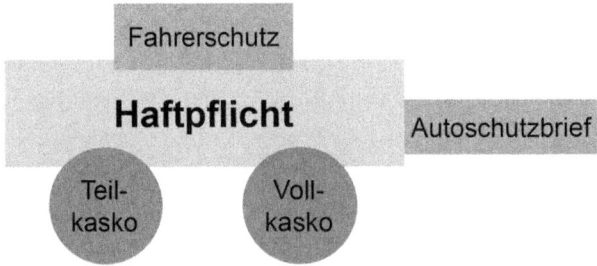

Abb. 6: Wichtige Bausteine einer Kfz-Versicherung

Die Aufgaben der Kfz-Haftpflicht sind Ihnen bereits aus der Privathaftpflicht bekannt. Hierzu zur Verdeutlichung nochmals ein Schaubild:

1.2.5 Die Prüfung der Sach- und Rechtslage für die Kunden nach einem Schadenfall

Haftung gegeben?	
Mit Verschulden?	Ohne Verschulden?
Verschuldenshaftung	Gefährdungshaftung
Wenn ja, dann:	Wenn nein, dann:
Zahlung der berechtigten Ansprüche und der Kunde wird von seiner Haftung „freigestellt"	Abwehr der unberechtigten Ansprüche = „Passivrechtsschutz"

Tab. 7: Funktion der Kfz-Haftpflichtversicherung

Ersetzt werden Schäden, **die versicherte Personen** durch den Gebrauch eines Kraftfahrzeuges verursachen. Wie bereits erwähnt, gehören zum Gebrauch neben dem eigentlichen Fahren auch das Ein- und Aussteigen sowie das Be- und Entladen, aber ebenso z. B. das Waschen und das Reparieren des Fahrzeugs. Folgende Schäden können entstehen:

Personenschäden einschl. Schmerzensgeld und Folgeschäden (wie z. B. Verdienstausfall), wenn Personen durch einen Verkehrsunfall mit dem versicherten Kfz verletzt oder getötet werden.

Sachschäden, wenn z. B. ein fremdes Kfz beschädigt oder zerstört wird oder eine Sache abhandenkommt.

Reine Vermögensschäden sind Schäden, denen weder ein Personen- noch ein Sachschaden vorausgegangen ist – Beispiele s. o.

1.2.6   Haftpflichtversicherung für Anhänger

Haftpflichtschäden können natürlich auch von gezogenen Anhängern verursacht werden. Ist ein Anhänger zulassungspflichtig, unterliegt er genauso wie ein zulassungspflichtiges Kraftfahrzeug der Versicherungspflicht.

Die Haftpflichtversicherung des Anhängers umfasst nur Schäden, die durch den Anhänger selbst verursacht werden, wenn er mit dem Kfz **nicht** verbunden ist oder sich von ihm gelöst hat und sich nicht mehr in Bewegung befindet.

Beispiel:

Der Wohnwagenanhänger des VN wird vom ziehenden Fahrzeug abgekoppelt und soll in einer Garage untergestellt werden. Beim Ziehen ist der VN nicht vorsichtig genug und streift den Pkw des Nachbarn.

Die Haftpflichtversicherung des ziehenden Fahrzeugs bleibt dagegen zuständig, wenn der Schaden durch den angekoppelten Anhänger entstanden ist, oder er sich bereits gelöst hat, aber noch in Bewegung befindet.

Beispiel:

Der VN fährt mit seinem Pkw und Wohnwagenanhänger über eine Bodenwelle. Dabei löst sich der Anhänger und beschädigt einen auf dem Parkstreifen stehenden Lieferwagen. In diesem Fall ist der Versicherungsschutz dem Kraftfahrt-Haftpflicht-Versicherer des ziehenden Fahrzeugs zuzuordnen.

Der Versicherungsschutz des ziehenden Fahrzeugs greift auch dann, wenn mit dem versicherten Kraftfahrzeug ein anderes Fahrzeug abgeschleppt wird und für dieses kein eigener Haftpflichtversicherungsschutz besteht.

Sie erkennen, dass die Versicherung für den Anhänger selbst nur sehr selten zum Zuge kommen wird. Deswegen fallen die Prämien hierfür auch eher gering aus.

Anmerkung hierzu:

Sind das ziehende Fahrzeug und der Anhänger bei unterschiedlichen VR versichert, besteht im Innenverhältnis ein Ausgleichsanspruch. Das bedeutet, dass bei einem Schaden sowohl die Haftpflicht des ziehenden Fahrzeugs als auch die Haftpflicht des Anhängers im Normalfall je zur Hälfte für den Schaden aufzukommen haben. Dies muss aber den Geschädigten nicht interessieren, da die Versicherer das untereinander klären.

1.2.7 Geltungsbereich der Kfz-Haftpflichtversicherung und die „Grüne Karte"

Die Kfz-Haftpflicht bietet anders als die Privathaftpflicht nicht überall auf der Welt Versicherungsschutz, sondern ist geografisch eingeschränkt. Dies macht auch Sinn, da gerade Schäden mit einem Kfz ein oft höheres Ausmaß annehmen können und die Risiken für die Versicherer kalkulierbar bleiben müssen. Dies ist nicht unbedingt in jedem Land unserer Erde für die Versicherer der Fall.

Versicherungsschutz besteht daher zunächst in den geografischen Grenzen Europas sowie den außereuropäischen Gebieten, die zum Geltungsbereich der EU gehören, wie z. B. die Kanarischen Inseln.

Durch die sogenannte „Grüne Karte" (Internationale Versicherungskarte) wird der Versicherungsschutz auf viele Länder außerhalb Europas erweitert. Schauen Sie sich einmal so eine „Grüne Karte" Ihres Versicherers an. Sie werden auf der Rückseite eine entsprechende Tabelle finden. Zudem stehen dort auch hilfreiche Adressen von Büros, die in einem eventuellen Schadenfall helfen werden. Die meisten Kunden fragen bereits automatisch nach dieser Karte, sobald sie eine Auslandsreise unternehmen. Früher mussten Kunden empfindliche Strafen bezahlen, wenn sie ohne eine gültige „Grüne Karte" in ein Land einreisen wollten und an der Grenze erwischt wurden. In einzelnen Fällen wurde sogar die Einreise in das Land verwehrt.

Denn: Die „Grüne Karte" gilt nach wie vor als Versicherungsnachweis für die Kfz-Haftpflicht. Der Versicherungsschutz richtet sich nach dem im Besuchsland gesetzlich vorgeschriebenen Versicherungsumfang, mindestens jedoch nach dem Umfang des eigenen Versicherungsvertrages (und diese Summen sind meist viel höher).

Die entstandenen Schwierigkeiten bei der Einreise in andere Länder haben sich innerhalb der EU – natürlich auch aufgrund der offenen Grenzen – deutlich abgeschwächt. Normalerweise muss die „Grüne Karte" hier nicht einmal mehr mitgeführt werden, da das amtliche Kennzeichen bereits als Versicherungsnachweis dient. Aber man weiß ja nie …

Doch Vorsicht: Die „Grüne Karte" bezieht sich auf den Versicherungsnachweis in der Kfz-Haftpflicht. In der Kaskoversicherung gilt grundsätzlich der gleiche Grundgeltungsbereich, jedoch ohne eine Erweiterung auf außereuropäische Länder, wie z. B. Tunesien. In der Kaskoversicherung muss jede Erweiterung mit dem VR separat vereinbart werden!

1.2.8 Versicherungsschutz für angemietete Fahrzeuge

Insbesondere in der Urlaubszeit wird sehr häufig im Ausland statt des eigenen Fahrzeugs ein angemietetes Fahrzeug am Urlaubsort genutzt. Versicherungsschutz besteht auch für das Führen dieser fremden Fahrzeuge, wenn aus der Haftpflichtversicherung des angemieteten Fahrzeugs keine oder eine unzureichende Deckung besteht. Versicherungsschutz besteht dann im Rahmen der eigenen vertraglich abgeschlossenen Deckungssummen.

Der Schaden muss sich auf einer Reise im Ausland des versicherten Geltungsbereichs ereignen und das eigene versicherte Fahrzeug darf nicht nur ein Anhänger sein. Diese Art der Deckung ist auch als **„Mallorca-Police"** bekannt.

1.2.9 Mitversicherte Personen in der Kfz-Haftpflichtversicherung und ihre Bedeutung

Neben dem VN gibt es wie in der Privathaftpflicht auch mitversicherte Personen, die ihre Ansprüche aus dem Versicherungsvertrag selbstständig geltend machen können. Dazu gehören u. a.

- der Halter und der Eigentümer des Fahrzeugs,
- der Fahrer des Fahrzeugs,
- die berechtigte Begleitperson im Rahmen des begleitenden Fahrens

und ganz wichtig:

- alle berechtigten Insassen.

Werden Ansprüche gegenüber diesen Personen erhoben, besteht Schutz über die Kfz-Haftpflichtdeckung. Insbesondere die berechtigten Insassen können demnach auch Schutz für Schäden bekommen, die sie beim Gebrauch des Kfz verursachen.

Beispiel:

> Der hinten sitzende Mitfahrer öffnet seine Tür und übersieht dabei einen Radfahrer, der zu Fall kommt und verletzt wird. Dieses Beispiel kennen Sie bereits aus der Privathaftpflicht, worüber der Mitfahrer Versicherungsschutz bekäme. Besteht allerdings nun keine Privathaftpflicht, ist dieser Schadenfall auch über die Kfz-Haftpflicht regulierbar (hier allerdings mit der negativen Folge des Schadenfreiheitsrabatt (SFR)-Verlustes).

Wenn Sie über die Kfz-Haftpflichtdeckung sprechen, ist damit der Regelfall gemeint, dass mit dem Fahrzeug ein anderes Fahrzeug und / oder andere Personen außerhalb des Fahrzeugs verletzt oder im schlimmsten Fall getötet werden. Daher wird zunächst nicht an die Personen zum Zeitpunkt des Unfalls gedacht, die mit in dem schädigenden Fahrzeug sitzen. Aber auch diese Personen können z. B. durch einen Fehler des Fahrers und den sich daraus resultierenden Unfall geschädigt werden. Demnach fallen auch diese Schadenersatzansprüche unter den Versicherungsschutz der Kfz-Haftpflicht.

Beispiel:

> Die Tochter nutzt den Pkw der Eltern. Der Freund fährt sie und zwei Freundinnen zur Disco und verursacht einen Unfall, bei dem alle verletzt werden. Der Freund ist als Fahrer mitversicherte Person. Über die Kfz-Haftpflicht werden die Personenschäden der Tochter und der zwei Freundinnen ersetzt. Nicht aber der Schaden des Fahrers, da dieser den Schaden selbst verursacht hat (Eigenschaden).

Die Personenschäden werden demnach für die Insassen bezahlt. Haftpflichtansprüche sind auch gedeckt, sofern ein Insasse der **VN selbst, der Halter oder der Eigentümer des Fahrzeugs** ist. Für diesen Personenkreis werden allerdings keine Sach- und Vermögensschäden bezahlt. Dies würde eine zu starke Erweiterung der eigenen Deckung aus der Haftpflichtversicherung bedeuten.

1.2.10 Wichtige Ausschlüsse in der Kfz-Haftpflicht

Der Ausschluss von Sach- und Vermögensschäden für den VN, Eigentümer und Halter stellt einen wichtigen Ausschluss in der Deckung der Kfz-Haftpflicht dar. Weitere für Ihre Praxis relevante Ausschlüsse sind nachfolgend tabellarisch mit Beispielen zusammengefasst:

Ausschluss	Beispiel/Erläuterung
Vorsatz	Der Fahrer eines Pkw fährt absichtlich einen Passanten an.
Genehmigte Rennen	Die Betonung liegt auf **genehmigten** Rennen, bei denen andere Fahrzeuge beschädigt oder Personen verletzt werden. Zu den nicht genehmigten Rennen, z. B. ein Straßenrennen über den Berliner Kurfürstendamm, kommen wir später noch.
Beschädigung des versicherten Fahrzeugs	Dies ist nicht Sinn und Zweck der Kfz-Haftpflicht. Dieser Ausschluss soll die Abgrenzung zur Kaskoversicherung verdeutlichen.
Beschädigung von Anhängern und abgeschleppten Fahrzeugen	Eine Beschädigung des angekoppelten Anhängers/Fahrzeugs selber stellt ein zu großes Risiko für den VR dar, z. B. bei einem Bremsvorgang. Dieser Ausschluss gilt aber nicht, wenn ohne eine gewerbliche Absicht jemand ein Fahrzeug abschleppt (gelegentliche Hilfestellung).
Beschädigung von beförderten Sachen	Die Kfz-Haftpflicht ist keine Transportversicherung. Versichert sind nur Sachen, die ein Insasse üblicherweise mit sich führt bzw. das Reisegepäck in einem Taxi. Aber: keine Sachschäden des VN, Eigentümer oder Halters – siehe oben.

Tab. 8: Wichtige Ausschlüsse in der Kfz-Haftpflichtversicherung

Zur Klarstellung:

Ausschlüsse bedeuten, dass **kein** Versicherungsschutz aus der Kfz-Haftpflicht geboten wird. Hier hat der Geschädigte auch keinen Direktanspruch gegenüber dem VR. Der VR wird sich mit dem Fall nicht befassen und die Leistungen verweigern. Der Geschädigte kann sich natürlich aber weiterhin an den Verursacher halten und versuchen, direkt Ansprüche z. B. aufgrund der Verschuldenshaftung durchzusetzen.

Wichtig ist dies zu wissen, wenn wir uns mit den bereits erwähnten Pflichtverletzungen beschäftigen, z. B. das Fahren ohne Führerschein. Hier sind die Konsequenzen für den Geschädigten nicht so extrem. Doch dazu später mehr.

1.2.11 Kfz-Umweltschadenversicherung

Seit dem Jahr 2007 gibt es das Umweltschadengesetz. In der Haftpflichtversicherung sprechen wir immer von Schadenersatzansprüchen, die aufgrund gesetzlicher Ansprüche privatrechtlichen Inhalts gestellt werden. Privatrechtliche Ansprüche lassen sich z. B. aus dem BGB herleiten.

Mit Inkrafttreten des Umweltschadengesetzes entstand hier allerdings eine Deckungslücke, da es sich hierbei um **öffentlich-rechtliche** Ansprüche handelt. Gemeint sind Ansprüche von Kommunen und den damit verbundenen Behörden, wenn es z. B. zu Schädigungen in Vogelschutzgebieten, an geschützten Tier- und Pflanzenarten oder den Flora-/Faunaschutzgebieten kommt.

Versichert sind Schäden an der Umwelt durch einen Unfall, eine Panne oder eine plötzliche unfallartige Störung bei bestimmungsgemäßem Gebrauch des Fahrzeugs. Geleistet wird als Zusatzdeckung zur Kraftfahrt-Haftpflicht eine Versicherungssumme von pauschal 5 Mio. € pro Versicherungsfall, max. jedoch 10 Mio. € pro Versicherungsjahr.

Beispiel:

Der Fahrer eines Fahrzeugs rutscht nach einer selbst verschuldeten Kollision in ein angelegtes Biotop mit seltenen Pflanzenarten. Dabei gerät sein Fahrzeug in Brand und es tritt Benzin aus, wodurch es auch noch zu einem Fischsterben kommt.

Die Kommune wird von dem Kfz-Halter die Sanierung des Umweltschadens verlangen. Hinzu können noch teure Gutachten, Sachverständige, Anwalts- und Gerichtskosten kommen, die über diesen Baustein mit entschädigt werden.

Nicht versichert sind z. B. bewusste Verstöße gegen die Regelungen des Umweltschutzes oder Schäden, die durch den normalen Betrieb des Fahrzeugs entstehen können.

1.2.12 Ansprüche des Geschädigten in der Kfz-Haftpflicht

In einem Kfz-Haftpflichtschadenfall kann der Geschädigte viele unterschiedliche Ansprüche geltend machen. Über die Höhe und den tatsächlichen Umfang gibt es in der Praxis immer wieder Streit unter den Beteiligten und die Gerichte müssen letztendlich entscheiden. An dieser Stelle ein Überblick über mögliche Schadenersatzleistungen:

Leistung des KH-VR	Anmerkungen
Reparaturkosten	Der AS muss sich nicht die „billigste" Werkstatt für die Reparatur seines Fahrzeugs aussuchen, sondern kann die Reparatur in der Werkstatt seines Vertrauens – oft ist damit die markengebundene Werkstatt gemeint – durchführen lassen. Die Obergrenze für die Reparaturkosten hat die Rechtsprechung bei dem Wiederbeschaffungswert zzgl. 30 % festgelegt, sofern das Fahrzeug auch **tatsächlich repariert** wird. Ohne diese Regelung würde der Geschädigte in vielen Fällen sein bisheriges Fahrzeug nicht mehr nutzen können, wenn er mit der normalen Obergrenze „Wiederbeschaffungswert" sein Fahrzeug nicht reparieren lassen kann.
Wiederbeschaffungswert	Übersteigen die Reparaturkosten den Wiederbeschaffungswert allerdings um mehr als 30 %, wird der Wiederbeschaffungswert als Entschädigungsgrundlage angesetzt. Dieser wird auch erstattet, sofern das Fahrzeug nicht repariert oder veräußert werden soll. Ein vorhandener Restwert wird von der Entschädigung abgezogen.
Abrechnung nach Gutachten	Der AS kann seinen Schaden auch nach Gutachten abrechnen lassen. Die Mehrwertsteuer wird in solchen Fällen nicht mit erstattet. Es ist anzuraten, einen Sachverständigen nach Abstimmung mit dem VR einzuschalten, damit es über die Höhe der in dem Gutachten angesetzten Werte keine Streitigkeiten gibt. Die Kosten für den Sachverständigen werden ebenfalls übernommen.
Abzug „neu für alt"	Die Haftpflicht ersetzt den Schaden zum Zeitwert. Für gewisse Teile kann es daher bei einer Reparatur zu einem Abzug kommen, wenn neue Teile bei der Reparatur eingebaut werden müssen (z. B. die Autobatterie oder die Reifen). Voraussetzung für einen Abzug ist, dass sich der Wert des Fahrzeugs insgesamt durch die Reparatur erhöht hat.
Wertminderung	Insbesondere bei neueren Fahrzeugen wird auch eine Wertminderung erstattet. Ein Unfallwagen lässt sich wertmäßig halt nicht mehr so gut verkaufen wie ein unfallfreies Fahrzeug.
An- und Abmeldekosten	Die Kosten werden im Totalschadenfall ebenfalls übernommen.
Mietwagen/Nutzungsausfall	Sofern der AS sein Fahrzeug schadenbedingt nicht nutzen kann, kann er sich für die Dauer der Reparatur einen Mietwagen nehmen. Zu beachten ist hier die Schadenminderungspflicht des Geschädigten. Er muss sich um eine wirtschaftlich sinnvolle Lösung bemühen und kann nicht für eine x-beliebige Dauer einen Mietwagen zu überhöhten Preisen nutzen. Auf Nummer sicher geht der AS oft, wenn er sich einen Mietwagen nimmt, der sich in einer **niedrigeren Fahrzeuggruppe** als das beschädigte Fahrzeug befindet. Alternativ zum Mietwagen kann der AS auch einen Nutzungsausfall in € für sich beanspruchen. Diese Sätze sind für die einzelnen Fahrzeugtypen festgelegt.

Leistung des KH-VR	Anmerkungen
Rechtsanwaltsgebühren	Der Geschädigte kann sich zur Durchsetzung seiner Ansprüche einen Rechtsanwalt nehmen, dessen Kosten von der gegnerischen Kfz-Haftpflicht übernommen werden. Auch hier ist auf die Schadenminderungspflicht zu achten, z. B. muss bei einem 200 €-Schaden kein teurer Rechtsanwalt eingeschaltet werden. Auch bei einem evtl. Mitverschulden des Geschädigten wird dieser auf einem Teil dieser Kosten sitzen bleiben.
Schmerzensgeld	Je nach Umfang der Verletzung sind unterschiedlich hohe Schmerzensgeldforderungen möglich. Gerade bei Personenschäden ist es ratsam, einen fachkundigen Rechtsanwalt mit einzuschalten, der sich über die Höhe der möglichen Forderungen auskennt. Insgesamt neigen die Gerichte in der jüngeren Vergangenheit dazu, höhere Schmerzensgeldforderungen auch anzuerkennen.
Heilbehandlungskosten und Verdienstausfälle	Auch diese Forderungen müssen von dem KH-VR ersetzt werden. Treten andere Träger in Vorleistung, wie z. B. die Krankenkassen oder der Arbeitgeber, werden sie den VR in Regress nehmen können.

Tab. 9: Mögliche Leistungen des Kfz-Haftpflichtversicherers

Fazit mit nützlichen Verkaufstipps

- Die Haftpflicht bildet das Kernstück einer jeden Kfz-Versicherung und stellt extrem hohe Deckungssummen zur Verfügung.

- Ein Abschluss nur zu den gesetzlichen Mindestversicherungssummen sollte schon allein aufgrund der unbegrenzten Haftung bei einem Verschulden immer vermieden werden und macht auch aufgrund des nicht nennenswerten Preisunterschiedes keinen Sinn.

- Die bereits enthaltene „Mallorca-Police" stellt für angemietete Fahrzeuge ebenfalls diese hohen Deckungssummen zur Verfügung.

- Selbst Personenschäden für die Insassen des versicherten Fahrzeugs werden über die KH bezahlt, sogar für den VN, Halter oder Eigentümer. Dies macht eine evtl. separat bestehende Kfz-Unfallversicherung für die Insassen weitestgehend überflüssig.

1.2.13   Kfz-Kaskoversicherung

Die Kaskoversicherung ist anders als die Kfz-Haftpflicht keine Pflichtversicherung. Hierbei geht es darum, dass kein anderer geschützt werden soll, sondern das versicherte Kfz unseres VN. Über die eVB-Nummer gibt es hierfür auch keine vorläufige Deckung, sondern diese muss separat vom VR bestätigt werden, solange noch kein Vertrag zustande gekommen ist.

Die Kaskoversicherung ist im Allgemeinen bekannt und lässt sich mit den unterschied-lichsten Selbstbeteiligungsvarianten abschließen.

Sie umfasst die / den

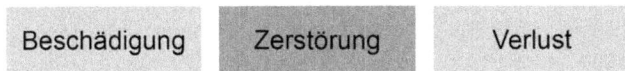

des Fahrzeugs und seiner unter Verschluss verwahrten oder am Fahrzeug befestigten Teile.

Einteilen lässt sie sich in die Voll- und in die Teilkaskoversicherung. Nach Proximus 4 sind folgende Bausteine enthalten:

Kaskoversicherung

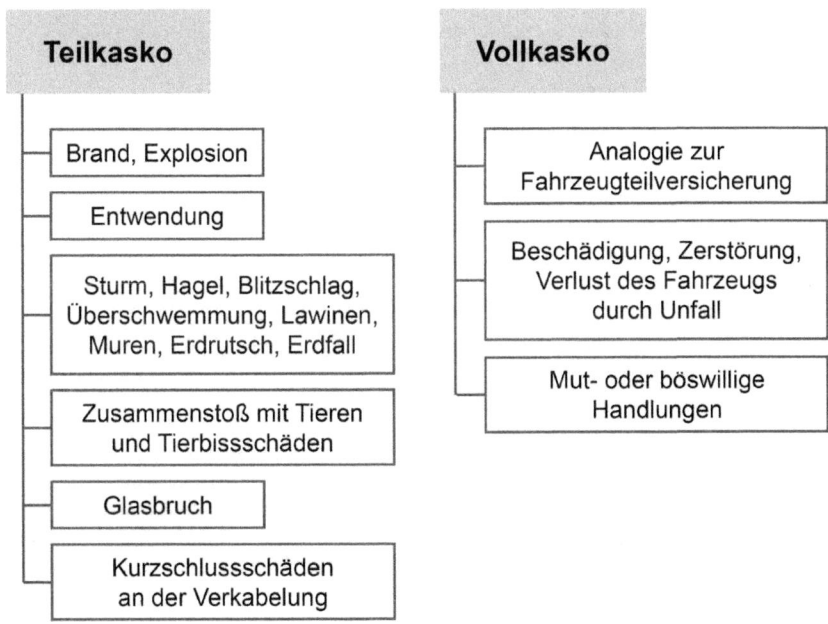

Abb. 7: Versicherte Bausteine der Teil- und Vollkaskoversicherung

Nachstehend zu den einzelnen Gefahren eine Übersicht mit einigen Schadenbeispielen:

Versichertes Ereignis	Schadenbeispiele	Aufgepasst
Teilkaskoversicherung		
Brand	Ein Vergaserbrand durch Selbstentzündung. Das Fahrzeug wird von Unbekannten angezündet.	Seng- und Schmorschäden, die z. B. durch Zigarettenglut entstehen, sind keine Brandschäden. Es muss eine Flammenbildung erkennbar sein.
Explosion	Der Tank des Pkw explodiert.	Eine Fahrzeugexplosion entsteht fast ausschließlich als Folge eines Brandes.
Entwendung Hierunter fallen: Diebstahl	Die Täter schlagen eine Scheibe ein und entwenden das Fahrzeug. Der Diebstahl von Fahrzeugteilen, wie z. B. den Reifen ist ebenfalls versichert. Gleiches gilt für Beschädigungen an dem Fahrzeug, die der Täter bei einem Diebstahlversuch anrichtet oder die während der Fahrt vom Dieb verursacht werden.	Reine Vandalismusschäden ohne eine Diebstahlabsicht fallen nicht unter den Versicherungsschutz. Ebenso werden „nur" abgebrochene Scheibenwischer oder Antennen nicht entschädigt.
Raub	Auf einer Autobahnraststätte wird der Fahrer mit einer Pistole bedroht und der Täter verlangt das Fahrzeug.	Es muss eine Androhung oder Anwendung von Gewalt vorliegen. In der Praxis eher selten und auch nur sehr eingeschränkt versichert.
Unterschlagung	Ein „Täter" nutzt ein Fahrzeug, das bereits als gestohlen gemeldet wurde. Das Fahrzeug war bislang unversehrt. Er fährt dennoch damit und beschädigt es.	Eine Unterschlagung ist nämlich **nicht** versichert, wenn dem Täter das Fahrzeug zum Gebrauch, zur Veräußerung oder unter Eigentumsvorbehalt überlassen wird (z. B. ein Mieter eines Kfz oder ein Kaufinteressent während einer Probefahrt).
Unbefugter Gebrauch	Jugendliche entwenden ein Fahrzeug, um anschließend damit eine Spritztour zu unternehmen. Im Gegensatz zum Diebstahl fehlt es hier an der gewollten, dauerhaften Absicht der Aneignung. Von Anfang an ist nur eine zeitlich befristete „Nutzung" vorgesehen.	Es ist **kein** unbefugter Gebrauch, wenn der Täter mit der Betreuung des Fahrzeugs beauftragt wird (z. B. Reparaturdienst, Hotelangestellter) oder wenn Arbeitnehmer, Familien- oder Haushaltsangehörige das Fahrzeug nutzen.

Versichertes Ereignis	Schadenbeispiele	Aufgepasst
Teilkaskoversicherung		
Sturm (wetterbedingte Luftbewegung von mind. Windstärke 8)	Der Sturm reißt Dachpfannen von einem Haus und diese werden gegen das Fahrzeug geschleudert.	**Kein** Versicherungsschutz besteht für Schäden, die auf ein durch die Naturgewalten veranlasstes Verhalten des Fahrers zurückzuführen sind (z. B. erschrickt der Fahrer aufgrund eines Blitzschlages und verreißt das Lenkrad – dann über Vollkasko versichert).
Hagel	Durch Hagel werden Dach, Haube und Kofferraum verbeult.	
Blitzschlag	Ein Blitz schlägt in einen Baum ein. Teile davon fallen auf das Auto und beschädigen dies.	
Überschwemmung	Das Fahrzeug wird durch die Wassermassen der überfluteten Straße zur Seite gegen den Bordstein gedrückt. Dabei wird ein Reifen mit Felge beschädigt.	
Lawinen	Im Winterurlaub wird das Kfz unter einer Lawine begraben und beschädigt.	
Muren (an Berghängen abgehende Geröll-, Schlamm- oder Gesteinsmassen)	An einem Berghang werden aufgrund starker Witterungsniederschläge Gesteins-/Erdmassen heruntergespült und beschädigen ein vorbeifahrendes Kfz.	
Erdrutsch Erdfall	Gleiches Beispiel – hier handelt es sich um ein naturbedingtes Abgleiten oder Abstürzen von Gesteins- oder Erdmassen bzw. bei dem Erdfall stürzt der Boden über natürlichen Hohlräumen ein.	
Zusammenstoß mit Tieren **aller Art** (keine Beschränkung auf Haarwild)	Der VN kann einem Reh nicht mehr ausweichen und kollidiert mit diesem.	Das Fahrzeug muss sich beim Zusammenstoß in Bewegung befinden – ansonsten besteht Deckung nur über die Vollkasko (z. B. ein parkendes Auto wird von einem Wildschwein beschädigt).
Glasbruch (die Schäden werden unabhängig von ihrer Entstehung ersetzt – es muss kein sonstiges versichertes Schadenereignis vorausgegangen sein)	Bei einem Unfall werden die Frontscheibe und ein Scheinwerferglas beschädigt.	Keine Erstattung, wenn die Gläser lediglich verkratzt sind. Entschädigt werden ebenfalls der notwendige Austausch der Leuchtmittel sowie die durch den Glasbruch bedingten Reinigungskosten. Weitere Folgeschäden sind nicht versichert. Kann die Scheibe repariert werden, verzichtet Proximus 4 auf eine evtl. vereinbarte SB.

Versichertes Ereignis	Schadenbeispiele	Aufgepasst
Teilkaskoversicherung		
Kurzschlussschäden an der Verkabelung	Der Kabelbaum wird durch Kurzschluss beschädigt.	Folgeschäden, wie z. B. an der Lichtmaschine sind bis zu 3.000 € mitversichert.
Tierbissschäden	Der Marder vergreift sich an Kabeln, Schläuchen, Leitungen, Dämmmatten und Achsmanschetten.	Auch hier sind Folgeschäden bis zu 3.000 € mitversichert.
Vollkaskoversicherung, alle Risiken der Teilkasko sowie:		
Unfallschäden am **eigenen** Fahrzeug	Der VN fährt seinen eigenen Pkw versehentlich gegen einen Baum.	Schäden zwischen einem ziehenden und einem gezogenen Fahrzeug sind ausgeschlossen. Ebenso Schäden aufgrund eines Brems- oder Betriebsvorgangs (z. B. durch rutschende Ladung) sowie reine Bruchschäden.
Mut- oder böswillige Beschädigungen durch betriebsfremde Personen Neu mitaufgenommen wurden in Proximus 4 Schäden durch einen Unfall, „der durch eine Manipulation der Fahrzeugsoftware durch einen unberechtigten Dritten (Hackerangriff, Cyberangriff) verursacht wurde."	Nach einem Strandspaziergang stellt der VN fest, dass an seinem Pkw die Reifen zerstochen, der Lack zerkratzt und eine Tür eingedellt wurde.	Wie bei dem unbefugten Gebrauch sind auch hier Schäden ausgeschlossen, die z. B. durch einen Reparaturdienst oder Hotelangestellten bzw. durch Arbeitnehmer und Familienangehörige verursacht werden

Tab. 10: Beispiele und Erläuterungen zur Teil- und Vollkaskoversicherung

Ob der VN sich nun für die Teil- oder Vollkasko entscheidet, hängt von verschiedenen Faktoren ab. Die Vollkasko ist von ihren Leistungen natürlich deutlich umfangreicher und stellt für des deutschen liebstes Kind das Rund-um-Sorglos-Paket dar. Gibt es keine gegnerische KH, die für den Schaden aufkommt oder trägt der VN die (Teil-) Schuld an einem Unfall, bleibt nur der Weg, die eigene Vollkasko in Anspruch zu nehmen oder den Schaden aus eigener Tasche zu bezahlen. Dafür ist die Vollkasko im Normalfall auch um einiges teurer als die Teilkasko. Hier ist das Gespräch mit dem Kunden umso wichtiger und entscheidend ist die Verbundenheit des Kunden mit seinem Auto – wie viel ist ihm sein Auto wert? Vorab ist es gut zu wissen, dass sich die Prämie in der Kaskoversicherung nach sogenannten Typklassen bemisst und es in der Vollkasko ein SFR-System wie in der KH gibt, während in der Teilkasko immer 100 %-Prämie ausgewiesen wird. Demnach sind folgende Auswahlkriterien von Bedeutung:

- In welcher Typklasse befindet sich mein Fahrzeug? Ein großer, teurer und begehrter Pkw hat nachvollziehbar eine höhere Typklasse als ein Kleinwagen.
- Was für einen Wert hat mein Fahrzeug? Kann ich es mir leisten, ein 10.000 €-teures Auto ohne Vollkasko zu versichern?
- Mit welchem SFR und sich daraus ergebendem Prozentsatz kann ich in meinem Vertrag rechnen?
- Welche SB bin ich bereit zu tragen?

Letztendlich ist und bleibt es die Entscheidung des Kunden. Bei höheren Fahrzeugwerten sollten Sie aber immer den Abschluss einer Vollkasko empfehlen.

Stellen Sie dem Kunden folgende Frage: Haben Sie im Totalschadenfall die Möglichkeit, Ihr Auto aus eigener Tasche selbst wiederzubeschaffen?

Die groben Unterschiede zwischen Voll- und Teilkasko sind den Kunden zumeist bekannt. Häufig ist es nach wie vor im Kfz-Versicherungsbereich allein eine Frage der Prämienhöhe (schon aufgrund der Vergleichsmöglichkeiten, die der Kunde heute über das Internet hat).

1.2.13.1 Mitversicherte Fahrzeugteile

Versichert ist in der Kaskoversicherung das Fahrzeug selbst mit seinen fest ein- oder angebauten Fahrzeugteilen sowie in Proximus 4 definiertes Fahrzeugzubehör. An dieser Stelle nur ein paar Besonderheiten, die nach allgemeiner Verkehrsanschauung vielleicht nicht so ohne Weiteres erkennbar sind:

Mitversichert sind auch lose unter Verschluss gehaltene Teile, wie z. B. das Pannenwerkzeug, Ersatzmaterial (Sicherungen, Glühlampen) und diebstahlgesichert angebrachte Schutzhelme an Motorrädern.

Fahrzeugteile, die außerhalb unter Verschluss gehalten werden, sind ebenfalls versichert. Dies können z. B. die in der Garage gelagerten Winterreifen, Kindersitze oder der Dachgepäckträger sein.

Dieser Punkt spielt insbesondere eine Rolle, wenn Sie an die Hausratversicherung denken, denn auch hier könnten diese Gegenstände als Gebrauchsgegenstände versichert sein. Die Hausratversicherung schließt derartige Kfz-Teile und deren Zubehör aber ausdrücklich aus, sodass Versicherungsschutz nur über die Kfz-Versicherung erlangt werden kann.

Ausdrücklich genannt werden Gegenstände, die „nur" bis zu einem Gesamtwert von brutto 10.000 € gedeckt sind und ebenfalls straßenverkehrsrechtlich zulässig sein müssen. Hierunter fallen z. B.:

- Radio- und sonstige Musikanlagen sowie Navigationssysteme,
- Tuningmaßnahmen,
- Sonderlackierungen und sonstige Beschriftungen,

- Beiwagen und Verkleidungen bei Motorrädern, Quads u. ä.,
- Spezialaufbauten und -einrichtungen bei gewerblich genutzten Fahrzeugen.

Diese Teile müssen fest eingebaut oder angebaut sein. Wird der Gesamtneuwert von 10.000 € überschritten, sollte mit dem VR eine gesonderte Vereinbarung getroffen werden.

U.a. die Navigationsgeräte und die Musikanlagen haben in der Vergangenheit immer wieder zu Streitereien zwischen VR und VN geführt. Es ist aber eindeutig geregelt, dass solche Geräte dem **alleinigen** Gebrauch des Kfz dienen müssen. **Mobile** Geräte aller Art – auch das Smartphone – sind hier nicht Gegenstand der Kfz-Kaskoversicherung. Versicherungsschutz wäre allenfalls über eine Hausratversicherung gegeben.

1.2.13.2 Leistungen aus der Kfz-Kaskoversicherung

In einem Kaskoschadenfall bestehen ähnlich wie in der Kfz-Haftpflicht die unterschiedlichsten Ansprüche. Nachfolgend auch für die Kaskoversicherung eine Übersicht mit den wichtigsten Leistungsmerkmalen und seinen Besonderheiten:

Leistung des Kasko-VR	Anmerkungen
Reparaturkosten	Der VN bekommt die Reparaturkosten max. bis zur Höhe des Wiederbeschaffungswertes des Fahrzeugs ersetzt. Ein Übersteigen des Wiederbeschaffungswertes wie in der KH sieht die Kaskoversicherung nicht vor. Proximus 4 kennt auch keine „Werkstattbindung", wie es viele VR heutzutage anbieten, mit der Verpflichtung, das Auto in einer Partnerwerkstatt des VR reparieren zu lassen.
Wiederbeschaffungswert	Übersteigen die Reparaturkosten den Wiederbeschaffungswert, wird der Wiederbeschaffungswert als Entschädigungsgrundlage angesetzt. Dieser wird auch erstattet, sofern das Fahrzeug nicht, nicht vollständig oder nicht fachgerecht repariert wird. Ein vorhandener Restwert und eine evtl. vereinbarte SB werden immer von der Entschädigung abgezogen. Eine sogenannte **GAP-Deckung** kennt Proximus 4 nicht. Diese gibt es für Leasingfahrzeuge, wenn der Leasinggeber nach einem Totalschaden dem Leasingnehmer die Endabrechnung zukommen lässt. In dieser Rechnung übersteigt der Betrag den vom VR errechneten Wert des Fahrzeugs. Die Differenz zum Wiederbeschaffungswert würde dann bei Vereinbarung einer „GAP"-Deckung übernommen werden. Achten Sie in der Praxis bei Leasingfahrzeugen auf diesen so wichtigen Schutz!
Abrechnung nach Gutachten	Wie in der KH ist auch eine Abrechnung nach Gutachten möglich. Die Mehrwertsteuer wird in solchen Fällen nicht mit erstattet. Die Kosten für den Sachverständigen werden hier allerdings nur nach Abstimmung mit dem VR übernommen oder wenn der VR diesen selbst eingeschaltet hat.

Leistung des Kasko-VR	Anmerkungen
Neupreisent-schädigung	Während es in der KH nach laufender Rechtsprechung nur sehr begrenzte Fälle gibt, in denen dem AS der Neupreis zugesprochen wird (Haftpflicht leistet grundsätzlich zum Zeitwert), sehen die Bedingungen in der Kaskoversicherung eine Neupreisentschädigung unter bestimmten Voraussetzungen vor: – der VN muss das Fahrzeug als Neufahrzeug vom Kfz-Händler oder Kfz-Hersteller erworben haben, – dies kann auch bis zu 5 Tage auf den Hersteller oder Händler vorher zugelassen sein und hat dadurch nicht mehr als 500 km auf dem Tacho, – der Totalschaden, die Zerstörung oder der Verlust muss innerhalb von **12 Monaten** nach Erstzulassung eingetreten sein oder **innerhalb von 18 Monaten** nach der Erstzulassung betragen die Reparaturkosten mindestens 80 % des Neupreises. Die über den Wiederbeschaffungswert hinausgehende Neupreisentschädigung wird nur gezahlt, wenn diese innerhalb von zwei Jahren für die Reparatur des Fahrzeugs oder den Erwerb eines anderen Fahrzeugs verwendet wird.
Abzug „neu für alt"	Ein Abzug „neu für alt" für Fahrzeugteile oder Lackierungen nimmt die Kaskoversicherung nicht vor!
Leistungen nach Entwendung des Fahrzeugs	Der VN muss das Fahrzeug zurücknehmen, sofern dieses innerhalb eines Monats nach Eingang der schriftlichen Schadenanzeige wiedergefunden wird. Wurde das Fahrzeug währenddessen beschädigt, bekommt der VN natürlich im Rahmen der Teilkaskoversicherung die Reparaturkosten unter den genannten Voraussetzungen erstattet. Die Teilkasko ersetzt ebenfalls die Kosten für die Abholung des Fahrzeugs in Höhe einer Bahnfahrkarte 2. Klasse mit bis zu 1.500 km Bahnkilometer. Der Fundort muss allerdings mehr als 50 km Luftlinie vom regelmäßigen Standort entfernt sein. Nach Ablauf der Monatsfrist geht das Fahrzeug in das Eigentum des VR über bzw. in der Praxis wird dem VN ein Wahlrecht eingeräumt, ob er die Entschädigung behält oder das Fahrzeug zurückbekommt.
Abschlepp-kosten	Ausdrücklich genannt werden noch Abschleppkosten, die nach einem Schadenfall bis zur nächstgelegenen Werkstatt übernommen werden.

Tab. 11: Mögliche Leistungen der Kfz-Kaskoversicherung

Weitergehende Leistungen werden von der Kaskoversicherung nicht übernommen. Insbesondere ein Nutzungsausfall oder Mietwagenkosten sind hier zu nennen, aber auch keine Wertminderung für das Fahrzeug, Zulassungs- oder Überführungskosten.

1.2.13.3 Ausschlüsse in der Kaskoversicherung

Wie in der Kfz-Haftpflicht gibt es auch in der Kaskoversicherung separat genannte Ausschlüsse, die in der Praxis von erheblicher Bedeutung sind. Auch hier sind die Wichtigsten genannt, wobei die Einschränkung bei der groben Fahrlässigkeit der entscheidende Ausschluss ist:

Ausschluss	Beispiel/Erläuterung
Vorsatz	Natürlich ist der Vorsatz auch in der Kaskoversicherung ausgeschlossen.
Grobe Fahrlässigkeit	Anders als in der Haftpflicht ist in der Kaskoversicherung die Herbeiführung des Schadens durch grobe Fahrlässigkeit nicht so ohne Weiteres gedeckt. Wie in den Sachversicherungen haben die VR grundsätzlich das Recht, die Leistungen in einem **der Schwere des Verschuldens entsprechenden Verhältnis zu kürzen.** Die Kaskoversicherung versichert jedoch zugunsten des VN die grobe Fahrlässigkeit **bis auf zwei Ausnahmen** mit: – Schäden durch Entwendung (VN lässt den Schlüssel in seinem Pkw kurzzeitig auf einem Supermarktparkplatz stecken) – Schäden durch Alkohol oder andere berauschende Mittel (ab 1,1 ‰ besteht absolute Fahruntüchtigkeit und hier hat der VR das Recht, seine Leistungen zu 100 % zu verweigern). Hier einige Anhaltswerte zur Schadenkürzung, die sich aus der Rechtsprechung ergeben haben: Alkohol: 0,3–0,5 ‰ – keine feste Quote ab 0,5 ‰ – 50 % ab 1,1 ‰ – 100 % Drogen: keine feste Quote, zwischen 50 und 100 % Diebstahl: Schlüssel im Zündschloss = 75 % Sonstiger gefahrgeneigter Umgang mit Schlüsseln = 25 % Maßgeblich sind aber die Umstände des Einzelfalls. Andere Fälle, wie z. B. das Überfahren eines Stoppschildes, einer roten Ampel oder der Gebrauch des Smartphones am Steuer beeinträchtigen nicht eine Entschädigungsleistung aus der Kaskoversicherung (aber natürlich stellen sie eine Gefahr für Leib und Leben dar).
Rennen	Nicht nur genehmigte Rennen wie in der KH, sondern jegliche Art von Rennen bleiben nachvollziehbar vom Versicherungsschutz ausgeschlossen.
Reifenschäden	Reifen sind als Verschleißteile besonders schnell von Beschädigungen betroffen. Dem Missbrauch gegenüber dem Kasko-VR wären hier keine Grenzen gesetzt. Daher sind beschädigte oder zerstörte Reifen vom Versicherungsschutz ausgeschlossen, es sei denn, gleichzeitig werden auch andere Teile des Kfz, wie z. B. der Kotflügel beschädigt. Der reine Diebstahl von Reifen bleibt aber versichert!

Tab. 12: Wichtige Ausschlüsse in der Kfz-Kaskoversicherung

Die Kaskoversicherung enthält zudem eine besondere Regelung zugunsten der berechtigten Person, die das Fahrzeug fährt:

Bei verschuldeten Schadenereignissen werden keine Leistungen von dieser anderen Person zurückgefordert, es sei denn, es handelt sich um vorsätzlich herbeigeführte

Schäden oder Schäden im Zusammenhang mit Alkohol, Drogen bzw. einer Entwendung. Bei den zuletzt genannten Ereignissen erfolgt ein „Regress" auch dann nicht, wenn die fahrende Person mit dem VN in häuslicher Gemeinschaft lebt. Hiermit soll insbesondere ein Rückgriff auf Familienangehörige, wie der Ehegatte oder die Kinder vermieden werden, da hierdurch das Vermögen der Familie und damit auch oft des VN belastet werden würde.

Fazit mit nützlichen Verkaufstipps

- Die Teilkasko sollte zum Mindestschutz einer Kfz-Versicherung dazu gehören. Hier sind insbesondere die Glasbruchschäden, das Diebstahlrisiko und der Schutz für den Zusammenstoß mit Tieren hervorzuheben.

- Hat das Fahrzeug noch einen „gewissen Wert", ist der Abschluss einer Vollkasko immer sinnvoll, um im Extremfall nicht viele Tausend Euro auf einmal zu verlieren.

- Die Höhe der vereinbarten SB ist mit dem Kunden zu diskutieren. Vermeiden Sie es, zu hohe Selbstbeteiligungen anzubieten, die den Kunden im Schadenfall dann oft verärgern. Aber dies ist natürlich auch immer eine Frage der Prämienhöhe.

- In der Kaskoversicherung besteht die Einschränkung bei **grob fahrlässig** herbeigeführten Versicherungsfällen nur für das Diebstahlrisiko und das Fahren unter Alkohol-/Drogeneinfluss. Andernfalls besteht in derartigen Fällen für unsere Kunden uneingeschränkter Versicherungsschutz.

1.2.14 Kfz-Fahrerschutz-Versicherung

Es war jahrzehntelang üblich, im Rahmen der Kfz-Versicherung auch eine sogenannte Insassenunfall-Versicherung mit anzubieten. Diese bietet Schutz für die Fahrzeuginsassen nach einem Unfall mit festgelegten Leistungen. Diese Leistungen sind angelehnt an die private Unfallversicherung und bieten bestimmte Geldbeträge bei einer Invalidität, im Todesfall oder auch ein Krankentagegeld bzw. Krankenhaustagegeld. Geleistet wurde unabhängig davon, ob Entschädigungen auch aus einem anderen Topf kommen, z. B. von einer gegnerischen Kfz-Haftpflicht. Dieses mag noch ein überzeugendes Argument für ein derartiges Angebot sein! Noch heute wird es viele Verträge mit dieser Insassenunfall-Absicherung geben.

Im Laufe der Zeit nahm die Kritik der Verbraucherschützer zu, die argumentierten, dass diese Versicherungsform ohnehin nur bei Unfällen mit dem Kfz in Frage kommt und daher eine private Unfallversicherung für Unfälle „rund um die Uhr" deutlich sinnvoller ist. Zudem gibt es Versicherungsschutz für die Fahrzeuginsassen aus der gegnerischen Kfz-Haftpflicht oder aber auch aus der eigenen Kfz-Haftpflicht des betroffenen Fahrzeugs, wenn der Fahrer den Unfall schuldhaft verursacht hat (vgl. Abschnitt „Mitversicherte Personen in der Kfz-Haftpflicht"). Daher sei diese Form der Absicherung weitestgehend überflüssig.

Viele Versicherer haben auf diese Kritik reagiert und ihre Angebote inzwischen über-arbeitet. Proximus 4 beschränkt sich auf das Angebot der Fahrerschutz-Versicherung, also wenn der berechtigte Fahrer aufgrund eines selbst verschuldeten Unfalls oder auch bei höherer Gewalt für seine Personenschäden keine Entschädigungen aus einer Kfz-Haftpflicht zu erwarten hat. Hier ist aber ausdrücklich erwähnt, dass Leistungen anderer Eintrittspflichtiger immer vorgehen, bevor die Fahrerschutz-Versicherung zum Zuge kommt. Einen „doppelten" Schutz wie die Insassenunfallversicherung stellt sie demnach nicht dar.

Gedeckt sind auch keine festgelegten Summen wie z. B. 50.000 € für den Invaliditätsfall, sondern es werden Entschädigungen erbracht, die ein Haftpflichtversicherer nach deut-schem Recht erbringen würde. Gemeint sind hiermit

- Verdienstausfall,
- Hinterbliebenenrenten im Todesfall, wie z. B. die Witwen- oder Waisenrente,
- behindertengerechte Umbaumaßnahmen,
- Schmerzensgeldzahlungen, wobei ein Krankenhausaufenthalt von mindestens 5 Ta-gen hier die Voraussetzung ist.

Gedeckelt sind die Leistungen auf einen Betrag von 12 Mio. €, der aber im Normalfall als ausreichend anzusehen ist.

Die Fahrerschutz-Versicherung sollte in jedem Fall zu Ihrem Angebot dazu gehören! Denn hier kann für den Fahrer tatsächlich im Schadenfall eine große Lücke entstehen, die angesprochen werden muss.

Ausgeschlossen bleiben wie in der Kfz-Haftpflicht auch hier vorsätzlich herbeigeführte Schäden oder die genehmigten Rennen.

Was ist aber nun in der Kfz-Haftpflicht oder in der Fahrerschutz-Versicherung mit den „nicht genehmigten Rennen" oder dem in der Praxis so häufig vorkommenden Fahren unter Alkoholeinfluss? In der Kaskoversicherung haben Sie das Thema Alkohol z. B. als Ausschluss im Rahmen der groben Fahrlässigkeit mit der Folge einer anteiligen Leis-tungskürzung kennengelernt. Wäre dies in der Kfz-Haftpflicht ebenfalls so geregelt, gin-ge der Geschädigte u. U.leer aus. Da die Kfz-Versicherung aber zugunsten des geschä-digten Dritten entwickelt wurde, sind diese und noch weitere wichtige Punkte, die im Zusammenhang mit der Benutzung des Fahrzeugs bestehen, unter den „Vertraglichen Obliegenheiten" geregelt. Die Konsequenzen hieraus betreffen **zumindest nicht den Geschädigten**.

1.2.14.1 Vertragliche Obliegenheiten bzw. Pflichten beim Gebrauch des Fahrzeugs

Vertragliche Pflicht	Anmerkung	Folge für die Kfz-Haftpflicht
Kein Fahren unter Alkoholeinfluss und anderer berauschende Mittel	Alkohol am Steuer ist und bleibt eine der größten Unfallursachen. Bereits geringe Mengen erlauben eine Leistungskürzung.	Bei Vorsatz besteht Leistungsfreiheit und bei grober Fahrlässigkeit besteht je nach Schwere des Verschuldens die Möglichkeit der Leistungskürzung seitens des VR. Allerdings wird der geschädigte Dritte im Rahmen seines Direktanspruchs vollständig entschädigt und der VR kann dann bis zu **5.000 €** beim VN bzw. den mitversicherten Personen Regress nehmen. Geleistet wird unabhängig von der vertraglichen Konstellation auch nur bis zu den in Deutschland geltenden Mindestversicherungssummen.
Fahren des Fahrzeugs von einem nicht berechtigten Fahrer	Hier sind „Schwarzfahrer" gemeint, die ohne Wissen und Willen des Verfügungsberechtigten das Fahrzeug nutzen, z. B. nutzt ein Verwandter während einer Abwesenheit des VN das Cabriolet für eine kurze Ausflugstour.	
Fahren ohne gültige Fahrerlaubnis	Natürlich darf das Fahrzeug nur mit einem gültigen Führerschein vom Fahrer genutzt werden.	
Fahrzeuge mit Wechselkennzeichen	Ein mit einem sogenannten Wechselkennzeichen (Nummernschild für mehrere Fahrzeuge) zugelassenes Fahrzeug darf auch nur genutzt werden, wenn das Kennzeichen tatsächlich auch angebracht ist.	
Keine Verwendung bei nicht genehmigten Rennen	Gelegentlich tauchen in der Öffentlichkeit Fälle auf, wo private Rennen durch die Innenstadt von Großstädten organisiert werden. Leider werden die Fälle meist erst bekannt, wenn Personen verletzt oder getötet werden. **Öffentlich genehmigte** Rennen müssen ohnehin einen Haftpflichtversicherungsschutz nachweisen und der Ausschluss ist daher gerechtfertigt.	

Tab. 13: Obliegenheitsverletzungen und die Folgen in der Kfz-Haftpflichtversicherung

Denkt man an die Höhe der möglichen Schadenersatzleistungen, kommt einem die Rückgriffsmöglichkeit, die auf 5.000 € beschränkt ist, doch sehr, sehr niedrig vor. Der VN und insbesondere der Fahrer soll andererseits aber auch nicht für ein mögliches einmaliges Fehlverhalten ein Leben lang bestraft werden.

Es werden auch nicht bis zu 2 x 5.000 € fällig, wenn der VN z. B. unter Alkoholeinfluss und ohne Führerschein unterwegs ist und einen Unfall verursacht. Hier könnte allerdings die Kürzungsquote unter Berücksichtigung der Gesamtumstände insgesamt höher ausfallen.

Beispiel:

Der VN begeht zwei grob fahrlässige Obliegenheitsverletzungen. Jede Obliegenheitsverletzung für sich gesehen wäre mit einer Kürzungsquote von jeweils 50 % zu bewerten. Nach einer Gesamtabwägung dürfte vorliegend eine „Gesamt"-Quote von 70–80 % angemessen sein.

Sie fragen sich jetzt vielleicht, was denn beim Fahren ohne Führerschein oder ohne ein gültiges Wechselkennzeichen mit der Kaskoversicherung oder der Fahrerschutz-Absicherung passiert, z. B. wenn der Fahrer des Fahrzeugs selbst verschuldet gegen einen Baum fährt. Gerade beim Fahren ohne Führerschein wird gegenüber dem Fahrer sicherlich der Vorsatzausschluss greifen, was zu einer vollständigen Leistungsfreiheit führen wird. Ist der Fahrer aber weder der VN, Halter oder Eigentümer des Fahrzeugs, kann es dennoch zu einer Leistung z. B. in der Kaskoversicherung kommen, falls dieser Personenkreis unverschuldet von der fehlenden Fahrerlaubnis nichts gewusst hat. Hätten sie es dagegen wissen müssen oder können, hängt die Leistungspflicht des VR wieder von dem Grad des Verschuldens ab.

Ähnliche Regelungen sind für das seit dem Jahr 2011 mögliche „begleitende Fahren" für 17-jährige Fahrer zu finden. Ohne Begleitung darf das Fahrzeug nicht gesteuert werden und die Begleitperson darf auch nicht durch alkoholische Getränke oder andere berauschende Mittel in ihren Aufgaben beeinträchtigt sein. Ansonsten gibt es auch hier Leistungskürzungen bis hin zur vollständigen Leistungsfreiheit.

Sie erkennen, dass es nicht so einfach ist zu bestimmen, wann, unter welchen Voraussetzungen, in welcher Höhe, für welche Person und in welchen Kfz-Versicherungszweigen es zu einem Ausschluss, einer Leistungskürzung oder zu einem Rückgriffsrecht des VR kommen kann. Dies ist im einzelnen Schadenfall einzuschätzen kann auch extrem schwierig sein und soll nicht die Aufgabe für Sie als Verkäufer sein. **Zumindest sollten Sie aber in einem Verkaufsgespräch auf den einen oder anderen Ausschluss, auf einzelne Pflichten hinweisen, damit es nicht im Schadenfall zu unliebsamen Überraschungen kommt.**

Dieser Punkt wird in der Praxis viel zu häufig vernachlässigt!

Zudem kann die Verletzung der Pflichten auch zu strafrechtlichen Maßnahmen führen, die erst recht im eigenen Interesse Ihres VN vermieden werden sollten.

Um dies abzurunden, zum Abschluss noch zwei wichtige Pflichten, die im Schadenfall zu erfüllen sind und in der Praxis eine erhebliche Rolle spielen:

1.2.14.2 Anzeigepflichten

Schadenereignisse müssen innerhalb **einer Woche** dem VR angezeigt werden. In der Kfz-Haftpflicht ist es möglich, kleinere Sachschäden bis zu 500 € zunächst selbst zu regulieren. Misslingt dies, kann die Anzeige auch später erfolgen.

Bei einer Entwendung des versicherten Fahrzeugs oder seiner Teile besteht eine unverzügliche Anzeigepflicht gegenüber dem VR und auch gegenüber der Polizei, wenn der voraussichtliche Schaden über 500 € liegt. Diese Anzeigepflicht bei der Polizei gilt auch für Brand- oder Wildschäden.

1.2.14.3 Aufklärungspflicht

Die Aufklärungspflicht hängt mit der Fahrerflucht bzw. dem unerlaubten Entfernen vom Unfallort zusammen. Hier wird in Schadenfällen z. B. oft darüber gestritten, wie lange der Unfallverursacher am Unfallort hätte bleiben müssen, wenn der Geschädigte nicht anwesend war. Wie lange ist es angemessen zu warten, wenn ein anderes Auto auf einem Supermarktparkplatz angefahren wird? Genügt es, einen Zettel zu hinterlassen? Am sinnvollsten ist es immer, in solchen Fällen die Polizei zu benachrichtigen. Bei Personenschäden in jedem Fall!

Im Nachhinein kann es bei der Regulierung für den VN zu Überraschungen kommen, da er wissentlich oder unwissentlich seiner Aufklärungspflicht nicht nachgekommen ist.

Die Konsequenzen (z. B. Leistungskürzungen in der Kasko) aus einer Verletzung dieser beiden Pflichten kennen Sie bereits. In der Kfz-Haftpflicht gibt es bei einer Anzeigepflichtverletzung ein Rückgriffsrecht des VR in Höhe von 2.500 € und bei einer Verletzung der Aufklärungspflicht in besonders schwerwiegenden Fällen, wie z. B. einer Fahrerflucht bis zu 5.000 €.

Diese Rückgriffsrechte addieren sich allerdings im Extremfall zu den Forderungen aus der Pflichtverletzung bei der Verwendung des Fahrzeugs. So ist z. B. bei einer Alkoholfahrt mit anschließender Fahrerflucht eine Regressnahme des Kfz-Haftpflicht-VR bis zu 10.000 € möglich.

1.2.14.4 Autoschutzbrief

Die Schutzbriefleistungen werden heute meist mit der Kfz-Versicherung einfach mit verkauft, ohne dass die Kunden diese Zusatzleistung bewusst ablehnen. Dies ist auch nachvollziehbar, da die Jahresprämie hierfür im Vergleich zur Haftpflicht- oder Kaskoversicherung verschwindend gering ist. Proximus 4 nimmt hierfür lediglich eine Jahresprämie von 12,30 € zzgl. Versicherungsteuer.

Auf die einzelnen Bausteine des Schutzbriefs soll daher hier nicht näher eingegangen werden. Eine vorläufige Deckung besteht wie in der Kfz-Haftpflicht bereits mit der Ausgabe der eVB-Nummer.

Klar definiert werden der Geltungsbereich, der mitversicherte Personenkreis und der Leistungsumfang, insbesondere der Höhe nach. Schauen Sie einmal in die Proximus 4-Bestimmungen oder in die Bedingungen Ihrer eigenen Gesellschaft hinein, was dort alles geboten wird. Sehr gut nachlesbar werden dort die Leistungen für Pannen- und Unfallhilfe, Unterbringungs- und Ersatzmaßnahmen – auch bei Fahrzeugdiebstahl – bis hin zu Hilfen bei einer Krankheit, Verletzung oder bei Tod einer versicherten Person, aufgelistet.

Ähnliche Ihnen bereits bekannte Ausschlüsse und Vertragspflichten gelten dabei auch für den Autoschutzbrief.

Die Herausforderung für Sie als Verkäufer stellt sich lediglich, wenn der Kunde bereits Mitglied eines Automobilclubs, wie z. B. dem ADAC ist und dort ebenfalls Schutzbriefleistungen erhält. Folgende Punkte sind dann u. a. zu klären:

- Decken sich die Leistungen mit Ihrem Angebot?
- Welche summenmäßigen und zeitlichen Begrenzungen gibt es?
- Wie sind die Schutzbriefleistungen an die Mitgliedschaft im Automobilclub gekoppelt und welche Vorteile hat die Mitgliedschaft insgesamt für den Kunden?
- Welche preislichen Unterschiede gibt es und wie sind diese zu bewerten?

Bieten Sie den Schutzbrief als Abrundung zu Ihrem Kfz-Angebot immer mit an. Es gibt viele Leistungen für eine kleine Prämie!

Fazit mit nützlichen Verkaufstipps

- Eine Fahrerkasko-Versicherung ist für den Fahrer immer sinnvoll, um den Fahrer abzusichern, da ansonsten in einem selbst verschuldeten Unfall niemand für die Folgen aufkommen wird.
- Der Autoschutzbrief ist bei den Kfz-Versicherern für „kleines Geld" zu bekommen. Hier kann der Kunde im Vergleich zu einer Mitgliedschaft in einem Automobilclub erhebliche Einsparungen erzielen.
- Für den versicherten Personenkreis bestehen auch vertragliche Pflichten, die beim Gebrauch des Fahrzeugs bzw. während der Vertragslaufzeit einzuhalten sind. Auf die eine oder andere Pflicht und deren Folgen auch einmal hinzuweisen, zeichnet einen guten Verkäufer / Berater aus.

1.2.15 Wissenswerte Ergänzungen zur Kfz-Versicherung

1.2.15.1 Ruheversicherung

Die Bedingungen sehen eine sogenannte Ruheversicherung vor, wenn das Fahrzeug vorübergehend bei der Zulassungsstelle außer Betrieb gesetzt wird. Sinn und Zweck besteht darin, dass das Fahrzeug nicht veräußert oder insgesamt aus dem Verkehr gezogen werden soll, sondern der Kunde es zu einem späteren Zeitpunkt wieder anmelden möchte. Der Versicherungsvertrag wird dabei nicht storniert, stattdessen unter folgenden Voraussetzungen prämienfrei weitergeführt:

- das Fahrzeug wird mindestens zwei Wochen bei gleichzeitiger Vertragsunterbrechung stillgelegt,
- es besteht prämienfreier Versicherungsschutz für **max. 18 Monate** innerhalb eines Einstellraumes oder auf einem umfriedeten Abstellplatz,

- der Versicherungsschutz richtet sich nach dem Umfang der Kraftfahrthaftpflicht- und **Teilkasko**versicherung – bei vorher bestehender Voll- oder Teilkasko,

- das Fahrzeug darf nicht außerhalb des Einstellraumes oder umfriedeten Abstellplatzes genutzt werden. Ansonsten kann der VR nach einem KH-Schadenfall wiederum Regress nehmen und in der Kaskoversicherung vollständig leistungsfrei sein,

- wird das Fahrzeug wieder zum Verkehr zugelassen, lebt der ursprüngliche Versicherungsschutz wieder auf.

Insbesondere der Versicherungsschutz in der Teilkasko stellt einen erheblichen Vorteil für den Kunden dar. Der Diebstahlschutz und die Glasbruchdeckung sind hier u. a. zu nennen.

1.2.15.2 Saisonkennzeichen

Es ist nun durchaus lästig, das Fahrzeug bei längerem Nichtgebrauch abzumelden und dann bei der Zulassungsstelle wieder neu anzumelden. Zudem entstehen hier für den VN An- und Abmeldekosten, die er mit der Nutzung eines Saisonkennzeichens vermeiden kann. Seit der Einführung im Jahre 1997 sind diese Kennzeichen bei Besitzern von Wohnmobilen, Cabriolets oder Motorrädern immer beliebter geworden. Der Nutzungszeitraum wird auf dem Kennzeichen mit abgedruckt und innerhalb dieses Zeitraumes wird der vereinbarte Versicherungsschutz gewährt. Außerhalb der vereinbarten Nutzungsmonate gilt der Versicherungsschutz der soeben beschriebenen Ruheversicherung.

Zudem besteht außerhalb der Saison in **KH** für Fahrten im Zusammenhang mit einem Zulassungsverfahren, einer Hauptuntersuchung, einer Sicherheitsüberprüfung oder einer Abgasuntersuchung Versicherungsschutz im Zulassungsbezirk des Halters oder eines angrenzenden Bezirks.

Durch die Nutzung des Saisonkennzeichens spart der VN zudem viel Prämie ein, da die vereinbarte Jahresprämie natürlich nur anteilig berechnet wird.

1.2.16   Das SFR-System und weitere Tarifierungsmerkmale

Wenn Sie sich mit der Kfz-Versicherung beschäftigen, gehört das SFR-System mit zu den ersten Punkten, die Sie kennenlernen und mit dem Sie umgehen müssen. Wie bereits erwähnt, spielt der Preis nach wie vor eine wichtige Rolle in der Kfz-Versicherung und gegen Ende eines jeden Jahres fängt der „Kampf" um wechselwillige Kunden von neuem an.

Dabei ist es entscheidend, den Kunden nach seinem derzeitigen SFR zu fragen, also wie viele schadenfreie Jahre wurden bereits erfahren. Das SFR-System wird in der KH und in der Vollkasko angewendet. In beiden Bereichen reicht die Spanne nach Proximus 4 von 35 schadenfreien Jahren (SF 35) bis zur Klasse M (Malus = „schlecht"), die nach mehreren Schäden oder bei Fahranfängern durchaus erreicht werden kann. Bei SF 35 zahlt der Kunde lediglich 23 % der normalen 100-% -Prämie, wobei es in der Klasse M 150 % sind! Schauen Sie sich einmal das SFR-System in Proximus 4 oder in den Bedingungen Ihrer Gesellschaft an. Die SFR-Einstufungen mit den %-Sätzen sind durchaus unterschiedlich bei den VR; entscheidend ist immer die SF-Klasse nach den schadenfreien Jahren. So können 10 schadenfreie Jahre bei einem VR z. B. 39 % Prämiensatz bedeuten, bei einem anderen VR aber 41 % oder 42 %.

Diese Angaben beziehen sich im Übrigen auf den SFR für einen Pkw. Für Motorräder und Campingfahrzeuge gelten andere SF-Klassen.

Will der Kunde die nächst höhere SF-Klasse erreichen, muss der Vertrag im Normalfall ein Kalenderjahr ununterbrochen schadenfrei verlaufen. Bei der Verwendung eines Saisonkennzeichens ist eine Besserstufung nur möglich, wenn die Saison mindestens 6 Monate beträgt.

Wird ein Schaden in der Haftpflicht- und / oder Vollkaskoversicherung reguliert oder auch nur gemeldet, verliert der VN seine aktuelle Schadenfreiheitsklasse und im folgenden Versicherungsjahr/ Kalenderjahr wird er zum 01.01. – oder wenn das Fahrzeug zwischenzeitlich abgemeldet wurde zu einem späteren Zeitpunkt – gemäß einer Rückstufungstabelle zurückgestuft.

Der VN kann auch für sich entscheiden, den Schaden vom VR „zurückzukaufen". Dies ist innerhalb von 6 Monaten nach Mitteilung über die Regulierung in KH bzw. nach Zahlung der Entschädigung durch den VR in Vollkasko möglich. Die durch den VR geleistete Entschädigung wird vom VN demnach selbst bezahlt. Mit dieser Maßnahme wird dann eine Rückstufung verbunden mit einer höheren Prämie für das folgende Kalenderjahr vermieden.

Alternativ hat der VN auch die Möglichkeit, einen **Rabattschutz** hinzuzukaufen. Dann ist sozusagen ein Schaden „frei", ohne dass es zu einer Rückstufung im folgenden Kalenderjahr kommt. Dies kann der VN für die KH und Vollkasko vereinbaren, wenn der Vertrag sich zum Zeitpunkt der Vereinbarung über den Rabattschutz mind. in SF 4 befindet. Die Prämie hierfür wird meist prozentual von der derzeitigen Jahresprämie berechnet. Zu beachten ist, dass bei einem Wechsel des VR nur die SF-Klasse anzurechnen ist, die ohne den Rabattschutz erreicht worden wäre.

Ansonsten sind natürlich der Fahrzeugtyp und der Wohnort des VN – also der Zulassungsbezirk – für die Höhe der Prämie entscheidend. Ihr EDV-System wird Sie durch die einzelnen Punkte leiten. Wichtige Punkte für die Prämienfindung kennen Sie nun. Ich möchte Sie an dieser Stelle aber nicht mit weiteren Bedingungsdetails zur Tariffindung konfrontieren, sondern Ihnen abschließend lieber einen Fragenkatalog an die Hand geben, mit dem Sie die wichtigsten Punkte für eine geeignete Preisfindung klären können. Die Voraussetzungen und Details sind bei den verschiedenen VR sehr unterschiedlich und ich traue Ihnen zu, dass Sie diese selbst bei Bedarf für Ihre Prüfung (relevant für die Kaufleute) in Proximus 4 bzw. in Ihrer Praxis bei Ihrem Anbieter in Erfahrung bringen können.

Also, was ist noch wichtig?

Tarifierungsmerkmal	Anmerkungen
Wie viele km fährt der VN im Jahr?	Die Fahrleistung hat entsprechenden Einfluss auf die Höhe der Prämie in der KH-, VK- und TK-Deckung. Je mehr km im Kalenderjahr gefahren werden, umso höher liegt die Schadenwahrscheinlichkeit. Auch Änderungen der Fahrleistung im Laufe der Jahre sollten dem VR angezeigt werden, damit es im Schadenfall bei wesentlichen Abweichungen nicht zu Konsequenzen kommen kann.
Wer fährt das Fahrzeug?	Wesentlich ist hier, ob eine Einzelnutzung des VN vorliegt oder/und der Ehegatte/Partner das Fahrzeug ebenfalls nutzt. Gibt es weitere Personen im Fahrerkreis, insbesondere Fahrer unter 23 Jahren? Gerade bei „jungen Fahrern" und deren insgesamt höherem Risiko reagieren viele VR in der Preisgestaltung nach wie vor sehr empfindlich. Wichtig ist zu vereinbaren, dass bei einer Festlegung auf einen Personenkreis die gelegentliche Nutzung anderer Fahrer nicht sanktioniert wird.
Gibt es zu dem VN eine Familie?	Es ist statistisch erwiesen, dass Familienväter oder -mütter vorsichtiger im Verkehr unterwegs sind. Daher kann es einen Nachlass geben.
Gibt es Wohneigentum?	Eigentümer von selbst bewohnten Häusern oder Wohnungen erhalten ebenfalls einen Prämiennachlass.
Wird das Fahrzeug nachts regelmäßig in einer verschlossenen Garage untergestellt?	Allein in der TK wird der Rabatt hierfür höher ausfallen, da das Diebstahlrisiko deutlich geringer ist.
Wie alt ist das Fahrzeug beim Erwerb durch den VN?	Jüngere Fahrzeuge bis z. B. 3 Jahre erhalten hier einen Nachlass, da der Umgang mit neueren Fahrzeugen sorgsamer ist, während ältere Fahrzeuge von z. B. von 10 Jahren mit einem Zuschlag rechnen müssen.
Gibt es für meinen Pkw eine Sondereinstufung in eine SF-Klasse?	Grundsätzlich wird der Vertrag bei einer Ersteinstufung der SF-Klasse 0 zugeordnet. Diese würde in der KH und in der Vollkasko bei Proximus 4 einen Prämiensatz von 110 % bedeuten. Darauf lassen sich die wenigsten VN ein, da immer versucht wird, gleich mit einer besseren SF-Klasse einzusteigen. Bei allen VR sind daher auch Sondereinstufungen unter bestimmten Voraussetzungen möglich. Kriterien sind, ob z. B. bereits ein Pkw auf den VN oder den Ehepartner zugelassen ist, der einen SFR erfahren hat und wie lange der VN im Besitz einer gültigen Fahrerlaubnis ist. Die gängigste Einstufung ist die in SF ½ = 70 %. Aber auch andere Ersteinstufungen wie in SF 2 = 55 % sind z. B. bei Proximus 4 möglich.
Kann der VN einen SFR von einer anderen Person übernehmen?	Gerade im Verwandtenkreis kommt es vor, dass jemand einen SFR erfahren hat, diesen aber nicht mehr benötigt, weil er kein Fahrzeug mehr fahren will oder kann. Dann ist es möglich, diesen SFR an jemand anderen abzugeben, was nach Proximus 4 nur von Angehörigen aus möglich ist, die mit dem VN in häuslicher Gemeinschaft leben oder von dem Arbeitgeber. Aber hier gibt es auf dem Markt die unterschiedlichsten Möglichkeiten. Wichtig ist zu wissen, dass der VN nur den SFR übernehmen kann, den er auch tatsächlich hätte erfahren können, sprich bei z. B. SF 10 muss der VN auch bereits seit 10 Jahren eine gültige Fahrerlaubnis haben. Ansonsten wäre es ihm nicht möglich gewesen, einen Pkw 10 Jahre lang schadenfrei zu steuern.

Tarifierungsmerkmal	Anmerkungen
Ist ein Rabatttausch unter den Fahrzeugen sinnvoll?	Hat ein VN mehrere Fahrzeuge auf sich zugelassen, kann ein SFR-Tausch unter den Fahrzeugen hinsichtlich der Prämie deutliche Auswirkungen haben. Je nach Fahrzeugtyp mit der dazugehörigen Typklasse ist zu prüfen, welches Fahrzeug die höhere und welches die niedrigere SF-Klasse erhält. Ein Rabatttausch ist im Normalfall nur unter Fahrzeugen in derselben Fahrzeuggruppe möglich. Z.B. befinden sich in der untersten Gruppe Pkw und Motorräder und in der obersten Gruppe die Lkw über 3,5 Tonnen zulässige Gesamtmasse. Es gibt noch eine mittlere Gruppe mit z. B. Taxen und Lkw bis zu 3,5 Tonnen. Ein Tausch ist immer innerhalb dieser Gruppen oder aber von „oben" nach „unten" – also von einer höheren Gruppe zu einer niedrigeren Gruppe zulässig.
Macht es Sinn, den Beginn des Vertrages vorzuverlegen?	Eine nächst höhere SF-Klasse wird nur erreicht, sofern ein Kalenderjahr schadenfrei gefahren wurde. In manchen Fällen, wenn der VN z. B. mit SF1/2 in den Vertrag einsteigt, reichen auch 6 Monate aus, um anschließend in die SF 1 zu gelangen. Dann ist es meist von Vorteil, bei einer Anschaffung des Kfz im zweiten Kalenderhalbjahr den Versicherungsbeginn auf den 01.07. vorzuverlegen, um im Januar dann bereits die SF 1 zu erhalten. Die Prämie wird zwar ab dem 01.07. auch erhoben, jedoch fällt die Einsparung im folgenden Kalenderjahr dafür meist größer aus.
Ist die VK eventuell preiswerter als eine TK?	Neben den Unterschieden im Leistungsumfang kommt es tatsächlich manchmal vor, dass eine VK preiswerter sein kann als eine TK. Dies hängt damit zusammen, dass es in der VK und TK unterschiedliche Typklassen und in der VK eine SF-Staffel gibt, aber nicht in der TK. Hat der VN z. B. die höchste SF-Klasse mit 35 schadenfreien Jahren und einem Prämiensatz von 23 % erreicht, dann kann die VK preiswerter sein als die TK mit 100 %. Dies ist natürlich auch schon bei anderen niedrigeren SF-Klassen denkbar. Grundsätzlich gleicht sich die SF-Klasse in der VK der Klasse in der KH an. Hat jemand bereits in KH die SF 10 und wird erstmalig eine VK abgeschlossen, erfolgt die Einstufung ebenfalls in die SF 10.

Tab. 14: Tipps und Tarifierungsmerkmale zur Preisfindung in der Kfz-Versicherung

Sie erkennen, dass Sie neben den „normalen" Nachlässen, die u. U. gewährt werden können, zahlreiche weitere Tarifierungsmerkmale einbauen können. Hinzu kommen Gestaltungsmöglichkeiten hinsichtlich des SFR, welche die Prämie eines Vertrages beeinflussen. Heute ist es schon fast unmöglich nachzuvollziehen, wie sich die Prämie eines einzelnen Anbieters zusammensetzt. Im Hintergrund berücksichtigt der Computer immer mehr VN-Merkmale, die Sie zuvor zu dem Kunden eingegeben haben. Diese Entwicklung setzt sich immer weiter fort und wird sich zunehmend beschleunigen. Derzeit rückt das Fahrverhalten in den Vordergrund, welches von den VR aufgezeichnet wird bzw. werden soll, um die Prämie noch individueller gestalten zu können. Mal sehen, wo die Reise hingeht und was der Kunde bereit ist, mit sich machen zu lassen bzw. wie stark er sich „überwachen" lassen will. Bislang haben sich diese **Telematik-Tarife** noch nicht flächendeckend durchgesetzt.

1.2.17 Übersicht zur Kfz-Versicherung mit Verkaufstipps

Bausteine der Kfz-Versicherung	Zusätzlich zu versichernde Risiken	Anmerkungen
Kfz-Haftpflicht-versicherung	Auto-Schutzbrief	Der Schutzbrief sollte immer mit integriert werden. Er enthält viele Leistungen zu einem unschlagbar günstigen Preis
„Mallorca"-Police	Gesonderte Auslandsdeckung	Unangenehm wird es, wenn Ihr Kunde im Ausland von einem anderen geschädigt wird und seine Ansprüche durchsetzen will. Dies kann u. U. ein sehr langwieriger Prozess werden. Mit einer zusätzlichen Auslandsdeckung ist es möglich, diese Schäden nach deutschem Recht über die **eigene Kfz-Haftpflicht** bis zur Höhe der vereinbarten Deckungssummen regulieren zu lassen. Es handelt sich demnach um eine Eigenschadendeckung und es bleibt dem VR dann überlassen, die geleisteten Entschädigungen von dem ausländischen VR zurückzuholen. Versicherungsschutz wird meist innerhalb Europas bzw. innerhalb der EU geboten.
Teilkasko Vollkasko	GAP-Deckung für Leasingfahrzeuge	Innerhalb der Teilkasko sollte immer der Zusammenstoß mit **Tieren „aller Art"** versichert sein – demnach keine Beschränkung nur auf Haarwild. Achten Sie darauf, dass keine Abzüge „neu für alt" vorgenommen werden. Bei Neufahrzeugen empfiehlt es sich genau hinzuschauen, wie lange eine Neupreisentschädigung gezahlt wird. Eine Dauer von bis zu 36 Monaten nach Erstzulassung ist mittlerweile bei Bedarf zu bekommen. Schäden zwischen ziehenden und gezogenen Fahrzeugen sowie reine Brems-, Betriebs- und Bruchschäden sind ebenfalls versicherbar. Gleiches gilt für ein umfassenderes Unterschlagungsrisiko (alles im Rahmen einer VK- oder zusätzlichen Kaskodeckung). Bei Elektrofahrzeugen ist darauf zu achten, dass der Akku möglichst umfassend abgesichert wird. Hier bietet sich eine „Allgefahren-Absicherung" an. Je nach Vertragskonstellation, wie z. B. bei einer Werkstattbindung, werden oft zusätzliche Leistungen gewährt. Diese können z. B. sein: - Mietwagen während der Reparaturdauer - Fahrzeugreinigung - Hol- und Bringservice

Bausteine der Kfz-Versicherung	Zusätzlich zu versichernde Risiken	Anmerkungen
Fahrerschutz-Versicherung		Die sonstigen Insassen sind meist über die KH mit abgesichert. Wenn möglich sollte im Verkauf immer die private Unfallversicherung Priorität haben. Eine Absicherung mit hohen Summen für den Invaliditätsfall steht hierbei im Vordergrund.
SFR-System für KH und Vollkasko	Rabattschutz ab SF 4	Der Rabattschutz hilft bei einem Wechsel des VR leider nicht weiter, wenn es tatsächlich zu einem Schaden gekommen ist. Dann wird die SF-Klasse dem nachfolgenden VR bestätigt, die mit dem Schaden bestehen würde. Es gibt viele Möglichkeiten bei den VR, gerade bei Ersteinstufungen eine vorteilhaftere SF-Klasse zu vereinbaren. Auch Rabattübernahmemöglichkeiten von anderen Fahrzeugen bzw. anderen Personen sind vielfältig machbar. Hier liegt es an Ihnen, eine für den Kunden akzeptable Prämie zu gestalten!

Tab. 15: Übersicht zur Kfz-Versicherung mit Verkaufstipps

1.3 Rechtsschutzversicherung

1.3.1 Abgrenzung der Rechtsschutz- von der Haftpflichtversicherung im Verkauf

Eine Rechtsschutzversicherung gehört immer dazu, wenn es um den Verkauf einer Haftpflichtversicherung geht – und umgekehrt.

Warum sind diese beiden Sparten so untrennbar miteinander verbunden?

Wofür ist die Rechtsschutzversicherung im Vergleich zur Haftpflichtversicherung da?

Bevor wir auf diese Fragen näher eingehen, lassen Sie uns zunächst nach dem Sinn und Zweck einer Rechtsschutzversicherung fragen. Was antworten Sie einem Kunden, der Sie fragt: Wozu brauche ich einen Rechtsschutz? Bevor Sie weiterlesen, machen Sie sich hierüber selbst einmal Gedanken.

- Sicherlich nimmt die Rechtsschutzversicherung unseren Kunden das Kostenrisiko eines Rechtsstreites ab. Bevor ein Verfahren oder ein Prozess zu Ende geht, kann es sehr lange dauern, und während dieser Zeit fallen Anwalts-, Gerichtskosten, Gebühren etc. an, die zunächst einmal vom Kunden bezahlt werden müssen. Genau dieses Kostenrisiko scheuen viele Bürger, da sie nicht wissen, was auf sie zukommt und was am Ende dabei herauskommt. Lieber lässt der Kunde es dann bleiben und versucht, sich irgendwie zu einigen und verzichtet damit eventuell auf sein Recht.

- Hiermit im Zusammenhang steht die Sorge vieler Bürger, gegen den anderen keine Chance zu haben, weil der sowieso Recht habe, vielleicht „etwas Besseres" sei und das notwendige Kleingeld hat, um u. U. jahrelang mit den besten Anwälten zu prozessieren. Stellen Sie sich vor, Sie werden in einen Unfall verwickelt, an dem eine Person beteiligt ist, die sehr bestimmt auftritt, mit Klage droht und alles besser weiß – nach dem Motto: „Sie wollen Schadenersatz von mir? Versuchen Sie es doch einmal! Ich werde Ihnen die besten Anwälte auf den Hals hetzen und prozessieren, dass Ihnen Hören und Sehen vergeht." Viele von uns werden eingeschüchtert sein und versuchen, die Angelegenheit gütlich zu regeln, um Ärger aus dem Wege zu gehen. Und das, obwohl man sich zu 100 % im Recht sieht und damit auf bares Geld verzichtet.

  Frage: Würden Sie mit einer Rechtsschutzversicherung ebenso eingeschüchtert reagieren? Wohl kaum. Die Rechtsschutzversicherung hilft, gleiches Recht für alle zu schaffen. Weil Rechthaber nicht immer auch Recht bekommen sollen. Und solche Situationen sind häufig vorstellbar (etwa ein Streit mit dem reichen Vermieter, mit dem wohlhabenden Nachbarn oder dem mächtigen Arbeitgeber). Natürlich wird die Rechtsschutzversicherung einem den Ärger nicht vollständig abnehmen können, aber dafür den Geldbeutel schonen, womit es sich schon erheblich sorgenfreier streiten lässt.

- Wer kennt sich in unserem deutschen Rechtssystem schon aus? Unser Land wurde und wird zum größten Teil von Juristen regiert. Und danach werden auch die Gesetze formuliert und ausgestaltet. Hauptsache, es ist alles geregelt. So kann ein scheinbar eindeutiger Fall sich schnell ins Umgekehrte wenden und man verliert seinen Rechtsstreit oder bekommt zumindest eine Mitschuld. Demnach ist guter Rat teuer – im wahrsten Sinne des Wortes. Selbst die sonst so kritischen Verbraucherschützer tendieren schon dazu, eine Rechtsschutzversicherung auf die Liste der sinnvollen Absicherungen zu setzen.

Dies sind allein drei gute Gründe, die für einen derartigen Schutz sprechen. Dem Kunden ist deutlich zu machen, dass die Rechtsschutzversicherung alles andere als eine Luxusversicherung ist.

Was ist aber nun mit der Abgrenzung zur Haftpflichtversicherung? Kommen wir auf den klassischen Verkehrsunfall zurück. Sie werden mit dem Fahrrad in einen Verkehrsunfall verwickelt, bei dem ein Autofahrer zu Schaden kommt. Die Schuldfrage ist nicht eindeutig – wie so häufig. Es gibt widersprüchliche Zeugenaussagen, der Unfallhergang ist nicht 100 %ig rekonstruierbar. Der Autofahrer hat einen Blechschaden in Höhe von 2.000 € und macht Ansprüche gegen Sie geltend. Sie wollen sich dagegen zur Wehr setzen. Wer hilft Ihnen dabei? Klar – u. U. ein Anwalt, aber wer bezahlt diesen?

Hier ist jetzt Vorsicht geboten. Den Anwalt bringt man leicht mit der Rechtsschutzversicherung in Verbindung. Aber dies ist und bleibt eindeutig Aufgabe der Haftpflichtversicherung. Wir erinnern uns:

Abwehr von Schadenersatzansprüchen = passive Rechtsschutzfunktion der Haftpflichtversicherung

Es ist gleichzeitig in den Bedingungen der Rechtsschutzversicherung geregelt, dass die Abwehr derartiger Ansprüche niemals Aufgabe der Rechtsschutzversicherung ist.

Nun haben Sie aber auch Ansprüche. Sie wollen nämlich 300 € für das kaputte Fahrrad und noch 500 € Schmerzensgeld, weil Sie verletzt worden sind und sich im Recht fühlen. Dies ist eindeutig die

Durchsetzung von Schadenersatzansprüchen = aktive Rechtsschutzfunktion der Rechtsschutzversicherung.

Die Klärung und Durchsetzung der Ansprüche ist nur über eine eigene Rechtsschutzversicherung machbar. Wenn nun keine vorliegt, ist man allein auf die Abwehr der Schadenersatzansprüche angewiesen, die der Haftpflichtversicherer vornimmt. Aber damit kommt man noch lange nicht zu seinem Geld für den Ausgleich des eigenen Schadens.

Interessant sind auch immer die Unfälle mit mehreren Fahrzeugen. Hier sieht man seine Schuld nicht ein, aber der eigene Autoversicherer zahlt die Ansprüche des Geschädigten, weil er sich nicht auf eine Abwehr und ein eventuell damit verbundenes Prozessrisiko einlassen will. Zumeist ist eine Zahlung auch oft billiger für den Autoversicherer. Hier ist der Kunde nur der Dumme: Er wird mit seiner Kfz-Versicherung im Schadenfreiheitsrabatt hochgestuft. Eine Klärung der Schuldfrage könnte er nur mit einem eigenen Verfahren herbeiführen – er muss selbst aktiv werden!

Fragen Sie den Kunden beim Verkauf einer Kfz-Versicherung: „Sie werden in einen Verkehrsunfall verwickelt. Das eine Auto hat eine Rechtsschutzversicherung, das andere nicht. In welchem Auto möchten Sie sitzen?" Einfach, aber wirkungsvoll.

Sie erkennen, dass Haftpflicht und Rechtsschutz immer im Zusammenhang stehen, wenn es um einen Personen-, Sach- oder auch Vermögensschaden geht. Man will sich wehren oder aktiv etwas durchsetzen; es gibt immer einen Schädiger und einen Geschädigten. Demnach muss in einer Beratung immer beides angesprochen werden. Nur so erkennt der Kunde den Zusammenhang von Haftpflicht und Rechtsschutz und die Notwendigkeit beider Absicherungen.

Erklärbar ist dies anhand von allen Schadenfällen, die Sie bereits im privaten Bereich kennengelernt haben (PHV, Haus- und Grundbesitz, Tiere, Gewässerschäden). Er lässt sich aber ebenso auf den gewerblichen Bereich übertragen.

Keine Haftpflicht ohne Rechtsschutz – umgekehrt schon gar nicht!!!

1.3.2 Kostenübernahme durch die Rechtsschutzversicherung / Geltungsbereich

Grundsätzlich übernimmt die Rechtsschutzversicherung alle Kosten, die in einem versicherten Rechtsstreit anfallen, sowohl außergerichtlich als auch in einem angestrebten Gerichtsverfahren. Darunter fallen z. B.

- Anwaltskosten
- Gerichtskosten
- Kosten für Zeugen und Sachverständige, die vom Gericht herangezogen werden, wie z. B. medizinische, psychologische Gutachten
- Zeugengelder
- Kosten eines Schieds- und Schlichtungsverfahrens
- Kosten für eine einvernehmliche Konfliktbeilegung im Rahmen einer Mediation bis zu 1.500 €
- Ein zinsloses Darlehen in Höhe von 200.000 € für eine Strafkaution.

Die wichtigste Position stellen sicherlich die Anwaltskosten dar. Die anwaltliche Beratung ist oft das Erste, was in einem Rechtsstreit anfällt; und diese wird immer teurer. Früher gab es die Bundesrechtsanwaltsgebührenordnung (BRAGO), die durch das Rechtsanwaltsvergütungsgesetz (RVG) abgelöst wurde. Durch dieses Vergütungsgesetz sind die Anwaltshonorare im Schnitt um ca. 14 % gestiegen und sie steigen immer weiter. Umso wichtiger, diese Kosten durch eine Versicherung aufzufangen, damit man sich einen Anwalt noch leisten kann. So kostet eine Erstberatung bei einem Anwalt schon bis zu 250 €.

Übernommen werden die Kosten eines Anwaltes bis zur Höhe der gesetzlichen Vergütung (also nach dem RVG) eines am Ort des zuständigen Gerichtes ansässigen Rechtsanwaltes. Freie Honorarvereinbarungen mit Staranwälten sind natürlich machbar, werden aber von der Rechtsschutzversicherung nicht bezahlt.

Zusätzlich wird auf Wunsch in vielen Fällen ein zweiter Anwalt bezahlt, wenn das zuständige Gericht mehr als 100 km Luftlinie vom Wohnort des Kunden entfernt ist und es zu einem Gerichtsprozess kommt. Dies gilt allerdings nur für die erste Instanz.

Beispiel:

Der Versicherungsnehmer bzw. Kunde wohnt in Hamburg und hat in München einen Verkehrsunfall, der vor dem Münchener Landgericht verhandelt wird. Gezahlt werden der vor dem Landgericht zugelassene Anwalt in München sowie ein Anwalt in Hamburg, der die Korrespondenz mit dem Anwalt in München führt. Sinn dieser Regelung ist es, dem Kunden etwaige lange Wege zu ersparen und ihm zu ermöglichen, einen Anwalt seines Vertrauens zu Rate ziehen zu können, der die Wünsche und Forderungen des Kunden an den (oft unbekannten) Anwalt vor Ort weitergibt. Diesen Anwalt in Hamburg nennt man sinngemäß auch **Korrespondenzanwalt.**

Gleiches gilt im Übrigen auch für Verhandlungen im Ausland, sofern die 100 km-Grenze überschritten wird. Kosten für Reisen ins Ausland werden ebenfalls von der Rechtsschutzversicherung bezahlt, sofern der Versicherungsnehmer vor Gericht erscheinen muss.

Generell gilt der Rechtsschutz vor jedem Gericht in Europa, in den außereuropäischen Anliegerstaaten des Mittelmeeres, wie z. B. in den nordafrikanischen Ländern sowie auf den Kanaren und Madeira. Wird ein Rechtsstreit vor einem Gericht in diesen Ländern geführt, hat der Kunde Versicherungsschutz im Rahmen seines Vertrages.

Einschränkungen sind nur gegeben, soweit der Rechtsstreit vor einem Gericht außerhalb dieses Geltungsbereiches geführt wird. Hier schränken die Bedingungen die Leistungen auf einen Betrag von **100.000 €** ein und der Aufenthalt darf nicht länger als **12 Wochen** andauern.

Beispiele hierfür:

- Nach einem Unfall in Japan müssen die Schadenersatzforderungen vor einem japanischen Gericht durchgesetzt werden.

- Es gibt Probleme mit dem in den USA gemieteten Wohnmobil, es geht um Zahlungsrückforderungen oder um den Rücktritt vom Vertrag.

Gleiches gilt für Verträge, die über das Internet mit Vertragspartnern außerhalb des Geltungsbereichs abgeschlossen wurden. Hier befindet sich der Kunde zwar nicht in Japan oder den USA, aber je nach Vertragskonstellation wird sich der Gerichtsstand in diesen Ländern befinden. Diese Leistung ist auch als Internet-Vertrags-Rechtsschutz bekannt. Für diese Leistung muss die allgemeine Leistungsart „Rechtsschutz im Vertrags- und Sachenrecht" vereinbart sein, auf die wir noch zu sprechen kommen.

Dagegen wird es z. B. bei Problemen mit einem deutschen Reiseveranstalter aufgrund einer schlecht organisierten achtwöchigen Karibik-Reise keine Einschränkungen geben, da bei einem deutschen Unternehmen die Streitigkeiten hier in Deutschland, also im Geltungsbereich Europa, verhandelt werden.

Der Grund für die Begrenzung in vielen außereuropäischen Staaten liegt darin, dass die Versicherer mit dem Rechtssystem dieser Länder nicht vertraut sind und demnach auch nicht wissen, welche Kosten diese Systeme verursachen können (man denke nur an die Schadenersatzklagen in den USA, die auch beträchtliche Anwaltshonorare mit sich bringen).

Üblicherweise wird von den Versicherern heute eine **Deckungssumme von bereits 1.000.0000 €** je Rechtsschutzfall angeboten (auch nach Proximus 4). Darunter sollte kein Angebot liegen, wobei diese Summe für alle gängigen Streitfälle völlig ausreichend ist.

Gestritten werden darf vor allen üblichen Gerichtsbarkeiten, wie z. B. vor dem Amtsgericht, Landgericht, Oberlandesgericht und dem Bundesgerichtshof sowie vor Spezialgerichten (Finanzgerichte, Arbeitsgerichte, Sozialgerichte). Die Gerichtskosten der einzelnen Gerichte sind unterschiedlich hoch. Bemessungsgrundlage ist in der Regel der Streitwert, also die Frage, um wie viel Euro es überhaupt geht.

Fragen Sie einen Kunden, welche Kosten auf ihn zukommen, wenn er um einen Betrag von 5.000 € vor dem Amtsgericht streitet. Sie werden überrascht sein, welche Antworten kommen. Was schätzen Sie?

Nur an Anwalts- und Gerichtskosten liegt der Betrag schon bei ca. 2.600 €, geht es weiter vor das Landgericht, steigen die Kosten auf über **5.000 €**. Dies bedeutet, dass die Kosten hier bereits den Streitwert übersteigen! Zeigen Sie dem Kunden anhand von Tabellen, wie hoch die Kosten ausfallen können, wenn Sie ihm überzeugend den Nutzen der Rechtsschutzversicherung veranschaulichen wollen.

Viele Kunden kommen dann immer mit dem Einwand, man streite sich nicht und gehe jedem Ärger aus dem Weg. Dies ist sicherlich ein ernst zu nehmendes Argument, aber hierzu muss dem Kunden anhand von Beispielen deutlich gemacht werden, dass man auch **unverschuldet** in den unterschiedlichsten Lebensbereichen in einen Rechtsstreit verwickelt werden kann. Diese werden im folgenden Kapitel anhand von Zielgruppen erläutert. Zu diesem Abschnitt soll noch abschließend erwähnt werden, dass natürlich auch die Kosten des Gegners von der Rechtsschutzversicherung übernommen werden, soweit man den Rechtsstreit verliert.

Denn es gilt immer noch der Grundsatz: Wer verliert, der zahlt!

1.3.3 Zielgruppen der Rechtsschutzversicherung

Die Rechtsschutzversicherung ist grundsätzlich natürlich für jeden interessant. Jeden kann es treffen, in einen Rechtsstreit verwickelt zu werden, ob gewollt oder ungewollt. Eine große und wichtige Zielgruppe sind in erster Linie die Verkehrsteilnehmer.

1.3.3.1 Verkehrsteilnehmer

Hiermit sind nicht nur die Autofahrer, sondern auch jeder Fußgänger, Radfahrer – auch mit Pedelecs und E-Bikes – oder Teilnehmer im öffentlichen Nah- und Fernverkehr gemeint. Zu jedem Komplettangebot einer Kfz-Versicherung gehört die Rechtsschutzversicherung unverzichtbar dazu; zu jeder PHV, die für die Fußgänger und Radfahrer eintritt, aber ebenso. Wie bereits erwähnt, geht es hier insbesondere um die Geltendmachung von Schadenersatzansprüchen, soweit man selbst einen Personen-, Sach- oder Vermögensschaden erleidet. Bei unklaren Fällen und mangelhafter Beweisführung oder wenn es um die Höhe der Ansprüche geht, kann meist nur noch ein Anwalt helfen. Aber auch bei Bußgeldern, Führerscheinproblemen oder Strafangelegenheiten hilft die Rechtsschutzversicherung weiter (siehe auch: RS-Leistungsarten, S. 87).

Verkehrsteilnehmer in irgendeiner Form ist jeder von uns. Beispiele aus dem täglichen Leben lassen sich leicht finden. Jeden Tag passiert etwas im öffentlichen Verkehr und hier ist es unsere Aufgabe, dem Kunden die daraus entstehenden Probleme deutlich zu machen.

1.3.3.2   Familien

Meistens führt man ein Verkaufsgespräch nur mit einer Person aus der Familie, einem Elternteil. Hierbei sollte man diese Person dafür sensibilisieren, dass ja nicht nur er/sie in einen Rechtsstreit gelangen kann, sondern auch die weiteren Familienmitglieder. Nicht jeder hat einen Überblick darüber, was der Partner oder die Kinder den ganzen Tag lang treiben. Gerade Kinder sind leicht Situationen ausgesetzt, bei denen sie einen Schaden erleiden können. Eine Unfallversicherung für Kinder ist leicht zu erklären, aber wer erstreitet die Ansprüche aus der Unfallversicherung gegenüber dem Versicherer bzw. macht zusätzlich Schmerzensgeld gegenüber dem Verursacher geltend? Wer kümmert sich um Probleme mit den Krankenkassen, die eine Behandlung oder Reha-Maßnahme nicht bezahlen wollen?

Fragen Sie Eltern, welchen Situationen die Kinder jeden Tag ausgesetzt sind, und Sie werden ausreichend Beispiele für den Sinn und Zweck einer Rechtsschutzversicherung herleiten können (z. B. für die Durchsetzung von Schadenersatzansprüchen gegen Aufsicht führende Personen in Kindergarten oder Schule).

1.3.3.3   Berufstätige

Der Arbeitsmarkt hier in Deutschland hat sich in den letzten Jahren positiv entwickelt, jedoch stellt sich die Einkommens- und Beschäftigungsstruktur sehr unterschiedlich dar. Und bis zu 2,5 Mio. Arbeitslose sprechen immer noch eine deutliche Sprache. Niemand kann sich seines Arbeitsplatzes zu 100 % sicher sein. In der Presse und im Fernsehen liest und hört man immer wieder von Arbeitsplatzabbau, betriebsbedingten Kündigungen, Standortschließungen, Gehaltskürzungen etc. Daher sollte die Absicherung im Rechtsschutzbereich für alle Arbeitnehmer ein absolutes Muss darstellen.

Deutlich ausgedrückt: Sollte ein Kunde argumentieren, dass er sich die Rechtsschutzversicherung nicht leisten kann, weil er so wenig verdient oder sein Job ohnehin nicht so sicher sei, ist das genau das Argument für die Absicherung im Berufsbereich. Gerade weil dies so ist, sollte der Kunde sich für den Rechtsschutz entscheiden, um so wenigstens das zu sichern, was er noch hat. Und wenn es nur um die Geltendmachung einer hohen Abfindungszahlung geht.

Der Bereich Arbeitsrecht ist nicht umsonst einer der Bereiche mit den häufigsten Streitfällen.

1.3.3.4   Mieter/Haus- und Grundbesitzer

Welcher Mieter kennt es nicht:

- Streit mit dem Vermieter wegen einer Mieterhöhung,
- Streit wegen einer undurchsichtigen Nebenkostenabrechnung,
- Streit wegen Lärmbelästigung,
- Streit wegen zu Unrecht verlangter Schönheitsreparaturen,
- und dann vielleicht auch noch wegen einer Kündigung.

Ganz aktuell sind hier zudem die in der Öffentlichkeit viel diskutierten Modernisie-rungsmaßnahmen zu nennen, mit denen die Vermieter versuchen, exorbitant hohe Mietzahlungen durchzudrücken oder gar auf eine Kündigung seitens des Mieters hoffen.

Viele Streitereien sind vielleicht ohne juristische Schritte aus der Welt zu schaffen. Aber wie viele Mietverhältnisse werden dann doch mithilfe eines Anwaltes ausgefochten und enden vor einem Gericht?

Auch für Eigenheimbesitzer ist die Absicherung durchaus sinnvoll, wenn es um Streitig-keiten mit dem Nachbarn oder um Ärger mit zu hohen Abgaben der Stadt- oder Gemein-deverwaltung geht. Ein weiteres wichtiges Verkaufsargument werden wir noch bei den Leistungsarten kennenlernen, bei der Erläuterung des Wohnungs- und Grundstücks-RS, der im Anschluss betrachtet werden soll.

Fazit mit nützlichen Verkaufstipps

- Die Rechtschutzversicherung hilft dem Versicherten, sein Recht auch zu bekom-men. Jeder soll die Möglichkeit haben, seine Rechte durchzusetzen.

- Der Zusammenhang von Haftpflicht- und Rechtsschutzversicherung ist im Kun-dengespräch einfach darzulegen, da die Durchsetzung von Schadenersatzansprü-chen eine schwierige und oft langwierige Aufgabe ist.

- Die Anwalts- und Gerichtskosten sind in der Vergangenheit deutlich gestiegen und werden noch weiter nach oben gehen. Welcher Kunde kann sich das schon leis-ten?

- Zielgruppen lassen sich leicht ausfindig machen. Allein für Berufstätige ist eine Absicherung immens wichtig.

1.3.4   Leistungsarten der Rechtsschutzversicherung

Wofür hat der Kunde überhaupt Versicherungsschutz? Dieses ist die Frage, die wir unse-ren Kunden beantworten müssen. Der Umfang des Versicherungsschutzes lässt sich zu 90 % aus den Leistungsarten herleiten. Ist ein Fall hier nicht einzuordnen, besteht für den Kunden auch kein Versicherungsschutz. Ganz einfach. Unter Umständen kommt noch ein Ausschluss zur Anwendung.

Die Leistungsarten sind demnach das Kernstück einer jeden Rechtsschutzversicherung, ein guter Verkäufer sollte sich auch hiermit auskennen. Nur aus den Inhalten z. B. ei-ner Verkehrs-RS, einer Privat-, Berufs- oder Verkehrs-RS (PBV) lassen sich Beispiele für den Verkauf finden und herleiten. Lassen Sie uns demnach damit beginnen und im nächsten Kapitel anschauen, welche Vertragsarten welche Leistungsarten beinhalten.

Insgesamt gibt es nach Proximus 4 zwölf Leistungsarten, aus denen sich die Rechts-schutzversicherung zusammensetzt.

1.3.4.1 Schadenersatz-Rechtsschutz

Die Geltendmachung von Schadenersatzleistungen hatten wir schon als eine wichtige Leistung der Rechtsschutzversicherung herausgestellt. Immer wenn es sich um eigene Ansprüche aus erlittenen Personen-, Sach- oder Vermögensschäden handelt, wird die Leistungsart Schadenersatz-RS benötigt. **Verstärkt taucht die Geltendmachung von Schadenersatzansprüchen aus der Verletzung von Persönlichkeitsrechten oder Datenschutzgesetzen, insbesondere im Internet auf.**

Immer mehr Beispiele aus dem Verkehrsbereich erklären diese Leistungsart von selbst. Aber auch Ansprüche gegenüber Ärzten und Krankenhäusern aufgrund fehlerhafter Behandlungen gewinnen immer mehr an Bedeutung (in diesem Zusammenhang erinnern wir uns an die hohen Kosten für medizinische Gutachten).[2]

Hier könnte man nun einwenden: „Da muss doch sowieso die Haftpflichtversicherung des anderen bezahlen." Dieses mag auf den ersten Blick zutreffend sein, aber bedenken Sie Folgendes:

- Im privaten Bereich ist fast jeder dritte Deutsche nicht haftpflichtversichert,
- Versicherer zahlen auch nicht immer sofort, obwohl sie es müssten. Es gibt Kfz-Haftpflichtversicherer, die verweigern zunächst einmal die Zahlung des berechtigten Anspruchs des Geschädigten, nur um zu sehen, wie dieser reagiert. Die Versicherer haben den längeren Atem und das Kapital, um so etwas – oftmals jahrelang – auszusitzen; und wenn es nur um die Höhe der Zahlungen geht. Leider hört man immer wieder auch in den Fernsehmagazinen von solchen Taktiken, den Anspruchsteller „mürbe" zu machen, in der Hoffnung, dass dieser einmal aufgibt. Wohl dem, der dann einen Rechtsschutzversicherer hinter sich stehen hat und sich zumindest um die hohen Kosten keine Sorgen machen muss.

1.3.4.2 Arbeits-Rechtsschutz

Nun kann es natürlich auch sein, dass ein Arbeitnehmer das Eigentum seines Chefs während der Arbeitszeit beschädigt. So zerstört z. B. jemand den teuren Computer, zerkratzt den nagelneuen Schreibtisch oder beschädigt das Dienstfahrzeug der Firma während einer Dienstreise/Berufsfahrt.

Hier geht der erste Gedanke sicherlich auch in Richtung Schadenersatz-RS, da der Arbeitgeber von seinem Arbeitnehmer Ersatz für die beschädigte Sache geltend machen wird. Es handelt sich hierbei aber um einen Anspruch aus dem Arbeitsverhältnis heraus und damit wird sich das Arbeitsrecht befassen. Will sich der Arbeitnehmer also gegen die Ansprüche des Arbeitgebers zur Wehr setzen, hilft ihm nur der Arbeits-RS innerhalb seines Rechtsschutzvertrages.

Die **Privat-Haftpflichtversicherung** zur Abwehr der Ansprüche einzusetzen wird nicht funktionieren, da es sich hierbei um ein berufliches Risiko handelt.

---

2   Liegt ein Behandlungsvertrag vor, werden diese Fälle auch oft dem RS im Vertrags- und Sachenrecht zugeordnet.

Dieses ist aber nur ein Beispiel für die Notwendigkeit des Arbeits-RS. Die Bedeutung hatten wir oben schon bei der Zielgruppe der Arbeitnehmer angesprochen. Streitigkeiten entstehen u. a. aus

- betriebsbedingten Kündigungen,
- der Höhe einer Abfindungszahlung,
- einer ungerechtfertigten Abmahnung,
- Streichung von Urlaubs- und / oder Weihnachtsgeld,
- sonstigen Vergütungen, die nicht gewährt werden, wie z. B. Überstundenzuschläge, Bonifikationszahlungen,
- Urlaubstagen, die nach einer Krankheit im Urlaub nicht wieder gutgeschrieben werden,
- ungewollten Versetzungen oder Einstufungen in falsche Besoldungsgruppen,
- einem zu schlecht ausgestellten Zeugnis oder
- aus der Geltendmachung von Ansprüchen wegen Nichteinhaltung von Arbeitsplatz-schutzbestimmungen.

Die Liste der Argumente lässt sich sicherlich noch fortsetzen. Jedoch sollten diese Beispiele einen jeden Arbeitnehmer bereits überzeugen. Natürlich wollen viele keinen „Stress" mit ihrem Arbeitgeber oder den Kollegen, allein schon des Betriebsfriedens wil-len. Aber leider lässt sich ein offener Streit oft nicht vermeiden, gerade wenn es um das eigene Portemonnaie geht.

Ein wichtiges Argument für den Arbeits-RS spiegelt sich auch in einer arbeitsrechtlichen Regelung wider. Der bereits angesprochene Grundsatz „wer verliert – der zahlt" findet in arbeitsrechtlichen Verfahren keine Anwendung. Außergerichtlich bis einschließlich der ersten Instanz, also der Verhandlung vor dem Arbeitsgericht, zahlt jede Partei ihre ent-standenen Anwaltskosten selbst – egal, ob man gewinnt oder verliert.

Für den Arbeitgeber werden die entstandenen Anwalts- und Gerichtskosten sicherlich keine so große Rolle spielen wie für den einzelnen Arbeitnehmer. Hier wird der Kunde auf den Kosten sitzen bleiben – es sei denn, er hat eine entsprechende Rechtsschutz-versicherung dafür abgeschlossen.

Oftmals gibt es auch Kunden, die den Arbeits-RS nicht wünschen, da sie Mitglied einer Gewerkschaft sind. Einen überzeugten Gewerkschaftler wird auch ein guter Verkäufer nicht so schnell zum Abschluss bewegen können.

Es sei nur so viel gesagt: In der Rechtsschutzversicherung besteht grundsätzlich die freie Anwaltswahl. Dies bedeutet, der Kunde kann sich einen Anwalt seines Vertrauens nehmen und kein Versicherer wird ihm dieses verwehren. Gewerkschaftsmitglieder sind bei arbeitsrechtlichen Streitigkeiten auf den Anwalt angewiesen, den die Gewerkschaft ihnen stellt. Das Mitglied hat also keinen Einfluss darauf, wie gut ausgebildet und erfah-ren dieser Anwalt für seine Belange ist. Die Entscheidung, ob ein Verfahren in die Beru-fung gehen wird, liegt zudem ausschließlich bei der Gewerkschaft. Ebenso wenig wird das Gewerkschaftsmitglied auf die Motivation des Anwalts Einfluss nehmen können, da eine Kündigung oder ein Wechsel des Mandats kaum möglich sein wird.

1.3.4.3 Wohnungs- und Grundstücks-Rechtsschutz

Zu dieser Leistungsart ebenfalls zu Beginn ein Beispiel aus dem Bereich des Schadenersatzrechts:

Stellen Sie sich vor, Sie wohnen mitten im Dorf an einer Durchgangsstraße. Ein Lkw kommt von der Straße ab und beschädigt Ihre Hauswand oder Ihre Gartenmauer. Auch hier wollen Sie Schadenersatz gegenüber dem Lkw-Fahrer bzw. dessen Haftpflichtversicherung geltend machen. Dieser Fall betrifft aber nicht den Schadenersatz-RS, sondern den hier beschriebenen Wohnungs- und Grundstücks-RS. Es handelt sich nämlich um ein Gebäude bzw. ein Grundstück, welches hier beschädigt wurde. Das Recht an diesen Sachen wird von dieser Leistungsart gestützt.

Gerade dieser Punkt ist ein Verkaufsargument für alle diejenigen, die immer wieder betonen, sie haben mit ihren Nachbarn keinen Ärger und verstehen sich blendend. Die Beschädigung des Wohn-/Grundstückseigentums ist sicherlich eine Gefahr, die jeden unverhofft treffen kann.

Ansonsten überwiegen sicherlich die Streitigkeiten aus einem Mietverhältnis heraus, wie oben bei den Zielgruppen bereits beschrieben. Auf welche Ideen die Vermieter oder auch Mieter kommen, um aus dem Mietverhältnis Kapital zu schlagen, lässt sich hier überhaupt nicht umfassend darstellen.

1.3.4.4 Rechtsschutz im Vertrags- und Sachenrecht

Zum Rechtsschutz im Vertrags- und Sachenrecht, kurz Vertrags-RS, gilt grundsätzlich das Gleiche wie im Arbeits-RS und im Wohnungs- und Grundstücks-RS. Für die Geltendmachung von Schadenersatzansprüchen aus Vertragsverhältnissen benötigt der Kunde diese Leistungsart.

Ansonsten geht es hier um alle Rechte, die man aus einem Vertragsverhältnis geltend machen kann, wie z. B. um

- das Recht auf Nachbesserung,
- die Wandelung des Vertrages,
- die Minderung des Kaufpreises,
- den Schadenersatz wegen Nichterfüllung.

Und um welche Verträge handelt es sich? Alle Verträge des täglichen Lebens sind betroffen und Streitigkeiten aus Verträgen sind ebenfalls keine Seltenheit:

Kaufverträge

Jeder von uns schließt täglich einen Kaufvertrag ab. Selbst wenn es nur das Brötchen beim Bäcker ist. Kaufverträge müssen nicht immer schriftlich fixiert sein, sondern können auch mündlich abgeschlossen werden. Fragen Sie den Kunden, welche Anschaffungen er schon getätigt und bei welchen Geschäften er eventuell Probleme gehabt hat. Unter die Kaufverträge fällt alles Denkbare, wie z. B. der Kauf von Autos, Möbeln, Elektronikgeräten, Kleidung, Medikamenten oder Immobilien. Auch Käufe über die bereits angesprochenen Internet-Geschäfte (z. B. Online-Aktionshäuser) werden immer beliebter.

Dienstleistungsverträge

Hier sind insbesondere die Verträge mit den Energieversorgern wie z. B. für Strom und Gas zu nennen. Auch gegen überhöhte Preise kann man sich mithilfe der Rechtsschutzversicherung zur Wehr setzen.

Die Netzbetreiber für Telekommunikation und Internetzugänge sind Dienstleister. Wer hat nicht schon einmal von Problemen mit dem DSL-Anschluss gehört oder sich über zu hohe und vielleicht auch nicht ganz gerechtfertigte Telefon- bzw. Handyrechnungen beklagt?

Werkverträge

Reparatur-/Renovierungsarbeiten sind oftmals ein Streitthema, so etwa

- das fehlerhaft reparierte Auto oder die überhöhte Rechnung dazu,
- der immer noch nicht funktionierende Fernseher,
- die nicht sauber ausgewechselten Fliesen im Badezimmer oder
- der Ärger mit dem Maler, weil die Farbe wieder abblättert.

Reiseverträge

Das gebuchte Appartement in Spanien liegt an einer Baustelle, das Unterhaltungsprogramm entspricht nicht den Angaben im Katalog, genauso wie die Fünf-Sterne-Ausstattung des Hotels. Das Essen ist miserabel, der Service lässt sehr zu wünschen übrig. Ganz zu schweigen von dem stundenlang verspäteten Flug.

Entgangene Urlaubsfreuden, alles schon vorgekommen. Wohl dem, der dann zumindest ein wenig Genugtuung erfährt, indem er vom Reiseveranstalter einen Teil seines bezahlten Geldes zurückerhält

Versicherungsverträge

Zum Leid unserer Branche gibt es auch immer wieder Streitigkeiten aus den selbst abgeschlossenen Versicherungsverträgen, wenn die Versicherung „mal wieder nicht zahlen will". Die Hausratversicherung kürzt die Entschädigung wegen grober Fahrlässigkeit, die Berufsunfähigkeitsversicherung erkennt die Berufsunfähigkeit nicht an und verweigert die fällige Rentenzahlung. Oftmals nützen hier bereits massive Beschwerden, aber manchmal hilft auch hier nur der Gang zum Anwalt.

Nehmen wir einmal an, der Kunde hat seine Hausratversicherung und seine Rechtsschutzversicherung bei der gleichen Gesellschaft. Nun möchte er die Hausratversicherung mithilfe seiner Rechtsschutzversicherung verklagen, weil diese einen Schadenfall nicht oder nur unzureichend reguliert. Ist dies überhaupt möglich, wo doch beide Versicherungen bei einem Unternehmen sind?

Rein rechtlich stellt dies kein Problem dar, weil der Gesetzgeber hier vorgesorgt hat. Die Rechtsschutz-Schadenbearbeitung wird von einem rechtlich unabhängigen Unternehmen innerhalb des Konzerns durchgeführt, sodass die Rechtsschutzversicherung für eine eventuelle Klage Kostenschutz gewährt.

Ist es dann denn eher von Vorteil für den Kunden, beide Verträge bei einem Unternehmen zu haben oder sollte er seine Versicherungsverträge „mehr streuen"?

Grundsätzlich gilt: Je mehr Verträge bei einem Unternehmen, umso besser. Dies erhöht zum einen die Chance auf eine wohlwollende Schadenregulierung, da man dann kein kleiner Kunde ist. Zum anderen muss man sicherlich auch die wirtschaftliche Seite betrachten. Was wird der Schadensachbearbeiter des Hausratvertrages denken, wenn der Kunde ihm mit der Inanspruchnahme des Rechtsschutzvertrages aus dem eigenen Unternehmen droht? Insbesondere wenn der Schadenfall nicht zu 100 % eindeutig ist oder es nur um einige hundert Euro geht, wird der Sachbearbeiter sicherlich zum Vorteil des Kunden entscheiden. Warum mit einer Ablehnung noch mehr Kosten verursachen, die zwar bei der rechtlich unabhängigen Rechtsschutzversicherung entstehen, aber letztendlich doch den gesamten Konzern betreffen?

Hier hat der Kunde mit seiner Rechtsschutzversicherung sicherlich ein Druckmittel. Man muss nur aufpassen, wie man es verkauft. Wer sagt schon gerne über seine eigene Branche, dass es Schwierigkeiten mit Versicherungsverträgen geben kann?

An dieser Stelle sei noch zu erwähnen, dass kein Versicherungsschutz aus der Rechtsschutzversicherung bei Streitigkeiten mit der **eigenen Rechtsschutzversicherung besteht**.

Auch an dieser Stelle sei noch einmal der Hinweis gegeben, dass Streitigkeiten aus Arbeitsverträgen oder aus Miet-/Pachtverhältnissen mit Objekten und Grundstücken Inhalte des Arbeits- bzw. Wohnungs- und Grundstücks-RS sind. Dies ist deshalb besonders wichtig, da der Kunde diese beiden Bereiche immer gesondert vereinbaren muss und dafür auch eine separate Prämie zahlt.

Sie erkennen, dass der Leistungsumfang der Vertrags-RS wieder zahlreiche Argumente für den Verkauf bietet. Fragen Sie Ihre Kunden, was sie in vertraglichen Angelegenheiten selber schon erlebt haben.

1.3.4.5   Disziplinar- und Standes-Rechtsschutz

Der Disziplinar- und Standes-RS geht oft einher mit arbeitsrechtlichen Verfahren. Wie der Name schon andeutet, handelt es sich hier einerseits um Disziplinarverfahren und andererseits um Standesverfahren. Aber nur bestimmte Berufsgruppen sind hiervon auch betroffen.

Disziplinarverfahren

Disziplinarverfahren betreffen Beamte und Angestellte im öffentlichen Dienst, wenn z. B.

- dem Polizisten der fehlerhafte Umgang mit seiner Schusswaffe vorgeworfen wird,
- der Lehrer von Eltern wegen Verletzung der Aufsichtspflicht angezeigt wird oder
- dem Referatsleiter beim städtischen Bauamt zur Last gelegt wird, Aufträge ohne vorherige Ausschreibung vergeben zu haben.

Standesverfahren

Standesverfahren betreffen die sogenannten Standesberufe in unserer Gesellschaft, also etwa die Tätigkeiten von Ärzten, Steuerberatern und Rechtsanwälten. Sie können eingeleitet werden, wenn z. B.

- Ärzten wiederholt grobe Behandlungsfehler,
- Steuerberatern schwerwiegende Fehler bei der Erstellung von Jahresabschlüssen oder
- Rechtsanwälten mangelhafte juristische Beratungen zur Last gelegt werden.

Für die Betroffenen geht es in den Standesverfahren darum, sich gegen Restriktionen zur Wehr zu setzen und die berufliche Existenz abzusichern. Beamte oder Angestellte im öffentlichen Dienst müssen sich gegen das eingeleitete Disziplinarverfahren ihres Dienstherrn (z. B. des Polizeipräsidiums oder der Schulaufsichtsbehörde) wehren, um mögliche Konsequenzen zu vermeiden.

Die Standesberufe sind in Kammern organisiert, z. B. in der Ärzte- oder der Rechtsanwaltskammer. Wenn nun z. B. ein Arzt auf zivilrechtlichem Weg auf Schadenersatz verklagt wird, so muss er sich evtl. auch gegenüber seiner Kammer verantworten und erklären, wie es u. U. zu den Behandlungsfehlern gekommen ist. Die Konsequenz kann der Ausschluss aus der Ärztekammer und die Aberkennung der Berufsbezeichnung Arzt bedeuten, die für ihn die Existenzgrundlage darstellt. Er darf seinen Beruf dann auch nicht mehr ausüben. Genau das gilt es mit einem guten Anwalt zu verhindern.

Diese Berufe sind auch unsere Zielgruppen für die Leistungsart Disziplinar- und Standes-RS!

1.3.4.6   Steuer-Rechtsschutz vor Gerichten

Wer von uns zahlt schon gerne Steuern? Wer von uns kennt sich schon zu 100 % im deutschen Steuerrecht aus?

Genau hier setzt der Steuer-RS an. Er hilft unseren Kunden, sich gegenüber dem Finanzamt vor ungerechtfertigten Steuerforderungen oder der Nichtanerkennung von steuerlichen Abschreibungen zu wehren.

Der Abzug von Werbungskosten, die Geltendmachung von außergewöhnlichen Belastungen und Sonderausgaben, die Anerkennung eines Arbeitszimmers, die Dienstwagennutzung oder die Kosten der Kinderbetreuung – all diese Themen führen in der Einkommensteuererklärung immer wieder zu Schwierigkeiten. Aber auch laufende (nicht einmalige) Abgaben der öffentlichen Hand, wie z. B. die Abfallentsorgungsgebühren oder die Grundsteuer, betreffen diese Leistungsart.

Der Steuer-RS hilft vor dem Finanzgericht weiter. Allerdings auch erst hier. Die Beratungsleistungen vorher und der Widerspruch gegenüber dem Finanzamt werden nicht von der Rechtsschutzversicherung übernommen. Die Kosten werden „erst" **ab dem Gerichtsverfahren** erstattet. Die Begründung hierfür liegt darin, dass sich der Kunde vor einem Finanzgericht auch in der Regel von einem Steuerberater vertreten lassen kann. Würde der Rechtsschutzversicherer auch die außergerichtlichen Kosten übernehmen, würde er für seine Kunden auch die Steuerberatungskosten übernehmen. Dieses kann natürlich nicht Sinn und Zweck einer Rechtsschutzversicherung sein.

Hinsichtlich des Geltungsbereiches gibt es ebenfalls eine Einschränkung: Geleistet wird vor deutschen Finanzgerichten, also nur im Inland. Mit anderen Steuersystemen dieser Erde können sich die Rechtsschutzversicherer nicht belasten, wenn es um die Entscheidung der Kostenübernahme geht. Diese Einschränkung dürfte allerdings nur für die wenigsten unserer Privatkunden von Bedeutung sein.

1.3.4.7   Sozialgerichts-Rechtsschutz

Für den Sozialgerichts-RS gilt zunächst einmal das Gleiche wie für den Steuer-RS. Die Kosten werden erst ab dem gerichtlichen Verfahren übernommen und auch hier nur vor deutschen Gerichten. Die Kosten würden ansonsten für die Rechtsschutzversicherer explodieren.

Gegenstand des Sozialgerichts-RS sind Streitigkeiten mit den Sozialversicherungsträgern um die Gewährung bestimmter Sozialleistungen. In der nachfolgenden Tabelle werden charakteristische Streitfälle mit den einzelnen Sozialversicherungsträgern aufgelistet.

Krankenkassen	Bestimmte Heilmethoden, Medikamente zur Behandlung werden nicht anerkannt; eine beantragte Kur wird abgelehnt
Pflegeversicherung	Anstelle des Pflegegrades IV wird nur der Pflegegrad II anerkannt
Deutsche Rentenversicherung	Der zugestellte Rentenbescheid (Alters-/Witwen-/Waisenrente) ist fehlerhaft. Statistisch gesehen betrifft dieses fast jeden zweiten Bescheid
Berufsgenossenschaft	Der Unfall wird nicht als Arbeitsunfall anerkannt. Zur Gewährung einer Verletztenrente aus einem Arbeitsunfall muss eine Minderung der Erwerbsfähigkeit um mind. 20 % vorliegen. Der Arzt der Berufsgenossenschaft bescheinigt aber nur 18 %

Tab. 16: Beispiele für den Sozialgerichts-Rechtsschutz

Gerade ältere Menschen sind für diese Leistungsart eine anzusprechende Zielgruppe. Sie werden häufiger mit Sozialleistungen konfrontiert, wenn es sich z. B. um ihre Altersrente, Leistungen der Krankenkassen oder die Pflegeversicherung handelt. Aber natürlich kann es alle heute oder morgen treffen.

Deswegen gilt:

Früh genug die Rechtsschutzversicherung abschließen, bevor es zu Problemen kommt!

1.3.4.8   Beratungs-Rechtsschutz im Familien- und Erbrecht

Zu viele Ehen in Deutschland werden geschieden. Würden die Rechtsschutzversicherer alle Kosten für die Scheidungsverfahren übernehmen (was sicherlich für viele Kunden wünschenswert ist), wäre die Rechtsschutzversicherung nicht mehr bezahlbar. Aus diesem Grund wird diese Leistungsart bewusst Beratungs-RS im Familien- und Erbrecht genannt. Versichert ist nämlich „nur" eine Beratung beim Anwalt, und zwar ein **einmaliges Beratungsgespräch**. Dieses Gespräch darf bis zu 250 € kosten und damit ist der Fall für den Versicherer abgeschlossen.

Kommt es zu einem Scheidungsfall bzw. zu einer Trennung, hat auch nur einer der Beteiligten ein Anspruch auf das Gespräch, in der Regel wird dies der Versicherungsnehmer sein. Es dürfen aber auch beide Beteiligte zusammen zum Anwalt gehen, wobei dieses in der Praxis eher seltener der Fall ist. Beraten lassen kann der Kunde sich z. B. zu Unterhaltsforderungen und Sorgerechten für die Kinder.

In erbrechtlichen Angelegenheiten geht es um Pflichtanteile, Erbansprüche allgemein, die Möglichkeiten gegen ein Testament vorzugehen etc. Der Erbfall muss aber auch tatsächlich eingetreten sein, d. h. jemand muss gestorben sein. Eine rein vorsorgliche Beratung über mögliche Erbansprüche fällt nicht unter den Versicherungsschutz; ebenso wenig für eine Scheidung, die erst noch geplant wird.

1.3.4.9   Ordnungswidrigkeiten-Rechtsschutz

Wer von uns ist nicht schon mal zu schnell gefahren oder hat eine rote Ampel übersehen?

Dies sind die klassischen Fälle, in denen es zu einem Ordnungswidrigkeitenverfahren kommt. Der Bußgeldbescheid, die Punkte in Flensburg oder der angedrohte Führerscheinentzug stellen ein großes Ärgernis dar. Hier hilft diese Leistungsart, damit das Bußgeld verhindert oder zumindest reduziert wird, die Punkte in Flensburg vermieden werden können oder der Kunde den Führerschein trotz Regelverstoß doch noch behalten kann.

Radarmessgeräte können Fehler aufweisen, die Identität des Fahrers ist mit an Radarfallen gemachten Fotos oft nicht 100 %ig zu klären. Hier kann ein guter Anwalt helfen, die Folgen eines Ordnungswidrigkeitenverfahrens zu verhindern oder abzumildern. Gerade Kunden, die aus beruflichen Gründen auf ihren Führerschein angewiesen sind, sollten sich gegen ein drohendes Fahrverbot zu Wehr setzen. Und ein derartiges Verfahren kostet schnell einige hundert Euro.

> Das kann u. U. den Arbeitsplatz sichern! Und welchem Kunden ist das nicht einige Euro im Monat an Prämie wert?

Aber nicht nur als Autofahrer kann man eine Ordnungswidrigkeit begehen. Auch als Fußgänger oder Radfahrer wird man schnell belangt (wenn man z. B. als Fußgänger bei Rot über die Ampel läuft, kein verkehrssicheres Fahrrad besitzt, als Radfahrer zu viel Alkohol trinkt oder Kleinkinder nicht kindgerecht befördert).

Außerhalb des Straßenverkehrs wäre die Lärmbelästigung, der zu sorglose Umgang mit Daten oder die „illegale" Entsorgung von Dreck und Müll zu nennen, die als Folge ein Bußgeld haben könnten.

1.3.4.10 Verwaltungs-Rechtsschutz in Verkehrssachen

Meistens muss der Verwaltungs-RS in Verkehrssachen als Folge einer Ordnungswidrigkeit in Anspruch genommen werden. Nämlich immer dann, wenn es Ärger mit „Flensburg" gibt.

So wird z. B. der Führerschein nach Ablauf der Sperrfrist nicht zurückgegeben, die Fahrerlaubnis wird an bestimmte Auflagen geknüpft, oder der Kunde soll verpflichtet werden, ein Fahrtenbuch zu führen oder an einem Verkehrserziehungsverfahren teilzunehmen. Gegen diese Einschränkungen kann man sich außergerichtlich und vor den Verwaltungsgerichten mit einem Anwalt wehren.

1.3.4.11 Straf-Rechtsschutz

Weiterhin ist der Straf-RS zu nennen. Hiermit sind u. a. alle Formen der Körperverletzung gemeint, die ein Strafverfahren automatisch auslösen.

Ein Verkehrsunfall mit Personenschaden oder die Verwicklung in ein Handgemenge mit Körperverletzung. Wer wird mich anklagen und zur Rechenschaft ziehen wollen? Natürlich der Staat bzw. der Staatsanwalt mit der eventuellen Folge eines Strafverfahrens. Nicht jede Körperverletzung wird in einem Verfahren enden – viele werden auch einfach eingestellt. Aber wenn es zu einem Verfahren kommt, ist ein guter Anwalt unverzichtbar, sich mit dessen Hilfe gegen die angedrohte Strafe zu Wehr zu setzen. Insbesondere der Straßenverkehr stellt hier eine Gefahrenquelle für unsere Kunden dar; wie leicht kann es hier zu einer Körperverletzung oder im schlimmsten Fall gar zu einer ungewollten Tötung kommen!

Versicherungsschutz besteht, soweit es sich um keine vorsätzliche Körperverletzung handelt. Entscheidend sind Anklagegrund und Verfahrensausgang. Hierzu zwei Beispiele:

- Wird unser Kunde wegen vorsätzlicher Körperverletzung angeklagt, dann aber nur wegen Fahrlässigkeit verurteilt, hat er zunächst keinen Versicherungsschutz, wird aber aufgrund des Urteils die Kosten erstattet bekommen.

- Wird unser Kunde wegen fahrlässiger Körperverletzung angeklagt, dann aber wegen Vorsatz verurteilt, wird er zunächst Versicherungsschutz bekommen, muss aber aufgrund des Urteils die vom Versicherer bereits erstatteten Kosten zurückzahlen.

Versicherungsschutz wird kein Kunde für nur vorsätzlich begehbare Straftaten erhalten, wie z. B. Betrug, Diebstahl, Unterschlagung, Urkundenfälschung, Beleidigung, Raub, Erpressung und Mord.

Bei vielen Kunden kann dieses auf Unverständnis stoßen. Er will sich z. B. juristisch gegen einen unberechtigten Diebstahlsvorwurf wehren und erhält die Ablehnung vom Versicherer. Entscheidend ist in diesem Fall allein die Tatsache, dass man einen Diebstahl nicht fahrlässig begehen kann, entweder man war es oder man war es nicht. Bei erwiesener Unschuld trägt in der Regel ohnehin die Staatskasse die Kosten.

Würden die Rechtsschutzversicherer in diesen Fällen zunächst Versicherungsschutz gewähren, müssten sie es womöglich auch für jeden Mörder, Vergewaltiger etc. tun, solange bis seine Schuld oder Unschuld bewiesen ist. Wo soll hier eine Grenze gezogen werden? Das kann nicht im Interesse der Versicherer, aber auch nicht im Interesse aller anderen Rechtsschutzkunden liegen.

1.3.4.12 Rechtsschutz für Opfer von Gewaltstraftaten

Opfer von Gewaltverbrechen (im privaten Bereich) können anwaltliche Hilfe bekommen, wenn sie als Nebenkläger im Strafverfahren auftreten. Körperverletzung, Vergewaltigung, sexueller Missbrauch und Freiheitsentzug sind einige Beispiele für Straftaten, die in unserer Gesellschaft leider keine Seltenheit mehr sind. Das Opfer bekommt mit anwaltlicher Hilfe die Möglichkeit, im Strafprozess als Nebenkläger eigene Antragsrechte durchzusetzen (auf Schadenersatz und Schmerzensgeld) und kann des Weiteren versuchen, im eigenen Interesse auf die Höhe der Strafe Einfluss zu nehmen.

Neben den Anwaltskosten für die Nebenklage wird zusätzlich noch auf Wunsch ein Verletztenbeistand durch einen Anwalt gewährt und es können im Falle dauerhafter Schäden Ansprüche nach dem Sozialgesetzbuch und dem Opferentschädigungsgesetz außergerichtlich geltend gemacht werden.

Das Thema Opfer-Rechtsschutz ist im Verkaufsgespräch ein sensibles Thema, mit dem kein Kunde gerne konfrontiert wird. Falls es zur Sprache kommt, kann die Notwendigkeit einer derartigen Absicherung am besten mit Beispielen aus den Medien begründet werden.

Hiermit schließt der Überblick zu den zwölf Leistungsarten, dem Kernstück einer jeden Rechtsschutzversicherung. Der Leistungsumfang einer Rechtsschutzversicherung ergibt sich aus der Kombination der verschiedenen Leistungsarten. Ein Kundengespräch zum Verkauf einer bestimmten Rechtsschutzversicherung können Sie demnach nur dann sinnvoll führen, wenn Sie die Verbindung der einzelnen Leistungsarten in einem Produkt überzeugend erläutern können.

Chancengleichheit schaffen!

Eine Rechtsschutzversicherung soll helfen, „gleiches Recht für alle" zu schaffen. Nachdem Sie nun die einzelnen Leistungsarten und ihre Bedeutung kennen, möchte ich Ihnen diesen Punkt nochmals anhand der folgenden Schaubilder verdeutlichen, die Sie ebenso in jedem Verkaufsgespräch verwenden können.

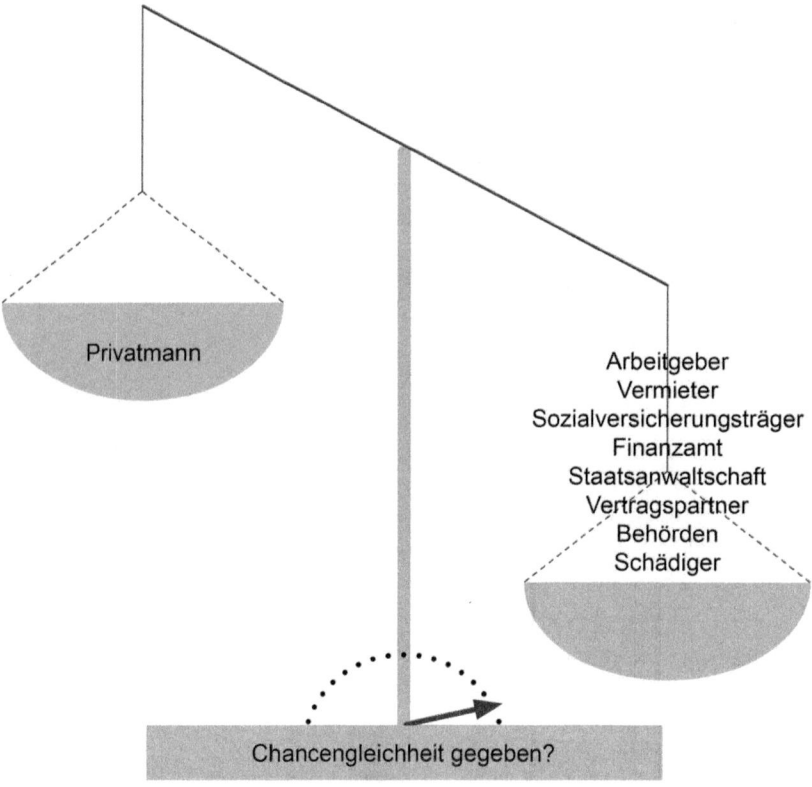

Abb. 8: Chancenungleichgewicht bei Rechtsstreitigkeiten

Sie erkennen, dass hier ein Ungleichgewicht gegeben ist. Sollte Ihr Kunde als Privatmann Streitigkeiten mit der Gegenseite haben, wird er oftmals einem mächtigen Gegner gegenüberstehen, der als finanzielles „Schwergewicht" keinen Rechtsstreit fürchten wird. Aber was ist mit unserem Kunden – dem sogenannten „kleinen Mann"? Wie wird er zu dem Rechtsstreit stehen, der ihn stark finanziell belasten wird und dessen Ausgang noch völlig offen ist?

Hier hilft die Rechtsschutzversicherung:

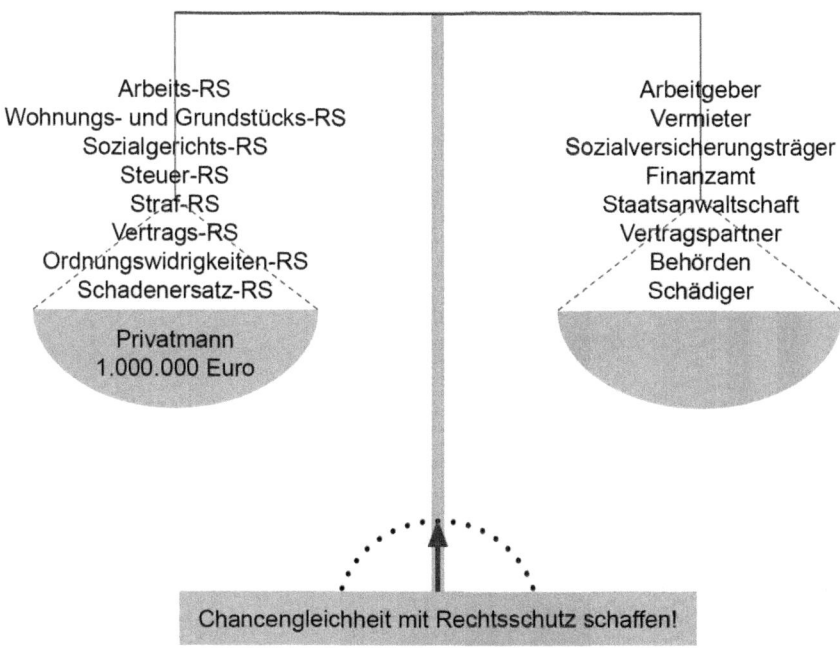

Abb. 9: Chancengleichheit mit einer Rechtsschutz-Versicherung

Die Leistungsarten der Rechtsschutzversicherung sorgen dafür, dass in den verschiedensten Streitfällen das Gleichgewicht zwischen den potenziellen Gegnern wiederhergestellt wird. Ein eventueller Rechtsstreit kann auf Augenhöhe geführt werden. Unser Kunde hat angesichts einer Deckungssumme von 1.000.000 € als „Guthaben" keine Angst mehr vor der finanziellen Belastung.

Fazit mit nützlichen Verkaufstipps zu den wichtigsten Leistungsarten	
Schadenersatz-RS	Jeder möchte einen finanziellen Ausgleich für einen erlittenen Schaden haben. Doch nicht jeder Schädiger zahlt freiwillig und in voller Höhe. Verbinden Sie diese Leistung mit dem Verkauf einer PHV!
Wohnungs- und Grundstücks-RS	Für alle Streitigkeiten aus einem Miet-Eigentums- oder Nachbarschaftsverhältnis heraus, z. B. zu Mietzahlungen, Kündigungen, Renovierungsarbeiten, Beschädigungen des Gebäudes oder zur Bebauungsgrenze des Nachbarn.
RS im Vertrags- und Sachenrecht	Für alle Streitigkeiten aus Verträgen, die z. B. aus Kaufverträgen, Dienstleistungen, Werk- und Versicherungsverträgen resultieren. Jeder schließt täglich Verträge ab!
Arbeits-RS	Für alle Arbeitnehmer ein unverzichtbares Muss!

Fazit mit nützlichen Verkaufstipps zu den wichtigsten Leistungsarten	
Sozialgerichts-RS	Für alle Streitigkeiten mit deutschen Sozialversicherungsträgern (Krankenkassen, Pflegeversicherung, Rentenversicherung, Arbeitsagentur, Berufsgenossenschaften) vor Gericht. Insbesondere auch für ältere Menschen sehr wichtig!
Steuer-RS	Für Streitigkeiten vor deutschen Finanzbehörden wegen Problemen bei der Einkommensteuer oder Kfz-Steuer.
Beratungs-RS im Familien- und Erbrecht	Für die Zahlung einer Erstberatung in Scheidungs- oder erbrechtlichen Angelegenheiten.
Ordnungswidrigkeiten-RS	Für die Verteidigung bei Ordnungswidrigkeiten im Straßenverkehr, wie z. B. überhöhter Geschwindigkeit, Rote-Ampel-Delikten, Verkehrsunsicherheit des Fahrzeugs oder auch Lärmbelästigung. Auch „Führerschein-RS" genannt!
Straf-RS	Für die Verteidigung in strafrechtlichen Angelegenheiten, insbesondere bei Körperverletzung.

Tab. 17: Die wichtigsten Leistungsarten im Überblick

Übernimmt die Versicherung jeden Fall, auch wenn dieser noch so sinnlos ist?

Natürlich nicht. Die Versicherer haben das Recht, den Versicherungsschutz zu verweigern, wenn der vorgesehene Rechtsstreit keine Aussicht auf Erfolg hat. Mit dieser Einschränkung sollen insbesondere streitsüchtige Kunden in die Schranken verwiesen werden, damit unnötige Prozesskosten möglichst vermieden werden, die sich dann in Form von steigenden Prämien für alle Kunden negativ auswirken würden.

Zur Klärung der Erfolgsaussichten gibt es den sogenannten **Stichentscheid**. Dies ist eine sehr kundenfreundliche Regelung, da der eigene Rechtsanwalt des Kunden begründen kann, warum der Rechtsstreit hinreichende Aussicht auf Erfolg verspricht. Ist diese Stellungnahme ausführlich und nachvollziehbar erläutert, ist sie auch für den Versicherer bindend. Der Rechtsanwalt unseres Kunden hat demnach den Trumpf in der Hand, der „stechen" kann. Wohl dem, der – bei freier Anwaltswahl – einen guten Anwalt beauftragt hat! Die Kosten für diese Stellungnahme übernimmt im Übrigen der VR!

Neben Proximus 4 wenden mittlerweile viele gute Versicherer den Stichentscheid an. Dies kann nur befürwortet werden!

1.3.5 Wartezeiten, Eintritt des Rechtsschutzfalls und Ausschlüsse in der Rechtsschutzversicherung

Wie bei jeder Versicherungssparte gibt es auch in der Rechtsschutzversicherung Einschränkungen hinsichtlich des Versicherungsschutzes in Form von explizit genannten Ausschlüssen oder wie hier auch in Form von Wartezeiten. Beginnen möchte ich mit den Wartezeiten. Was sind Wartezeiten und warum werden sie vereinbart? Wartezeit bedeutet vom Begriff her, dass nach Beginn des Vertrages erst nach Ablauf einer gewissen Frist der Versicherungsschutz beginnt. Dies bedeutet, dass der Kunde zwar die

Prämie für seinen Versicherungsvertrag schon bezahlt hat, Leistungen aber noch nicht in Anspruch nehmen kann.

Bekannter sind Wartezeiten im Bereich der Krankenversicherung. Jeder wird verstehen, dass es nicht Sinn und Zweck einer Versicherung sein kann, dass ein Kunde heute eine Zahn-Zusatzversicherung abschließt und nächste Woche zum Zahnarzt geht, um sich ein neues Gebiss machen zu lassen. Eine Versicherung wird immer für unvorhergesehene Fälle abgeschlossen.

Das Risiko liegt demnach in der Person des Kunden, also im subjektiven Risiko. Wir müssen uns die Frage stellen: Kann oder will der Kunde einen Versicherungsfall beeinflussen oder nicht? Und dabei gehen wir vom „Normalbürger" aus. Genau von dieser Frage ist es auch abhängig, ob eine Wartezeit in der Rechtsschutzversicherung besteht; und zwar abhängig von den jeweiligen Leistungsarten. Überlegen Sie daher einmal selbst, in welcher Leistungsart eine Wartezeit besteht und in welcher nicht.

Fangen wir damit an, in welchen Leistungsarten keine Wartezeit besteht. Was kann oder will der Kunde nicht beeinflussen? Hier sind als erstes zu nennen:

- Straf-RS
- Ordnungswidrigkeiten-RS
- Opfer-RS
- Disziplinar- und Standes-RS

Wer von uns möchte schon gerne freiwillig in ein Strafverfahren verwickelt werden, eine Ordnungswidrigkeit begehen, ein Opfer sein oder in ein Disziplinarverfahren verwickelt werden?

Ebenso gibt es keine Wartezeiten für den

- Schadenersatz-RS und
- Beratungs-RS im Familien- und Erbrecht.

Einen Schaden will keiner erleiden, ebenso wenig einen Todesfall oder eine Trennung. In den letzten beiden Fällen zahlt der Versicherer ohnehin nur ein Beratungsgespräch.

In den jetzt genannten Leistungsarten ist eine Einflussnahme durch den Kunden möglich bzw. eher vorstellbar. Denken wir an den Arbeits-RS: Der Kunde wird aufgrund der schwierigen Lage der Firma mit einer Kündigung rechnen müssen und schließt vorher noch eben eine Rechtsschutzversicherung ab.

Im Bereich des Wohnungs- und Grundstücks-RS: Ihr Kunde ahnt schon, dass es Probleme mit seinem Vermieter geben wird, weil er mit einer umfassenden Hausrenovierung rechnet. Durch den Abschluss einer Rechtsschutzversicherung will Ihr Kunde in Kürze hiergegen vorgehen. Dies kann nicht Sinn und Zweck der Versicherung sein. Deshalb gibt es für diese beiden und vier weitere Bereiche eine Wartezeit von drei Monaten:

- Arbeits-RS
- Wohnungs- und Grundstücks-RS
- Steuer-RS
- Sozialgerichts-RS
- Verwaltungs-RS in Verkehrssachen
- Vertrags-RS

Soweit ein Vertrag von einer Gesellschaft zur anderen übergeht, treten keine neuen Wartezeiten in Kraft, sofern sich der Versicherungsschutz nicht entscheidend verändert hat.

Viele Gesellschaften haben ihre Regelungen hinsichtlich der Wartezeiten mittlerweile abweichend gestaltet. Einige haben für weniger Leistungsarten eine Wartezeit oder haben diese von drei auf z. B.sechs Monate verlängert. Vergleichen Sie die Produkte der Anbieter!

Der Eintritt des Rechtsschutzfalls ist nicht immer ganz einfach zu bestimmen. Es gilt der Grundsatz, dass immer dann ein Fall vorliegt, wenn erstmalig gegen eine Rechtspflicht oder Rechtsvorschrift verstoßen worden ist, also wenn jemand zum ersten Mal etwas falsch gemacht hat. Der Eintritt des Versicherungsfalls wäre im Arbeits-RS z. B. mit der ersten Abmahnung gegeben, aufgrund derer ein Arbeitnehmer später gekündigt wird, im Steuer-RS mit dem Erhalt des ablehnenden Bescheides vom Finanzamt oder im Vertrags-RS mit der Lieferung eines mit Fehler behafteten Möbelstücks. Zweifelsfälle lassen Sie bitte durch die Direktion klären.

Um Versicherungsschutz zu erhalten, muss der Rechtsschutzfall immer nach dem vereinbarten Vertragsbeginn und nach Ablauf einer evtl. vorhandenen Wartezeit eintreten. Auch eine Willenserklärung, die später den Rechtsschutzfall auslöst, muss innerhalb der Vertragslaufzeit und nach Ablauf einer Wartezeit liegen, z. B. die Kündigung einer Wohnung, die nachfolgend Streitigkeiten wegen der Renovierungsarbeiten auslöst.

Für Sie gilt: Je früher der Kunde eine Rechtsschutzversicherung abschließt, umso sicherer kann er sich seines Versicherungsschutzes sein.

Der Eintritt des Rechtsschutzfalls wird abweichend definiert im

- Schadenersatz-RS – hier gilt der Zeitpunkt des Schadenfalls – und in den
- Familien- und erbrechtlichen Angelegenheiten – und zwar immer dann, wenn sich eine Rechtslage verändert hat (z. B. bei Tod eines Verwandten oder Trennung der Eheleute).

Ein weiterer wichtiger Punkt sind die vorhandenen Ausschlüsse. Diese sind klar in den Versicherungsbedingungen geregelt. Die für Ihr Tagesgeschäft wichtigsten Ausschlüsse sollen hier genannt werden:

1.3.5.1 Baurisiko

Der wichtigste Ausschluss überhaupt ist das Baurisiko. Wenn jemand ein Haus baut, wird es auch Probleme und Ärger mit dem Bau geben. Dies ist sehr häufig der Fall. Streit gibt es mit dem Architekten, mit der Baubehörde, mit dem Bauunternehmer bzw. mit einzelnen Handwerkern, die ihre Arbeit nicht zur Zufriedenheit des Kunden verrichten. Jeder, der schon einmal gebaut hat oder im Bekanntenkreis einen Bauherrn hat, kann das sehr gut nachvollziehen. Die Versicherer kennen natürlich auch den Umfang des Baurisikos und haben diesen Ausschluss festgelegt, um sich vor einer Flut von Schadenfällen zu schützen. Es gab in den Neunzigerjahren Versicherer, die sich in dieses Segment gewagt haben, aber alle vorhandenen Produkte wurden relativ schnell wieder vom Markt genommen. Heute finden sich vereinzelt Angebote hierzu wieder, die ihre Kunden mit einem begrenzten Deckungsumfang ausstatten.

Die Rechtsschutzfälle hierzu würden alle dem Bereich des Vertrags-RS zugeordnet werden, wenn es diesen Ausschluss nicht geben würde. Auch Umbauarbeiten an einem Haus, die genehmigt werden müssen, fallen hierunter. Ebenso Kreditgeschäfte zur Finanzierung eines Bauvorhabens.

Kurzum: Sollte ein Kunde eine Rechtsschutzversicherung aufgrund eines Bauvorhabens abschließen wollen, ist Vorsicht geboten! Sollte ein Kunde einen Schadenfall im Zusammenhang mit einem Baurisiko melden:

> **Vorsicht!** Bevor Sie hier eine Falschauskunft geben, ermitteln Sie zunächst einmal den genauen Schadenhergang und halten Sie Rücksprache mit Ihrer Direktion.

Hinzuzufügen ist, dass der Kauf einer älteren Immobilie ohne Probleme versichert ist. Sollten sich hieraus Streitigkeiten aus dem Kaufvertrag oder mit dem Notar ergeben, besteht über den Vertrags-RS Versicherungsschutz.

1.3.5.2 Halt- und Parkverstöße

Halt- und Parkverstöße sind vom Grundsatz her Ordnungswidrigkeiten und waren bis zum Anfang der Achtzigerjahre mitversichert. Nun stellen Sie sich Folgendes vor: Ein Kunde bekommt ein „Knöllchen" über 20 € und schreibt seinem Rechtsschutzversicherer: „Ich möchte gegen dieses 'Knöllchen' mithilfe eines Anwaltes vorgehen und bitte hierfür um eine entsprechende Kostenzusage."

Der zuständige Sachbearbeiter liest dies und denkt: „Ein Anwalt kostet mindestens 200 €, das 'Knöllchen' kostet 20 €, also zahle ich lieber für unseren Kunden das 'Knöllchen'. Alles andere wäre zu teuer." Der Rechtsschutzversicherer würde also für seine Kunden das Bußgeld übernehmen. Dies kann natürlich nicht Aufgabe des Rechtsschutzversicherers sein und deswegen wurde diese Leistung von den Versicherern gestrichen.

Nicht nur Streitigkeiten wegen des Halt- oder Parkverbots sind ausgeschlossen, sondern ebenso Auseinandersetzungen wegen der Folgekosten, wie z. B. Kosten für das Abschleppen.

1.3.5.3   Familien- und Erbrecht

Es wird nochmals ausdrücklich erwähnt, dass alle Streitigkeiten aus dem Familien- und Erbrecht vom Versicherungsschutz ausgeschlossen sind, soweit diese nicht Inhalt der genannten Leistungsart sind und ausdrücklich vereinbart wurden.

1.3.5.4   Spekulationsgeschäfte

Den Anruf haben sicherlich schon viele bekommen: „Sie haben gewonnen! Garantiert! Rufen Sie Ihren Gewinn unter folgender Rufnummer ab …" Diese Rufnummer ist kostenpflichtig. Der Kunde kann natürlich versuchen, seinen Gewinn abzurufen oder auch einzuklagen, aber nicht mithilfe seiner Rechtsschutzversicherung.

Derartige Spiele fallen verständlicherweise nicht unter den Versicherungsschutz. Ebenso alle Formen von Glücksspielen, wie z. B. Lotto, Toto, Rennquintett oder Kartenspiel und Roulette in Spielbanken.

Spekulationsgeschäfte können auch Anlagen in Aktien oder in anderen spekulativen Geldgeschäften sein (verschiedene Fonds, Termingeschäfte, Beteiligungen an Kapitalanlagemodellen, Genossenschaften etc.). Rechtsstreitigkeiten hierzu, die oft mit Banken oder anderen Anlageberatern geführt werden, sind aufgrund der Erfahrungen der letzten Jahre ebenfalls vom Versicherungsschutz ausgenommen (einige VR bieten hierfür begrenzten Versicherungsschutz an).

1.3.5.5   Urheberrechte

Streitigkeiten aus Patent-, Urheber-, Markenrechten oder Rechten aus geistigem Eigentum ziehen oft schwierige, langwierige und auch grenzüberschreitende Prozesse nach sich. Hier eine vernünftige Kalkulation zu finden und das Risiko einzuschätzen, ist für die meisten VR nicht so einfach. Daher findet sich auch dieser Punkt unter den Ausschlüssen wider.

1.3.6   Vertragsarten in der Rechtsschutzversicherung

Wir haben bislang ausführlich über die versicherbaren Leistungsarten gesprochen. Diese werden Sie als Verkäufer in der Praxis dem Kunden aber nicht einzeln anbieten. Die Kunden können nicht den Ordnungswidrigkeiten-RS oder den Disziplinar-RS allein abschließen. Verkauft werden diese Leistungsarten in Form von Paketen, die durch sogenannte Vertragsarten bestimmt werden. Folgende Pakete stehen hier zur Auswahl:

- Verkehrs-RS
- Fahrzeug-RS
- Fahrer-RS
- Privat-RS
- Berufs-RS
- Wohnungs- und Grundstücks-RS

Sie können nach Proximus 4 alle Vertragsarten einzeln für den Kunden abschließen oder beliebig miteinander kombinieren.

Welche Leistungsarten müssen nun z. B. in dem Paket Verkehrs-RS enthalten sein, damit der Verkehrs-RS für den Kunden einen Sinn ergibt? Beispiele zu den Leistungsarten haben Sie bereits kennengelernt. Sofort auffallen müssen hier:

der Verwaltungs-RS in Verkehrssachen	(Führerscheinprobleme)
der Ordnungswidrigkeiten-RS	(Bußgelder)
der Straf-RS	(Körperverletzung)
der Schadenersatz-RS	(Schäden am eigenen Auto etc.).
Es kommen aber noch zwei weitere Leistungsarten hinzu, die das Angebot abrunden:	
der Vertrags-RS	(Kauf, Reparatur von Kfz)
der Steuer-RS	(Kfz-Steuer)

Tab. 18: Leistungsarten im Verkehrs-RS

Das sind die sechs Leistungsarten des Verkehrs-RS, die den Umfang des Versicherungsschutzes beschreiben. Ebenso verhält es sich mit den weiteren Vertragsarten. Die nachfolgende Übersicht soll verdeutlichen, welche Leistungsarten in welchen Paketen enthalten sind. Danach werden wir auf die Einzelheiten noch näher eingehen.

Verkehrs-RS und Fahrzeug-RS

Schadenersatz-RS
RS im Vertrags- und Sachenrecht
Ordnungswidrigkeiten-RS
Straf-RS
Steuer-RS vor Gerichten
Verwaltungs-RS für Verkehrssachen

Fahrer-RS

Schadenersatz-RS
Ordnungswidrigkeiten-RS
Straf-RS
Verwaltungs-RS für Verkehrssachen
RS im Vertrags- und Sachenrecht
(für den Erwerb eines Kfz)

Privat-RS

Schadenersatz-RS
Ordnungswidrigkeiten-RS
Straf-RS
RS im Vertrags- und Sachenrecht
Steuer-RS vor Gerichten
Sozialgerichts-RS
Beratungs-RS im Familien- und Erbrecht
Opfer-RS

Berufs-RS
Arbeits-RS
Disziplinar- und Standes-RS
Wohnungs- und Grundstücks-RS
Wohnungs- und Grundstücks-RS
Steuer-RS vor Gerichten

Tab. 19: Vertragsformen mit ihren Leistungsarten

1.3.6.1   Versicherter Personenkreis

Versicherungsschutz genießt zuallererst natürlich der Versicherungsnehmer. Neben dem VN haben aber auch noch weitere Personen in den jeweiligen Vertragsarten Versicherungsschutz, die nachstehend aufgeführt sind.

Die einzige Ausnahme bildet der Fahrer-RS, in dem nach Proximus 4 nur der VN versichert ist. Im Wohnungs- und Grundstücks-RS fällt die jeweils angegebene Wohneinheit unter den Versicherungsschutz.

Ansonsten gilt:

Versichert sind

- der Versicherungsnehmer,
- der Ehepartner, eingetragene Lebenspartner oder der im Versicherungsschein genannte sonstige Lebenspartner,
- minderjährige Kinder,
- volljährige unverheiratete Kinder ohne Altersbegrenzung, längstens bis zu dem Zeitpunkt, in dem diese erstmalig eine auf Dauer angelegte berufliche Tätigkeit ausüben und hierfür ein Einkommen erhalten.

Zu den mitversicherten Kindern zählen nicht nur die leiblichen Kinder, sondern auch Adoptiv-, Pflege- und Stiefkinder – auch die Kinder des mitversicherten Lebenspartners.

Demnach besteht für die ganze Familie in dem vereinbarten Umfang Versicherungsschutz. Was bedeutet die Definition bei volljährigen Kindern: „ … erstmalig eine auf Dauer angelegte berufliche Tätigkeit …?" Während der Ausbildung sind die Kinder noch mitversichert, da die Ausbildung von Beginn an zeitlich begrenzt und nicht von Dauer ist. Auch Übergangszeiten, wie Auslandsaufenthalte nach der Schule oder eine Arbeitslosigkeit, fallen noch unter den Versicherungsschutz.

Sollte das Kind allerdings eine feste Anstellung nach der Ausbildung annehmen, entfällt der Versicherungsschutz. Auch eine Kündigung kurz danach bringt das Kind nicht wieder in den Versicherungsschutz der Eltern, da bereits erstmalig eine auf Dauer angelegte Beschäftigung aufgenommen wurde.

Eine häusliche Gemeinschaft ist auch hier – wie bei der Privat-Haftpflichtversicherung – nicht erforderlich.

Im Zweifel gilt immer: Lassen Sie im Interesse Ihrer Kunden als Verkäufer die Mitversicherung von der Direktion schriftlich bestätigen, damit es in einem Schadenfall nicht zu Missverständnissen kommt (insbesondere bei Zeitverträgen für die Kinder gibt es unterschiedliche Ansichten der Versicherer).

Alle Familienmitglieder können die versicherten Leistungen in Anspruch nehmen.

1.3.6.2   Verkehrs-Rechtsschutz

Der Verkehrs-RS zählt sicherlich zu den wichtigsten Rechtsschutzformen, die in der Praxis angeboten werden. Zu jedem Angebot einer Kfz-Versicherung muss der Verkehrs-RS ein unverzichtbarer Bestandteil sein. Die Leistungen kennen Sie bereits.

Versichert wird immer das Objekt, also das Auto, das Motorrad, das Wohnmobil etc. Der Beitrag wird nach Anzahl der zu versichernden Fahrzeuge berechnet, z. B. für einen Pkw = 1 x 70 € im Jahr. **Versichert ist das auf den VN zugelassene Kraftfahrzeug (und auch Anhänger) sowie die Kraftfahrzeuge der mitversicherten Familienangehörigen, wobei jedes Fahrzeug separat mit einer Prämie erfasst werden muss. Einen pauschalen Familientarif für alle Fahrzeuge gibt es bei Proximus 4 nicht!**

Neben den versicherten Leistungen müssen Sie in der Praxis die Fragen beurteilen:

Wer hat überhaupt Versicherungsschutz?

Wer zählt zum versicherten Personenkreis?

Versicherungsschutz hat natürlich der Fahrer des versicherten Fahrzeugs, aber auch der Beifahrer und alle berechtigten Insassen! Was bedeutet dies? Kommt es zu einem Verkehrsunfall und werden z. B. drei Insassen verletzt, können diese Personen alle mithilfe des einen Verkehrs-Rechtsschutzvertrages ihre Schadenersatzansprüche gegenüber dem Unfallverursacher geltend machen. Zudem ist natürlich auch das Objekt Auto versichert, sodass der Schaden am Auto ebenfalls eingeklagt werden kann. Auch bei der Verteidigung in Straf- oder Ordnungswidrigkeitenverfahren besteht eine entsprechende Absicherung.

Nicht zu vergessen sind natürlich auch die Leistungen des Vertrags-RS für den Inhaber des Kfz bei eventuellen Streitigkeiten aus der Reparatur des Kfz.

Die Betonung liegt auf **berechtigte** Insassen. Ein Autodieb hat natürlich keinen Anspruch auf Versicherungsschutz.

Nun beschränkt sich der Verkehrsbereich ja nicht nur auf den geschützten Raum Auto, der Kunde ist auch als Fußgänger, Radfahrer oder als Fahrgast im öffentlichen Straßenverkehr unterwegs. Wer hat hier Versicherungsschutz?

Ebenfalls der komplette versicherte Personenkreis! Demnach sind **neben dem VN auch weitere Familienmitglieder** wie Ehepartner und Kinder auf der Straße mit abgesichert.

Und was passiert, wenn jemand aus der Familie mit einem anderen Fahrzeug unterwegs ist? Hier macht es Proximus 4 leider unnötig kompliziert und bietet **marktunüblich** nur Versicherungsschutz für den VN als Fahrer und Mitfahrer **fremder** Kraftfahrzeuge an – und hier ergänzend auch als Fahrer und Mitfahrer von Motorfahrzeugen zu Wasser und in der Luft. So genießt der VN für sich als **Person** bei Schadenersatzansprüchen, Buß- geld- und Strafverfahren den gleichen Versicherungsschutz wie als Fahrer eines eigenen Fahrzeugs. Versichert ist natürlich nicht das andere Fahrzeug, da hierfür der Eigentümer einen Rechtsschutzvertrag abschließen muss. Will jemand anderes aus der Familie als Fahrer fremder Fahrzeuge mit abgesichert sein, muss hierfür nach Proximus 4 zwingend der **Fahrer-RS** abgeschlossen werden.

1.3.6.3 Fahrzeug-Rechtsschutz

Wenn Sie die Leistungsarten des Fahrzeug-RS mit denen des Verkehrs-RS vergleichen, werden Sie keinen Unterschied finden. Allerdings wird hier immer **nur von dem VN** gesprochen, sodass dieser auch nur im Straßenverkehr als Fahrgast, Fußgänger oder Radfahrer versichert ist. Demnach fällt auch die Prämie hierfür etwas geringer aus.

Was aber nun ist der eigentliche Unterschied zwischen Verkehrs- und Fahrzeug-RS?

Diese Unterscheidung hat einen reinen **formalen** Hintergrund:

Den Verkehrs-RS schließt der Kunde für sein eigenes, auf ihn zugelassenes Fahrzeug ab. Nun ist es aber auch denkbar, dass z. B. ein Mann für das auf seine Freundin zuge- lassene Auto eine Rechtsschutzversicherung abschließen möchte und diese auch be- zahlt. Der Mann versichert also nicht sein eigenes Fahrzeug, sondern ein „fremdes", nämlich das seiner Freundin. Er schließt den RS für ein anderes, **nicht auf ihn zu- gelassenes Fahrzeug** ab – somit den Fahrzeug-RS. Schäden am Fahrzeug oder den Insassen können so z. B. gegenüber dem Schädiger durchgesetzt werden. Die Versiche- rer haben dieser Vertragsart einen anderen Namen gegeben, um eigene von fremden versicherten Fahrzeugen unterscheiden zu können. Der VN muss in diesem Fall auch immer das Kennzeichen des Fahrzeugs zwingend mit angeben, damit der Versicherer weiß, welches Fahrzeug unter den Versicherungsschutz fällt.

Ein weiterer gängiger Fall **in der Praxis** ist, dass ein Kunde mehrere Fahrzeuge besitzt, aber nur für eines davon – aus welchem Grund auch immer – eine Rechtsschutzversi- cherung abschließen will. Der Versicherer muss also wissen, welches Fahrzeug gemeint ist. Angeboten werden muss der Fahrzeug-RS für dieses eine Kfz unter Angabe des Kennzeichens.

Über den Fahrzeug-RS ist es im Übrigen auch möglich, **Motorfahrzeuge zu Wasser oder in der Luft** zu versichern. Hier fällt die Prämie natürlich höher aus als für einen Pkw.

Zudem gilt für den Verkehrs-RS, dass ebenso Versicherungsschutz im Vertrags- und Sachenrecht für den Erwerb eines Kfz oder Anhängers **ohne eine Wartezeit** besteht.

Neue bzw. zusätzliche Risiken sind innerhalb eines Monats nach Aufforderung durch den VR mitzuteilen.

Im Fahrzeug-RS besteht auch für ein Folgefahrzeug Versicherungsschutz. Hier ist ebenfalls der Kauf des Fahrzeugs im Bereich des Vertrags- und Sachenrechts mitversichert. Das alte Fahrzeug wird maximal für einen Monat ohne eine zusätzliche Prämie mitversichert. Der Verkauf des alten Fahrzeugs ist innerhalb von zwei Monaten zu melden.

Diese Art Vorsorgeschutz stellt kein Verkaufsargument dar. In der Praxis sollten Sie jedes Fahrzeug, von dessen Anschaffung Sie als Verkäufer erfahren, natürlich sofort nachversichern. Die kundenfreundliche Regelung könnte einem Kunden eventuell in einem Schadenfall nützlich sein – wenn er vergisst, seinen Pkw nachzumelden, in einen Schadenfall verwickelt wird und einen Rechtsbeistand benötigt.

1.3.6.4   Fahrer-RS

Der Fahrer-RS rundet das Angebot für den Verkehrsbereich ab. Dieses Produkt ist für alle Verkehrsteilnehmer interessant, die kein oder noch kein eigenes Fahrzeug besitzen. Dementsprechend ist dieses Produkt natürlich auch preiswerter als der Verkehrs- oder Fahrzeug-RS. Insbesondere Führerscheinneulinge sind hier eine wichtige Zielgruppe, sie können im Verkehrsbereich abgesichert und als potenzielle Kunden für weitere Verträge gewonnen werden.

Versicherungsschutz besteht in den bekannten Leistungsarten.

Der Vertrags-RS gilt vorsorglich als mitversichert, falls der Kunde sich während der Vertragslaufzeit ein Auto kaufen wird. Demnach fallen Streitigkeiten aus dem Kauf dieses Kfz ebenfalls unter den Versicherungsschutz. **Der Vertrag wandelt sich dann automatisch in einen Verkehrs-RS um.**

Versichert ist der **Versicherungsnehmer** als Fahrer oder Insasse fremder Fahrzeuge, Fußgänger, Radfahrer und Fahrgast in öffentlichen Verkehrsmitteln.

Beispiel:

Der Kunde sitzt bei einem Freund im Auto und es kommt zu einem Verkehrsunfall mit Personenschaden. Mit Hilfe seines Fahrer-Rechtsschutzvertrages kann er seine Schadenersatzansprüche durchsetzen. Hätte der Freund jetzt einen Verkehrs-Rechtsschutzvertrag, könnten auch mit dessen Hilfe die Ansprüche durchgesetzt werden. Aber wer fragt schon seinen Mitfahrer, ob er eine Rechtsschutzversicherung abgeschlossen hat oder nicht?

Es ist immer besser, sich auf seine eigenen Verträge bzw. Vorsorge zu verlassen!

Die nachfolgende Übersicht soll noch einmal die wichtigsten Unterschiede zwischen Verkehrs-, Fahrzeug- und Fahrer-RS im Verkauf verdeutlichen. Die meisten Schadenfälle mit Schadenersatzansprüchen beziehen sich auf die Erstattung von Heilbehandlungskosten, die Gewährung von Schmerzensgeld und Rentenzahlungen:

Zielgruppe	Versichert
Fahrer-RS	Führerscheininhaber, Berufsfahrer **ohne eigenes Kfz**	**Nur der VN** als Fahrer/Insasse fremder Fahrzeuge, als Fußgänger, Radfahrer und Fahrgast in öffentlichen Verkehrsmitteln
Fahrzeug-RS	Kunden, die ein **bestimmtes Fahrzeug** versichern wollen, auch motorisierte Luft- oder Wasserfahrzeuge	Der jeweils berechtigte Fahrer des Fahrzeugs und berechtigte Insassen. **Nur der VN** als Fußgänger, Radfahrer und Fahrgast im öffentlichen Straßenverkehr
Verkehrs-RS	Kunden, die **das eine oder alle auf sie** und die mitversicherten Personen zugelassenen Kraftfahrzeuge versichern wollen. Jedes Fahrzeug wird separat berechnet.	Der jeweils berechtigte Fahrer des Fahrzeugs und berechtigte Insassen. **Nur der VN** als Fahrer/Insasse fremder Fahrzeuge, **aber alle mitversicherten Personen** als Fußgänger, Radfahrer und Fahrgäste im öffentlichen Straßenverkehr

Tab. 20: Übersicht Fahrer-/Fahrzeug-/Verkehrs-RS

1.3.6.5   Privat-Rechtsschutz

Kommen wir nun zu den Vertragsarten, die – ohne den Verkehrsbereich zu vernachlässigen – vordergründig das Abschlussziel eines jeden Verkaufsgespräches im Rechtsschutzbereich sein sollten. Als erstes wäre hier der Privat-RS zu nennen.

> Welche Leistungsarten fallen unter den Versicherungsschutz?
>
> Und welche Besonderheiten gibt es?

Die Leistungsarten sind oben bereits genannt worden:

- Schadenersatz-RS
- Ordnungswidrigkeiten-RS
- Straf-RS
- RS im Vertrags- und Sachenrecht
- Steuer-RS vor Gerichten
- Sozialgerichts-RS
- Beratungs-RS im Familien- und Erbrecht
- Opfer-RS

Im privaten Bereich sind die versicherten Bereiche sehr einfach und anschaulich u. a. mit dem Vertrags-RS und dem Sozialgerichts-RS zu erklären (Beispiele siehe oben).

Es ist nochmals ausdrücklich erwähnt, dass eine rechtliche Interessenwahrnehmung mit einer gewerblichen, freiberuflichen oder einer sonstigen selbstständigen Tätigkeit **nicht** versichert ist.

Folgende Besonderheit gibt es noch bei dem Privat-RS, auf die man allein von den Begriffen her nicht kommen würde:

Im Privat-RS sind neben dem VN auch alle versicherten Personen als Fußgänger, Radfahrer, Fahrgäste im öffentlichen Straßenverkehr versichert. Insbesondere die Leistungen des Schadenersatz-RS spielen hier eine Rolle. Demnach ist dieses Produkt geeignet für alle Familien ohne Pkw.

Wichtiger Hinweis:

Ebenso fallen Streitigkeiten aus dem Vertrags-Bereich als Teilnehmer im öffentlichen Straßenverkehr unter den Versicherungsschutz des Privat-RS, z. B. der Streit um eine Taxirechnung. Dies ist nicht Gegenstand des Verkehrs- oder Fahrzeug-Rechtsschutzes!

Der Privat-RS ist nun beliebig kombinierbar mit dem

- Verkehrs-RS
- Fahrzeug-RS
- Fahrer-RS
- Berufs-RS
- Wohnungs- und Grundstücks-RS

Fährt der VN z. B. fremde Fahrzeuge, müsste der Fahrer-RS hinzugewählt werden. Wird ein Fahrzeug auf ihn zugelassen, bleibt nur die Variante mit dem Verkehrs-RS.

Die Möglichkeiten im Verkehrs-Bereich wurden bereits besprochen, daher abschließend noch einige Anmerkungen zum Berufs-RS und Wohnungs- und Grundstücks-RS.

1.3.6.6   Berufs-Rechtsschutz

Auch hier zur Wiederholung nochmals die versicherten Leistungsarten:

- Arbeits-RS
- Disziplinar- und Standes-RS

Aufgrund der Häufigkeit der Streitfälle im beruflichen Bereich sollte der Berufs-RS in jedem Fall immer mit im Angebot dabei sein. Beispiele hierzu haben Sie bereits bei der Besprechung der Leistungsart Arbeits-RS ausreichend kennengelernt.

Nach Proximus 4 lässt sich der Berufs-RS auch allein abschließen. In der Praxis werden Sie diesen häufig nur in Verbindung mit dem Privat-RS verkaufen können, was auch durchaus sinnvoll ist. Zudem sieht Proximus 4 nur Angebote für Nichtselbstständige vor. Sofern Ihre Kunden auch oder nur selbstständige Tätigkeiten ausüben, können und werden Sie in der Praxis auch hierfür Lösungen finden. Näheres können Sie auch bereits jetzt bei der Besprechung der gewerblichen Risiken in diesem Buch nachlesen.

1.3.6.7   Wohnungs- und Grundstücks-Rechtsschutz

Die Leistungsarten sind hier:

- Wohnungs- und Grundstücks-RS
- Steuer-RS

Wir erinnern uns, die Zielgruppe hierfür sind insbesondere Mieter von Wohnungen, die Streitigkeiten mit ihrem Vermieter aus den unterschiedlichsten Gründen haben. Aber auch Hauseigentümer können profitieren: Bei Streitigkeiten mit ihren Nachbarn oder bei der Durchsetzung von Ansprüchen bei Beschädigungen an deren Objekten.

Im Bereich des Steuer-RS handelt es sich um Streitigkeiten um öffentliche Abgaben, wie z. B. für die Müllabfuhr oder Straßenreinigung.

Der Wohnungs- und Grundstücks-RS ist wie der Berufs-RS auch separat abschließbar oder als Ergänzung zum Privat- und/oder Beruf-RS (dann auch preiswerter).

Der Beitrag wird **je** Wohnung bzw. **je** Objekt berechnet, wobei es sich ausschließlich um **selbst bewohnte** Objekte handeln muss. Bei einer Vermietung von Wohnungen ist ein anderer Tarif anzuwenden, der weitaus höher liegt. Schauen Sie einmal in Ihre Tarifunterlagen, wie sich dieser Umstand auswirkt. Oft wird die Prämie mit einem Prozentsatz von der Bruttojahresmiete berechnet. Für die Versicherer stellt diese Vertragsart aus der Sicht eines Vermieters ein höheres Risiko dar (höheres Streitpotenzial, häufiger Mieterwechsel).

Dies sind die Pakete, die in der Praxis Anwendung finden und sich bis heute durchgesetzt haben. Dennoch gibt es auf dem Markt bereits viele Erneuerungen, Erweiterungen, womit die Versicherer ihren Service und ihre Angebotspalette ausgebaut haben. Wesentliche Verbesserungen wollen wir uns zum Abschluss des Themas Rechtsschutzversicherung einmal anschauen.

1.3.7   Neuerungen und Entwicklungen auf dem Rechtsschutzmarkt[3]

1.3.7.1   Die Produktvielfalt macht's!

Die Produkte werden in den unterschiedlichsten Varianten angeboten. Wie bereits erwähnt, kann der Privat-RS z. B. auch allein abgeschlossen oder mit den anderen Bausteinen kombiniert werden. Die Wahl unterschiedlichster Selbstbeteiligungen von 100 € bis 500 € runden die Angebote ab. Der Versicherungsschutz kann demnach ganz auf die Bedürfnisse des Kunden zugeschnitten werden, und mit der Wahl der Selbstbeteiligung können Sie die im Beratungsgespräch oft so wichtige Preisgestaltung mit beeinflussen.

---

3   Für die schriftlichen Prüfungen in der Ausbildung nicht relevant.

1.3.7.2   Anwaltshotline

Viele Rechtsschutzversicherer haben bereits eine Anwaltshotline für ihre Kunden eingeführt. Der Kunde erhält bei Anruf sofort eine erste Rechtsauskunft, wie er sich in seinem
Streitfall verhalten sollte bzw. welche Erfolgsaussichten sein Anliegen hat. Beraten wird
er von unabhängigen Rechtsanwälten, die von den Versicherern bezahlt werden. Eine
eigene Rechtsberatung durchzuführen ist den Versicherern nach wie vor untersagt.

Für den Außendienst gibt es nichts Schöneres: Ein Kunde kommt ins Büro und meldet
einen Schadenfall. Sie als Vermittler müssen nicht entscheiden, ob der Fall auch tatsächlich versichert ist (was gerade in Rechtsschutzfällen ohnehin nicht einfach ist), sondern
können direkt an die Anwaltshotline verweisen. Eine umständliche Schadenaufnahme,
die Zusendung der Schadenanzeige an den Versicherer und das Warten auf die Antwort
entfallen. Der Kunde wird – in der Regel – zufrieden sein, da er weiß, wie er weiter vorgehen soll. Zudem erfährt er, ob dieser Fall überhaupt rechtsschutzversichert ist.

Bei entsprechender Vereinbarung ist die Nutzung der Anwaltshotline für den Kunden
kostenlos. Auch eine eventuell vereinbarte Selbstbeteiligung in dem Rechtsschutzvertrag wird meist nicht angerechnet. Dies ist ein weiterer Anreiz für die Kunden, die Hotline
auch tatsächlich zu nutzen.

Warum haben die Versicherer eine derartige Hotline eingerichtet? Natürlich soll der Service für die Kunden verbessert werden. Bei den Versicherern ist inzwischen angekom-
men, dass der Service für die immer anspruchsvolleren und informierten Kunden eine
entscheidende Rolle spielt. Aber auch auf der Kostenseite sollen Einsparungen erzielt
werden. Das erste Beratungsgespräch, das der Kunde bei einem Anwalt seiner Wahl
sucht, kostet den Versicherer 200 € und mehr, bei der telefonischen Beratung zahlt der
Versicherer gerade einmal die Hälfte davon, wenn überhaupt. Dieses spart natürlich Aus-
gaben auf der Schadenseite und verbessert die Schadenquoten der Versicherer. Als Folge daraus müssen nicht unbedingt jedes Jahr Prämienanpassungen der Rechtsschutz-
verträge vorgenommen werden, die wiederum ein außerordentliches Kündigungsrecht
des Kunden auslösen.

Gerade weil die telefonische Beratung für viele Versicherer so preisgünstig ist, bieten sie
als zusätzliches Bonbon ihren Kunden an, dass sie nicht nur in versicherten, sondern
auch in **nicht versicherten** Fällen die Anwaltshotline anrufen können. Dies bedeutet,
dass der Kunde immer die Hotline wählen kann, wenn er ein erkennbares Beratungsbe-
dürfnis hat. Denkbar sind Fälle, bei denen z. B. ein Ausschluss greift (bei Fragen zum
Baurisiko, zu Vorsatztaten oder Spekulationsgeschäften etc.) Ebenso können Fälle auftreten, die nicht unter den Versicherungsschutz fallen, weil dieser Bereich nicht versichert ist (wenn z. B. jemand ohne vereinbarten Berufs-RS wegen Problemen mit seinem Arbeitgeber anruft) oder ein Kunde sich einfach nur vorsorglich beraten lassen will,
obwohl noch überhaupt kein Streitfall aufgetreten ist (bei der Gestaltung von Ehe- und
Kaufverträgen und sonstigen Rechteklärungen).

Diese Erweiterung wird häufig gegen einen geringen Zusatzbeitrag von einigen wenigen
Euro angeboten und bezieht sich z. B. auf fünf kostenlose Anrufe im Jahr. Auch eine un-

beschränkte Nutzung der Hotline sowie eine Beratung per Mail werden heute schon bei guten Versicherern angeboten!

Wenn man bedenkt, dass man für eine telefonische Rechtsberatung einer Verbraucherberatung ca. 1,50 € pro Minute zahlt, ist diese Erweiterung ein absoluter Verkaufsschlager!

1.3.7.3 Verlängerung des Auslandsaufenthaltes

Der weltweite Versicherungsschutz über das Gebiet Europas hinaus gilt generell nur für einen Aufenthalt von zwölf Wochen. Welche Regelungen gelten aber z. B. für einen Au-pair-Aufenthalt in den USA, einen Schüleraustausch mit Gästen aus Australien oder eine halbjährige Erlebnistour durch Südostasien? Für diese Fälle wird die Dauer des Aufenthaltes sehr häufig erweitert (z. B. auf ein Jahr).

1.3.7.4 Verwaltungs-Rechtsschutz

Auch in nichtverkehrsrechtlichen Angelegenheiten wird für viele Verfahren mittlerweile von den Versicherern standardgemäß Versicherungsschutz geboten. Hier wird für viele Fälle im Vorverfahren und vor **deutschen** Verwaltungsgerichten Versicherungsschutz geleistet. Beispiel hierfür sind Verfahren für Streitigkeiten

- mit Schulbehörden oder Universitäten, wenn es um die Versetzung von Schülern oder um die Bewertung von Klausuren oder Diplom-Arbeiten geht oder
- um die Vergabe von Kindergartenplätzen oder
- um die Erteilung einer Jagd- oder Fischereierlaubnis.

Ausgeschlossen bleiben oft Asyl- und Ausländerrechtsverfahren, Verfahren für die Vergabe von Studienplätzen sowie Angelegenheiten im Sozialhilferecht.

1.3.7.5 Sozial- und Steuer-Rechtsschutz für das vorgeschaltete Verfahren

Sie haben kennengelernt, dass im Sozialgerichts-RS und im Steuer-RS erst ab dem Gerichtsverfahren Versicherungsschutz besteht. Es ist bei vielen VR möglich, auch die Kosten für das vorgeschaltete Verfahren von den VR bezahlen zu lassen. Viele Bürger scheuen sich vor dem Schriftwechsel mit den „Behörden" und wissen nicht, was sie mit welchen Argumenten formulieren sollen. Der Anwalt nimmt ihnen hier die Arbeit ab. Im Steuer-RS werden somit z. B. die Kosten des Steuerberaters für den Schriftwechsel mit dem Finanzamt zum Ein-/Widerspruchsverfahren wegen eines z. B. fehlerhaften Einkommensteuerbescheides zusätzlich erstattet.

1.3.7.6 Erweiterter Straf-Rechtsschutz für Nichtselbstständige im privaten, beruflichen und ehrenamtlichen Bereich

Vorsatztaten sind generell vom Versicherungsschutz ausgeschlossen. Was gilt aber nun, wenn eine Krankenschwester beschuldigt wird, einem Patienten etwas gestohlen zu haben oder wenn ein Polizist wegen vorsätzlicher Körperverletzung belangt wird? Hiergegen wollen sich die betroffenen Personen natürlich zur Wehr setzen, bekommen aber die Kosten für einen Anwalt wegen des Vorsatzausschlusses nicht bezahlt. Bei der Besprechung des Straf-RS haben Sie bereits gelesen, dass diese Einschränkung häufig zu Unverständnis bei den Kunden führen kann. Hier hilft der erweiterte Straf-RS nun weiter. **Obwohl der Vorwurf des Vorsatzes im Raum steht, wird der Anwalt für die Verteidigung von dem Rechtsschutzversicherer bezahlt**. Eine Rückzahlung der Kosten ist dann aber zwingend, sollte der Vorsatz sich nachträglich auch als bewiesen herausstellen.

Allen Privatpersonen, aber insbesondere auch Berufsgruppen, die derartigen Vorwürfen ausgesetzt werden können, sollte die Möglichkeit der Mitversicherung empfohlen werden, wenn der Versicherer eine entsprechende Erweiterung anbietet. Auch für eine vorgeworfene Steuerhinterziehung kann Ihr Kunde damit Unterstützung bekommen.

Dies gilt aber generell nicht für **Verbrechenstatbestände** wie Mord, Totschlag, Vergewaltigung etc. Diese bleiben vom Versicherungsschutz ausgeschlossen. Gemeint sind Vergehen wie Beleidigung, Diebstahl und Betrug.

1.3.7.7 Internet-RS

Die Risiken des Internets sind zweifellos vorhanden. Wie schnell kann es passieren, dass der eigene Name / der Ruf beschädigt wird und es ist guter Rat teuer. Um möglichst schnell Abhilfe zu schaffen, ist die Stellung einer Strafanzeige unerlässlich und es ist leichter und professioneller, dies über einen Anwalt erledigen zu lassen.

Gerade Kinder und Jugendliche sind oft unbedarft im Netz unterwegs und können in eine Falle tappen, mit der sie die Urheberrechte anderer Personen verletzen, wenn z. B. Bilder für eigene Zwecke heruntergeladen werden. Viele Anwälte sind nur hierauf spezialisiert, derartige bzw. ähnliche Verstöße abzumahnen und hiermit Geld zu verdienen. Hier ist es sinnvoll, diesen Anwälten etwas mit dem eigenen Anwalt entgegenzusetzen, dessen Kosten übernommen werden können.

Dies sind nur zwei Beispiele für gute Erweiterungen einer Rechtsschutz-Versicherung in Bezug auf die Nutzung des Internets.

Sicherlich gibt es noch mehr Erweiterungen, die den Versicherungsschutz für den Kunden verbessern. Sie sollten Ihren Kunden diese Vorteile aufzeigen und auf die Möglichkeiten hinweisen. In den kommenden Jahren werden sich die Veränderungen und Entwicklungen auf dem Rechtsschutzmarkt noch weiter beschleunigen.

Übersicht zur Rechtsschutz-Versicherung mit Verkaufstipps

Risiken, die automatisch in der Rechtsschutz-Versicherung enthalten sind	Zusätzlich zu versichernde Risiken	Anmerkungen
Jede **Vertragsform** setzt sich automatisch aus den verschiedenen Leistungsarten zusammen:		
Verkehrs-RS Schadenersatz-RS Vertrags-RS Ordnungswidrigkeiten-RS Straf-RS Steuer-RS Verwaltungs-RS in Verkehrssachen Gleiches gilt für den **Fahrzeug-RS**	Motorfahrzeuge zu Wasser oder in der Luft können nur über den Fahrzeug-RS versichert werden	Der Verkehrs-RS muss für jedes Kfz separat abgeschlossen werden. In der Praxis gibt es für mehrere Fahrzeuge in der Familie Pauschaltarife! Achten Sie in der Praxis auch auf den versicherten Personenkreis! Im Fahrzeug-RS wird ebenfalls jedes Fahrzeug einzeln versichert Der Verkehrs-Bereich ist für jeden Kfz-Kunden wichtig und sollte mit angeboten werden (nicht nur das Kfz, sondern auch den Führerschein versichern)! Halt- und Parkverstöße sind ausgeschlossen!
Fahrer-RS Schadenersatz-RS Ordnungswidrigkeiten-RS Straf-RS Verwaltungs-RS in Verkehrssachen Vertrags-RS (für den Erwerb eines Kfz)	Sobald ein Kfz oder / und weitere zu versichernde Personen hinzukommen, sollten andere Produkte angeboten werden, da nur der Versicherungsnehmer Versicherungsschutz hat	Gilt als preiswertes Einstiegsprodukt für Singles ohne eigenes Kfz.
Privat-RS Schadenersatz-RS Ordnungswidrigkeiten-RS Straf-RS Vertrags-RS Steuer-RS vor Gerichten Sozialgerichts-RS Beratungs-RS im Familien- und Erbrecht Opfer-RS	Der Verkehrsbereich, sobald ein Fahrzeug in der Familie angeschafft wird Zahlreiche Erweiterungen finden Sie in der Praxis wieder: Anwaltshotline Erweiterter Straf-RS Längere Auslandsaufenthalte …	Alle versicherten Personen sind als Fußgänger, Radfahrer etc. auch ohne den Verkehrs-Bereich versichert. Streitigkeiten im Vertrags-Bereich des öffentlichen Straßenverkehrs fallen unter den Privat-RS (z. B. die Taxirechnung). Streitigkeiten im Zusammenhang mit genehmigungspflichtigen Bauvorhaben sind nicht versichert.
Berufs-RS Arbeits-RS Disziplinar- und Standes-RS	Ist in der Praxis oft nur mit dem Privat-RS abschließbar	Einer der wichtigsten Bausteine überhaupt!

Risiken, die automatisch in der Rechtsschutz-Versicherung enthalten sind	Zusätzlich zu versichernde Risiken	Anmerkungen
Wohnungs- und Grund-stücks-RS Steuer-RS	Alle anderen Bausteine	Für Eigentümer und für Mieter wichtig! Der Beitrag wird meist je selbst genutzter Wohneinheit berechnet. Bei einer Vermietung gilt meist ein anderer, höherer Prämientarif.

Tab. 21: Übersicht zur Rechtsschutz-Versicherung mit Verkaufstipps

Hiermit schließe ich das Kapitel der Vermögensversicherungen. Was tun wir als Verkäufer? Wir schützen das Vermögen unserer Kunden. Die Rücklagen unserer Kunden werden in einem eventuellen Versicherungsfall nicht angegriffen. Das gilt es, unseren Kunden so klar und einfach wie möglich mit Worten und Bildern zu verdeutlichen.

Zum Vermögen unserer Kunden gehört natürlich auch deren Besitz. Dieser Besitz ist ebenfalls Gefahren ausgesetzt, die nicht unbedingt etwas mit anderen Personen zu tun haben müssen, sondern er wird zusätzlich von äußeren Einflüssen bedroht. Den Anfang hatten wir bereits mit der Kaskoversicherung für das Auto gemacht. Mit weiteren Sachversicherungen beschäftigt sich das nachfolgende Kapitel!

2 Sachversicherungen

2.1 Hausratversicherung

2.1.1 Versicherte Sachen

Mehr Haushalte in Deutschland haben nach Zahlen des Gesamtverbandes der Deutschen Versicherungswirtschaft eine Hausratversicherung und keine Private Haftpflichtversicherung! Unglaublich, aber wahr. Warum ist dies so? Eine Erklärung ist, dass vielen Menschen die Absicherung ihres Hausrats näher liegt als ein Schaden, den sie einem anderen Menschen vielleicht irgendwann einmal zufügen. Den eigenen Hausrat kann man sehen und anfassen. Man erkennt, welche Werte verloren gehen, wenn dieser zerstört wird. Diese Motivation ist vergleichbar mit den Gründen für den Abschluss einer Kaskoversicherung für das Auto.

> Was aber gehört nun im Sinne der Versicherung alles zum Hausrat?

Unter dem Begriff Hausrat werden sich viele Kunden etwas vorstellen können. Gebräuchlich sind auch solche Bilder wie: „Alles, was Sie bei einem Umzug mitnehmen, gehört zu Ihrem Hausrat", oder: „Stellen Sie sich vor, Ihr Haus oder Ihre Wohnung steht auf dem Kopf, alles, was dann herausfällt, gehört zu Ihrem Hausrat."

Die versicherten Sachen lassen sich auch leicht in drei Oberbegriffe einteilen:

- **Einrichtungsgegenstände**, wie z. B. Sofas, Schränke, Tische, Vitrinen, Betten, Vasen und Bilder,
- **Gebrauchsgegenstände**, wie z. B. Werkzeug, Fernseher, Stereoanlage, Staubsauger, Kleidung, Fahrräder, Kaffeemaschine und Toaster,
- **Verbrauchsgegenstände**, wie z. B. alle Lebensmittel, Putz- und Waschmittel.

Viele Versicherer haben auch einen Prospekt, um ihren Kunden deutlich zu machen, was alles mit dem Begriff Hausrat gemeint ist. Explizit werden bestimmte Gegenstände in den Bedingungen nochmals zur Klarstellung erwähnt. Hierunter fallen:

- Krankenfahrstühle, Rasenmäher (auch Rasenmähroboter), Go-Karts, Pedelecs und Spielfahrzeuge, die nicht versicherungspflichtig sind (ansonsten ist eine Absicherung über die Kfz-Versicherung denkbar),
- Kanus, Ruder-, Falt- und Schlauchboote einschließlich ihrer Motoren sowie
- Fall-/Gleitschirme und nicht motorisierte Flugdrachen,
- Arbeitsgeräte und Einrichtungsgegenstände, die dem Beruf oder dem Gewerbe des Versicherungsnehmers oder einer mit ihm in häuslicher Gemeinschaft lebenden Person dienen, z. B. der Laptop oder das mit nach Hause genommene Werkzeug. Der Grund liegt darin, dass die Versicherer ihren Kunden über deren Hausrat-Vertrag Versicherungsschutz bieten wollen. Es kann nicht automatisch davon ausge-

gangen werden, dass der Arbeitgeber ausreichenden Versicherungsschutz über seine Geschäftsversicherung bereitstellt.

- Haustiere, wie z. B. Hunde, Katzen, Vögel. Aufgepasst: Denken Sie jetzt nicht, dass Versicherungsschutz besteht, wenn der Hund wegläuft und verschwunden bleibt oder wenn die Katze von einem Auto überfahren wird. Versicherungsschutz besteht nur gegen die versicherten Gefahren, die wir später noch behandeln werden.
- Privat genutzte Antennenanlagen und Markisen (obwohl diese eigentlich zum Gebäude gehören). Was ist aber, wenn ein Mieter auf seine Kosten eine Markise an seinen Balkon anbringt? Der Gebäudeeigentümer wird kein Interesse daran haben, diese Markise zu versichern. Daher ist es nachvollziehbar, dass Versicherungsschutz über den Hausrat-Vertrag besteht. Gleiches gilt für eine privat genutzte Antenne in einem Mehrfamilienhaus.

Nicht versicherte Sachen werden auch ausdrücklich genannt. Diese sind:

- Kraftfahrzeuge und Anhänger sowie deren Teile und Zubehör, wie z. B. die Winterreifen, der Fahrradaufhänger und der Dachgepäckträger. Hierfür ist nicht die Hausrat-, sondern die Kfz-Versicherung zuständig.
- Luft- und Wasserfahrzeuge einschließlich nicht eingebauter Teile – auch hierfür gibt es separate Versicherungsverträge, wie z. B. die Wassersport-Kaskoversicherung.

(Die oben aufgeführte Mitversicherung von z. B. Kinder-Kfz, Kanus und Schlauchbooten wird durch diese Ausschlüsse nicht wieder aufgehoben)

- Hausrat von Untermietern in der Wohnung des Kunden (hierfür benötigt der Untermieter eine eigene Hausratversicherung). An Untermieter überlassene Sachen, wie z. B. die Vermietung eines möblierten Zimmers, bleiben aber versichert.
- Sachen, die durch einen gesonderten Versicherungsvertrag, wie z. B. Schmucksachen und Pelze im Privatbesitz versichert sind. Ein eventueller Schadenfall muss dann über diesen Vertrag reguliert werden.

Schwierig wird die Beurteilung versicherter Sachen, wenn nicht ganz eindeutig ist, ob es sich um Hausratbestandteile oder um Wohngebäudebestandteile handelt. Ist also der Hausratversicherer oder der Wohngebäudeversicherer für einen bestimmten Schaden zuständig bzw. in welcher Versicherungssumme müssen die Werte der Sachen erfasst werden? Wie ist es z. B. mit einer Küche? Gehört sie in die Sparte Hausrat oder Wohngebäude? Die Versicherer haben sich in den letzten Jahren bemüht, hierzu eindeutige Regelungen zu finden, die sich in der Praxis mittlerweile durchgesetzt haben.

Die klassische Küche aus dem Möbelhaus oder dem Fachhandel wird dem Hausrat zugeordnet. Es handelt sich in der Regel um Anbauküchen, die für einen bestimmten Raum geplant und dann montiert werden. Die Ober- und Unterschränke werden nach vorbestimmten Maßen hergestellt und in den Raum eingebracht. Diese Schränke können bei einem späteren Umzug aber auch wieder mitgenommen werden und für die neue Küche – wenn auch mit einigen wenigen Veränderungen – verwendet werden. Es ändert sich auch nichts an der Zuordnung, wenn die Arbeitsplatte extra für diesen Raum zugeschnitten werden muss und nach einem Umzug dann nicht mehr brauchbar ist.

Die **Einbauküche** hingegen wird individuell mit dem Raum geplant und komplett auf diesen zugeschnitten. Dies bedeutet, dass z. B. auch Schränke maßgefertigt in vorhandene Nischen eingebracht und untrennbar mit dem Raum verbunden werden. Bei einem Umzug kann man die Möbel nicht ohne Weiteres wiederverwenden. Oft sind Einbauküchen auch Einzelstücke und werden von Möbelschreinern angefertigt. Einbauküchen werden der Wohngebäudeversicherung zugeordnet.

Diese Trennung wird in der Praxis kaum zu Problemen führen. Es stellt sich nur die Frage, was machen Haus- und Wohnungsbesitzer, die ihr Objekt mit einer Anbauküche vermietet haben? Die Küche muss dann über die Hausratversicherung des Mieters miteingeschlossen werden. Obwohl es nicht das Eigentum des Mieters ist, muss er die Küche in seiner Hausratversicherung berücksichtigen und dafür auch den Beitrag bezahlen. Anders ist es nicht möglich. Oft wird dies aber auch über den Mietvertrag geregelt, womit der Mieter zum Abschluss einer Hausratversicherung verpflichtet wird.

Im Übrigen ist die Abgrenzung Vermieter-Mieter und Wohngebäude-Hausrat nicht immer so ganz einfach. Gerade bei Bodenbelägen, wie z. B. dem Teppichboden, stellt sich die Frage: Worüber ist dieser in einem Mietverhältnis versichert? Zwei Punkte sind hier von Bedeutung:

- Wie ist der Teppichboden verlegt und auf welchem Untergrund?
- Wer hat den Teppichboden eingebracht / verlegt?

Die nachfolgende Tabelle soll den Unterschied verdeutlichen, wobei „HR" für Hausrat und „WG" für Wohngebäude steht.

Teppichboden	Haus-/ Wohnungs-eigentum	Miete	
		Bodenbelag vom Mieter eingebracht	Bodenbelag vom Vermieter eingebracht
auf Estrich verklebt	WG	HR	WG
auf Estrich lose verlegt	WG	HR	WG
auf Parkett verklebt	WG	HR	WG
auf Parkett lose verlegt	HR	HR	HR (Besonderheit, als fremdes Eigentum in der HR des Mieters versichert)

Tab. 22: Versicherungsschutz für Bodenbeläge

Grundsätzlich sind alle Sachen, die ein Mieter in die Wohnung **neu** mit einbringt und wofür er die Gefahr trägt, über seine Hausratversicherung geschützt – auch wenn es sich um Gebäudebestandteile handelt. Diese Regelung macht Sinn, da der Mieter ein **Interesse** daran hat, diese Sachen zu versichern. Er wird die Entschädigung beanspruchen, wenn die Sachen durch einen Versicherungsfall zerstört oder beschädigt werden.

Dagegen wird der Wohngebäude-Eigentümer kein Interesse daran haben, diese Gegenstände in seiner Wohngebäudeversicherung mit abzudecken und dafür Prämie zu bezahlen, zumal ihm auch nicht immer bekannt ist, was der Mieter alles in die Wohnung mit einbringt. Als Beispiele sind gerade die Bodenbeläge, wie der Teppichboden oder das Parkett bzw. das Laminat, zu nennen. Ebenso gehören Tapeten oder auch sanitäre Anlagen dazu, die Mieter z. B. bei Erstbezug einer Wohnung oft selbst anschaffen.

Abzugrenzen sind Sachen, die vom Mieter nicht **neu** eingebracht, sondern lediglich **ausgetauscht** werden. Der Teppichboden, der vom Mieter entfernt und neu verlegt wird; die Tapeten, die abgekratzt und neu aufgetragen, das alte Toilettenbecken, das ausgetauscht und neu installiert wird. Diese Gegenstände bleiben in dem Wohngebäudevertrag des Eigentümers versichert. Hier liegt der Grund darin, dass diese Gegenstände ja bereits vorher in der Wohnung vorhanden waren und der Eigentümer ein Interesse daran hatte, diese Sachen auch zu versichern. Beim Auszug werden diese Sachen auch nicht vom Mieter mitgenommen, sondern verbleiben in der Wohnung. Eine Regelung bezüglich der Kosten wird meistens zwischen Vermieter und Mieter mündlich getroffen.

Nun könnten Sie einwenden, dass ein neu eingebrachter Teppichboden oder gar eine Dusche in einem Neubau bei Auszug ebenso nicht wieder mitgenommen wird. Hier machen die Versicherer allerdings eine Unterscheidung und merken an, dass der Mieter diese Sachen bezahlt hat und daher über seine Hausratversicherung gedeckt haben will. Die Dusche z. B. wird erst nach dem Auszug in das Eigentum des Wohngebäudebesitzers übergehen. Dem Vermieter ist auch oft nicht bekannt, was alles überhaupt neu eingebracht wurde. Bei einem Austausch dagegen wird in der Regel schon vorher – bei der Renovierung der Wohnung – eine Vereinbarung zwischen Mieter und Vermieter getroffen, dass die Gegenstände in das Eigentum des Vermieters übergehen.

Sie haben nun einen Überblick darüber, was zu den versicherten Sachen in der Hausratversicherung zählt. Wofür ist das wichtig? Es soll letztendlich die richtige Versicherungssumme mit dem Kunden ermittelt und nichts vergessen werden. Bevor wir die Möglichkeiten der Summenfestlegung besprechen, müssen wir uns jedoch die Mitversicherung der Wertsachen näher anschauen.

2.1.2 Besonderheiten bei Wertsachen

Wertsachen sind ebenfalls versicherte Sachen der Hausratversicherung. Sie zählen entweder zu den Einrichtungs- oder Gebrauchsgegenständen, wobei das Bargeld sicherlich auch ein Verbrauchsgegenstand ist. Was sind Wertsachen im Sinne der Versicherung?

Hierunter fallen

- Bargeld und auf Geldkarten geladene Beträge,
- Urkunden einschließlich Sparbücher und sonstige Wertpapiere, z. B. Bundesschatzbriefe,
- Schmucksachen, Edelsteine, Perlen, Briefmarken, Münzen und Medaillen sowie alle Sachen aus Gold oder Platin,

- Pelze, handgeknüpfte Teppiche und Gobelins, Kunstgegenstände, wie z. B. Gemälde, Collagen, Zeichnungen, Graphiken und Plastiken sowie
- noch nicht erwähnte Sachen aus Silber, z. B. das Silberbesteck,
- sonstige Sachen, die über 100 Jahre alt sind (Antiquitäten), **jedoch keine Möbelstücke!** Diese zählen zum „normalen" Hausrat.

Die Versicherer bieten keine unbegrenzte Summe für Wertsachen an, sondern wollen das Risiko hierfür begrenzen. Das Risiko ist zu hoch, wenn in ein Haus oder in eine Wohnung eingebrochen wird (die Täter werden vorrangig Wertsachen suchen und mitgehen lassen). Die Mitversicherung ist daher wie bei vielen Versicherern auch bei Proximus 4 auf 20 % der Versicherungssumme begrenzt:

Versicherungssumme

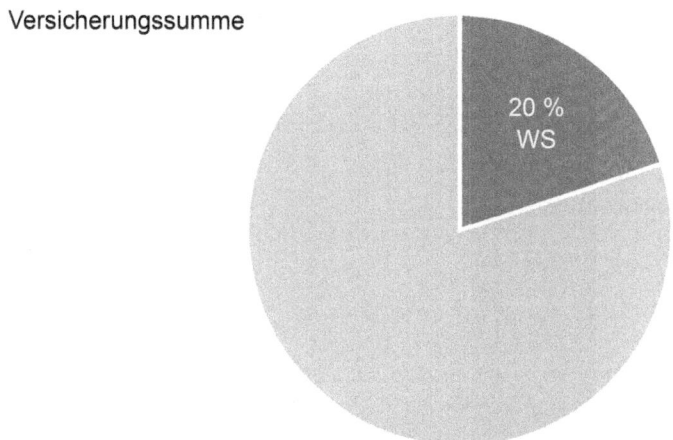

Abb. 10: Versicherter Wertsachenanteil in der Hausratversicherung

Vom „Kuchen" der Versicherungssumme (100 %) stehen demnach 20 % für die Wertsachen (WS) zur Verfügung. Von z. B. 100.000 € also 20.000 €. Wichtig ist zu wissen, dass diese 20 % in der Versicherungssumme enthalten sind und nicht dazugerechnet werden. Die Begrenzung kann der Kunde natürlich erhöhen, die meisten Versicherer bieten eine Erhöhung in 5 %-Schritten auf bis zu 50 % an.

Die Kunden sollen sorgsam mit ihren Wertsachen umgehen und diese nicht überall offen in ihrer Wohnung herumliegen bzw. für die Täter leicht zugänglich liegen lassen. Zudem soll vermieden werden, dass unendlich viele Wertsachen in der Wohnung gelagert werden. Diese gehören in ein Bankschließfach. Der Kunde könnte hierfür eine Spezialversicherung, wie z. B. eine gesonderte Wertsachenversicherung, abschließen. Die Hausratversicherung allein kann den Schutz einer Spezialversicherung nicht bieten, da diese Vertragsform für die Masse der Kunden kalkuliert ist. Daher sind bestimmte Wertsachen zusätzlich auf feststehende Beträge begrenzt worden, wenn der Kunde diese außerhalb eines vom Versicherer anerkannten Wertschutzschrankes lagert bzw. keiner vorhanden ist (Wandsafe oder mindestens 200 kg schwerer Geldschrank).

Diese zusätzlichen Grenzen kann man sich leicht mit der Abkürzung BUS merken, nämlich

Bargeld und Geldkarten	1.500 €
Urkunden, Sparbücher, Wertpapiere	3.000 €
Schmucksachen, Edelsteine, Goldsachen etc.	20.000 €

Tab. 23: Summenbegrenzung für bestimmte Wertsachen

Bis auf wenige hundert Euro sind die Grenzen nahezu bei allen Versicherern identisch.

Nochmals zur Klarstellung: Werden die Gegenstände in einem vorschriftsmäßigen Safe gelagert, bleibt es bei der 20 %-Regelung. Demnach können dann z. B. bei einer Versicherungssumme von 100.000 € bis zu 20.000 € für Bargeld entschädigt werden. Aber welcher Kunde hat schon so einen Safe?

Kommen wir nun zu der Frage, wie Sie als Verkäufer aus einer Liste mit Hausratgegenständen und Wertsachen die richtige Versicherungssumme ermitteln.

2.1.3 Die richtige Versicherungssumme ermitteln

Wie lege ich nun die richtige Versicherungssumme für alle Hausratgegenstände fest? Für den Kunden wird es schwierig sein, eine exakte Summe zu beziffern. Dennoch sollten Sie Ihren Kunden die Frage nach dem Wert stellen. Dabei sollten Sie vorab darauf hinweisen, dass der Versicherungswert der Neuwert der versicherten Sachen ist. Sollte z. B. ein Schrank beschädigt werden, wird der Kunde keinen alten Schrank ersetzt bekommen, sondern einen neuen der gleichen Art. Dieses ist so gewollt und wird vom Kunden auch gewünscht.

Dennoch wissen Sie oder werden noch die Erfahrung machen, dass die meisten Kunden den Wert ihrer Sachen unterschätzen und einen zu niedrigen Euro-Betrag angeben. Hier hilft sehr häufig die Bitte an den Kunden, seine Utensilien, die er gerade am Körper trägt, einmal zusammenzurechnen (Hose, Oberteil, Schuhe, Schmucksachen, eventuell eine Brille). Mehrere hundert, wenn nicht sogar bis zu einigen tausend Euro kommen hierbei leicht zusammen.

Wenn Sie so das Gespür des Kunden für seine Werte geweckt haben, stehen Ihnen in der Praxis zwei Methoden zur Verfügung, die Versicherungssumme gemeinsam mit dem Kunden festzulegen. **Das Ziel ist und kann immer nur das eine sein: Die Versicherungssumme muss dem Versicherungswert entsprechen!**

2.1.3.1   Festlegung der Summe anhand eines Wertermittlungsbogens

Der Kunde verschafft sich anhand eines Wertermittlungsbogens einen Überblick über seinen Hausrat und legt die Werte der versicherten Sachen einzeln fest. Hierbei rechnet er jedes Zimmer – Wohnzimmer, Schlafzimmer, Kinderzimmer, Küche etc. – einzeln durch und versucht, die vorhandenen Gegenstände so genau wie möglich zu beziffern. Diese Methode ist natürlich sehr aufwendig und kostet einiges an Zeit, kann aber auf der anderen Seite durchaus sehr effektiv sein, um den genauen Wert herauszufinden.

Dass diese Methode sehr aufwendig ist, wissen natürlich auch die Versicherer und haben daher nach einer Lösung gesucht, das Standardgeschäft für die Masse der Kunden zu vereinfachen:

2.1.3.2   Festlegung der Summe mit 650 € pro m²-Wohnfläche

Bei einer Wohnfläche von z. B. 100 m² beträgt die Versicherungssumme demnach pauschal 65.000 €. Zur Wohnfläche werden alle Wohnräume einer Wohnung, einschließlich der zu Wohn- oder Hobbyzwecken ausgebauten Keller-, Speicher- und Bodenräume gerechnet. Treppen, Balkone, Terrassen und Loggien fallen nicht hierunter. In der Praxis wird die Wohnfläche genommen, die im Mietvertrag bzw. im Bauplan steht. Der Kunde nennt Ihnen die Fläche und diese Größe wird dann angesetzt.

Warum gerade 650 € pro m²? Dieser Wert wurde in den vergangenen Jahren immer wieder angepasst. Es ist ein Durchschnittswert aller privaten Haushalte in Deutschland, der sich an die Werte des existierenden Warenkorbs anpasst. Einige Versicherer legen für die Berechnung der Versicherungssumme bereits 700 € zugrunde, andere verzichten schon darauf, eine Versicherungssumme als Höchstgrenze mit anzugeben, sofern die qm-Wohnfläche korrekt festgelegt wurde.

Nun werden einige Kunden sicherlich berechtigt einwenden, dass sie keine 650 € auf einem m² Wohnfläche stehen haben. Dies ist sicherlich richtig, aber es wird andererseits auch Räume in der Wohnung geben, in denen Werte von mehr als 650 € pro m² vorhanden sind. Denken Sie nur an den Kleiderschrank oder an den Platz, an dem Fernseher und Stereoanlage stehen. Wie gesagt, es ist ein Durchschnittswert.

Zumindest sollte das **Mindestziel** eines jeden Verkäufers sein, diese 650 € zu vereinbaren. Nämlich nur dann hat der Kunde den einen entscheidenden Vorteil, der in einem größeren Schadenfall die Rettung sein kann: Seinem Vertrag wird die

> Unterversicherungsverzichtsklausel (kein Abzug wegen Unterversicherung)

zugrunde gelegt. Ein schönes fachspezifisches Wort. Was bedeutet es?

Diese Klausel sagt nichts anderes aus, als dass der Kunde jeden versicherten Schaden bis zur Höhe seiner Versicherungssumme ersetzt bekommt, egal ob er mehr Werte in seiner Wohnung stehen hat oder nicht. Ist nämlich die Versicherungssumme nicht gleich dem Versicherungswert, sondern niedriger angesetzt, befinden wir uns im Bereich der Unterversicherung!

Gefahren einer Unterversicherung

Versicherungswert > Versicherungssumme

Die Folgen einer Unterversicherung können dramatisch ausfallen. Nehmen wir wieder unsere Versicherungssumme von 100.000 €, der Versicherungswert liegt aber bei 200.000 €. Dies bedeutet, dass der Kunde zu 50 % unterversichert ist. In einem Totalschadenfall erhält der Kunde nur 100.000 €, aber auch die Regulierung jedes Teilschadens wird um 50 % gekürzt. Hat der Kunde z. B. einen Einbruchschaden über 5.000 €, bekommt er vom Versicherer nur 2.500 € ersetzt.

Wenn Sie ein derartiges Beispiel nehmen, fragen Sie Ihre Kunden: **„Möchten Sie eine Hausratversicherung mit 2.500 € Selbstbeteiligung?"** Das ist mit Sicherheit nicht im Interesse der Kunden.

Den tatsächlichen Wert eines Hausrats kann ein Sachverständiger heutzutage exakt beziffern. Auch bei einem Totalschaden, wie z. B. durch Feuer, lässt sich durch Untersuchung des Brandschutts und anhand von Zeugenaussagen eine ziemlich genaue Analyse erstellen.

Gerade bei einem Teilschaden ist es für den Kunden aber schwer verständlich, warum hier Abzüge gemacht werden, weil er doch für eine Versicherungssumme von 100.000 € auch Beitrag bezahlt hat. Der Versicherer kann allerdings nicht wissen, welche 100.000 € von den 200.000 € versichert sind und was vom Schaden betroffen ist – versicherte oder nicht versicherte Sachen? Andererseits wird der Kunde dem Versicherer nicht darlegen können, dass ausgerechnet die im Vertrag versicherten Sachen beschädigt wurden. Letztendlich einigt man sich also auf die Hälfte!

Diesen Diskussionen und Schwierigkeiten bei der Schadenregulierung können Sie als Verkäufer entgehen, wenn die Unterversicherungsverzichtsklausel vereinbart wurde. Liegt dem Vertrag diese Klausel zugrunde, wird der Versicherer im Schadenfall eine eventuell bestehende Unterversicherung nicht prüfen. Er verzichtet auf die Anrechnung einer Unterversicherung und bezahlt jeden versicherten Schaden bis zur Höhe der vereinbarten Versicherungssumme!

Das ist der große Vorteil für den Kunden und sollte dem Kunden auch so vor Augen geführt werden. Vermeiden Sie aber bitte im Verkaufsgespräch die Verwendung von Fachbegriffen wie „Unterversicherungsverzichtsklausel". Verwenden Sie Beispiele und erläutern Sie ihm, dass er in einem versicherten Schadenfall ausreichend Geld von seinem Versicherer bekommt, um sich alle Sachen neu zu kaufen!

Sie als Verkäufer sind zudem mit der 650-€-Regelung auf der sicheren Seite und haben Ihre Beratungspflicht bei dem Großteil der Kunden erfüllt. Verzichtet er wegen ein paar Euro Beitrag auf die entsprechende Versicherungssumme, muss Ihr Kunde die möglichen Folgen kennen.

Nun gibt es Kunden, die tatsächlich nicht auf einen Wert von 650 € pro m² Wohnfläche kommen, was durchaus verständlich ist. Man denke an viele Studenten, die nur das Nötigste in ihrer Wohnung stehen haben, oder an Hausbesitzer, die über eine sehr große Wohnfläche verfügen, woraus sich eine extrem hohe Summe errechnen würde. Dies stellt kein Problem dar, solange die Summe derart festgelegt wird, sodass gilt:

Versicherungswert = Versicherungssumme

Ist dies gegeben, bekommt der Kunde im Schadenfall natürlich ebenfalls alles ersetzt, ohne dass es 650 € pro m² Wohnfläche sein müssen. Eine Unterversicherung existiert nicht, solange das oben genannte Verhältnis stimmt. Eine genauere Wertermittlung ist in solchen Fällen aber zwingend erforderlich. Die Wertangaben liegen in der Verantwortung des jeweiligen Kunden. Fehlt es anschließend nur an ein paar tausend Euro Versicherungssumme, mit der dann die so wichtige Unterversicherungsverzichtsklausel vereinbart werden könnte, wäre es sträflich, eine niedrigere Summe festzulegen und auf den Vorteil der Klausel zu verzichten.

Zum Abschluss dieses wichtigen Punktes sei noch erwähnt, dass es ebenso viele Kunden gibt, die mit 650 € nicht auskommen, sondern einen viel höherwertigen Hausrat besitzen. Vermeiden Sie es bitte, pauschal immer mit 650 € pro m² zu rechnen. Es gibt viele Kunden, die eine weitaus höhere Versicherungssumme benötigen. Diese muss dann ebenfalls individuell festgelegt werden. Verweisen Sie auf den Wertermittlungsbogen, den der Kunde unbedingt ausfüllen sollte. Die hierfür geopferte Zeit lohnt sich allemal.

Zudem können vorhandene Wertsachen die Summe nach oben treiben. Die Frage nach Wertsachen darf ohnehin in keinem Beratungsgespräch fehlen! Hier muss die Versicherungssumme entsprechend höher festgelegt oder eventuell auch manchmal ein Sachverständiger eingeschaltet werden.

Ihnen als Verkäufer und Berater kann nichts Schlimmeres passieren, als wenn Sie die Pauschallösung mit 650 € pro m² vereinbart haben, im **Totalschadenfall** diese errechnete Summe aber doch nicht ausreicht und dem Kunden z. B. 20.000 € fehlen. Denn es gilt nach wie vor:

Die Versicherungssumme stellt grundsätzlich die Obergrenze der Entschädigung dar!

Wir werden hierauf in dem Kapitel zu den Entschädigungsleistungen noch näher eingehen.

Fazit mit nützlichen Verkaufstipps

- Verschaffen Sie sich einen Überblick, was alles zu den versicherten Sachen in der Hausratversicherung gehört (für den Kunden: Alles, was beim Umzug mitgenommen werden kann).
- Verdeutlichen Sie Ihrem Kunden, welche Werte seine Gegenstände darstellen (wie viel Euro trägt Ihr Kunde gerade bei sich?)
- Die Versicherungssumme muss immer dem Versicherungswert (Neuwert) entsprechen. Die Vereinbarung der Unterversicherungsverzichtsklausel in dem Vertrag ist das Mindestziel. Die 650 € pro m² können u. U. aber auch nicht ausreichend sein, sodass eine höhere Summe festgelegt werden muss.
- Wertsachen sind bis 20 % der Versicherungssumme versichert. Ggf. ist eine Erhöhung dieser Entschädigungsgrenze vorzunehmen. Fragen Sie Ihre Kunden!

2.1.4 Versicherte Gefahren

Die versicherten Sachen sind nicht gegen alle in der Praxis vorkommenden Umstände und Gefahrenfälle versichert. Fällt z. B. eine Vase oder eine Lampe herunter; wird der schöne Perserteppich durch Rotweinflecken beschädigt oder kippt ein Schrank um und das ganze Geschirr geht zu Bruch, so sind diese Ereignisse nicht Gegenstand der Hausratversicherung. Der Versicherer muss das Risiko kalkulieren können und es dürfen daher keine alltäglichen Schäden unter den Versicherungsschutz fallen, die die Schadensummen ins Unendliche treiben und die Versicherer in unzumutbarer Weise belasten würden. Vielmehr soll der Hausrat des Kunden vor elementaren Gefahren geschützt werden, die nicht voraussehbar und nicht alltäglich sind. Wenn sie dann aber passieren, soll sich der Kunde auch auf den Versicherungsschutz verlassen können. Es handelt sich hierbei um:

- Brand, Blitzschlag, Überspannung durch Blitz, Explosion, Verpuffung, Implosion, Anprall oder Absturz eines Luftfahrzeuges, seiner Teile oder seiner Ladung,
- Einbruchdiebstahl, Beraubung oder den Versuch einer solchen Tat,
- Vandalismus nach einem Einbruch,
- Leitungswasserschäden,
- Naturgefahren

Versichert sind Sachen, die durch diese Gefahren **zerstört oder beschädigt werden oder abhandenkommen**. Eine Zerstörung und Beschädigung ist einfach zu erklären, was aber bedeutet „abhandenkommen"? Stellen Sie sich vor, Sie retten vor einem ausgebrochenen Feuer Ihre Hausratgegenstände, wie z. B. den Fernseher und die Stereoanlage, und stellen diese auf den Bürgersteig. Passanten mit einem mangelnden Rechtsempfinden nehmen die Gegenstände einfach mit. Ihre Sachen sind aufgrund des Feuers abhandengekommen, weil Sie diese ohne das Feuer nicht auf den Bürgersteig gestellt hätten. Die Hausratversicherung leistet auch hierfür Ersatz

2.1.4.1   Brand, Blitzschlag, Überspannung durch Blitz, Explosion, Verpuffung, Implosion, Anprall oder Absturz eines Luftfahrzuges

Das Feuerrisiko ist sicher das elementarste Risiko, das unsere Kunden treffen kann. Wenn es einmal richtig brennt, wird der Schaden meistens sehr hoch ausfallen. Die erste Reaktion vieler Zeugen und Schaulustigen ist dann: „Hoffentlich sind sie gut versichert", womit wir wieder bei einer ausreichenden Bemessung der Versicherungssumme wären. Unter einem Brand können wir uns alle etwas vorstellen. Es gibt dazu auch eine Definition in den Bedingungen, die sich bereits jahrzehntelang bewährt hat:

> Ein Brand ist ein Feuer, das ohne einen bestimmungsgemäßen Herd entstanden ist oder ihn verlassen hat und das sich aus eigener Kraft auszubreiten vermag.

Im Detail bedeutet dies nichts anderes, als dass alle Feuerschäden versichert sind, die den Hausrat vernichten. „Ohne einen bestimmungsgemäßen Herd" bedeutet, dass es keine Quelle des Feuers geben muss, wie es z. B. bei Brandstiftung der Fall ist. Ein bestimmungsgemäßer Herd ist z. B. ein Kaminfeuer. Das Feuer soll in dem Kamin brennen und Wärme und Licht vermitteln. Verlässt ein Stück Glut diesen Kamin – also seinen bestimmungsgemäßen Herd – und setzt z. B. eine Tischdecke in Brand, fällt dieses ebenfalls unter den Versicherungsschutz.

Wie bereits erwähnt, sobald es zu einer offenen Flamme kommt und es brennt, wird es sich auch um einen versicherten Schadenfall handeln. Der Kunde darf nur nicht vorsätzlich oder grob fahrlässig gehandelt haben, z. B. den Weihnachtsbaum mit brennenden Kerzen für eine Stunde unbeaufsichtigt lassen. Was im Einzelnen noch grob fahrlässig ist, lässt sich in vielen Gerichtsurteilen nachlesen. Sollten Sie nach der Schadenschilderung das Gefühl haben, dass das Ereignis Probleme beim Versicherungsschutz aufwirft, fragen Sie vorsichtshalber einen Fachmann. Bei Vorsatz leistet der VR nicht und bei grober Fahrlässigkeit ist der VR berechtigt, seine Leistung in einem der Schwere des Verschuldens des VN entsprechenden Verhältnis zu kürzen.

Probleme gibt es, wenn keine offene Flamme entstanden ist. Fällt z. B. Zigarettenglut auf das Sofa, wird das Sofa nicht anfangen zu brennen, sondern es entsteht lediglich ein Loch und die Glut erlischt nach kurzer Zeit. Gleiches gilt für Glutstücke auf Teppichböden. Diese Schadenfälle sind sehr unangenehm, aber leider nach den Grundbedingungen nicht versichert. Die Materialien sind in der Regel derart beschaffen, dass sie auch nicht brennen können. Es handelt sich hier um die **nicht versicherten Sengschäden**. Dagegen ist der Sengschaden als Folge eines Brandes versichert, da hier die Ursache wiederum das Feuer mit der offenen Flamme war. Mit solchen Abgrenzungen werden Sie in der Praxis kaum Probleme bekommen. Entweder ist das Feuer da, dann ist auch alles versichert, oder es gab keine Feuererscheinung, dann handelt es sich oft um einen nicht versicherten Sengschaden.

Versichert ist neben dem Feuerrisiko auch der **Blitzschlag**. Trifft ein Blitzschlag ein versichertes Objekt und werden dadurch Hausratgegenstände beschädigt, besteht uneingeschränkt Versicherungsschutz (auch für alle Folgeschäden). Versichert sind zudem Schäden, soweit der Blitz nicht in das Haus, sondern z. B. in eine Überlandleitung einschlägt und es dadurch bei den elektrischen Geräten zu Kurzschluss- und Überspannungsschäden kommt (**Überspannungsschäden durch Blitz**). Hier fehlt es zwar an dem **direkten** Blitzschlag, jedoch hat Proximus 4 dieses Risiko prämienfrei und ohne eine prozentuale Begrenzung von der Versicherungssumme mit in den Versicherungsschutz aufgenommen.

Ebenso sind die **Explosion** und die mit geringerer Intensität verlaufende **Verpuffung** versichert. Eine Explosion kann z. B. durch eine defekte Gasleistung oder durch ein abstürzendes Flugzeug verursacht werden. Kriegerische bzw. kriegsähnliche Ereignisse fallen nicht unter den Versicherungsschutz, wohl aber die in der Vergangenheit vorgekommenen Terrorakte. Für die private Hausrat- und Wohngebäudeversicherung gibt es hierzu keine Einschränkung (noch nicht).

Der **Aufprall von Luftfahrzeugen oder seinen Teilen**, z. B. einem abgefallenen Fahrwerk, ist zusätzlich versichert.

Abschließend sei noch die ebenfalls versicherte Gefahr der **Implosion** erwähnt, die vorrangig von defekten Fernsehgeräten droht, wobei diese Gefahr durch die neuen Flachbildschirme kaum noch von Bedeutung ist.

2.1.4.2   Einbruchdiebstahl, Beraubung

Neben der Absicherung gegen das Feuerrisiko im Rahmen der Hausratversicherung ist der Schutz vor den finanziellen Folgen eines Einbruchs ebenso wichtig. Die Einbrüche in Deutschland haben in den vergangenen Jahren deutlich zugenommen und stellen mittlerweile für die Versicherer das größte Problem dar. Die Ihnen sicherlich bekannte Tarifzoneneinteilung in der Hausratversicherung orientiert sich ausschließlich an diesem Risiko in den verschiedenen Regionen.

Die finanziellen Schäden eines Einbruchs sind schon schlimm genug. Mit der Situation danach als Betroffener umzugehen, stellt für viele ein zusätzliches Problem dar. Zumindest die finanziellen Schäden können über eine Hausratversicherung ausgeglichen werden.

Der wichtigste zu erkennende Unterschied bei dieser Gefahr liegt darin, ob es sich tatsächlich um einen **Einbruchdiebstahl** oder lediglich um einen **einfachen Diebstahl** handelt.

Werden Fenster oder Türen aufgehebelt bzw. aufgebrochen und der Täter dringt in die versicherte Wohnung ein und stiehlt Gegenstände, liegt der klassische Einbruch vor. Schwierig wird es, wenn keine Einbruchspuren nachweisbar sind. Ist der Täter z. B. durch die nicht verschlossene Kellertür in die Wohnung gelangt, fehlt es an dem Merkmal des Einbruchs und es handelt sich um den sogenannten einfachen Diebstahl.

Diese leider allzu häufig vorkommenden Fälle fallen nicht unter den Versicherungsschutz. Eine Begründung hierfür liegt auf der Hand: Wie will jemand ohne Einbruchspuren beweisen, dass etwas auch tatsächlich gestohlen wurde?

Es sind aber noch weitere Fälle im Rahmen der Einbruchdiebstahlgefahr versichert:

- Der Täter steigt in den Raum eines Gebäudes ein. Einsteigen bedeutet, dass jemand eine gewisse Anstrengung vornehmen muss, um in die Wohnung zu gelangen, wenn er z. B. an einem Regenrohr hochklettern muss, um danach über den Balkon in die Wohnung zu gelangen.
- Der Täter dringt in die Wohnung mit dem richtigen Schlüssel ein, den er vorher durch Einbruchdiebstahl, Beraubung oder ohne fahrlässiges Verhalten des Kunden an sich gebracht hat. Dies liegt z. B. vor, wenn der Kunde niedergeschlagen und ihm der Schlüssel entwendet wird, oder wenn der Täter durch einen Trick den richtigen Schlüssel erhält und damit die Haus-/Wohnungstür öffnen kann. Wichtig ist hierbei, dass kein fahrlässiges Verhalten des Kunden vorliegen darf. Dies wäre z. B. der Fall, wenn sich Ausweis und Schlüssel unbeaufsichtigt zusammen in der Manteltasche oder im Auto befinden, der Täter dann beides stiehlt und in die Wohnung eindringt.
- Der Täter bricht ein Behältnis in einem Gebäude auf, z. B. die verschlossene Schreibtischschublade oder ein Schließfach in einem Bahnhofsgebäude.
- Der Täter öffnet das Behältnis mit einem richtigen Schlüssel, nachdem er diesen vorher durch Einbruchdiebstahl oder Beraubung erlangt hat.
- Der Täter nimmt Sachen aus der verschlossenen Wohnung, nachdem er sich dort eingeschlichen oder verborgen gehalten hatte. Dies ist der Fall, wenn der Dieb z. B. einen unbeaufsichtigten Augenblick nutzt und durch die kurz offenstehende Tür in die Wohnung gelangt und sich dort ein paar Stunden versteckt hält. Nachdem der Kunde die Wohnung verlassen hat, nutzt der Dieb die Möglichkeit und stiehlt Hausratgegenstände.
- Der Täter gelangt durch eine nicht verschlossene Tür in das Haus, wird aber während des Diebstahls überrascht; daraufhin schlägt er den Kunden nieder und kann entkommen.

Die Beweislast, dass der Tathergang auch tatsächlich so gewesen ist, liegt beim Kunden. Jeder Diebstahl muss natürlich der Polizei angezeigt werden. Beim Durchlesen der Beispiele werden Sie feststellen, dass der Beweis nicht immer so ganz einfach sein wird, insbesondere wenn keine Einbruchspuren oder keine Gewaltanwendung nachzuweisen sind. Hier können nur der Bericht der Polizei, die Spurensicherung, die Aussage des Kunden und eventuell weitere Zeugenaussagen weiterhelfen.

In nicht ganz eindeutigen Fällen muss es aber heißen:

Im Zweifel für unsere Kunden!

Neben dem Einbruchdiebstahl kann es zu einem Raub kommen, der für unsere Kunden meist noch schlimmere, nämlich gesundheitliche Folgen hat. **Beraubung liegt vor, wenn Gewalt angewendet wird, um den Widerstand gegen die Wegnahme versicherter Sachen auszuschalten.** Geschieht dies, besteht ebenfalls Versicherungsschutz.

Die Gewaltanwendung ist die Grundvoraussetzung für den Versicherungsschutz. Liegt diese nicht vor, handelt es sich wiederum um einen einfachen, nicht versicherten Diebstahl. Gerade die häufig vorkommenden **Trickdiebstähle**, von denen die Medien berichten und vor denen immer wieder gewarnt wird, fallen demnach nicht unter den Versicherungsschutz. Gleiches gilt für das Portemonnaie, welches im Stadtgedränge aus der Hosentasche oder aus der Handtasche gestohlen wird. Die Kunden müssen sich zumindest dagegen wehren bzw. es versuchen, um Versicherungsschutz zu erhalten.

Die Versicherer leisten aber auch, wenn die Gewalttat nicht verübt, sondern lediglich angedroht wird, wenn z. B. jemand mit einem Messer oder einer anderen Waffe bedroht wird und sein Geld und seinen Schmuck herausgeben soll. Die Sachen, die geraubt werden sollen, müssen sich aber bei der zu beraubenden Person bzw. in dessen Wohnung befinden. Die Hausratversicherung ist keine Lösegeldversicherung. Wird z. B. der Ehemann bedroht und erst dann „frei gelassen", nachdem die Ehefrau zur Bank gegangen ist und einen Geldbetrag für den Täter abgehoben hat, ist dies nicht versichert.

Die Versicherer haben den Schutz für Kunden dahingehend ergänzt, dass ebenfalls eine Entschädigung gezahlt wird, wenn Sachen gestohlen werden, weil eine Person sich z. B. aufgrund eines Unfalls nicht dagegen wehren kann. Es soll Menschen geben, die nutzen die missliche Lage eines anderen aus und berauben ihn, wenn er nach einem Autounfall im Wagen eingeklemmt ist. Weitere Beispiele wären eine plötzliche Ohnmacht oder Schwächeanfälle, die ein Dieb zum Diebstahl der Brieftasche nutzt. Die Bewusstlosigkeit und die damit verbundene Ausschaltung der Widerstandskraft darf allerdings nicht selbst verschuldet sein, z. B. durch übermäßigen Alkoholkonsum.

2.1.4.3   Vandalismus

Dringen die Täter in die Wohnung ein, werden Sachen nicht nur gestohlen, sondern oftmals auch beschädigt. Die Diebe verwüsten die Wohnung, weil sie z. B. nichts Wertvolles gefunden haben. Hierfür besteht ebenfalls Versicherungsschutz im Rahmen der Hausratversicherung. Es muss also nicht unbedingt etwas gestohlen worden sein, sondern es reicht der Tatbestand der vorsätzlichen Sachbeschädigung aus. Wichtig ist zu wissen, dass nur derartige Fälle versichert sind, bei denen der Täter eingebrochen, eingestiegen oder mit dem vorher durch Einbruchdiebstahl, Raub oder vom VN unverschuldeten Diebstahl erlangten richtigen Schlüssel in die Wohnung eingedrungen ist. Vandalismus ist daher nicht versichert, wenn der Täter ohne Hindernis in die Wohnung gekommen ist, z. B. wenn er sich dort eingeschlichen hat.

2.1.4.4   Leitungswasserschäden

Größere Wasserschäden können natürlich auch eine Menge Ärger verursachen und den Hausrat zerstören bzw. beschädigen, wobei diese Gefahr im Rahmen der Hausratversicherung eher eine untergeordnete Rolle spielt. Leitungswasserschäden und der damit meist verbundene Rohrbruch ist oftmals eine Angelegenheit der Wohngebäudeversicherung, da das Rohr und die nassen Wände Gebäudebestandteile sind. Aber ungeachtet dessen können gerade bei größeren Mengen auslaufenden Wassers auch Möbel, Teppiche etc. betroffen werden.

Die Betonung dieser Gefahr liegt auf dem Wort **Leitung**. Es muss sich also um **Leitungswasser**- und nicht z. B. um Regenwasserschäden handeln – um Schäden durch Leitungswasser, das bestimmungswidrig ausgetreten ist aus

- Zu- oder Ableitungsrohren der Wasserversorgung oder den damit verbundenen Schläuchen (z. B. aus dem Schlauch der Waschmaschine), mit den Zu- und Ableitungsrohren der Wasserversorgung verbundenen Einrichtungen oder aus deren wasserführenden Teilen (z. B. aus Geschirrspüler, Dusche oder Wasserhahn),
- Einrichtungen der Warmwasser- oder Dampfheizung (Heizkörper, Fußbodenheizung) sowie aus Klima-, Wärmepumpen- oder Solarheizungsanlagen,
- Sprinkler- oder Berieselungsanlagen,
- Aquarien oder Wasserbetten (die Fische des Aquariums sind allerdings nicht versichert, wenn dieses auslaufen sollte).

Wasserdampf und Betriebsflüssigkeiten aus Heizungs- oder Klimaanlagen (Sole, Öle, Kühlmittel, Kältemittel) werden dem Leitungswasser gleichgestellt.

Wie schon betont: Das Wasser muss **bestimmungswidrig** ausgetreten sein. Es läuft also dahin, wo es nicht hin soll (das Wasser läuft z. B. aus dem Geschirrspüler heraus und verbleibt nicht darin; das Wasser der Toilettenspülung läuft nicht das Abflussrohr herunter, sondern tritt aufgrund einer Verstopfung aus der Toilette heraus).

Nicht versichert sind Folgeschäden durch

- Plansch- oder Reinigungswasser (die Überschwemmung des Badezimmers, wenn Vater und Sohn z. B. in der Badewanne sitzen). Alltägliche und häufig vorkommende Kleinschäden sollen nicht versichert werden,
- Grundwasser-, Überschwemmungs- und Hochwasserschäden, Witterungsniederschläge und einen durch diese Ereignisse hervorgerufenen Rückstau. Hierbei handelt es sich um elementare Ereignisse, die sehr große Schäden anrichten. Versicherbar sind diese Fälle mit der gesonderten Elementarschadenversicherung genauso wie
- Erdfall oder Erdrutsch, **es sei denn, dass Leitungswasser den Erdfall oder den Erdrutsch verursacht hat,**
- Schwammbildung (dies liegt häufig an der schlechten Bausubstanz des Gebäudes).

Aufgeführt sind zudem Sachen, die ein Mieter als Gebäudebestandteile in die Wohnung **eingebracht hat** und die er im eigenen Interesse versichert haben muss. Hier bietet seine Hausratversicherung in Bezug auf die Leitungswassergefahr Schutz für Frostschäden an sanitären Anlagen und Leitungswasser führenden Installationen (Duschen und Wasserhähnen) sowie für Frost- und sonstige Bruchschäden an deren Zu- und Ableitungsrohren.

2.1.4.5 Naturgefahren – hier: Sturm- und Hagelschäden

Unter der Überschrift Naturgefahren sind neben den Sturm- und Hagelschäden auch die weiteren Elementargefahren wie Überschwemmung, Erdbeben etc. mit aufgelistet.

Da die Elementargefahren nach Proximus 4 aber separat miteingeschlossen werden müssen, beschränkt sich die Erläuterung an dieser Stelle nur auf die Sturm- und Hagelschäden. Die Elementargefahren finden Sie auf Seite 137 als zusätzlichen Einschluss.

Wie kann ein Sturm Hausratsachen beschädigen, wenn diese sich in Gebäuden befinden? Es wird sich in der Regel um Folgeschäden handeln. Natürlich wird der Sturm zunächst einmal das Gebäude treffen. Wenn dann allerdings eine Öffnung geschaffen wird und z. B. eindringender Regen Sachen beschädigt, kann sich der Besitzer einer Hausratversicherung glücklich schätzen. Dies sind auch die Fälle, welche in der Praxis vorkommen: Das Dach des Hauses wird abgedeckt und bevor ein zuverlässiger Schutz wieder vorhanden ist, richtet der Sturm oder auch der Hagel weitere Schäden an. Ansonsten spielen die Sturmschäden in der Hausratversicherung wie die Leitungswasserschäden eine eher zweitrangige Rolle. Viel wichtiger ist der Schutz vor Sturm in der Versicherung für das Wohngebäude.

Versicherungsschutz besteht auch, wenn der Sturm Gebäudeteile (Dachziegel, Regenrinnen etc.) auf Hausratgegenstände schleudert oder wenn Bäume umfallen, die z. B. durch das Fenster schlagen und etwa Vasen zertrümmern.

Kein Versicherungsschutz besteht für Sturmflut (dieses Risiko ist nicht versicherbar), Lawinen oder Schneedruck (versicherbar über die Elementarschadenversicherung), oder wenn Fenster und Türen nicht ordnungsgemäß verschlossen sind und Regen, Hagel, Schnee oder Schmutz eindringen können.

Sturm ist auch nicht jedes wehende Lüftchen, es muss eine bestimmte Windstärke erreicht werden. Diese liegt bei mindestens 62 km/h, was der Stärke 8 entspricht. Nachzuweisen ist der Sturm vom Kunden, was z. B. durch eine Anfrage beim Wetteramt erfolgen kann. Die Versicherer verfügen meist aber auch über Wetterdatenarchive, mit denen Sie den Kunden Auskünfte über Sturmaktivitäten in seiner Region geben können.

Die Absicherung der geschilderten fünf Grundgefahren stellt das Grundgerüst einer jeden Hausratversicherung dar. Hierfür bietet sie unseren Kunden vorrangig Versicherungsschutz. Es gibt wie so oft noch zahlreiche Erweiterungen, womit die Versicherer ihre Angebote ergänzen und die Produkte noch interessanter machen. Oftmals kosten diese Erweiterungen einen Prämienzuschlag, viele Versicherer verkaufen diese Extras in ihren Hausratpaketen aber auch kostenlos. Fünf gängige und für alle Lernenden auch prüfungsrelevante Erweiterungen lernen Sie nachfolgend kennen; weitere werden Sie unter dem Punkt „Hausratversicherungen im Markt" nachlesen können.

2.1.5 Zusätzliche Einschlüsse

Verbundene Hausratversicherung		
Feuer	erweiterbar durch ➡	Fahrraddiebstahl
		Hausrat außerhalb der ständigen Wohnung
Einbruchdiebstahl / Vandalismus / Raub		Elementargefahren
Leitungswasser		Schäden durch Naturgefahren an Hausrat im Freien
Naturgefahren		Datenrettungskosten

Abb. 11: Zusätzliche Einschlüsse in der Hausratversicherung

2.1.5.1 Fahrrad-Diebstahlklausel

Sie wissen, dass auch ein Fahrrad als ein Gebrauchsgegenstand zum versicherten Hausrat gehört. Wird das teure Rennrad aus der verschlossenen Wohnung durch einen Einbruch gestohlen, besteht uneingeschränkter Versicherungsschutz im Rahmen der vereinbarten Versicherungssumme.

Nun ist es allerdings so, dass Fahrräder – dafür sind sie ja auch da – im Freien zum Einkaufen, bei Ausflügen etc. benutzt werden. Und gerade hier werden sie bevorzugt gestohlen. Ich selbst habe jahrelang in der Fahrradstadt Münster in Westfalen gelebt und kann aus eigener Erfahrung berichten, wie häufig Fahrräder auf der Straße abhandenkommen. Es scheint sich noch nicht herumgesprochen zu haben, dass auch das Stehlen eines Fahrrades eine Straftat ist, ansonsten wäre es in manchen Gegenden nicht geradezu ein Volkssport.

Der Diebstahl des Fahrrades stellt keinen Einbruchdiebstahl dar, sondern einen einfachen, nicht versicherten Diebstahl, auch wenn das Fahrrad ordnungsgemäß abgeschlossen war.

Dafür bietet die Fahrrad-Diebstahlklausel Versicherungsschutz. Sie ersetzt dem Kunden den Neuwert seines Fahrrades, wenn dieses gestohlen wird und er unverzüglich bei der Polizei Anzeige erstattet. Zwei Voraussetzungen müssen neben der Anzeigepflicht bei der Polizei allerdings für den Erhalt des Versicherungsschutzes gegeben sein:

- Das Fahrrad muss durch ein verkehrsübliches Schloss (also z. B. nicht nur durch ein Rahmenschloss) gesichert gewesen sein,
- bei Nichtgebrauch des Fahrrades muss der VN zumindest einen gemeinschaftlichen Fahrradabstellraum zum Unterstellen des Fahrrades nutzen, sofern er hierzu die Möglichkeit hat. Zudem muss er es natürlich auch mit dem Schloss sichern.

Stellt der Kunde oder ein Mitglied seiner Familie mit der Möglichkeit des Unterstellens demnach das Fahrrad abends auf der Straße ab und wird es nicht mehr benutzt, kann der VR den Versicherungsschutz bei Diebstahl ganz oder teilweise versagen. Wird das Fahrrad hingegen noch benötigt, z. B. weil es bis drei Uhr morgens vor einer Diskothek steht, besteht uneingeschränkter Versicherungsschutz. Das entscheidende Merkmal ist hier also der Gebrauch: Soll das Fahrrad noch einmal benutzt werden oder nicht?

Für die lose mit dem Fahrrad verbundenen Teile wird ebenfalls Ersatz geleistet, wenn sie zusammen mit dem Rad abhandenkommen (z. B. eine Luftpumpe oder ein Fahrradkorb). Auch wenn fest verbundene Teile separat gestohlen werden, besteht Versicherungsschutz (wenn z. B. Vorder- und Hinterrad gestohlen werden). Wird ein Fahrrad gestohlen und daraufhin beschädigt wiedergefunden, zahlen die Versicherer ebenfalls die Reparatur. Eine bloße Sachbeschädigung ohne vorausgegangenen Diebstahl wird dagegen nicht ersetzt.

Die Entschädigung richtet sich nach der vereinbarten Versicherungssumme für die Fahrrad-Diebstahlklausel. Angeboten werden meist 0,5 %-Schritte von der Grundsumme, wobei 1 % Standard ist. Hat z. B. ein Kunde eine Summe von 50.000 € für seinen Hausrat und 1 % für Fahrraddiebstahl vereinbart, bekommt er eine Entschädigung für das entwendete Fahrrad von 500 €. Fragen Sie Ihre Kunden immer nach dem Neuwert des Fahrrades. Dieses gilt es zu versichern. Familien haben meist mehrere Räder, die zusammen gerechnet eine höhere Entschädigungsgrenze erfordern. Nun ist aber nicht sehr wahrscheinlich, dass bei einem Diebstahl alle Fahrräder des Kunden zusammen gestohlen werden. Oft reicht es dann aus, nur das teuerste Fahrrad abzusichern, sodass der Kunde in einem Versicherungsfall sich mit der Entschädigung auch immer ein Neues kaufen kann. Lassen Sie aber bitte den Kunden entscheiden, ob er alle Räder oder nur das Teuerste abgesichert haben will. Bei der Entscheidung spielt dann natürlich auch die Höhe der Prämie eine Rolle (je höher die Entschädigungsgrenze, umso höher die Prämie).

Der Kunde muss neben der unverzüglichen polizeilichen Meldung die Höhe des Schadens mit der Marke des Fahrrades, der Vorlage der Kaufquittung etc. nachweisen. Hier hilft die Empfehlung, das Rad bei der Polizei registrieren zu lassen. Oftmals – gerade bei älteren Fahrrädern – ist ein Nachweis aber nicht möglich, da keine Belege mehr vorhanden sind. Es wird dann auch schon oft auf einen Beleg verzichtet oder die Versicherer bieten eine Pauschalregulierung an. Gerade wenn Sie in der glücklichen Lage sind, eine Scheckregulierung selbst durchzuführen, lassen Ihnen die Versicherer bis zu bestimmten Höchstgrenzen freie Hand.

2.1.5.2 Hausrat außerhalb der ständigen Wohnung

Die Hausratversicherung wird üblicherweise für die ständig bewohnte Wohnung des VN abgeschlossen. Es ist natürlich auch möglich für Zweitwohnungen (z. B. das Appartement an der Arbeitsstelle des VN) oder für eigene Ferienhäuser eine Hausratversicherung abzuschließen. Ein derartiger Abschluss stellt für die VR ein höheres Risiko dar, u. a. wegen der Einbruchgefahr. Neben einer höheren Prämie legt Proximus 4 derartigen Verträgen daher diese Klausel zugrunde, die insbesondere den Versicherungsschutz für die Wertsachen stark einschränkt. Es gilt:

In Zweitwohnungen in ständig bewohnten Gebäuden sind alle Wertsachen mit Ausnahme der Antiquitäten nicht versichert.

In Wochenend-, Ferien-, Land-, Jagd-, Garten- und Weinberghäusern sowie in sonstigen nicht ständig bewohnten Gebäuden sind neben den Wertsachen auch Antiquitäten, Schusswaffen, Foto- und optische Apparate nicht versichert.

2.1.5.3 Elementargefahren

Auf die Elementarschäden hatte ich bereits mehrfach hingewiesen. Diese haben in den vergangenen Jahren aufgrund der vielen Unwetterereignisse stark an Bedeutung zugenommen. Tritt ein Elementarschaden ein, ist das Wohngebäude als erstes betroffen. Daher gehört auch zu jedem Wohngebäudevertrag die Absicherung gegen Elementarschäden zwingend dazu. Das bedeutet natürlich nicht, dass Sie zu einer Hausratversicherung diesen Einschluss nicht anbieten sollen. Hier entstehen ebenfalls hohe Schadensummen!

Elementarschäden können verursacht werden durch:
- Überschwemmung des Versicherungsgrundstückes
- Rückstau
- Erdbeben
- Erdsenkung (für eine Absenkung des Erdbodens über naturbedingten Hohlräumen, demnach keine Bergbauschäden!)
- Erdrutsch
- Schneedruck
- Lawinen
- Vulkanausbruch

Nicht umsonst stehen die Überschwemmungsschäden ganz oben, da die Bedrohung durch Hochwasser auch in Deutschland die größte Gefahr darstellt. Erinnern Sie sich nur an die letzten Überschwemmungskatastrophen. Leider bekommen Sie mittlerweile nicht mehr für alle Gebäude eine entsprechende Absicherung, da der Schaden in einigen Gegenden bereits absehbar ist (z. B. am Rheinufer in Köln oder in den immer noch nicht ausreichend geschützten Orten an der Elbe). Gewährt ein Vertrag einen entsprechenden Schutz oder ist dieser bei einem Versicherer gerade für Häuser in Flussgegenden noch zu bekommen, schließen Sie die Elementarschäden auf jeden Fall zu dem Hausrat- und Wohngebäudevertrag mit ein. Selbst für Objekte, die nicht in Flussgegenden liegen, ist dieser Punkt interessant. **Überschwemmungen durch starke Witterungsniederschläge** kommen immer häufiger vor, wenn die Kanalnetze die Wassermassen nicht mehr aufnehmen können. Defekte Heizungen, aufgequollenes Parkett, beschädigte Anstriche, der durchfeuchtete Estrich, nicht mehr zu gebrauchender Hausrat im Keller oder Erdgeschoss können die Folge sein.

Aber auch die anderen versicherten Gefahren sind nicht zu unterschätzen. Wer kann schon vorhersagen, wann und wo es in Deutschland das erste große **Erdbeben** geben wird?

Ein weiteres Beispiel ist die Katastrophe in Bad Reichenhall, bei der das Dach einer Eissporthalle durch **Schneedruck** einstürzte. Dies ist Ihnen eventuell noch bekannt.

Manch ein Kunde wird einwenden, was er denn mit dem Schutz vor Lawinen oder einem Vulkanausbruch soll? Natürlich wird es in Hamburg keiner benötigen, dafür wird ein Kunde in den Bergen eventuell keinen Wert auf das Überschwemmungsrisiko legen. Für die Elementarschäden musste eine einfache Lösung mit einer möglichst umfangreichen Absicherung für alle Kunden in Deutschland gefunden werden. Eine Beschränkung auf einzelne Gefahren ist nicht möglich. Zudem können die Elementarschäden auch nur **zusammen** mit der Hausrat- bzw. Wohngebäudeversicherung und nicht separat abgeschlossen werden. Vereinbart wird nach Proximus 4 eine **Selbstbeteiligung von 500 €.** Der Versicherungsschutz beginnt auch erst nach einer Wartezeit von **einem Monat** ab Versicherungsbeginn und kann z. B. nicht für die eben beschriebenen Zweitwohnungen und Ferienhäuser vereinbart werden.

2.1.5.4   Schäden durch Naturgefahren an Hausrat im Freien

Für Schäden an Hausratgegenständen durch Sturm / Hagel sowie die weiteren Elementargefahren wird nicht geleistet, wenn sich diese Sachen außerhalb von Gebäuden befinden. Lediglich für Antennenanlagen und Markisen auf dem Versicherungsgrundstück besteht hier Versicherungsschutz.

Durch diese Erweiterung können Hausratgegenstände auf Balkonen und Terrassen am Gebäude gegen diese Gefahren mitversichert werden. Versichert werden soll hierdurch insbesondere der klassische Sturm-/Hagelschaden an den Gartenmöbeln.

2.1.5.5   Datenrettungskosten

Daten und Programme sind vom Begriff keine „Hausratgegenstände" und daher keine versicherten Sachen. Im Zeitalter der Technik ist aber fast jeder Haushalt mit einem Computer ausgestattet, der mit mehr oder weniger wichtigen, aber auch teuren Programmen „geladen" ist. In einem Schadenfall ist man oft auf die Unterstützung eines Spezialisten angewiesen. Ersetzt werden dann die tatsächlich entstandenen notwendigen Kosten für die technische Wiederherstellung von elektronisch gespeicherten, zumindest auch für die private Nutzung bestimmten Daten und Programme.

Gezahlt werden nach Proximus 4 bis zu 500 €, sofern auch der Datenträger (PC, Laptop) durch einen ersatzpflichtigen Versicherungsfall beschädigt wurde.

Kein Ersatz wird für Daten und Programme geleistet, die sich z. B. nur auf einem „Stick" befinden, sowie für Raubkopien, neue Lizenzen oder die reine Wiederbeschaffung.

Beispiel:

Durch einen Feuerschaden wird der PC des VN beschädigt. Wichtige Programme werden durch einen Fachmann „wiederbelebt".

2.1.6 Versicherte Kosten

Neben der eigentlichen Entschädigungsleistung für die Reparatur/den Neukauf beschädigter/zerstörter Sachen leistet die Hausratversicherung ebenso für zahlreiche Kosten, die in einem Versicherungsfall hinzukommen können. Gerade bei einem versicherten Feuer- oder Einbruchschaden entstehen dem Kunden zusätzliche Aufwendungen, die ihn belasten und wofür ihm die Hausratversicherung Geld zahlt. Die Kosten werden bis zu 10 % auch über die Versicherungssumme hinaus ersetzt, sodass noch ein Puffer nach oben gegeben ist, falls die vereinbarte Summe nicht ausreichend sein sollte. Ein Berechnungsbeispiel hierfür erhalten Sie in dem Punkt „Prämie und Entschädigungsleistung".

Die Kosten wurden in den vergangenen Jahren um viele Positionen erweitert und bieten dem Kunden mittlerweile einen sehr umfangreichen Versicherungsschutz.

2.1.6.1 Aufräumungskosten

Es brennt und der Hausrat liegt in Schutt und Asche. Der Kunde bekommt die Sachen neu ersetzt. Was passiert aber mit den abgebrannten Resten, wer schleppt diese aus der Wohnung und entsorgt sie fachgerecht? Hierbei entstehen Kosten für die geleistete Arbeit, den Abtransport und für das Ablagern und Vernichten auf dem nächsten Bauhof. Gerade auch wenn es brennt, können Giftstoffe freigesetzt werden, die sich in den Gegenständen festsetzen und die dann als Sondermüll entsorgt werden müssen. Die Beseitigung von einer Tonne Sondermüll kann heute schon bis zu 1.000 € kosten – nicht unerhebliche Kosten, die auf den Kunden zukommen können.

Ein anderer Fall: Nach einem Einbruchdiebstahl ist die komplette Wohnung verwüstet und muss wieder aufgeräumt werden. Natürlich kann der Kunde diese Arbeiten, soweit es ihm möglich ist, auch eigenständig ausführen. Viele Kunden wollen dies auch und nicht einen Fremden in ihrem Hausrat „wühlen" lassen. Die geleistete Arbeit wird dann von dem Versicherer meist mit bis zu 10 € pro Stunde vergütet. Eine einfache Aufstellung genügt. Weisen Sie Ihre Kunden auf die Möglichkeit der Eigenarbeit hin; sie werden das Geld dankbar annehmen.

Die Aufräumungskosten stellen eine in der Praxis wesentliche Kostenposition dar, die nicht unerhebliche Schadensummen verursacht. Sie können sich vorstellen, dass diese Position im Rahmen der Wohngebäudeversicherung noch eine viel größere Rolle spielt. Dazu aber später mehr.

2.1.6.2 Bewegungs- und Schutzkosten

Die Leistungen, die unter diese Kostenpositionen fallen, werden wie die Aufräumarbeiten meist von den Kunden selbst vollbracht und können dem Versicherer in Rechnung gestellt werden. Oftmals überschneiden sich diese Kosten auch mit den versicherten Aufräumungskosten oder den später definierten Schadenminderungskosten. Praktisch spielt dies aber kaum eine Rolle, da alle Kosten im Rahmen der Versicherungssumme versichert sind.

Gemeint sind Kosten, die dadurch entstehen, dass Sachen bewegt, verändert oder geschützt werden müssen, um versicherte Sachen wiederherzustellen oder zu ersetzen. Dies wäre z. B. dann der Fall, wenn durch einen Leitungswasserschaden der Teppich des Kunden total verschmutzt wird. Um ihn reinigen oder ersetzen zu können, muss die darauf stehende Schrankwand abgebaut und woanders hingestellt, also bewegt und geschützt werden.

2.1.6.3 Hotelkosten

Wo soll der Kunde wohnen, wenn die Wohnung nach einem Schadenfall unbewohnbar wird? Unbewohnbar ist sie meistens dann, wenn Bad und / oder Küche nicht mehr zu benutzen sind und dem Kunden die Beschränkung auf einen bewohnbaren Teil nicht zuzumuten ist. Im Einzelfall sollte dies vorher mit dem Versicherer abgeklärt werden. Der Kunde kann sich dann ein Hotelzimmer, eine Pension, ein Appartement etc. nehmen und solange darin wohnen, bis seine Wohnung nach den Renovierungs-/Aufräumarbeiten wieder bewohnbar ist. Allerdings werden diese Kosten für längstens 100 Tage übernommen. Gezahlt werden dann die tatsächlich nachgewiesenen Hotel-/Pensionskosten bis zu 1 ‰ der Versicherungssumme (bei 50.000 € demnach 50 € am Tag). Nebenkosten wie z. B. Frühstück oder Telefon werden nicht bezahlt, da diese Kosten auch ohne den Schadenfall anfallen würden.

Gerade bei einem größeren Schadenfall ist die Hotelkostenübernahme eine sinnvolle Leistung, wenn man keine Möglichkeit hat, bei Freunden oder Verwandten unterzukommen oder dies auch nicht will.

2.1.6.4 Transport- und Lagerkosten

Wohin nun mit den noch brauchbaren Möbeln, wenn die Wohnung oder das Haus nach einem Feuerschaden renoviert werden muss? In das Hotelzimmer oder in die Pension wird man kaum alle Gegenstände unterstellen können. Hierfür zahlt die Hausratversicherung den Transport der Möbel und die Einlagerung, z. B. bei einer Spedition, bis die Wohnung wieder benutzbar ist bzw. bis so viele Räume renoviert sind, dass die Möbel wieder untergestellt werden können. Wie bei den Hotelkosten, gilt dies aber längstens für eine Dauer von 100 Tagen.

2.1.6.5 Schlossänderungskosten

In einem Haushalt sind immer mehrere Schlüssel vorhanden. Werden bei einem Einbruch durch ein Fenster die Ersatzschlüssel gestohlen oder eventuell sogar Schlüssel von Geldschränken, weil die Täter noch einmal wiederkommen wollen, müssen diese Schlösser ausgewechselt werden. Diese Kosten übernimmt der Versicherer zusätzlich zu dem bereits versicherten Einbruchschaden. Die Schlüssel müssen durch einen Versicherungsfall, wie hier durch einen Einbruch, abhandenkommen. Ein einfaches Verlieren der Schlüssel reicht demnach nicht aus.

2.1.6.6 Bewachungskosten

Gerade bei einem größeren Schadenfall, wie bei einem Feuerschaden oder einem Einbruch mit Vandalismus, ist es nicht immer möglich, alle Schutzvorrichtungen (Fenster, Türen etc.) sofort wieder gebrauchsfähig und sicher zu machen. Häufig ist die Wohnung aber zunächst nicht mehr bewohnbar und nicht zerstörte oder beschädigte Sachen stehen noch in der Wohnung, bevor sie abtransportiert werden können. Dieser Zeitraum muss überbrückt werden. Die Versicherer zahlen daher Kosten für ein Bewachungsunternehmen bis zu einer Dauer von 48 Stunden. Innerhalb dieser zwei Tage ist in der Regel eine Lösung gefunden worden.

2.1.6.7 Kosten für provisorische Maßnahmen

Provisorische Maßnahmen verursachen zusätzliche Kosten, die ohne Absprache mit dem Versicherer nicht so ohne Weiteres versichert sind. Dieses Problem wird durch diese Position gelöst. Muss eine aufgebrochene und zerstörte Tür zunächst durch ein Provisorium ersetzt werden, bevor eine neue Tür eingesetzt werden kann, ist es nur recht und billig, dass diese Kosten ebenfalls vom Versicherer übernommen werden. Dieses dient dem Schutz versicherter Sachen und der Versicherer spart sich u. U. erforderliche Bewachungskosten.

2.1.6.8 Reparaturkosten für Gebäudeschäden

Diese Kostenposition ist wohl eine der wichtigsten, die es im Hausratbereich gibt, was vielen Verkäufern gar nicht mal so bewusst ist. Würde es diese Vereinbarung nicht geben, müsste der Kunde bei einem Einbruch mit eventuellem Vandalismus eine Menge Geld aus eigener Tasche bezahlen.

Was passiert denn normalerweise bei einem Einbruch? Die Täter brechen die Haus-/ Wohnungstür oder hebeln ein Fenster auf und gelangen so in die versicherten Räumlichkeiten. Versichert ist bei einem Einbruch der Diebstahl oder die Zerstörung **versicherter** Sachen. Was unter die versicherten Hausratsachen fällt, wissen Sie bereits. Ist allerdings die Tür oder das Fenster versicherter Hausrat? Natürlich nicht, da es sich hierbei um Gebäudebestandteile des Haus-/Wohnungseigentümers handelt. Und Sie wissen, dass bei Verwirklichung einer versicherten Gefahr auch versicherte Sachen betroffen sein müssen, damit eine Entschädigungspflicht seitens des Versicherers besteht. Genau diese Lücke schließen die „Reparaturkosten für Gebäudeschäden", um den Kunden bei einem Einbruch auch hier nicht im Regen stehen zu lassen.

Sie könnten jetzt einwenden, dass für solche Schäden doch der Gebäudeversicherer des Hauseigentümers aufkommen muss. Leider ist dies jedoch nicht der Fall, **da in der**

Wohngebäudeversicherung der Einbruch und Vandalismus keine versicherten Ge-fahren sind. Hier gelten Feuer, Leitungswasserschäden, Rohrbruch und die Elementar-gefahren als versichert. Daher kann nur die Hausratversicherung für Schäden an Türen, Fenstern etc. eine Entschädigung leisten.

Versichert sind Einbrüche, Einbruchversuche bzw. die Beraubung im Bereich der Woh-nung, bei denen es zu Gebäudeschäden kommt. Auch der Vandalismus hieraus ist ver-sichert, da die Täter oftmals unliebsame Schmierereien an Decken und Wänden hin-terlassen oder ansonsten ihrer Zerstörungswut freien Lauf lassen. Aber aufgepasst: Vandalismusschäden werden nur **innerhalb** der Wohnung ersetzt.

Schmierereien an der Gebäudeaußenwand oder die bloße Beschädigung von Gebäu-de- oder Grundstücksteilen (z. B. von Antennen, Markisen, Gartenlaternen oder Zäunen) fallen nicht unter den Versicherungsschutz.

2.1.6.9 Reparaturkosten für Leitungswasserschäden in Wohnungen

Ein Rohrbruch mit dem daraufhin austretenden Leitungswasser kann für einen Mieter oft unangenehme Folgen haben. Meist beschränkt sich der Schaden auf eine Durchnäs-sung der Wand oder des Bodenbelags. Hat der Mieter z. B. die Tapete oder den Tep-pichboden selbst in die Wohnung eingebracht, besteht ohnehin über seine Hausratver-sicherung Schutz. Wenn der Gebäudeeigentümer die beschädigten Sachen eingebracht hat, dann sind sie eindeutig der Gebäudeversicherung zuzurechnen und müssten über seinen Wohngebäudevertrag entschädigt werden.

Was aber nun, wenn in einem Mietshaus der Vermieter nicht so schnell zu erreichen ist oder schlimmstenfalls überhaupt keine Wohngebäudeversicherung für Leitungswasser-schäden besteht? Dann kann es u. U. lange dauern, bis die Wohnung für den Mieter wieder bewohnbar ist. Der Mieter hat aber ein berechtigtes Interesse daran, so schnell wie möglich wieder im Trockenen zu wohnen und alles in Ordnung zu bringen. Hierbei hilft ihm **seine eigene** Hausratversicherung weiter, indem sie für durch Leitungswasser verursachte Schäden an Bodenbelägen, Innenanstrichen oder Tapeten die Kosten der Reparatur übernimmt (unabhängig davon, wer Eigentümer der Sachen ist). Der Mieter ist bei einem Leitungswasserschaden demnach nicht auf seinen Hauseigentümer ange-wiesen.

Sie haben sicherlich erkannt, dass – sofern eine Wohngebäudeversicherung besteht – der Leitungswasserschaden ebenfalls über diesen Vertrag gedeckt ist. Es gilt der Grund-satz, dass der Versicherer den Schaden reguliert, der zuerst in Anspruch genommen wird. In der Schadenanzeige taucht deshalb auch regelmäßig die Frage nach dem Wohngebäude- bzw. Hausratversicherer auf. In der Praxis teilen sich dann diese beiden Versicherer den Schaden, meist ab einem Betrag von 500 €.

Bei einem selbst bewohnten Eigenheim spielt diese Position keine Rolle. Hier ist es nur wichtig zu bestimmen, welche Sachen vom Schaden betroffen sind – Hausrat- oder Ge-bäudebestandteile. Können Sie diese unterscheiden, haben Sie auch den zuständigen Versicherer, dem Sie den Schaden Ihres Kunden melden müssen.

2.1.6.10   Schadenabwendungs- und Schadenminderungskosten

Natürlich hat der Versicherer ein berechtigtes Interesse daran, dass ein Schaden möglichst abgewendet bzw. gemindert wird, wenn er einmal entstanden ist. Oftmals sind hier Hausrat- und Wohngebäudeversicherer gleichermaßen betroffen. Im Interesse des Mieters und um Abgrenzungsschwierigkeiten zu vermeiden ist es deshalb immer von Vorteil, beide Verträge bei einem Unternehmen unterzubringen.

Wird ein Dach durch einen Sturm löchrig, werden durch den eindringenden Regen sowohl Hausrat- als auch Gebäudebestandteile beschädigt. Die provisorische Dachabdeckung fällt in den Bereich der Schadenminderung. Die Kosten für die Auffüllung eines Feuerlöschers, mit dem ein Feuer abgewendet bzw. gelöscht wurde, werden selbstverständlich ebenfalls ersetzt.

Oftmals ist eine Unterscheidung dieser Kosten zu anderen Positionen, wie z. B. zu den Bewachungskosten oder den Kosten für provisorische Maßnahmen, nicht immer einfach. Der Vorteil bei der Regulierung der Schadenabwendungs- und Schadenminderungskosten liegt darin, dass diese Kosten auch ohne Begrenzung nach oben versichert sind, wenn diese auf Weisung des Versicherers verursacht werden.

Der Hausratversicherer zahlt nicht für Leistungen der öffentlichen Feuerwehr, wenn diese Leistungen im **öffentlichen** Interesse erbracht werden, z. B. bei einem Brandschaden. Die Feuerwehr stellt in derartigen Fällen ohnehin keine Rechnung. Ein Teil dieser Kosten wird zudem mit der sogenannten Feuerschutzsteuer finanziert, die mit dem Hausratbeitrag erhoben und abgeführt wird.

Anders werden Fälle behandelt, in denen das öffentliche Interesse nicht berührt wird. Muss die Feuerwehr aufgrund eines **versicherten** Leitungswasserschadens den Keller leer pumpen, liegt dies im eigenen **privaten** Interesse des Hauseigentümers, da kein anderer gefährdet wird. Hierzu wird der Hauseigentümer eine Rechnung erhalten, die dann auch von seiner Versicherung beglichen wird.

Die gleichen Regelungen zu den öffentlichen Feuerwehren gelten im Übrigen auch für die Wohngebäudeversicherung.

Sie haben nun einen Überblick über die Leistungen der Hausratversicherung. So detailliert werden Sie Ihre Kunden im Beratungsgespräch sicherlich nicht aufklären, was auch überhaupt nicht notwendig ist. Der Kunde sollte aber erkennen, was im Schadenfall alles auf ihn zukommen kann und welchen Nutzen eine ausreichende Absicherung mit einem Hausratvertrag für ihn hat.

Sie sind jetzt auch in der Lage, eine Leistungspflicht des Versicherers zu bestimmen. Hierzu können Sie nach folgendem vereinfachten Schema verfahren:

- Ist eine **versicherte** Sache betroffen?

  Vorsicht bei der Abgrenzung Hausrat/Wohngebäude und bei Mietverhältnissen – hat der Mieter Gebäudebestandteile eingebracht, die dann über die Hausratversicherung abgesichert sind?!

Wurde die versicherte Sache durch eine **versicherte Gefahr** beschädigt/zerstört?

  Hier gilt es zu beurteilen, ob die versicherte Gefahr sich auch verwirklicht hat oder ob evtl. ein Ausschluss vorliegt.

Besteht Versicherungsschutz über eine vereinbarte **Klausel** oder sind versicherte **Kosten** betroffen?

  Wurde z. B. die Fahrraddiebstahlklausel oder die Klausel Überspannung vereinbart? Gibt es Ersatz für Hotelübernachtungen oder für die beschädigte Wohnungstür nach einem Einbruch?

Können Sie den Versicherungsschutz bis hierhin bejahen, ist meist nur noch ein Punkt zu prüfen:

Ist der Schaden am **Versicherungsort** entstanden oder finden die Bestimmungen über die **Außenversicherung** Anwendung?

Hiermit wollen wir uns im Folgenden beschäftigen.

2.1.7   Versicherungsort

Versicherungsort ist die im Versicherungsvertrag bezeichnete Wohnung. Was gehört alles noch dazu? Das nachstehende Schaubild soll dies verdeutlichen:

Grundstück

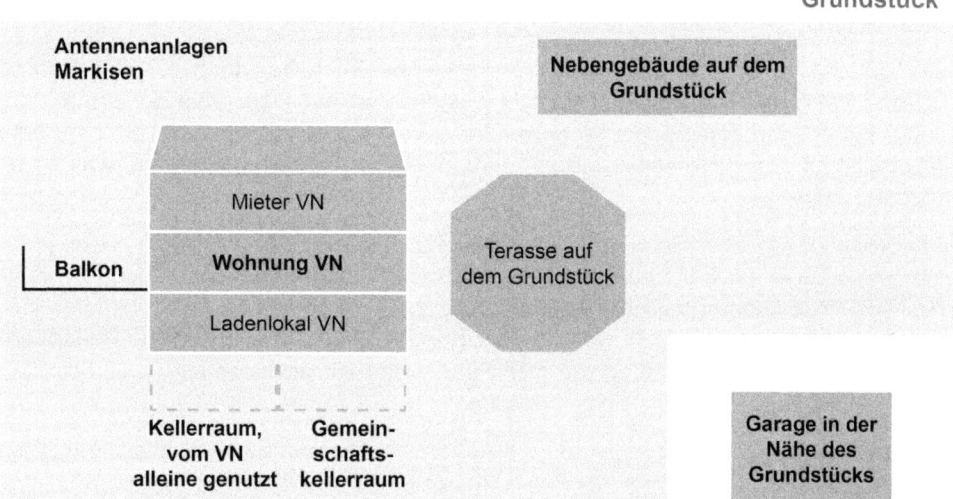

Abb. 12: Versicherungsort/Hausratversicherung

Alle hervorgehobenen Punkte gehören automatisch zum Versicherungsort bzw. zu den versicherten Sachen innerhalb des Versicherungsortes.

Die Wohnung des Versicherungsnehmers stellt natürlich den Mittelpunkt dar. Der unmittelbar angrenzende Balkon oder auch eine Terrasse gehören ebenfalls dazu. Wie bereits beschrieben, sind hier die Gartenmöbel nur durch die zusätzliche Klausel „Schäden durch Naturgefahren durch Hausrat im Freien" z. B. durch Sturm/Hagel versichert.

Antennenanlagen und Markisen sind als Ausnahme automatisch auf dem gesamten Grundstück auch gegen Sturm-/Hagelschäden versichert. Sie dürfen allerdings nur vom Versicherungsnehmer allein genutzt werden.

Nicht erwähnt ist eine besondere Regelung zum Diebstahl von Gartenmöbeln oder -geräten, was sicherlich nicht selten vorkommt. Hier fehlt es aber an den Voraussetzungen des Einbruchs, sodass dieser Punkt nicht nochmals separat geregelt werden muss: Eine Terrasse auf dem Grundstück – also nicht direkt am Haus – gehört zudem nicht zum Versicherungsort.

Der vom Kunden allein genutzte Kellerraum sowie gemeinschaftlich genutzte, verschließbare Räume sind mit der versicherten Wohnung gleichzusetzen.

Versicherungsschutz besteht ebenfalls in Nebengebäuden auf dem Grundstück, wie z. B. in einem Geräteschuppen oder einer Garage. Die Garage kann sich auch außerhalb des Grundstücks, muss sich aber in der Nähe der versicherten Wohnung befinden. Sofern diese im Antrag benannt worden ist, wird sie dem Versicherungsort zugeordnet (nach Proximus 4). Bei einer weiter entfernten Garage, die z. B. auf einem Garagenhof liegt, sollte mit dem Versicherer Rücksprache bezüglich des Versicherungsschutzes gehalten werden. Die meisten Versicherer bieten hier pauschale Lösungen an.

Abschließend ist noch zu erwähnen, dass **ausschließlich beruflich** genutzte Räume mit Ausnahme des Arbeitszimmers nicht Gegenstand der Hausratversicherung sind. Hierfür gilt es eine entsprechende gewerbliche Versicherung abzuschließen oder eine entsprechende Zusatzvereinbarung mit dem Hausratversicherer zu treffen, was heute durchaus üblich ist.

Sie erkennen, dass der Schutz der Hausratversicherung nicht vollständig ist, sondern eine große Lücke für Fälle aufweist, die sich außerhalb des Versicherungsortes ereignen. Und diese können täglich auftreten, wenn z. B. die Wohnung zum Einkaufen verlassen wird, Ausflüge gemacht werden oder Kunden auf Reisen sind. Dass Hausratgegenstände hierbei von Gefahren wie z. B. Feuer und Einbruchdiebstahl / Raub betroffen werden können, ist ebenfalls leicht vorstellbar.

Um diese Lücke zu schließen, wurde die Außenversicherung geregelt, die wie folgt zu erklären ist:

2.1.7.1   Außenversicherung

Für einen vorübergehenden Aufenthalt bis zu drei Monaten besteht weltweiter Versicherungsschutz. Beispiele hierfür lassen sich leicht finden:

- Ihr Kunde wird auf der Straße überfallen und ausgeraubt,
- in die vorübergehend gemietete Ferienwohnung auf Teneriffa wird eingebrochen und das Gepäck wird gestohlen,
- ein Hurrikan in Florida zerstört das Hotel und damit auch den mitgenommenen Hausrat.

Auch hier gilt, dass sich bei Sturm- und Hagelschäden sowie den Elementargefahren die Gegenstände im Gebäude befinden müssen, um Versicherungsschutz zu erhalten. Eine andere Regelung würde auch wenig Sinn machen, da sonst jeder während eines Sturms beschädigte Regenschirm ein versicherter Schaden wäre. Für Schäden durch Einbruchdiebstahl müssen die beschriebenen Voraussetzungen erfüllt sein. Der einfache Diebstahl ist nicht versichert, also auch nicht der Verlust des Reisegepäcks auf dem Flughafen oder im Bahnhof.

Nach einem einfachen Schema können Sie sich merken, dass bei Feuerschäden außerhalb der Wohnung in der Regel immer Versicherungsschutz besteht (auch z. B. für Sachen in einem Auto, die bei einem Brand zerstört werden) und bei Sturm / Hagel- und Einbruchdiebstahlschäden der Schutz an das Gebäude gebunden ist. Vandalismusschäden sind ohnehin nur in der versicherten Wohnung versichert und Leitungswasserschäden spielen im Rahmen der Außenversicherung so gut wie keine Rolle.

Entschädigung wird nicht bis zur Höhe der Versicherungssumme geleistet, sondern bis zu **10 % der vereinbarten Summe, jedoch nicht mehr als 10.000 €**. Für den Großteil der Fälle ist diese Summe ausreichend; Probleme könnten allenfalls bei einer sehr niedrigen Grunddeckungssumme entstehen. Natürlich gelten auch weiterhin die besonderen Entschädigungsgrenzen für Wertsachen, wie z. B. der Höchstbetrag von 1.500 € bei Bargeldverlust.

Sollten Kinder des Versicherungsnehmers auswärts studieren, eine Ausbildung absolvieren oder den freiwilligen Wehrdienst / ein freiwilliges Soziales oder Ökologisches Jahr ableisten, haben sie über die Hausratversicherung der Eltern ebenfalls Versicherungsschutz. Die Einschränkung bezüglich der drei Monate findet keine Anwendung. Dies gilt aber nur, solange die Kinder keinen eigenen Hausstand gegründet haben (z. B. eine eigene Wohnung mit Küche und Bad).

2.1.7.2 Versicherungsschutz bei Wohnungswechsel

Die Hausratversicherung wird grundsätzlich für die derzeit bewohnte Wohnung bzw. das Haus abgeschlossen. Nun kommt es natürlich vor, dass Menschen umziehen und ihre Hausratgegenstände in das neue Heim mitnehmen. Was passiert dann mit der Hausratversicherung?

Soweit Sie von dem Umzug eines Ihrer Kunden erfahren, sollte die Hausratversicherung zeitnah auf die neue Wohnung umgeschrieben werden. Hier bietet sich die Gelegenheit, den Versicherungsschutz anzupassen, Klauseln einzuschließen, Neuerungen aufzunehmen und – ganz wichtig – **die Versicherungssumme hinsichtlich einer eventuellen Unterversicherung neu festzulegen.**

Aber auch ohne eine sofortige Umstellung hat der Kunde zunächst Versicherungsschutz. Der Hausratvertrag geht automatisch auf die neue Wohnung über und es besteht während des Wechsels in beiden Wohnungen für längstens **zwei Monate** Schutz. Damit der Versicherer weiß, für welche neue Anschrift er Deckung gewähren muss, ist die neue Wohnung mit Angabe der neuen Quadratmeterzahl bei Beginn des Umzuges anzuzeigen.

Der Umzug begründet kein Kündigungsrecht für Ihre Kunden. Nur wenn sich durch den Umzug die Prämie des Vertrages erhöht (Näheres zur Prämienberechnung im folgenden Kapitel), kann der Kunde den Vertrag innerhalb eines Monats nach Erhalt der Information über die Erhöhung kündigen. Das Kündigungsrecht besteht nicht, wenn die Prämie aufgrund einer Vertragsveränderung, wie z. B. einer Heraufsetzung der Versicherungssumme, gestiegen ist.

Diese Regelungen sind sinnvoll zum Vorteil der Kunden gestaltet. Sie sollen nicht auf einmal ohne Versicherungsschutz dastehen, nur weil sie umgezogen sind und dabei nicht gleich an ihre Hausratversicherung gedacht haben.

Geregelt sind auch die Fälle, wenn sich Ehepartner oder Lebensgemeinschaften trennen und für die gemeinsame Wohnung ein Hausratvertrag besteht. Ebenso wie bei dem Umzug gilt, dass eine **zeitnahe Vertragsneuordnung** vor allem anderen Vorrang hat! Entscheidend für die Beurteilung des Versicherungsschutzes ist, wer Versicherungsnehmer (VN) des Vertrages ist:

- Zieht der VN aus der bisherigen Wohnung aus und in eine andere ein, besteht ebenfalls in beiden Wohnungen Versicherungsschutz, längstens bis zum Ablauf von drei Monaten nach der nächsten, auf den Auszug des VN folgenden Prämienfälligkeit. Dies können im Extremfall 15 Monate sein (bei Prämienfälligkeit zum 1.1. eines jeden Jahres; zieht der VN am 3.1. aus – dann besteht bis zum 1.4. des Folgejahres nach dieser Regelung Deckung in beiden Wohnungen). Nach dieser Zeit besteht nur noch in der neuen Wohnung des VN Versicherungsschutz

- Verbleibt der VN in der Wohnung, besteht für die Wohnung des ausgezogenen Partners kein Versicherungsschutz. Es bleibt alles, wie es ist.

- Sind beide VN des Vertrages und zieht einer aus, gilt wieder die Regelung wie im ersten Beispiel mit dem Unterschied, dass nach Ablauf der Frist nur noch in der alten Wohnung Deckung besteht. Sollten beide aus der versicherten Wohnung ausziehen, erlischt der Versicherungsschutz nach maximal 15 Monaten für beide neuen Wohnungen, es müssen demnach zwei neue Verträge abgeschlossen werden.

Noch einmal: Die sofortige Vertragsumstellung nach Bekanntwerden der neuen Lebensverhältnisse hat absolute Priorität!

2.1.7.3 Gefahrerhöhungen

Bei der Antragsaufnahme und auch während der Laufzeit eines Vertrages kann es Veränderungen geben, die für die Risikoeinschätzung von Bedeutung sind. Diese möchte ich Ihnen mit ein paar Fragestellungen verdeutlichen:

- Wie wird die Wohnung genutzt? Wurden Sicherungen vereinbart?
- Ist die Wohnung / das Gebäude ständig oder nicht ständig bewohnt?
- Handelt es sich um eine nicht ständig bewohnte Zweitwohnung?
- Ist die ansonsten ständig bewohnte Wohnung einmal für länger als **60 Tage** unbewohnt? (Wenn dies der Fall ist, muss sich eine andere volljährige berechtigte Person während der Nacht in der Wohnung aufhalten oder es muss eine besondere Vereinbarung mit dem VR getroffen werden).

All dies kann Einfluss auf die Höhe der Prämie haben und leider im Schadenfall den Versicherungsschutz beeinträchtigen.

Fazit mit nützlichen Verkaufstipps

- Die Grundgefahren Feuer, Einbruchdiebstahl mit Beraubung und Vandalismus, Leitungswasser, Sturm und Hagel stellen den Grundschutz einer jeden Hausratversicherung dar. Überspannungsschäden, Elementarschäden und die Fahrraddiebstahlklausel sind sinnvolle Erweiterungen, die in keinem Vertrag fehlen sollten.
- Versicherte Kosten erweitern die Leistungen der Versicherer. Beschädigte Türen oder Fenster bei einem Einbruch werden über die Position „Reparaturkosten für Gebäudeschäden" ersetzt.

- Versicherungsschutz besteht innerhalb des Versicherungsortes bzw. es finden die Bestimmungen über die Außenversicherung Anwendung. Für die Außenversicherung gelten Entschädigungsgrenzen und Einschränkungen bei Einbruchdiebstahl-, Sturm-/Hagelschäden und weiteren Elementargefahren.
- Bei einem Wohnungswechsel besteht vorübergehend Versicherungsschutz in beiden Wohnungen. Vorrang hat immer die sofortige Vertragsneuordnung und Neufestlegung der Versicherungssumme.

Im nächsten Kapitel soll es noch einmal um praktische Anwendungen gehen. Hierzu gehören das Thema der Prämienberechnung und die Leistungen des Versicherers in konkreten Zahlen.

2.1.8 Prämienberechnung und Entschädigungsleistung in der Hausratversicherung

Die Prämienberechnung im Rahmen der Hausratversicherung ist denkbar einfach. In der Praxis werden Sie die zu zahlende Prämie mit Ihrem Laptop berechnen. Häufig ist es aber auch gut zu wissen, woraus sich diese Prämie überhaupt zusammensetzt, u. a. wenn es um den Vergleich zu den Mitbewerbern geht.

Benötigt werden die ermittelte Versicherungssumme sowie der Prämiensatz, der sich aus dem Tarif ergibt und dann als Summe pro Tausend Euro berechnet wird.

Beispiel:

50.000 € x 2,0 ‰ = 100 € Jahresnettoprämie

Der Grundprämiensatz von 2,0 ‰ wird nach folgenden Kriterien definiert:

Welche Bauartklasse hat das Gebäude, in dem die versicherte Wohnung liegt?

Die Bauartklasse gibt wieder, wie hoch die Feuergefahr einzuschätzen ist. In der Regel gibt es fünf Bauartklassen, die die Beschaffenheit der Außenwände sowie des Daches wiedergeben. Je weicher das Dach (z. B. Reetdächer) und die Wände (z. B. Holz), umso höher die Bauartklasse und umso höher wird die Prämie ausfallen. Die meisten zu versichernden Gebäude werden allerdings in einer niedrigen Bauartklasse liegen und demnach keine Besonderheit darstellen. Viel wichtiger für die Prämienhöhe ist die Frage:

In welcher Tarifzone liegt die zu versichernde Wohnung?

Gefragt wird nach der Postleitzahl, nach der die Einbruchdiebstahlgefahr bestimmt wird. Gängig ist die Unterscheidung von vier bis sechs Tarifzonen. Je höher die Tarifzone, umso höher ist statistisch gesehen die Gefahr eines Einbruchs und umso höher wird der Prämiensatz ausfallen

Anhand dieser beiden Kriterien erkennen Sie, welche Gefahren in der Hausratversiche-rung einen Einfluss auf die Prämie haben. Die Feuer- und Einbruchdiebstahlgefahr stel-len das Risiko dar und machen einen Großteil der Schadenzahlungen aus, während das Leitungswasser- und Sturmrisiko eine eher untergeordnete Rolle spielen.

Soweit zusätzliche Risiken wie das Fahrraddiebstahlrisiko mitversichert werden, erhöht sich der Prämiensatz um einen entsprechenden Promillesatz, der dann ebenfalls mit der Versicherungssumme multipliziert wird. So kostet der Einschluss von Fahrraddiebstahl mit 1 % der Versicherungssumme in der Tarifzone 2 z. B. 0,40 ‰ Zuschlag. Es gibt auf der anderen Seite auch Paketdeckungen der Versicherer, die bereits viele Erweiterun-gen beinhalten und bei denen eine Trennung zwischen Grundrisiko und Ergänzung nicht erkennbar ist.

Was wird nun nach einem Schadenfall von der Hausratversicherung ersetzt? Sie wis-sen, dass die Versicherungssumme dem Versicherungswert entsprechen soll und der Versicherungswert der Wiederbeschaffungswert von Sachen gleicher Art und Güte in neuwertigem Zustand ist. Anders als die Haftpflichtversicherung ersetzt der Versicherer demnach den Neuwert für beschädigte oder zerstörte Gegenstände. Dieses ist auch die einzig sinnvolle Variante für die Kunden, da keinem zuzumuten ist, sich in das Wohn-oder Schlafzimmer nach einem Feuerschaden wieder gebrauchte Sachen hinzustellen.

Auch Wertsachen wie z. B. wertvolle Gemälde oder andere Kunstgegenstände sind ebenso wie antiquarische Möbel versichert. Hier kann die Entschädigung natürlich nicht der Neuwert sein, da es diese Sachen neu nicht wiedergibt. Es wird die Summe ange-setzt, die nötig ist, um die betroffenen Gegenstände auf dem Markt wieder zu beschaffen (über das Internet, Kunstmärkte, Antiquitätenhändler etc.). Liebhaberwerte werden aller-dings nicht ersetzt, da sie nicht in Euro beziffert werden können.

Die höchste Entschädigungssumme ist die vereinbarte Versicherungssumme. Die Ver-sicherer haben hier noch ein Bonbon für ihre Kunden geschaffen und einen **Vorsor-gebetrag von 10 %** eingebaut. Diese Vorsorge soll Wertsteigerungen des Hausrats ausgleichen und die Versicherungssumme für zwischenzeitlich neue und höherwertige Gegenstände entsprechend anpassen. Jede Versicherungssumme wird demnach auto-matisch um 10 % erhöht, ohne dass der Kunde hierfür etwas tun oder eine Prämie dafür zahlen muss. Hat der Kunde also eine Versicherungssumme von 50.000 € abgeschlos-sen, rechnet der Versicherer im Schadenfall mit einer Summe von 55.000 €.

> **Doch Vorsicht:** Diese Vorsorge gilt zum Ausgleich einer eventuell nicht ausreichen-den Versicherungssumme im Schadenfall und nicht als Verkaufsargument, um die Prämie zu drücken! Bitte sagen Sie zu keinem Ihrer Kunden: „Wenn Sie eine Summe von 55.000 € für Ihren Hausrat benötigen, reicht der Abschluss des Vertrages über 50.000 €. Sie bekommen von uns 10 % geschenkt und sparen dadurch auch noch ein wenig an Prämie." Die Vorsorge ist und darf kein Verkaufsargument sein, sondern soll den Kunden vor einer eventuellen Unterversicherung schützen. Hausratverträge werden oft jahrelang nicht angepasst und allein in einem Jahr kann sich der Wert eines Hausrats schnell erhöhen.

Die Vorsorge findet ebenfalls bei mitversicherten Entschädigungsgrenzen, wie z. B. für den Fahrraddiebstahl, seine Anwendung. Gilt 1 % der Summe als versichert, so hat der Kunde in unserem obigen Beispiel auch Anspruch auf eine Höchstentschädigung von 550 €.

Kommen wir nun noch einmal auf die Folgen einer Unterversicherung zu sprechen.

In dem Kapitel zur Versicherungssumme wurde das Thema bereits angesprochen. Unterversicherung bedeutet

Versicherungswert > Versicherungssumme

Die Folgen können für den Kunden schwerwiegend sein. Grob gesagt gilt: Versicherer und Kunde werden sich den Schaden teilen. Jede Entschädigung kann nach einer einfachen Formel berechnet werden:

Formel zur Entschädigungsberechnung bei Bestehen einer Unterversicherung

$$\text{Entschädigung} = \frac{\text{Schaden} \times (\text{Versicherungssumme} + 10\ \%\ \text{Vorsorge})}{\text{Versicherungswert}}$$

Ein Beispiel:

Versicherungssumme = 50.000 €

Versicherungswert gemäß Gutachter = 80.000 €

Schaden = 20.000 €

Beispiel einer Entschädigungsberechnung bei Bestehen einer Unterversicherung

$$\text{Entschädigung} = \frac{20.000\ \text{Euro} \times (50.000\ \text{Euro} + 5.000\ \text{Euro})}{80.000\ \text{Euro}}$$

Die Entschädigung beträgt demnach 13.750 €. Nur weil es versäumt wurde, den Kunden ausreichend zu versichern, muss er 6.250 € vom Schaden selber bezahlen **(= seine Selbstbeteiligung)**. Es fehlen 30.000 € Versicherungssumme, die im Monat vielleicht 5 € an Prämie kosten. Machen Sie die Gegenrechnung: Wie viele Jahre hätte der Kunde Prämien zahlen müssen, um auf insgesamt 6.250 € zu kommen?

Für ein paar Euro Prämie ist es dieses Risiko nicht wert. Dieses sollten Sie Ihren Kunden anhand von Zahlen auch deutlich machen, da er nur so ein Gespür für die Folgen einer Unterversicherung bekommt.

Vereinbaren Sie daher mit jedem Kunden zumindest die Unterversicherungsverzichtsklausel (650 € pro m² Wohnfläche)!

Bei der Besprechung der versicherten Kosten haben Sie erfahren, dass diese auch bis zu 10 % über die Versicherungssumme hinaus ersetzt werden. Soweit der Schaden und die Kosten die Versicherungssumme übersteigen, steht in einem Totalschadenfall bei einer Versicherungssumme von 50.000 €, die auch dem Versicherungswert entspricht, folgende mögliche maximale Gesamtentschädigung zur Verfügung:

Versicherungssumme 50.000 €

+ 10 % Vorsorge 5.000 €

= 55.000 €

+ 10 % für versicherte Kosten 5.500 €

= 60.500 €

Sie sind nun mit den wichtigsten Punkten zur Prämienberechnung und Entschädigungsleistung vertraut, zumindest was den Verkauf betrifft. Schauen Sie sich einmal den Tarifaufbau und das Handbuch zur Schadenregulierung (falls vorhanden) Ihrer Gesellschaft an. Sie werden viele von den hier behandelten Inhalten wiederfinden, aber auch überrascht sein, was Sie beim Durchblättern noch alles erfahren werden. Es lohnt sich in jedem Fall.

2.1.9 Haushalt-Glasversicherung

Wenn Sie einem Kunden als Mieter einer Wohnung / eines Hauses eine Privat-Haftpflichtversicherung verkaufen, sollte auch immer der Bezug zur Glasversicherung hergestellt werden. Warum?

Sie erinnern sich, dass im Rahmen der versicherten Mietsachschäden Schäden an Gebäudeverglasungen ausgeschlossen sind, soweit sich der Kunde hiergegen besonders versichern kann. Wird demnach eine Glastür in der Wohnung zerstört und fordert der Vermieter berechtigterweise Schadenersatz, kann die Privat-Haftpflichtversicherung nicht weiterhelfen. Hierfür wird nur die Haushalt-Glasversicherung bezahlen, da sie die geforderte Absicherung darstellt.

> Und warum zahlt nicht ohnehin die Hausratversicherung?

Da meistens die Glasscheiben nicht durch eine versicherte Gefahr wie Feuer oder Einbruchdiebstahl zerstört werden, sondern durch Unachtsamkeit! Genau hier setzt die Glasversicherung an. Sie stellt eine Allgefahrenversicherung dar und bietet Versicherungsschutz für Beschädigungen mit den verschiedensten Ursachen – allerdings nicht für Feuerschäden, Einbruchdiebstahl, Vandalismus, Sturm und Hagel, dies bleibt Aufgabe der Gebäude- bzw. Hausratversicherung. Kriegsereignisse jeder Art, innere Unruhen, Kernenergie, Erdbeben und weitere Elementargefahren bleiben wie so oft ebenfalls ausgeschlossen.

Jemand stößt mit einer Kiste Wasser an die Glastür und diese zerbricht; jemand wirft einen Stein durch die Fensterscheibe und läuft weg; ein Möbelstück fällt auf den teuren Glastisch – für all diese Schäden kann der Kunde die Reparatur auf Kosten des Versicherers verlangen.

Natürlich ist nicht nur für Mieter der Versicherungsschutz interessant. Versichert sind alle **Gebäude- und Mobiliarverglasungen**, die sich innerhalb des Hauses / der Wohnung befinden. Es handelt sich im Einzelnen um fertig eingesetzte oder montierte Scheiben, Platten und Spiegel aus Glas (z. B. Fenster- und Türverglasungen, Glas in Wintergärten, Glastische, Vitrinenverglasungen etc.).

Gesondert versicherbar sind

- Scheiben und Platten aus Kunststoff (z. B. Duschkabinen),
- Glasbausteine und Profilbaugläser,
- Lichtkuppeln aus Glas oder Kunststoff,
- Scheiben von Sonnenkollektoren,
- Aquarien / Terrarien.

Die beliebten Glaskeramik-Kochflächen sind **automatisch mitversichert**. Fällt also ein schwerer Kochtopf auf die Kochfläche und bekommt diese einen Sprung, erhält der Kunde eine neue und muss diese nicht aus eigener Tasche bezahlen.

Nicht versichert sind nach dieser Auflistung z. B. alle Hohlkörper aus Glas, Vasen und Gegenstände aus Porzellan. Es wäre für die Versicherer nicht bezahlbar, wenn sie jedes hingefallene Trinkglas oder jede zerbrochene Vase ersetzen müssten. Die Sachen müssen zudem tatsächlich zerbrochen sein oder zumindest einen sichtbaren Sprung bekommen haben, damit Versicherungsschutz besteht. Einfache Schrammen auf der Oberfläche reichen nicht aus.

Neben dem eigentlichen Ersatz für das Glas werden auch Kosten für eine eventuelle Notverglasung und das Entsorgen des zerbrochenen Glases übernommen.

Es können auch weitere Kosten entstehen,

- wenn z. B. bei Kellerfenstern Schutzgitter entfernt und wieder angebracht werden müssen oder
- bei einer beschädigten Lichtkuppel für die Reparatur ein Kran oder ein Gerüst benötigt wird.

Diese Zusatzkosten sind ebenfalls bei Proximus 4 bis zu 500 € prämienfrei mitversichert.

Kosten für die Erneuerung von Anstrichen, Malereien, Schriften, Verzierungen und Folien auf versicherten Sachen können gesondert mitversichert werden.

Für die Glasversicherung wird in der Regel keine Versicherungssumme angesetzt. Berechnet wird eine Pauschalprämie je nach Größe der Wohnung bzw. des Hauses.

Die Glasversicherung stellt immer eine Ergänzung zur Gebäude- oder Hausratversicherung dar und darf bei einem Angebot nicht fehlen. Wenn sich der Privatkunde gegen „alles" versichern kann, dann sollte ihm auch diese Möglichkeit aufgezeigt werden.

Zum Abschluss des Themas Hausrat-/Haushalt-Glasversicherung möchte ich auch hier wieder auf einige Risiken eingehen, die für den Kunden versicherbar sind und die im Verkauf eine immer wichtigere Rolle spielen.

2.1.10 Hausratversicherungen im Markt[4]

Von den Versicherern werden zur Hausratversicherung umfangreiche Pakete zur Verfügung gestellt, die die unterschiedlichsten Bezeichnungen haben. Von Basis-Kompakt-Optimal-Tarifen über Normal- und Exklusiv-Deckungen bis hin zu XXL-Produkten. Die Pakete enthalten mal mehr, mal weniger für den Kunden interessante Inhalte, über die man sicherlich streiten kann. Wir als Berater stehen aber in der Pflicht, unseren Kunden nur das Beste anzubieten und ihm den Nutzen von zusätzlichem Versicherungsschutz zu verdeutlichen. Einige meiner Meinung nach wichtige und sinnvolle Erweiterungen – neben der bereits erwähnten Absicherung gegen Elementarschäden sowie Fahrrad-Diebstahlschäden – möchte ich hier aufzeigen:

2.1.10.1 Mitversicherung des einfachen Diebstahls

Versichert gilt im Rahmen der Hausratversicherung der Einbruchdiebstahl. Es wäre schön, wenn die Voraussetzungen des Einbruchs nicht gegeben sein müssten, sondern jede Form des Diebstahls mitversichert wäre. Taschen- oder Trickdiebstähle passieren tagtäglich und immer mehr tendieren die Versicherer dazu, auch derartige Risiken mit in den Versicherungsschutz aufzunehmen.

Es gibt daher mittlerweile viele Bereiche, die mitversichert werden können, so z. B. der einfache Diebstahl von

- Gartenmöbeln oder -geräten vom Versicherungsgrundstück, Wäsche auf der Leine,
- Kinderwagen oder auch Kinderspielfahrzeugen, wie z. B. einem Bobby-Car, Traktor und Dreirad (für Familien mit kleinen Kindern sicherlich sehr interessant),
- Hausrat vom Arbeitsplatz, aus dem Krankenzimmer in Krankenhäusern oder auch aus Wartezimmern beim Arzt, mit Einschluss von Bargeld,
- Lernmitteln und Bekleidung während schulischer Veranstaltungen,
- Bekleidung aus Räumen von Hotel- und Gastronomiebetrieben.

Vereinzelt wird von Gesellschaften auch die Mitversicherung des sogenannten Trickdiebstahls von versicherten Sachen angeboten, wovor niemand 100 %ig gewappnet ist. Beispiele für diese Schadenereignisse finden sich in Presse und Fernsehen.

Zugenommen haben in der Vergangenheit die Schäden durch das sogenannte **„Phishing"** beim Online-Banking oder durch **„Pharming"** oder **„Skimming"** an Geld-

---

4   Für die schriftlichen Prüfungen in der Ausbildung nicht relevant.

automaten. Auch gegen diese betrügerischen Tätigkeiten bieten die Hausratversicherer bereits eine Deckung an.

Die genannten Einschlüsse werden mit Entschädigungsgrenzen angeboten, d. h. Versicherungsschutz besteht nicht bis zur Höhe der Versicherungssumme, sondern mit eingeschränkten Beträgen. Marktüblich sind derzeit 500 bis 5.000 € je Einschluss.

Voraussetzung für den Versicherungsschutz ist jeweils eine Anzeige bei der Polizei. Hiermit soll auch dem Versicherungsbetrug vorgebeugt werden, da für viele potenzielle Betrüger die Hemmschwelle für eine Lüge bei der Polizei immer noch größer ist als bei einer Versicherung.

Es wird sich zeigen, inwieweit die Mitversicherung des einfachen Diebstahls noch ausgeweitet wird. Der zunehmende Wettbewerbsdruck lässt hoffen, dass in den kommenden Jahren noch viele für Kunden nützliche Einschlüsse hinzukommen werden. Beobachten Sie den Markt. Es bleibt spannend.

2.1.10.2 Diebstahl von Gegenständen aus Kfz, Wasserfahrzeugen und Wohnanhängern

Voraussetzung für den Versicherungsschutz bei Einbruchdiebstahl in der Hausratversicherung ist generell der Einbruch in ein Gebäude. Da nun das Kraftfahrzeug kein Gebäude ist, stellt diese Erweiterung ein interessantes Angebot dar. Gleiches gilt für Wasserfahrzeuge und Wohnanhänger, die allerdings ebenfalls verschlossen sein müssen. Hausratgegenstände wie Jacken, Taschen oder Koffer werden nicht nur auf Urlaubsreisen, sondern tagtäglich mit dem Auto befördert. Es ist dann schon mehr als ärgerlich, wenn das Auto aufgebrochen und neben dem Radio auch noch alles andere nicht Niet- und Nagelfeste gestohlen wird.

Sie sollten bei Ihrem Angebot darauf achten, dass auch technische Geräte, wie z. B. das Handy oder der Laptop, mitversichert sind, da Diebe bevorzugt von diesen Gegenständen angelockt werden. Gerade Kunden, die viel beruflich unterwegs sind, legen hierauf einen besonderen Wert. Achten Sie zudem darauf, dass der Versicherungsschutz 24 Stunden am Tag greift und ausreichend hoch vereinbart wird. Wertsachen sind häufig vom Versicherungsschutz ausgenommen.

Interessant ist dieser Sachverhalt auch, wenn Sie über eine Kfz-Versicherung sprechen. Die Teilkaskoversicherung zahlt derartige Schäden nicht. Leiten Sie im Verkaufsgespräch von der Kfz-Sparte doch auf das Thema Hausrat mit dem Einschluss „Diebstahl aus Kfz" über.

2.1.10.3 Verzicht auf den Einwand der groben Fahrlässigkeit

Früher gab es den Ausschluss, dass der Kunde bei grob fahrlässig verursachten Schäden keinen Anspruch auf eine Versicherungsleistung erhält. Die Hausratversicherung hat demnach keinen Versicherungsschutz für Schäden geboten, wenn z. B. ein Fenster im Erdgeschoss „auf Kipp" stand, der Kunde für längere Zeit abwesend war und währenddessen eingebrochen wurde. Die Entscheidung, welche Handlung als grob fahrlässig einzustufen ist, wurde durch viele Gerichtsentscheidungen geregelt, wobei die Gerichte selbst sich nicht immer ganz einig sind.

Es hat immer wieder Fälle geben, die in der Grauzone zwischen leichter und grober Fahrlässigkeit lagen, und bei denen es für einen Kunden dann nur schwer nachvollziehbar war, wenn die Regulierung eines Schadens mit der Begründung „grobe Fahrlässigkeit" abgelehnt wurde.

Diese starre „Entweder-oder-Regelung" wurde mit dem neuen VVG im Jahre 2008 zugunsten der Kunden verändert. Danach wird die Entschädigung nicht mehr komplett verweigert, sondern nur noch proportional zum Verschulden des Kunden. Je schwerwiegender der Fehler des Kunden, umso höher ist dann die Leistungsfreiheit des Versicherers. Sie können sich vorstellen, dass Streitigkeiten hier vorprogrammiert sind.

Heute schon verzichten viele Versicherer darauf, die Schadenregulierung bis zu einem Betrag von z. B. 10.000 € – oder, wenn es ein Top-Angebot ist – **bis zur Versicherungssumme** wegen einer eventuellen groben Fahrlässigkeit komplett oder auch teilweise abzulehnen. Ihre Kunden müssen daher nicht immer den Schlüssel im Türschloss exakt zweimal umdrehen, um den Versicherungsschutz bei kleinen und mittleren Schäden vollständig zu erhalten (obwohl sie dies im eigenen Interesse natürlich tun sollten). Es wird also nicht jede Nachlässigkeit gleich bestraft, womit nervenaufreibende Diskussionen zwischen Kunden und Versicherern vermieden werden.

Vorsätzlich herbeigeführte Schäden bleiben weiterhin ausgeschlossen.

2.1.10.4 Rückreisekosten aus dem Urlaub

Befindet sich Ihr Kunde im Urlaub und wird während seiner Abwesenheit in seine Wohnung / sein Haus eingebrochen, ist für die Schadenbearbeitung in der Regel die Anwesenheit eines Verantwortlichen vor Ort erforderlich. Die vorzeitige Rückreise des Kunden wird Mehrkosten verursachen, die der Versicherer dann erstattet. Eine Erstattung dieser Rückreisekosten ist aber an bestimmte Voraussetzungen geknüpft, so z. B.:

- Es muss ein erheblicher Sachschaden vorliegen (der nach der Schadenhöhe bemessen wird),
- die Urlaubsreise muss eine gewisse Dauer haben,
- der Versicherungsnehmer muss die Rückreise vorher mit dem Versicherer abstimmen. Gezahlt wird für die Rückreise einer Person, also nicht für die ganze Familie. Aus welchem Land die Rückreise angetreten wird, spielt dagegen keine Rolle.

2.1.10.5 Sengschäden

Die im Bereich „Feuergefahr" angesprochenen und von der Deckung bisher ausgeschlossenen Sengschäden sind heute ebenfalls versicherbar. Wenn eine auf das Sofa gefallene Zigarette ein Brandloch verursacht, bekommt Ihr Kunde jetzt je nach Schadenausmaß von seinem Versicherer eventuell sogar ein neues Sofa bezahlt.

Aufgrund des hohen Schadenpotenzials bieten die Versicherer den Einschluss mit Begrenzungen an, z. B. beschränkt auf einen bestimmten Betrag oder mit einer Selbstbeteiligung. Die Erweiterung der Deckung ist dennoch ein zugkräftiges Argument für den Verkauf!

2.1.10.6 Mitversicherung von Dienstleistungen

In der Hausratversicherung werden verstärkt bestimmte Dienstleistungen zur Mitversicherung angeboten, die mit dem eigentlichen Versicherungsfall nicht zwangsläufig im Zusammenhang stehen müssen. Vorreiter bei dieser Entwicklung ist hier wie so oft die Allianz-Versicherung. So kann der Kunde heute Punkte miteinschließen, wie z. B.

- den Ruf des Schlüsseldienstes, wenn die Wohnungstür zugefallen ist und man ohne Schlüssel davorsteht,
- die Entfernung von Wespen-, Bienen- und Hornissennestern, die sich am Balkon oder unter dem Dach eingenistet haben,
- die Bekämpfung von Schädlingen wie Mäusen, Ratten, Schaben, Silberfischen etc.,
- die Beseitigung von Rohrverstopfungen oder
- die zeitweise Betreuung von Kindern oder die zwischenzeitliche Unterbringung von Haustieren.

Es wird sich zeigen, wie diese Entwicklung von den Kunden angenommen und was den Versicherern noch alles einfallen wird, um den heiß umworbenen Kunden für das eigene und für fast alle Versicherer gewinnbringende Hausratprodukt zu begeistern.

Die Kunden selbst können sich zumindest auf immer bessere und für sie vorteilhaftere Produkte freuen. Bleiben Sie am Ball und nutzen Sie die Gelegenheit, Ihren Kunden diese Produkte anzubieten. Sie haben zugleich die Chance, sich im Hinblick auf weiteres Geschäft erneut ins Gespräch zu bringen.

Übersicht zur Hausratversicherung mit Verkaufstipps

Risiken, die automatisch in der Hausratversicherung enthalten sind	Zusätzlich zu versichernde Risiken	Anmerkungen
20 % der Versicherungssumme für Wertsachen	Falls 20 % nicht ausreichen, ist marktüblich eine Erhöhung auf bis zu 50 % möglich	Bestimmte Wertsachen sind außerhalb von Geldschränken immer nur bis zu einer bestimmten Höhe versichert **Bargeld** … **Urkunden** … **Schmucksachen** … Ohnehin ist es besonders wichtig, die richtige Versicherungssumme zu ermitteln, die dem Versicherungswert = Neuwert entsprechen muss. **Der Unterversicherungsverzicht spielt hierbei eine zentrale Rolle**

Risiken, die automatisch in der Hausratversicherung enthalten sind	Zusätzlich zu versichernde Risiken	Anmerkungen
Brand, Blitzschlag, Überspannung durch Blitz, Explosion, Implosion	Sengschäden, die nicht Folge eines Feuers sind	Hier sind die Angebote der Versicherer sehr unterschiedlich. Achten Sie auf einen möglichst umfangreichen Versicherungsschutz
Einbruchdiebstahl, Vandalismus nach einem Einbruch, Raub	Fahrraddiebstahlrisiko	Achten Sie beim Fahrraddiebstahlrisiko darauf, dass möglichst wenige Einschränkungen vorgegeben werden
	Diebstahl von Gegenständen aus Kfz	Bei Diebstahl aus Kfz sollten auch technische Geräte mitversichert sein
	Mitversicherung des **einfachen Diebstahls** von z. B. • Gartenmöbeln und -geräten • Kinderwagen oder Kinderspielfahrzeugen • Gegenständen vom Arbeitsplatz, aus Krankenhäusern oder aus Wartezimmern beim Arzt • Trickdiebstahl • „Phishing", „Pharming"	Der einfache Diebstahl birgt ein hohes Schadenpotential. Je mehr Bausteine Sie mitversichern können, umso besser für Ihre Kunden
Sturm, Hagel	Elementarschäden, wie Lawinen oder Schneedruck	Sturm ist erst ab einer Windstärke von 8 = 62 km/h gegeben
Leitungswasser	Elementarschäden, hier insbesondere Rückstau und Überschwemmung	
	Haushaltglasversicherung	Als Zusatz zur Hausratversicherung üblich
	Mitversicherung von Dienstleistungen, wie z. B. Schlüsseldienst, Schädlingsbekämpfung etc.	Der Markt der Zukunft

Tab. 24: Übersicht zur Hausratversicherung mit Verkaufstipps

Eine Hausratversicherung ist immens wichtig, um die finanziellen Folgen eines Schadens ausgleichen zu können. Möbel, Kleidung etc. gehören zum täglichen Bedarf – man lebt mit ihnen. Ca. 70 % aller Haushalte in Deutschland verfügen nach Zahlen des Gesamtverbandes über eine derartige Absicherung. Über die Gründe, warum die restlichen 30 % keinen Hausratvertrag besitzen, kann man viel spekulieren.

Unverzeihlich ist es aber, wenn jemand auf eine Versicherung für sein Wohngebäude verzichtet. Das Wohngebäude ist die Existenzgrundlage schlechthin und eine Versicherung hierfür gehört zur notwendigen Grundabsicherung. Vereinzelt sind wir auf den Versicherungsschutz im Rahmen der Hausratbesprechung schon eingegangen. Wofür die Wohngebäudeversicherung im Einzelnen Deckung bietet und wie sich insbesondere der Versicherungswert ermitteln lässt, damit befasst sich das folgende Kapitel.

2.2 Wohngebäudeversicherung

2.2.1 Versicherte Sachen

Wie bereits erwähnt, ist eine Unterscheidung, ob Sachen der Hausrat- oder der Wohngebäudeversicherung zuzuordnen sind, nicht immer ganz einfach. Daher gilt die Empfehlung, beide Verträge bei einem Unternehmen im Bestand zu haben, um Unstimmigkeiten im Schadenfall vorzubeugen.

> Was ist nun aber konkret im Rahmen der Wohngebäudeversicherung versichert?

Wenn Sie mit Ihren Kunden über diesen Vertrag sprechen, wird jedem klar sein, was versichert werden soll, nämlich das Gebäude, in dem man lebt. Aber was gehört alles dazu? Was befindet sich alles auf dem Grundstück? Sind diese Sachen ebenso automatisch versichert? Um Ihnen einen Eindruck von der Vielfältigkeit des möglichen Versicherungsschutzes zu geben und zu erläutern, worauf zu achten ist, möchte ich die versicherten Sachen in vier unterschiedliche Kategorien aufteilen. Sollten in Ihren Beratungsgesprächen Punkte auftauchen, die Sie hier nicht wiederfinden, fragen Sie bitte beim Anbieter nach, wie Sie das Objekt versichern sollen. Es gibt kaum etwas, was nicht auch versicherbar ist.

Fangen wir an mit dem

2.2.1.1 Gebäude

Ein Gebäude, für das Versicherungsschutz gewährt werden kann, lässt sich etwa wie folgt beschreiben: Ein mit dem Grund und Boden verbundenes Bauwerk, das der überwiegenden Nutzung zu Wohnzwecken dient und gegen äußere Einflüsse schützen kann. Demnach fällt jedes normales Wohnhaus unter diese Beschreibung.

Ganz wichtig ist es, jedes Gebäude, auch wenn es nicht zu Wohnzwecken bestimmt ist, in den Antrag aufzunehmen und einzeln zu deklarieren, wie z. B. die Garage. Fatal wäre es, ein Objekt zu vergessen, welches dann auch im Versicherungsschein nicht aufgeführt wird. Eine andere Möglichkeit der Mitversicherung von „Nebengebäuden" besteht über eine Klausel. Dazu aber später mehr. Grundsätzlich gilt es, jedes Gebäude aufzunehmen und mit einem Wert zu bemessen.

Versicherbar über die sogenannte verbundene Wohngebäudeversicherung sind alle Gebäude, die zu mindestens 50 % privat, also zu Wohnzwecken genutzt werden. Wie bei der Hausratversicherung handelt es sich hier um eine verbundene Versicherung, da mehrere Gefahren (Feuer, Leitungswasser etc.) in einem Vertrag versichert und in einem Bedingungswerk geregelt sind.

Entscheidend für die Einstufung ist die Aufteilung des Gebäudes nach m²-Fläche in Wohnungen bzw. Geschäften. So ist z. B. festzuhalten, dass im Erdgeschoss ein Frisör und ein Kiosk 30 %, und in den oberen Stockwerken Wohnungen 70 % der Gesamtfläche ausmachen.

Wenn Sie solche gemischt genutzten Gebäude versichern, versuchen Sie immer, diese nach der privaten verbundenen Wohngebäudeversicherung einzudecken. Ansonsten müssten Sie eine gewerbliche Gebäudeversicherung abschließen, die teurer für Ihre Kunden ausfallen wird. Oftmals gilt hier auch ein nicht so umfangreicher Versicherungsschutz wie in einem Wohngebäudevertrag.

Zu jedem Gebäude gehören auch seine

2.2.1.2 Gebäudebestandteile

Das Gebäude ist eine zusammengesetzte Sache. Nach der Verkehrsanschauung sind Gebäudebestandteile u. a. alle Sachen, die voneinander nicht getrennt werden können, ohne dass der eine oder andere Teil zerstört oder in seinem Wesen verändert wird. Ebenso gehören zu den Bestandteilen in ein Gebäude eingefügte Sachen, die fest mit dem Gebäude verbunden sind und / oder wirtschaftlich gesehen dauerhaft mit dem Gebäude verbunden sein sollen.

Meistens sind diese Sachen in der Praxis einfach zu bestimmen. Daher genügt es, Beispiele zur Veranschaulichung parat zu haben:

- Balkone und Balkongeländer,
- Türen und Fenster,
- Heizkessel und Heizkörper,
- sanitäre Anlagen wie Dusche, WC, Badewanne und alle im Haus verlegten Zu- und Ableitungsrohre,
- Innenschwimmbecken und Saunaanlagen,
- Sonnenkollektoren auf dem Dach,
- Einbaumöbel wie Einbauküche oder Einbauschrank,
- Teppichböden (fest auf Estrich verlegt), Parkett-, Fliesen- und Laminatböden oder
- Tapeten.

Diese Gegenstände sind als Gebäudebestandteile versichert, sofern sie der Eigentümer des Gebäudes eingebracht hat. Über die Besonderheiten eines Mietverhältnisses hatten wir bereits gesprochen. Bringt ein Mieter z. B. die zuletzt genannten Sachen neu (kein Austausch!) in die Wohnung / das Haus ein, sind sie über seine Hausratversicherung versichert und müssen entsprechend berücksichtigt werden.

Ein weiterer Hinweis: Photovoltaik-Anlagen sind nach Proximus 4 nicht versichert und können auch nicht separat miteingeschlossen werden (in der Praxis natürlich möglich).

Neben den Gebäudebestandteilen gibt es noch das

2.2.1.3 Gebäudezubehör

Beim Gebäudezubehör handelt es sich um bewegliche Sachen, die aber auch mit dem Gebäude verbunden sein können. Sie können vom Gebäude gelöst werden, ohne dass dadurch das Gebäude oder das Zubehör zerstört oder wirtschaftlich gemindert wird. Sie ahnen sicherlich schon, dass es hier zu Überschneidungen mit der Hausratversicherung kommen kann, was aber durchaus gewollt ist. Gerade bei Mietverhältnissen kann nämlich nicht automatisch davon ausgegangen werden, dass sowohl eine Wohngebäude- als auch eine Hausratversicherung besteht. Entscheidend ist, dass der Schaden reguliert wird und der Kunde die Sachen ersetzt bekommt – von wem, spielt letztendlich eine untergeordnete Rolle.

Gebäudezubehör ist mitversichert, soweit es

- sich im Gebäude befindet oder
- außen am Gebäude angebracht ist und
- für die Instandhaltung bzw. überwiegenden Zweckbestimmungen des versicherten Gebäudes dient.

Beispiele für Gebäudezubehör, das diese Eigenschaften erfüllt, sind:

- Balkonblumenkästen,
- Reparaturmaterial, Ersatzteile (Ziegel, Farbeimer, Fliesen oder Werkzeug),
- Gemeinschaftswaschmaschinen in Mietshäusern (hier besteht kein Schutz in der Hausratversicherung, da eine Gemeinschaftswaschmaschine keinem einzelnen Mieter, also keiner Wohnung zugeordnet werden kann),
- Heizmaterial wie Kohle, Holz, Heizöl oder Gas.

Es gibt auch Gegenstände, die von einigen Versicherern als Gebäudebestandteil, von anderen als Gebäudezubehör definiert werden, wie z. B. die Antenne auf dem Dach oder die Markise.

Letztendlich spielt die Zuordnung aber keine Rolle, da alle bislang genannten Sachen unter den Versicherungsschutz einer Wohngebäudeversicherung fallen. Warum dann aber diese Trennung und Aufzählung?

Die Versicherer müssen definieren, was sie unter Vertrag genommen haben und eine Abgrenzung zur Hausratversicherung darstellen.

Für Sie als Verkäufer ist es dagegen wichtig zu überblicken, was alles zu einem Gebäude gehört und mit einem Wohngebäudevertrag versichert wird, sodass Sie Ihren Kunden die Notwendigkeit einer Absicherung des Gebäudes noch deutlicher machen können. Zum anderen müssen Sie unterscheiden können, welche Sachen automatisch versichert sind und wofür ein besonderer Schutz vereinbart werden muss. Bislang haben wir nur über Sachen gesprochen, die sich im oder am Gebäude befinden. Was ist aber mit den Gegenständen, die sich auf dem Grundstück befinden?

Versichert sind automatisch auf dem Grundstück gelegene Klingel- und Briefkastenanlagen sowie Müllboxen. Weitere Gegenstände sind aufgrund besonderer Vereinbarung geschützt und können wie folgt mitversichert werden.

2.2.1.4   Grundstücksbestandteile[5]

Wie bereits erwähnt, müssen alle Gebäude auf dem Grundstück erfasst und deklariert werden. Nach Proximus 4 ist es möglich, folgende mit dem Grund und Boden fest verbundenen Sachen mit einzuschließen:

- Carports,
- Gewächs- und Gartenhäuser,
- Grundstückseinfriedungen (auch Hecken),
- Hof- und Gehwegbefestigungen,
- Hundehütten,
- Masten und Freileitungen,
- Wege- und Gartenbeleuchtungen

Versichert werden diese Sachen oftmals mit einer Entschädigungsgrenze von 1 % der Versicherungssumme (zur genauen Bedeutung und Berechnung vgl. das Kapitel Entschädigungsberechnung in der Wohngebäudeversicherung).

Natürlich ist es auch möglich, die Entschädigungsgrenze je nach Bedarf des Kunden heraufzusetzen.

In der Praxis besteht zudem die Möglichkeit, weitere noch nicht genannte Gegenstände durch weitere Zusatzvereinbarungen zu versichern, wie z. B. Trinkwasserbrunnen, Teichanlagen oder gewerbliches Gebäudezubehör bei gemischt genutzten Gebäuden (Werbe- oder Hinweisschilder, Leuchtröhrenanlagen, Schaukästen etc.).

Fragen Sie Ihre Kunden, welche schützenswerten Sachen auf seinem Grundstück stehen. Versuchen Sie daraufhin, möglichst alles entsprechend abzusichern. Wie gesagt: Es gibt mittlerweile nur weniges, was nicht mehr versichert werden kann.

Wie bei der Hausratversicherung gehört es zu den wichtigsten Aufgaben, aus den zu versichernden Sachen heraus den richtigen Versicherungswert zu ermitteln und damit die Versicherungssumme festzulegen. Gerade bei einem Wohngebäude ist es noch viel wichtiger, hier größtmögliche Sorgfalt walten zu lassen. Dass ein Wohngebäude versichert werden sollte, sehen die meisten Eigentümer ein und es bedarf keiner großen Verkaufskünste, jemanden vom Sinn und Zweck eines solchen Vertrages zu überzeu-

---

5   Diese Sachen sind nicht automatisch versichert, sondern müssen gesondert vereinbart werden.

gen. Schwieriger ist es dagegen, den Versicherungswert gemeinsam mit dem Kunden festzulegen und ihm die Folgen einer fehlerhaften Berechnung deutlich aufzuzeigen.

Es gilt nach wie vor:

Versicherungswert = Versicherungssumme

muss das Ziel sein!

Um dieses zu gewährleisten, wurde von den Versicherern das System der gleitenden Neuwertversicherung geschaffen, welches bereits jahrzehntelang existiert und sich bis heute bewährt hat.

2.2.2 Das System der Gleitenden Neuwertversicherung

Der Versicherungswert soll dem Neuwert des Gebäudes entsprechen. Bei einem Total-schaden z. B. durch Feuer macht es nur Sinn, wenn das Objekt wieder neu für den Kunden aufgebaut wird. Natürlich wäre auch eine Versicherung zum Zeitwert (Neuwert abzüglich Alter und Abnutzung) denkbar, dies findet sich in der Praxis aber eher selten wieder.

Was ist nun das Besondere der **Gleitenden** Neuwertversicherung? Würde der Kunde sein Haus mit einem festgestellten Wert von z. B. 200.000 € heute versichern, müsste er im kommenden Jahr schon wieder überlegen, ob diese 200.000 € für den Wiederaufbau aus-reichen. In der Zwischenzeit sind nämlich Baupreise und Arbeitslöhne gestiegen. Dies be-deutet, dass die Kunden sich so gut wie jedes Jahr wieder mit ihrem Wohngebäudevertrag auseinandersetzen müssten, was weder in deren noch in unserem Interesse sein kann.

In der Hausratversicherung gibt es die Vorsorge in Höhe von 10 % und die Möglichkeit der Versicherer, die Summe bei Bedarf nach oben hin anzupassen, was in der Vergan-genheit sehr selten der Fall war. In der Wohngebäudeversicherung gibt es diese Vorsor-geregelung nicht. Baupreisanpassungen spielen aber aufgrund der Entwicklungen am Markt eine viel wichtigere Rolle. Daher wurde eine gleitende Versicherung geschaffen, mit der der Versicherungswert des Hauses mit dem Wiederaufbauwert des Objektes nach oben steigt – also „gleitet".

Nun muss zunächst eine Versicherungssumme festgelegt werden, was vorrangig Ihre Aufgabe in der Praxis ist. Welche Summe nehmen Sie? Legen Sie als Neubauwert in unserem Beispiel die 200.000 € fest, so müssten Sie jedes Jahr diese Summe anpassen und der Kunde bekäme jedes Jahr eine geänderte Versicherungspolice mit der neuen Summe. Allein der Verwaltungsaufwand hierfür wäre viel zu hoch. Daher hat man sich auf einen Basiswert geeinigt, den Wert 1914.

2.2.2.1 Wert 1914

Es gibt einen sinnvollen Grund, den Neubauwert auf das Jahr 1914 zurückzurechnen: Die meisten Gebäude, die Sie heute versichern, wurden nicht vor 1914 gebaut und kön-nen damit erfasst werden. Zudem war das Jahr 1914 das letzte kriegsfreie Jahr mit noch stabilen Baupreisen. Letztendlich hat sich der Wert 1914 bis heute durchgesetzt und wird von der Mehrzahl der Versicherer aus gutem Grund angewendet. Dies erleichtert auch den Vergleich unter den Anbietern.

Es gibt verschiedene Möglichkeiten, den Versicherungswert des Jahres 1914 eines Objektes zu ermitteln. Wichtig ist nur, dass dies mit Sorgfalt und Genauigkeit geschieht, damit der Kunde nicht in unser schon bekanntes Problem der Unterversicherung rutscht. Proximus 4 sieht nach den Bedingungen nur eine Möglichkeit vor, die in der Praxis auch die praktikabelste und sinnvollste ist:

2.2.2.2 Ermittlung nach Größe, Ausbau und Ausstattungsmerkmalen des Gebäudes

Anhand vorgegebener Fragen zum Antrag wird das Objekt beschrieben und mit Werten untermauert. Konkret geht es z. B. um die Anzahl der Geschosse, mit oder ohne Keller, Beschaffenheit des Daches und der Außenwände sowie um besondere Ausstattungsmerkmale innerhalb des Gebäudes. Durch die errechnete m^2-Wohnfläche, multipliziert mit einem bestimmten Faktor, erhalten Sie dann den Wert/die Summe aus dem Jahre 1914.

Wenden Sie diese Methode korrekt an, erhält der Kunde die bereits bekannte Unterversicherungsverzichtsklausel, der Versicherer rechnet eine eventuell bestehende Unterversicherung also nicht an. Diese dürfte bei einer korrekten Wertermittlung aber auch erst überhaupt nicht entstehen. Wie bei der Hausratversicherung muss dies bei Vertragsabschluss das erklärte Ziel sein. Alle Verträge ohne diese Klausel – gerade bei einem Wohngebäude – sind das Papier nicht wert, auf dem sie stehen! Sie werden nachher in den Berechnungsbeispielen erfahren, warum.

Lassen Sie uns aber zunächst noch einmal über die Ermittlung des Wertes 1914 sprechen.

Worauf ist in der Praxis zu achten?

Stellen Sie sich einmal folgendes Objekt vor:

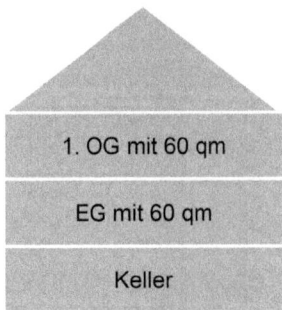

Abb. 13: Objekt zur Ermittlung des Wertes 1914

Das Dach ist nicht ausgebaut und im Keller befindet sich neben den üblichen Räumen, wie z. B. einem Wasch-, Heizungs- und Abstellkeller, ein ausgebauter Partykeller mit 20 m². Die m²-Wohnfläche wird wie in der Hausratversicherung ermittelt. Zur Wohnfläche werden alle Wohnräume einer Wohnung einschließlich der zu Wohn- oder Hobbyzwecken ausgebauten Keller-, Speicher- und Bodenräume gerechnet. Treppen, Balkone, Terrassen und Loggien gehören nicht dazu.

Bitte nehmen Sie jetzt den Antrag eines Versicherers Ihrer Wahl oder den Wertermittlungsbogen nach Proximus 4 und berechnen Sie den Versicherungswert 1914. Alternativ können Sie natürlich auch Ihren Laptop verwenden. Sie erkennen, wie einfach es ist, die Fragen zu beantworten und den Wert zu berechnen. Folgende Schritte müssen Sie beachten:

1. Schritt: Sie ermitteln den Typ des Hauses nach der Anzahl der Stockwerke, Keller und Dachgeschoss und legen so den Basiswert 1914 fest.

2. Schritt: Der dort angegebene Wert berücksichtigt ein Haus mit „normaler" Ausstattung. Sind wertsteigernde Bauausführungen vorhanden (z. B. Handstrichklinker, Marmorböden, Parkett-/Teppichböden mit einem Wert von mehr als 50 Euro pro m² oder eine Fußbodenheizung), sind Zuschläge zu berechnen, die den Basiswert erhöhen. Fragen Sie Ihre Kunden einfach nach der Ausstattung. Wenn Sie sich nicht ganz sicher sind, ob Sie einen Zuschlag erheben sollen oder nicht, rechnen Sie diesen lieber dazu. Ein hoher Wert ist immer besser als ein zu niedriger Betrag – wobei zu beachten ist, dass in der Praxis ein Wert von ein oder zwei Mark (Stand 1914) zu viel oder zu wenig kaum eine Rolle spielt.

3. Schritt: Sie erhalten nun einen Wert von z. B. 170 Mark. Diesen Wert müssen Sie nun mit der m²-Wohnfläche des Hauses multiplizieren, die in unserem Beispiel 120 m² beträgt. Das Ergebnis 170 x 120 ergibt einen Versicherungswert (= Versicherungssumme) von 20.400 Mark im Jahre 1914. Hinzu berechnen Sie noch einen marktüblichen Zuschlag von 15 Mark für Räume, die im Keller ausgebaut sind. Sie müssen nicht den Kellerraum von 20 m² mit den 170 Mark multiplizieren, da der Keller bereits in dem Basiswert berücksichtigt wurde. Der Zuschlag von 15 Mark gilt nur für den Wohnflächenausbau (Fliesen, Holzverkleidung etc.).

4. Schritt: Fragen Sie zudem nach einer Garage (vgl. Wertermittlung Proximus 4). Bei den versicherten Sachen hatten wir darüber gesprochen, dass jedes Gebäude separat erfasst werden muss. Diese Aufgabe wird Ihnen zumindest für die Garage durch die Antragsfragen abgenommen. Der Wert wird Ihnen automatisch, z. B. mit 700 Mark je Garage, vorgegeben.

Insgesamt erhalten Sie nun folgende Versicherungssumme:

120 m² Wohnfläche x 170 Mark pro qm	=	20.400 Mark
20 m² Kellerausbau x 15 Mark (vorgegebener Wert)	=	300 Mark
1 Garage vorhanden mit 700 Mark (vorgegebener Wert)	=	700 Mark
		21.400 Mark

Tab. 25: Wert-1914-Berechnung

Was sagt dieser Wert aus?

Im Jahre 1914 hätte der Kunde für den Neubau seines Hauses 21.400 Mark bezahlen müssen. Dieses ist auch gleichzeitig die Versicherungssumme, die in der Police dokumentiert und bei gleichbleibenden Verhältnissen auch nicht mehr verändert wird.

Für gemischt genutzte Objekte mit gewerblichen Einheiten kann es Zuschläge auf die Summe geben, wenn hier wertsteigernde Bauausführungen vorhanden sind. So hat z. B. ein Gebäude, das zusätzlich als Hotel oder Pension genutzt wird, u. a. viele Zimmer. Zu jedem Zimmer gehört meistens auch ein Badezimmer, was bekanntlich aus Gebäudebestandteilen besteht. Demnach muss auch der Wert des Gebäudes dadurch entsprechend erhöht werden. Nochmals zu Klarstellung: Wir reden hier nicht von einer eventuellen Gefahrerhöhung, weil es z. B. in einem Hotel leichter brennen kann. Es geht einzig und allein um den Wert des Gebäudes und die Versicherungssumme. Liegt eine Gefahrerhöhung vor, wirkt sich das allein auf die Prämie aus, worauf wir später zurückkommen.

Nun wird der Kunde berechtigterweise mit diesem Wert nicht viel anfangen können, da wir im 21. Jahrhundert leben und die Versicherer keine Mark mehr haben, die sie ihm im Schadenfall auszahlen könnten. Der Kunde möchte Euro-Werte aufgezeigt bekommen und seinen Vorteil in aktuellem Geld messen können, wenn es zu einem Schadenfall kommt.

Hier wird Ihnen allein der sogenannte Baupreisindex weiterhelfen, mit dem Sie Ihren Kunden den Wert der Versicherung und den ebenso entscheidenden Vorteil des Unterversicherungsverzichts deutlich machen können.

2.2.2.3   Baupreisindex

Blättern Sie in den Tarifwerken Ihrer Gesellschaft, werden Sie eine Übersicht über den „mittleren Baupreisindex" vom Jahr 1914 bis heute erhalten. Dieser Baupreisindex spiegelt die Baupreisentwicklung in Deutschland im Laufe der Jahrzehnte wieder. Er gibt auch ein wenig Aufschluss über die wirtschaftliche Entwicklung in Deutschland. Ein Index beginnt immer mit dem Grundwert 100. Aufgrund der Euro-Umstellung liegt dieser Wert nun im Jahre 1914 bei 51,1.

Mittlerer Baupreisindex bedeutet, dass ein Durchschnitt aller Baupreise einschließlich der Löhne für ganz Deutschland dargestellt wird. Sie können sich vorstellen, dass ein identisches Haus in München teurer sein wird als irgendwo in Mecklenburg-Vorpommern in einem Dorf. Allein deswegen werden Sie Ihrem Kunden niemals einen exakten Euro-Betrag nennen können, den er für den Wiederaufbau seines Hauses erhält, da dieser von seinem Wohnort abhängt. Sie können nur einen **Anhaltspunkt** geben, der vielen Kunden aber schon ausreicht. Viel wichtiger ist die darauffolgende Aussage, wenn der Kunde den Unterversicherungsverzicht vereinbart hat:

Der Baupreisindex für 2019 beträgt 1.454,3. Ausgehend von unserem Wert 1914 von 21.400 Mark ergibt sich für einen Euro-Wert folgende Rechnung:

Umrechnung des Wertes 1914 mit dem Baupreisindex

$$\frac{21.400 \text{ M} \times 1.454,3}{100}$$

oder 21.400 M x 14,543

= 311.300 € gerundet

Im Jahre 2009, bei der Veröffentlichung der 2. Auflage dieses Buches, lag der errechnete Wert noch bei rund 250.000 Euro. Sie erkennen daran, wie sich allein in den letzten neun Jahren die Baupreise entwickelt haben.

Also, lieber Kunde: „Wenn Ihr Haus heute abbrennt, bekommen Sie von Ihrer Versicherung 311.300 € für den Wiederaufbau."

Ist diese Aussage richtig oder falsch? Sie ist falsch! Die Versicherungssumme beträgt 21.400 Mark und nicht 311.300 €. **Die Berechnung erfolgt mit dem mittleren Baupreisindex.**

Kostet das Haus in München 350.000 €, bekommt der Kunde auch 350.000 Euro, und kostet das Haus auf dem Land 270.000 €, bekommt der Kunde auch nur 270.000 €. Jedes Haus ist bis zur Höhe der regionalen Wiederaufbaukosten versichert – gleichgültig, wie hoch diese letztendlich ausfallen. Und das ist der entscheidende Vorteil der gleitenden Neuwertversicherung mit Unterversicherungsverzicht!

Dies gilt es dem Kunden deutlich zu machen. Ist die Versicherungssumme 1914 einmal richtig festgelegt, wird er im Schadenfall ohne zwischenzeitliche Veränderungen keine Nachteile erfahren. Sie können Ihren Kunden auch folgendes Bild vor Augen führen: „Brennt Ihr Haus einmal ab, lassen Sie es brennen und schauen Sie den Löscharbeiten zu. Mit Ihrem Vertrag werden Sie Ihren Lebenstraum schnell wieder aufbauen können."

Manchem Kunden ist der Wert 1914, von dem natürlich auch die Versicherungsprämie bemessen wird, zu hoch angesetzt. „311.300 €? So viel hat mein Haus nie gekostet und wird es auch niemals kosten!" Dies mag stimmen, jedoch müssen Sie wie bei der Berechnung des Wertes 1914 nach dem Neubauwert Folgendes zu bedenken geben:

Die Versicherungssumme muss so festgelegt werden, dass alle Arbeiten und Leistungen nach einem Schadenfall durch fremde Baufirmen mit dieser Summe erbracht werden können. Hiernach muss alles bewertet werden. Im Gespräch mit dem Kunden kann es zu unterschiedlichen Einschätzungen kommen, da

- viele Kunden Eigenleistungen erbringen, die sie in ihrer eigenen Rechnung nicht berücksichtigen (die Frage ist: Könnten diese Eigenleistungen noch in 10 bis 20 Jahren erbracht werden?),
- Anbauten und Nebengebäude eventuell nicht berücksichtigt wurden,
- die Baunebenkosten nicht einkalkuliert sind und
- Preisnachlässe bei der Ermittlung der Versicherungssumme keine Rolle spielen.

Viele Kunden kommen auch mit der Police ihres Vorversicherers und wollen von Ihnen ein Gegenangebot haben. Ihr Wert 1914 fällt aber deutlich höher aus als der Wert des Vorversicherers. Fragen Sie dann immer, wie der Wert bei dem Versicherer zustande gekommen ist und insbesondere, ob der Unterversicherungsverzicht Gültigkeit hat. Bietet der Vorversicherer trotz einer niedrigeren Versicherungssumme den Unterversicherungsverzicht, ist der Versicherungswert nach den damaligen Kriterien korrekt ermittelt und sind zwischenzeitlich keine wertsteigernden baulichen Maßnahmen vorgenommen worden, ist der Kunde beim Vorversicherer gut versichert. Sie können dann nur mit speziellen Leistungsinhalten Ihres Angebots argumentieren oder mit einem günstigeren Versicherungstarif.

> **Fehlt dem Vertrag des Kunden aber der Unterversicherungsverzicht oder hat er inzwischen etwas an oder in seinem Gebäude verändert, müssen Sie unbedingt auf die Gefahren der Unterversicherung und die Notwendigkeit einer Vertragsanpassung hinweisen.**

> Bitte übernehmen Sie niemals blind den Wert der Vorversicherung, sondern führen Sie immer gemeinsam mit dem Kunden eine neue Wertermittlung durch! Im Extremfall wird der Kunde es Ihnen sein Leben lang danken.

Es sei nochmals ausdrücklich erwähnt, dass wertsteigernde bauliche Maßnahmen, die der Kunde vornimmt und nicht seinem Wohngebäudeversicherer meldet, zum Verlust des Unterversicherungsverzichts führen. Die Meldung muss spätestens mit Ablauf der laufenden Versicherungsperiode erfolgen. Allein deswegen ist eine kontinuierliche Betreuung Ihrer Wohngebäude-Kunden schon unerlässlich. Wenn man bedenkt, wie viele Verträge schon seit Jahren / Jahrzehnten bestehen und niemals verändert wurden ...

Mit dem Baupreisindex können Sie demnach die Versicherungssumme und die Auswirkungen sowohl einer korrekten als auch einer fehlerhaften Summe verdeutlichen. Sie können einen heute gültigen Durchschnittswert ermitteln, aber genauso gut natürlich auch jeden Neubauwert auf den Wert 1914 zurückrechnen. Sie müssen dazu den Dreisatz einfach nur umstellen, z. B.:

Baujahr 1990	
Neubauwert einschließlich aller Eigenleistungen, Nebenkosten etc.	180.000 €
Baukostenindex 1990!	835,1
Wert 1914:	(180.000 € x 100) / 835,1
= aufgerundet 21.600 Mark Wert 1914.	

Tab. 26: Umrechnung eines Neubauwertes in das Jahr 1914

Mit dieser Methode können Sie auch nachträgliche Anschaffungen erfassen (z. B. einen Wintergarten) und den Wert 1914 um den errechneten Betrag erhöhen.

Neben dem Baukostenindex werden Sie sicherlich schon einmal von dem „Anpassungsfaktor" oder dem „gleitenden Neuwertfaktor" gehört haben. Wofür steht dieser? Sie sollten unbedingt seine Bedeutung kennen, da jeder Kunde auf seiner Prämienrechnung damit konfrontiert wird.

2.2.2.4 Anpassungsfaktor

Der Anpassungsfaktor wird ebenfalls nach den Baukosten, das sind Material- und Lohnkosten im Baugewerbe, definiert. Wofür brauchen Sie nun diesen Anpassungsfaktor? Zunächst einmal zur Prämienberechnung!

In der Hausratversicherung haben Sie bereits erfahren, wie sich eine Prämie ermittelt. Sie benötigen die Versicherungssumme und einen Prämiensatz, der sich aus den Tarifen der Versicherer nach dem gewünschten Versicherungsschutz ergibt und in einem Promillesatz wiedergegeben wird.

Aus unserem Beispiel ergibt sich die Versicherungssumme von 21.400 Mark (nicht der Euro-Wert!). Der Prämiensatz beträgt für die Wohngebäudeversicherung dann z. B. 0,90 ‰.

Nun ergibt sich folgender Beitrag:

21.400 Mark x 0,90 ‰ = 19,26

Was drückt dieses Ergebnis nun aus? Der Kunde zahlt 19,26 € für seinen Wohngebäudevertrag?

Natürlich nicht. 19,26 ist ein Mark-Betrag, der wiedergibt, was der Kunde im Jahre 1914 für diese Versicherung hätte zahlen müssen.

Wir leben im Zeitalter des Euro und der Kunde wird auch mit Euro bezahlen müssen. Und für diese Umrechnung benötigen Sie den Anpassungsfaktor, der ebenso wie der Baupreisindex jedes Jahr neu festgelegt wird. Im Jahre 2019 liegt dieser bei 18,55.

Es ergibt sich folgende Rechnung:

21.400 Mark x 0,90 ‰ = 19,26 M x 18,55 = 357,27 €

Dies ist der Jahresbeitrag zuzüglich der gesetzlichen Versicherungsteuer.

Den Anpassungsfaktor wird der Kunde auch auf seiner Prämienrechnung wiederfinden. Da sich dieser jedes Jahr erhöht, wird sich auch die Prämie jedes Jahr erhöhen und der Kunde wird früher oder später bei Ihnen anrufen und nach den Gründen fragen. Die Versicherungssumme bleibt gleich, die Prämie wird aber erhöht? Sie wissen, dass dies mit den gestiegenen Baukosten zusammenhängt und die Kunden im Schadenfall auch Anspruch auf Entschädigung der tagesaktuellen Baupreise und Löhne haben. Das müssen Sie Ihren Kunden auch so verdeutlichen.

Will der Kunde im Ausnahmefall die Prämienerhöhung aufgrund des gestiegenen Anpassungsfaktors tatsächlich nicht mehr akzeptieren, so hat er die Möglichkeit, dieser zu widersprechen. Der Vertrag kann dann in Form einer **„Gleitenden Zeitwertversicherung"** weitergeführt werden oder muss komplett gekündigt werden. Eine Versicherung zum Zeitwert für das Wohngebäude macht aber so gut wie überhaupt keinen Sinn mehr und sollte niemals angestrebt werden.

Zum Abschluss des Kapitels noch eine Frage:

Warum liegt der Anpassungsfaktor mit 18,55 im Jahre 2019 höher als der Baupreisindex von 14,543?

Wenn wir es einfach ausdrücken, wird doch mit dem Baupreisindex die wahrscheinliche Entschädigung für den Kunden ermittelt. Beide Faktoren basieren auf der Baupreisentwicklung, aber mit dem höheren Anpassungsfaktor erheben die Versicherer auch eine höhere Prämie von dem Kunden und mit dem niedrigeren Baupreisindex ermitteln sie eine geringere Entschädigung. Warum?

Eine entscheidende Antwort finden Sie im Leistungskatalog der Versicherer, worauf wir nun eingehen werden. Neben dem Wiederaufbau des Gebäudes werden insbesondere auch Kosten übernommen, die mit den eigentlichen Beträgen für den Wiederaufbau in keinem Zusammenhang stehen. Zu nennen sind hier insbesondere die Aufräumungs- und Abbruchkosten sowie der versicherte Mietausfall. Diese zusätzlichen Leistungen kosten Geld und werden über den höheren Anpassungsfaktor mit der Prämie wieder aufgefangen.

Dies aber nur für Sie als Erläuterung, warum die beiden Indizes unterschiedlich hoch sind. In der Praxis wird die Frage kaum vom Kunden gestellt werden. Es geht vor allem um die Prämie und die Frage, warum sie jedes Jahr steigt. Hierauf können Sie nun ausreichend reagieren.

Fazit mit nützlichen Verkaufstipps

- Das Gebäude ist mit seinen Gebäudebestandteilen und dem Zubehör versichert. Alle Gebäude müssen im Versicherungsschein erfasst werden. Bitte achten Sie darauf, die Grundstücksbestandteile so umfassend wie möglich mit einzuschließen.

- Die „Gleitende Neuwertversicherung" bildet das Kernstück eines jeden Wohngebäudevertrages. Das alles Entscheidende hierbei ist es, den Wert 1914 korrekt zu ermitteln. Dies geschieht am praktikabelsten, wenn Sie den Wert nach der Größe und den Ausstattungsmerkmalen des Gebäudes berechnen. Verwechseln Sie den Versicherungswert nicht mit den Baukosten (Problem: Eigenleistungen) oder dem Kaufpreis des Gebäudes (Problem: Kaufpreis ist nicht gleich Neubauwert).

- Der Unterversicherungsverzicht gehört zwingend in jeden Vertrag hinein. Der Kunde erhält dadurch die Zusage, das Objekt ohne eine Summenbegrenzung nach oben wieder aufzubauen.

- Der Baukostenindex dient dazu, eine Summe (Euro- oder 1914-Wert) zu ermitteln, während der Anpassungsfaktor für die Prämienermittlung eingesetzt wird.

Bevor wir zu den Zusatzleistungen wie den versicherten Kosten kommen, wollen wir uns zunächst mit den versicherten Gefahren in der Wohngebäudeversicherung beschäftigen.

Wann also erhält der Kunde Geld aus seinem Versicherungsvertrag für den Schadenausgleich?

2.2.3 Versicherte Gefahren

Haben Sie die zu versichernden Sachen komplett erfasst und die Versicherungssumme korrekt festgelegt, ist die Erläuterung der versicherten Gefahren nur noch ein kleiner Bestandteil des Verkaufsgesprächs.

Wie bereits erwähnt wissen die meisten Kunden, dass sie ihr Wohngebäude versichern sollten oder aufgrund der Finanzierung auch müssen. Jetzt gilt es, das Paket so umfassend wie möglich zu schnüren, um den Kunden für den Schadenfall optimal abzusichern und Ihre Beraterpflicht zu erfüllen.

Alle versicherten Sachen sind wie bei der Hausratversicherung gegen bestimmte Gefahren versichert. Die Grundgefahren Feuer, Leitungswasser, Sturm und Hagel sowie die weiteren Elementargefahren haben wir bereits ausführlich besprochen. Ich möchte daher im Folgenden lediglich auf die für das Wohngebäude relevanten Bereiche eingehen. Alles andere können Sie im Kapitel zur Hausratversicherung nachlesen. Die Gefahr Einbruchdiebstahl/Vandalismus gibt es für das Gebäude nicht, obwohl dadurch Deckungslücken entstehen, auf die ich ebenfalls noch näher eingehen werde.

Neu ist die so wichtige Gefahr „Rohrbruch, Frost", die etwas näher zu beschreiben ist.

Versichert sind wiederum Sachen, die durch diese Gefahren zerstört, beschädigt werden oder infolge dessen abhandenkommen.

2.2.3.1 Brand, Blitzschlag, Überspannung durch Blitz, Explosion, Verpuffung, Implosion, Anprall oder Absturz eines Luftfahrzeuges

Das Feuerrisiko ist sicherlich das Risiko, welches die Existenz des Kunden am stärksten gefährdet. Nicht umsonst fordern die Kreditgeber als Erstes eine Feuerversicherung für das Gebäude. Aber nicht nur der Schaden durch das Feuer selbst kann gravierend sein, sondern auch der Rauch, der sich in das Gebäude frisst. Kleine Ursache, große Wirkung! Hierzu folgendes Beispiel:

Fett entzündet sich auf der Herdplatte, was für längere Zeit nicht bemerkt wird. Das entstehende Feuer und der Rauch verursachen erhebliche Schäden. Der Rauch zieht bis in jede Ritze des Gebäudes. Alles muss wieder gereinigt und renoviert werden – ein größerer Schaden, der sowohl über die Gebäude- als auch über die Hausratversicherung gedeckt wird.

Was könnte z. B. ein Implosionsschaden in der Wohngebäudeversicherung sein? Hier ist es wichtig zu wissen, dass nicht nur die Sache selbst, sondern auch Folgeschäden über den Vertrag versichert sind. Der Fernseher implodiert und ist über den Hausrat versichert. Was aber, wenn durch die Implosion auch die Gebäudewand beschädigt oder verdreckt wird. Dies ist nicht Aufgabe der Hausratversicherung, da die Wand hier nicht zu den versicherten Sachen gehört, sondern ausschließlich der Wohngebäudeversicherung zuzuordnen ist. Wichtig ist es demnach zu wissen, dass eine versicherte Sache durch eine versicherte Gefahr beschädigt / zerstört werden muss. Die Frage, wo sich die Gefahr verwirklicht hat, spielt für den Versicherungsschutz keine Rolle. Der Schaden muss nur an den Sachen entstanden sein.

Ein anderes Beispiel:

Explodiert ein chemisches Werk und wird dadurch ein nahestehendes Gebäude zerstört, besteht über die Wohngebäudeversicherung Versicherungsschutz. Ob dann der betreffende Chemie-Konzern oder dessen Haftpflichtversicherung für den Schaden aufkommen muss, ist für die Entschädigung ohne Bedeutung.

Überspannungsschäden durch Blitz werden zukünftig eine immer wichtigere Rolle einnehmen. Alles wird immer elektrischer, angefangen von den elektrischen Rollläden bis hin zur neuesten Smart-Home-Technik.

In der Wohngebäudeversicherung sind neben den Überspannungsschäden nach Proximus 4 ebenfalls Schäden an versicherten Sachen gedeckt, die dadurch entstehen, dass sie einem Nutzfeuer oder der Wärme zur Bearbeitung oder zu sonstigen Zwecken ausgesetzt werden. Dies ist z. B. bei einem Kaminbrand der Fall. Der Kamin ist versicherte Sache und wird bewusst einem Feuer ausgesetzt, welches zu Heizzwecken genutzt wird. Nun kann es vorkommen, dass der Kamin selbst durch starke Rußablagerungen zu brennen beginnt. Derartige **Nutzwärmeschäden** werden von der Wohngebäudeversicherung bezahlt.

2.2.3.2   Leitungswasserschäden

Das Leitungswasserrisiko wird wie in der Hausratversicherung definiert. Beim Gebäude ist dieser Gefahr eine größere Bedeutung beizumessen. Wenn ein Rohr bricht, werden die Wände nass und damit ist der Wohngebäudevertrag betroffen.

Ausdrücklich erwähnt wird, dass kein Versicherungsschutz besteht, sofern das Gebäude nicht bezugsfertig oder wegen Umbauarbeiten für seinen Zweck nicht benutzbar ist. Hier ist die Gefahr zu groß, dass wegen Fehler bei Reparaturen oder größeren Renovierungsarbeiten Leitungswasser freigesetzt wird. Eine sogenannte Bauleistungs- oder auch Bauwesenversicherung bietet hierfür Versicherungsschutz. Auf die einzelnen Leistungen werden wir zum Abschluss in dem Kapitel „Notwendige Absicherungen für den Bauherren" eingehen.

Rohrbruch, Frost

Der versicherte Rohrbruch ist eine der wichtigsten Leistungen in der Wohngebäudeversicherung. In der Hausratversicherung muss diese Gefahr schon deswegen nicht berücksichtigt werden, weil die Rohre nicht Hausrat-, sondern Gebäudebestandteile sind – es sei denn, ein Mieter hat sie in die Wohnung eingebracht (liegt dieser seltene Fall vor, sind die Rohre auch über die Hausratversicherung des Mieters versichert – vgl. die Ausführungen zum Leitungswasser-Risiko Hausrat).

Schon jetzt kann gesagt werden, dass für Rohrbrüche unabhängig von ihrer Ursache immer Versicherungsschutz gegeben ist. Auch einfache Korrosionsschäden sind versichert.

> Unterschieden werden muss zwischen Rohren, die innerhalb des Gebäudes, und Rohren, die außerhalb des Gebäudes verlegt sind.

Innerhalb versicherter Gebäude sind versichert frostbedingte und sonstige Bruchschäden an Rohren

- der Wasserversorgung (Zu- oder Ableitungen) oder den damit verbundenen Schläuchen,
- der Warmwasser- oder Dampfheizung,
- von Wasserlösch- oder Berieselungsanlagen,
- von Klima-, Wärmepumpen- oder Solarheizungsanlagen,

sofern diese Rohre nicht Bestandteil von Heizkesseln, Boilern oder vergleichbaren Anlagen sind.

Als innerhalb eines Gebäudes gilt der gesamte Baukörper einschließlich der Bodenplatte. Nicht gemeint sind Rohre und Installationen unterhalb der Bodenplatte. Dieser Punkt stellt in der Praxis oftmals ein Problem dar, da der Kunde auch für seine Rohre unterhalb der Bodenplatte und auf seinem Grundstück verantwortlich ist, diese Rohre sich allerdings außerhalb des Gebäudes befinden. Und welche Rohre sind außerhalb geschützt? Es handelt sich um

- Zuleitungsrohre der Wasserversorgung,
- Rohre der Warmwasserheizungs-, Dampfheizungs-, Klima-, Wärmepumpen- oder Solarheizungsanlagen.

Erkennen Sie den so wichtigen praxisrelevanten Unterschied? Außerhalb des Gebäudes ist der Versicherungsschutz auf die Zuleitungsrohre der Wasserversorgung begrenzt. Ableitungsrohre fallen nicht unter den Versicherungsschutz. Diese häufiger von Schäden betroffenen Rohre können Sie nur mit einer Zusatzvereinbarung gegen Extraprämie in den Vertrag einschließen. Viele Versicherer schränken den Versicherungsschutz aber auch hier stark ein, indem sie z. B. einen Nachweis über den einwandfreien Zustand dieser Rohre verlangen, die Entschädigungsleistung auf einen bestimmten Betrag wie z. B. 5.000 bis 10.000 € begrenzen oder den Schutz nur für Gebäude bis zu einem gewissen Alter bereitstellen.

> Wenn Sie die Möglichkeit haben, Ableitungsrohre auf dem Grundstück für den Kunden mitzuversichern, machen Sie es bitte auf jeden Fall! Hier passieren früher oder später die Schäden! Ihre Kunden werden es Ihnen danken.

Die Rohre müssen sich zudem auf dem Grundstück befinden und der **Versorgung versicherter Gebäude oder Anlagen** dienen. An diesem Punkt zeigt sich auch, wie wichtig es ist, Nebengebäude auf dem Grundstück mit zu erfassen. Haben Sie z. B. die Garage oder ein Gartenhäuschen mit Wasseranschluss nicht in der Versicherungssumme berücksichtigt, ist auch der Bruch an dem Zuleitungsrohr dorthin nicht versichert, weil hier **nicht versicherte** Gebäude betroffen sind.

In vielen Städten und Gemeinden ist es auch üblich, dass Eigenheimbesitzer bei Bruchschäden an den Zu- und/oder Ableitungsrohren **außerhalb** ihres Grundstücks, die aber für das Objekt bestimmt sind, an den Reparaturkosten vollständig oder teilweise beteiligt werden. Sie sind dann überrascht, auf einmal eine Rechnung von der Stadt oder Gemeinde zu erhalten. Hier sollten sich Ihre Kunden informieren, ob sie in ihren Wohnorten an diesen Kosten beteiligt werden können. Es gibt dann ebenso die Möglichkeit, die Zu- und Ableitungsrohre **außerhalb des Grundstücks** in den Vertrag einzuschließen.

Zusammenfassend nochmals ein Schaubild hierzu:

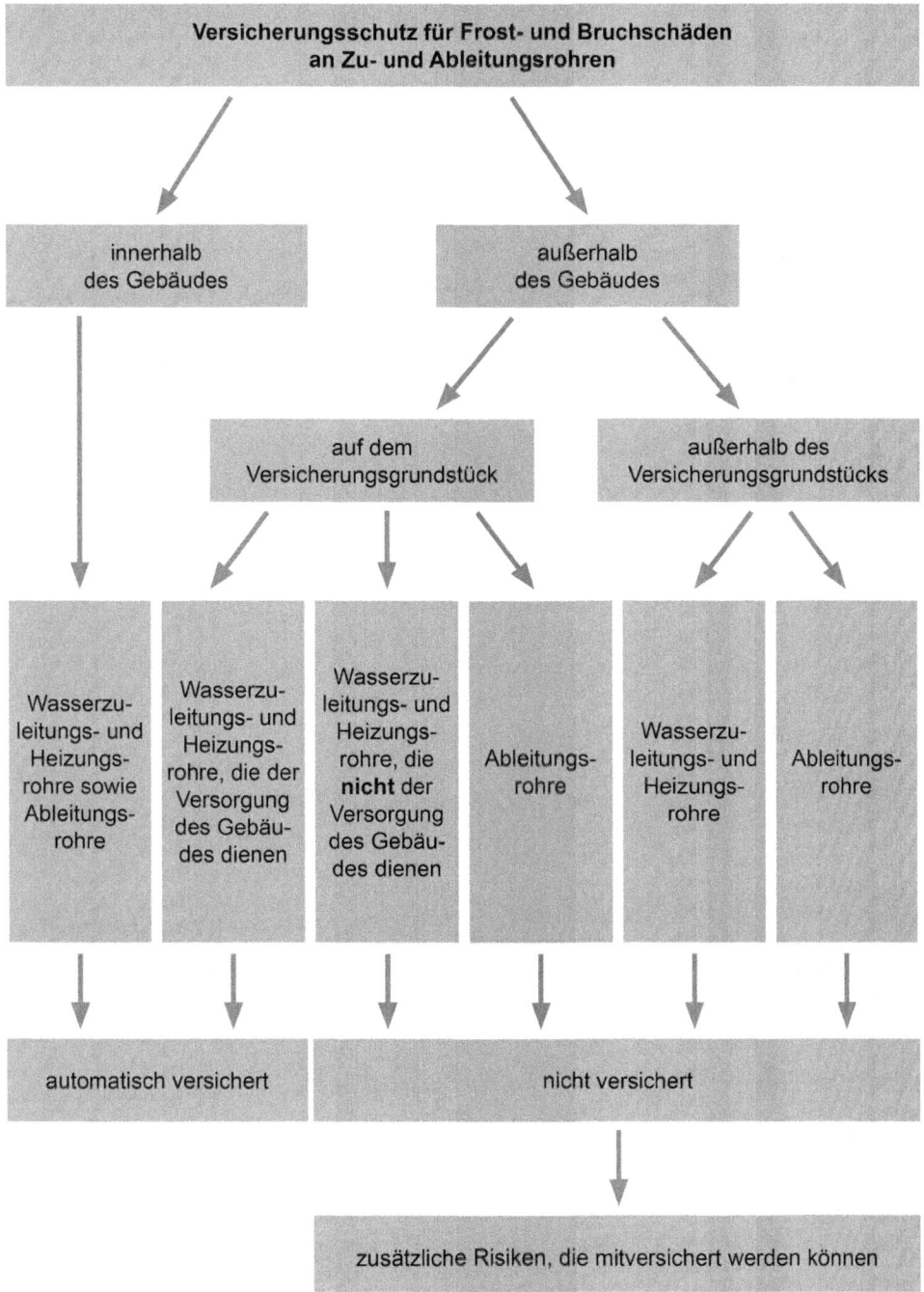

Abb. 14: Versicherter Rohrbruch in der Wohngebäudeversicherung

Neben den Frostschäden an Rohren sind auch Frostschäden an diversen Einrichtungen versichert. Es handelt sich hierbei um Gebäudebestandteile wie z. B. Waschbecken, Ventile, Armaturen, Heizkörper oder Heizkessel.

Der Kunde ist allerdings auch verpflichtet, das Gebäude ausreichend zu beheizen, da ansonsten der Versicherungsschutz entfallen oder die Leistungen gekürzt werden können. Schäden, die durch überraschend auftretenden, nächtlichen Frost entstehen, werden jedoch bezahlt.

Der Versicherungsschutz bezieht sich auf Einrichtungen, die sich **innerhalb** des Gebäudes befinden; außen angebrachte Wasserhähne, Waschbecken etc. zählen daher nicht dazu.

Nicht versichert sind wie bei der Gefahr Leitungswasser Schäden an Rohren, soweit das Gebäude noch nicht bezugsfertig oder wegen Umbauarbeiten für seinen Zweck nicht benutzbar ist. Hier greift wieder die Bauleistungsversicherung.

2.2.3.3   Naturgefahren: Sturm, Hagel

Auch hier sind Schäden an nicht bezugsfertigen Gebäuden und Schäden durch eine Sturmflut nicht versichert.

Ansonsten entspricht der Versicherungsschutz dem der Hausratversicherung. Das Auftreten von Windstärke 8 bei Sturm (also mindestens 62 km / h) ist auch hier die Grundvoraussetzung für eine Entschädigung. Für das Wohngebäude kommt der Sturm-/Hageldeckung aber eine größere Bedeutung zu, da der Schaden zunächst am Gebäude entsteht, bevor Hausratgegenstände betroffen werden. Klassische Beispiele sind die abgedeckten Dachziegel oder Gebäudebeschädigungen durch herumfliegende Teile.

Eine gleich große Bedeutung erhalten die Elementargefahren in der Wohngebäudeversicherung, die in keinem Vertrag heute mehr fehlen sollten (falls ein Abschluss möglich ist).

Es sei nochmals erwähnt, dass der Versicherungsschutz für die weiteren Elementargefahren wie in der Hausratversicherung separat vereinbart werden muss.

Der Versicherungsschutz entspricht dem auf S. 137 zur Hausratversicherung beschriebenen. Auch in Wohngebäude spielt das Überschwemmungsrisiko die entscheidende Rolle!

2.2.4   Zusätzliche Einschlüsse

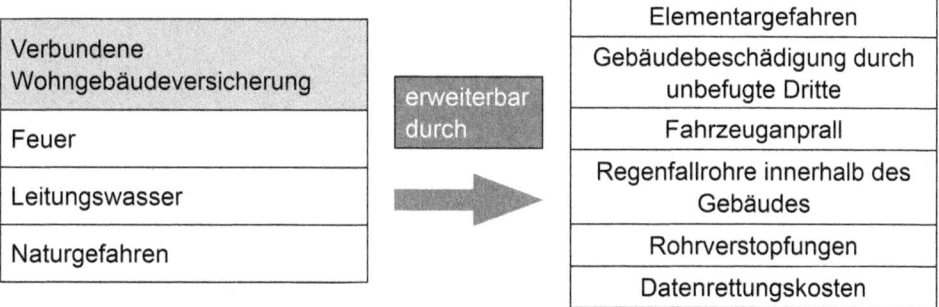

Verbundene Wohngebäudeversicherung		Elementargefahren
	erweiterbar durch	Gebäudebeschädigung durch unbefugte Dritte
Feuer		Fahrzeuganprall
		Regenfallrohre innerhalb des Gebäudes
Leitungswasser		Rohrverstopfungen
Naturgefahren		Datenrettungskosten

Abb. 15: Zusätzliche Einschlüsse in der Wohngebäudeversicherung

Mit der Absicherung gegen die geschilderten Gefahren ist der Grundschutz einer je-den Wohngebäudeversicherung beschrieben. Sie sollten jedoch auch hier auf einen möglichst umfangreichen Versicherungsschutz hinwirken und auf die zusätzlichen Ein-schlüsse hinweisen, die von den meisten Versicherern angeboten werden. Neben den **Elementargefahren** möchte ich wie zu der Hausratversicherung an dieser Stelle einige marktübliche und prüfungsrelevante Punkte nennen. Weitere Besonderheiten werden in dem Punkt „Wohngebäudeversicherungen im Markt" behandelt.

2.2.4.1   Gebäudebeschädigung durch unbefugte Dritte

Sie wissen, dass in der Wohngebäudeversicherung die Gefahr Einbruchdiebstahl / Van-dalismus nicht versichert ist. Nun machen Sie für ein Mehrfamilienhaus einen entspre-chenden Vertrag. Nach einiger Zeit wird die Haupteingangstür des Hauses aufgebrochen und die Täter gelangen so in das gemeinschaftliche Treppenhaus und von dort aus in die Wohnung eines Mieters. Wer ersetzt Ihrem Kunden den Schaden an der aufgebroche-nen Haupteingangstür? Vielleicht denken Sie, wenn nicht die Wohngebäudeversiche-rung, dann kann ja nur die Hausratversicherung in Betracht kommen.

Aber welche Hausratversicherung nehmen Sie denn? Die von den Mietern im Erdge-schoss oder anteilig jede Versicherung eines Mieters? Das wird nicht funktionieren. In der Hausratversicherung haben Sie Reparaturkosten für Gebäudeschäden aufgrund eines Einbruchs mitversichert. Dies gilt aber nur für Schäden innerhalb des Versiche-rungsortes, also der Wohnung. Die beschädigte Haupteingangstür ist keiner Wohnung zuzuordnen, sodass eine große Deckungslücke entsteht. Das Gleiche gilt für alle Be-schädigungen an Sachen, die dem Gemeingebrauch der Hausgemeinschaft unterliegen, wie z. B. für Türen, Schlösser, Fenster, Rollläden und Schutzgitter.

Sollten Sie demnach ein Mehrfamilienhaus versichern, gehören die Gebäudebeschädi-gungen durch unbefugte Dritte zwingend zum Versicherungsschutz dazu. Einbruchver-suche fallen ebenfalls unter den Versicherungsschutz. Bitte vergessen Sie diesen Punkt bei Ihren Angeboten nicht. Proximus 4 begrenzt die Höhe dieses Einschlusses auf 5 % der VS, max. 10.000 € (zur Berechnung siehe den Punkt Entschädigungsleistung).

2.2.4.2 Fahrzeuganprall

Der VR ersetzt ergänzend zu den Schäden durch Luftfahrzeuge ebenfalls Schäden für versicherte Sachen, die durch Fahrzeuganprall eines Straßen- oder Schienenfahrzeugs zerstört, beschädigt werden oder abhandenkommen.

Die Fahrzeuge dürfen nicht vom VN, Bewohnern oder Besuchern des Gebäudes gelenkt werden.

Nicht versichert sind Schäden an den Fahrzeugen, Grundstückseinfriedungen (auch Hecken), Straßen und den Wegen.

2.2.4.3 Regenfallrohre innerhalb des Gebäudes

Bei den versicherten Nässeschäden ist insbesondere immer von Leitungswasser aus den **Zu- und Ableitungsrohren der Wasserversorgung** die Rede. Durch diese Klausel werden zusätzlich Nässeschäden durch Leitungswasser ersetzt, welches aus innerhalb des Gebäudes verlaufenden Regenfallrohren bestimmungswidrig ausgetreten ist (z. B. in einer Garage).

Ebenso sind frostbedingte und sonstige Bruchschäden an im Gebäude verlaufenden Regenfallrohren versichert.

2.2.4.4 Rohrverstopfungen

Durch diese mögliche Erweiterung werden Kosten für die Beseitigung von Verstopfungen von Ableitungsrohren innerhalb versicherter Gebäude und auf dem Grundstück übernommen. Die Entschädigungshöhe kann frei vereinbart werden.

2.2.4.5 Datenrettungskosten

Diese Erweiterung haben Sie bereits zur Hausratversicherung kennengelernt. Die Eigenheime werden immer mehr mit Technik ausgestattet, die für die Sicherheit oder die Steuerung von Gebäudebestandteilen zuständig sind. Dieses wird in Zukunft noch mehr zunehmen und deshalb besteht auch zur Wohngebäudeabsicherung die Möglichkeit, nach einem Versicherungsfall Daten und Programme wiederherzustellen. Ersetzt werden die tatsächlich entstandenen notwendigen Kosten für die technische Wiederherstellung von elektronisch gespeicherten, ausschließlich für die private Nutzung bestimmten Daten und Programme.

Gezahlt werden nach Proximus 4 bis zu 2.000 €. Ansonsten gelten die gleichen Voraussetzungen und Bedingungen wie in der Klausel zur Hausratversicherung.

2.2.5 Versicherte Kosten

Neben den versicherten Gefahren kommt der ausreichenden Mitversicherung von Kosten eine entscheidende Bedeutung zu. Die Wiederherstellung der zerstörten oder beschädigten Sachen selbst wird schon eine Menge Geld kosten; anfallende Nebenleistungen können ebenso hohe Euro-Beträge ausmachen. Als erste und wichtigste Kostenpositionen sind hier die Aufräumungs- und Abbruchkosten zu nennen.

2.2.5.1 Aufräumungs- und Abbruchkosten

Stellen Sie sich vor, ein versichertes Wohnhaus brennt vollständig ab. Das erste, was dann vorliegt, ist eine Menge Bauschutt bzw. Müll. Bevor mit einem Wiederaufbau begonnen werden kann, muss das Grundstück aufgeräumt, müssen eventuell noch stehende Mauern umgestürzt und der gesamte Schutt dann abtransportiert und auf einer Mülldeponie fachgerecht entsorgt werden. Genau hierfür ist die Kostenposition gedacht.

„Aufräumungs- und Abbruchkosten sind Kosten, die entstehen, um versicherte Sachen aufzuräumen und abzubrechen. Dies schließt Aufwendungen ein, um Schutt und sonstige Reste dieser Sachen wegzuräumen, zum nächsten Ablagerungsplatz abzutransportieren, sie abzulagern und zu vernichten."

Ich habe diese Definition gemäß den VGB 2016 bewusst noch einmal aufgeführt, um Sie auf die hohe Priorität dieser Kostenposition – gerade in der Wohngebäudeversicherung – hinzuweisen. Wie bereits in der Besprechung zur Hausratversicherung erwähnt, werden bei den Löscharbeiten oftmals giftige Substanzen in den Baustoffen freigesetzt, sodass der Schutt vollständig als Sondermüll entsorgt werden muss (oder denken Sie an die Beseitigung von Bauschutt mit Anteilen von Asbest). Eine Tonne normalen Bauschutt können Sie schon für ca. 40 € entsorgen, Sondermüll je nach Grad der Vergiftung kostet bis zu 1.000 € je Tonne.

Je nach Größe des Objektes sind Aufräumungs- und Entsorgungskosten bis zu insgesamt 100.000 € schon vorgekommen, sodass erhebliche Mehrbelastungen auf den Kunden zukommen. Leider sind die Aufräumungs- und Abbruchkosten gemäß den Proximus-4-Bedingungen auf **5 % der Versicherungssumme** begrenzt (zur Berechnung siehe den Punkt Entschädigungsleistung).

Diese Begrenzung ist nicht akzeptabel. Jeder gute Wohngebäudevertrag hat diesen Posten sowie die nachfolgenden Bewegungs- und Schutzkosten bis 100 % der Summe mitversichert. Was bedeutet das aber in Euro ausgedrückt? Sie haben erfahren, dass es bei Vereinbarung der Unterversicherungsverzichtsklausel keine feste Versicherungssumme für das Wohngebäude gibt. Jeder Schaden wird ohne Wenn und Aber bis zur Höhe der tatsächlichen Wiederaufbaukosten ersetzt. Gleiches gilt dann selbstverständlich auch für die Aufräumungs- und Abbruchkosten: Es gibt keine Begrenzung nach oben! Kostet der Wiederaufbau 200.000 € und fallen 100.000 € für Kosten an, dann erhält der Kunde auch 300.000 €!

Bitte achten Sie im Verkauf auf eine ausreichende Mitversicherung. Dies ist das Verkaufsargument schlechthin und für den Kunden auch leicht nachvollziehbar.

2.2.5.2 Bewegungs- und Schutzkosten

Die Übernahme von Bewegungs- und Schutzkosten ist ohne eine abweichende Vereinbarung ebenfalls auf **5 %** der Versicherungssumme begrenzt. Die meisten Fälle entstehen bei Leitungswasserschäden, wenn Möbel aus einem Zimmer herausgeräumt und geschützt werden müssen, um z. B. einen Teppich- oder Laminatboden reparieren zu können. Es ist gleichgültig, ob versicherte Sachen oder nicht versicherte Sachen (wie hier die Möbel) bewegt und geschützt werden müssen. Der Kunde kann die Arbeiten auch selbst erledigen und dem Versicherer in Rechnung stellen (vgl. hierzu die Regelung in der Hausratversicherung).

Ebenso wie in der Hausratversicherung kann es zu Überschneidungen mit den Schadenabwendungs- und Schadenminderungskosten kommen, die natürlich auch in der Wohngebäudeversicherung gedeckt sind. Der einzige Unterschied besteht darin, dass es für diese Kosten ohnehin keine vertraglichen Entschädigungsgrenzen gibt.

2.2.5.3 Mehrkosten infolge behördlicher Auflagen

Die Mehrkosten durch behördliche Auflagen betreffen insbesondere Eigentümer älterer Gebäude. Grundsätzlich hat der Eigentümer bei einem Totalschaden Anspruch auf eine Wiederherstellung des Gebäudes in den Zustand vor dem Brand. Was gilt aber nun, wenn er aufgrund behördlicher Bestimmungen das Gebäude nicht wieder nach den ursprünglichen Plänen aufbauen darf, weil z. B. neue Wärmeschutzbestimmungen die Verwendung der bisherigen Materialien verbieten? Der Eigentümer ist demnach dazu gezwungen, neue und oft auch teurere Baustoffe zu verwenden. Der Versicherer ist aber nicht verpflichtet, diese zusätzlichen Kosten zu übernehmen.

Mit dem Einschluss der Position „Mehrkosten infolge behördlicher Auflagen" werden die zusätzlichen Kosten ausgeglichen. Gleiches gilt z. B. auch für veraltete Heizungsanlagen mit nicht mehr zeitgemäßer Brennwerttechnik oder die Elektroinstallation.

Das Gebäude muss auch an der bisherigen Stelle wiederaufgebaut werden. Ist dies aufgrund behördlicher Auflagen nicht möglich, ersetzt der Versicherer nur die Mehrkosten, die auch bei der Wiederherstellung an der bisherigen Stelle entstanden wären. Nicht ersetzt werden zudem Mehrkosten, die bereits vor dem Schadenfall dem Kunden bekannt waren und die ohnehin angefallen wären. Wusste der Kunde also schon, dass er seine Heizungsanlage erneuern muss, so werden die dadurch verursachten Mehrkosten nach einem Schadenfall nicht erstattet.

2.2.5.4 Mehrkosten infolge von Preissteigerungen

Zwischen Totalschaden und Wiederaufbau vergehen oft mehrere Monate, wenn nicht sogar ein bis zwei Jahre, allein schon aufgrund der vielen organisatorischen Dinge. Versichert ist das Gebäude allerdings zu ortsüblichen Wiederherstellungskosten bei **Eintritt**

des Versicherungsfalles. Was passiert aber nun, wenn in der Zeit zwischen Schaden und Wiederaufbau z. B. eine Lohnerhöhung im Baugewerbe stattgefunden hat und die Wiederaufbaukosten dadurch im Schnitt um 3 % steigen? Diese äußeren Einflüsse dürfen nicht zulasten des Kunden gehen und daher sind diese Preissteigerungen entsprechend mitversichert.

Der Kunde darf den Aufbau nur nicht schuldhaft hinauszögern, weil er z. B. erst einmal in den Urlaub fahren möchte oder sich monatelang nicht für ein Bauunternehmen entscheiden kann.

Eine bestehende Unterversicherung führt ebenfalls zu Verzögerungen, da der Kunde nicht den vollen Betrag vom Versicherer für den Wiederaufbau erhält und daher nachfinanzieren muss. Noch ein Grund mehr, die Versicherungssumme ausreichend zu bemessen und die Vereinbarung zum Verzicht auf Anrechnung einer Unterversicherung in den Vertrag miteinzuschließen!

Zu erwähnen sei noch, dass die Mehrkosten durch behördliche Auflagen und die Mehrkosten durch Preissteigerungen nicht separat als Kostenposition mitaufgeführt, sondern bereits im Gleitenden Neuwert berücksichtigt sind und demnach **ohne eine besonders genannte Entschädigungsgrenze** ersetzt werden.

2.2.6   Versicherter Mietausfall, Mietwert

Wo wird Ihr Kunde während des Wiederaufbaus wohnen und wer bezahlt hierfür die Rechnung? Bei dem versicherten Mietausfall ist zu unterscheiden zwischen dem

- tatsächlich entstandenen Mietausfall bei vermieteten Wohnräumen und der
- Ersatzleistung für selbst bewohnte Wohnungen.

Bei vermieteten Objekten oder einzelnen Wohnungen haben die Mieter das Recht, die Miete zu kürzen oder vollständig zu verweigern, wenn sie aufgrund eines Schadenfalles die Wohnung nicht oder nur noch teilweise nutzen können. Dies ist insbesondere bei Feuer- und Leitungswasserschäden der Fall und natürlich nur dann, wenn der Mieter den Schaden nicht selbst verursacht hat.

Der Eigentümer erhält aus seinem Wohngebäudevertrag die entgangenen Mieteinnahmen ersetzt. Geleistet wird, wenn durch einen Versicherungsfall, also einen Feuer-, Leitungswasser- oder z. B. Sturmschaden der Mietausfall entsteht und nicht, wenn der Mieter nur mangels Kontodeckung die Miete nicht zahlt. Zudem muss der Mietausfall auch tatsächlich entstanden sein. Steht eine Wohnung leer, entgehen dem Vermieter auch keine Einnahmen.

Diese Leistung stellt für alle Ihre Vermieter-Kunden von Objekten / Wohnungen eine wichtige Erweiterung dar, wird doch hiermit das Einkommen und damit der Lebensunterhalt vieler Kunden gesichert!

Ersetzt werden neben der tatsächlich entgangenen Kaltmiete auch die unabhängig vom Schadenfall fortlaufenden Mietnebenkosten, wie z. B. die Grundsteuer und Kosten für

Straßenreinigung, Müllabfuhr, Gartenpflege, Reinigung, Beleuchtung und den Betrieb von gemeinschaftlich genutzten Gebäudeteilen (Treppen, Flure etc.).

Für selbst bewohnte Wohnungen oder Einfamilienhäuser erhält der Kunde den **ortsüblichen Mietwert** ersetzt. Angesetzt wird die Kaltmiete pro m² Wohnfläche, ablesbar aus den gängigen Mietspiegeln. Mit dieser Entschädigung kann der Kunde in eine Pension/ein Hotel ziehen, sich vorübergehend eine Ersatzwohnung mieten, zu Freunden oder Verwandten ziehen oder einfach in den Urlaub fahren. Die Leistung ist also nicht zweckgebunden.

Der Unterschied zu dem Mietausfall bei vermieteten Wohnungen besteht darin, dass der Kunde die Leistung nur erhält, wenn es ihm tatsächlich auch nicht mehr zuzumuten ist, seine eigene Wohnung zu benutzen. Sind nach einem Schadenfall z. B. in einem Haus für eine vierköpfige Familie noch die Küche, das Bad und zwei Räume bewohnbar, kann die Familie noch in dem Haus leben und es wird keine Entschädigung fällig. Eine anteilige Erstattung des ortsüblichen Mietwertes gibt es demnach nicht. Es kommt immer auf den Einzelfall und die Beeinträchtigungen durch den Schaden an. Wie schon angedeutet, ist für die Beurteilung insbesondere entscheidend, inwieweit Küche und Badezimmer noch nutzbar sind und somit insgesamt eine angemessene Wohnqualität gewährleistet werden kann.

Sie wissen nun, dass nach einem Schadenfall im Rahmen der Wohngebäudeversicherung der entgangene ortsübliche Mietwert erstattet wird. Ihnen ist zudem bekannt, dass bei Bestehen einer Hausratversicherung der Kunde auch Anspruch auf die Begleichung von Hotelkosten hat. Diese beiden Leistungen aus Wohngebäude- und Hausratvertrag sind grundsätzlich nebeneinander zu gewähren, wobei in der Hausratversicherung die tatsächlich entstandenen Kosten für das Hotel oder die Pension auch nachzuweisen sind.

Mietausfall bzw. der ortsübliche Mietwert werden solange ersetzt, bis die Wohnung oder das Haus wieder benutzbar ist und der Kunde die mögliche Wiederbenutzung aus welchem Grund auch immer nicht schuldhaft verzögert. Geleistet wird für einen Zeitraum von **zwölf Monaten** nach Eintritt des Versicherungsfalles.

Auch hier zeigt sich wieder der Vorteil der Gleitenden Neuwertversicherung mit Unterversicherungsverzicht. Eine Euro-Entschädigungsgrenze für den Mietausfall gibt es nicht!

Sie wissen, dass die Wohngebäudeversicherung auch für gemischt, also privat und gewerblich genutzte Objekte abgeschlossen werden kann. Wer erstattet die entgangene Miete für die Arztpraxis, den Frisörladen oder die Bäckerei? Oder wer ersetzt den ortsüblichen Mietwert, wenn der Kunde nach einem Brand sein eigenes Reinigungsgeschäft nicht mehr weiterbetreiben kann? Ein wichtiger Punkt, der in einer Beratung bei anteilig gewerblich genutzten Objekten nicht vernachlässigt werden darf!

Für gewerblich genutzte Räume muss der Mietausfall gesondert vereinbart werden! Dies ist bei vielen Versicherern als Zusatz zum Wohngebäudevertrag möglich. Einige Versicherer bieten diesen Versicherungsschutz aber auch nur über eine eigenständige Mietverlustversicherung an.

Gefahrerhöhungen und Sicherheitsvorschriften

Ebenso wie in der Hausratversicherung gibt es auch in der Wohngebäudeabsicherung Aufgaben, die ein Kunde zu erfüllen hat. Kommt er diesen nicht nach, besteht für den Versicherer eine Kündigungsmöglichkeit und er kann in einem Schadenfall die Leistung je nach Schwere des Verstoßes teilweise oder vollständig verweigern. Ich möchte diese Aufgaben an dieser Stelle stichpunktartig auflisten:

Anzeigepflichtig ist es, wenn

- ein Gebäude oder der überwiegende Teil eines Gebäudes nicht genutzt oder durch Baumaßnahmen (z. B. am Dach) unbenutzbar wird,
- in dem versicherten Gebäude ein Gewerbebetrieb aufgenommen oder verändert wird oder ein sonstiger Nutzungswechsel erfolgt,
- sich ein Umstand ändert, nach dem der VR vor Vertragsschluss gefragt hat,
- das Gebäude nach Vertragsschluss unter Denkmalschutz gestellt wird.

Der Kunde muss

- alle Wasserleitungen, Dächer und außen angebrachte Sachen instand halten,
- nicht genutzte Gebäude oder Gebäudeteile häufig kontrollieren und alle wasserführenden Anlagen und Einrichtungen absperren, entleeren und entleert halten,
- in der kalten Jahreszeit alle Gebäude und Gebäudeteile beheizen, dies kontrollieren oder alle wasserführenden Anlagen absperren, entleeren und entleert halten,
- in rückstaugefährdeten Räumen Rückstausicherungen funktionsbereit halten,
- Abflussleitungen auf dem Versicherungsgrundstück freihalten.

Fazit mit nützlichen Verkaufstipps

- Die Absicherung von Schäden durch Feuer, Leitungswasser, Rohrbruch, Sturm / Hagel und Elementargefahren stellen den Grundschutz einer jeden guten Wohngebäudeversicherung dar. Dem versicherten Rohrbruch kommt hierbei eine zentrale Bedeutung zu. Achten Sie darauf, auch die Ableitungsrohre außerhalb des Gebäudes mitzuversichern.
- Bei Mehrfamilienhäusern müssen insbesondere die „Gebäudebeschädigungen durch unbefugte Dritte" mitangesprochen werden.
- Die Aufräumungs- und Abbruchkosten können immense Schadensummen erreichen. Nach Proximus 4 sind diese bis zu 5 % der Versicherungssumme mitversichert. Eine Erweiterung auf bis zu 100 % ist mittlerweile üblich.
- Der versicherte Mietausfall rundet den Versicherungsschutz ab. Eine Leistung, die durchaus hervorgehoben werden darf.

2.2.7 Prämienberechnung und Entschädigungsleistung in der Wohngebäudeversicherung

Bei der Besprechung des Anpassungsfaktors bzw. des Gleitenden Neuwertfaktors hatten wir bereits das Zustandekommen der Prämie behandelt:

Versicherungssumme 1914 x Prämiensatz x Anpassungsfaktor

Die Versicherungssumme legen Sie nach der Größe, dem Ausbau und den Ausstattungsmerkmalen des Hauses fest. Sie sollte, wenn sie korrekt ermittelt wird, bei den Versicherern weitestgehend identisch sein. Der Anpassungsfaktor wird Ihnen jedes Jahr vorgegeben. Bleibt als Aufgabe also noch die Bestimmung des Prämiensatzes, der sich entscheidend auf die Höhe der letztendlich zu zahlenden Prämie auswirkt.

Wie bei der Hausratversicherung ist die Frage nach der Bauartklasse entscheidend für das Feuerrisiko. Je feuergefährdeter ein Objekt eingestuft wird, desto höher wird logischerweise auch die Prämie für diese Gefahr ausfallen. Das Leitungswasser- und Sturmrisiko sowie die Elementargefahren werden, wie die Einbruchdiebstahlgefahr in der Hausratversicherung, mit der Einteilung in Tarifzonen bewertet. Sie benötigen also nur die Postleitzahl des zu versichernden Gebäudes sowie die Bauartklasse und können damit den Prämiensatz festlegen. Viele Versicherer verzichten aber auch schon auf eine Tarifzoneneinteilung und bieten einheitliche Prämiensätze für Objekte in ganz Deutschland an, z. B. pauschal 0,90 ‰ für Wohngebäude, die nicht älter als 20 Jahre sind.

Der Prämiensatz kann niedriger ausfallen, wenn

- ein Selbstbehalt vereinbart wird,
- bisher keine Schäden angefallen sind,
- es sich um einen Neubau handelt,

oder auch höher ausfallen, wenn

- sehr viele Schäden in den vergangenen fünf Jahren angefallen sind,
- zusätzliche Einschlüsse vereinbart werden,
- Gefahrerhöhungen, z. B. wegen eines Schwimmbeckens (Gefahr Leitungswasser!), vorhanden sind,
- feuergefährliche Betriebe sich im Gebäude oder in unmittelbarer Entfernung befinden, z. B. ein Kiosk, Holzhandel oder eine Kunststoffverarbeitung.

Viele Versicherer bieten auch einen separaten Neubautarif an, um die Kosten für den Bauherren in den ersten Jahren möglichst gering zu halten. Die Prämie für die Wohngebäudeversicherung ist im ersten Versicherungsjahr verschwindend gering, steigt dann jedes Jahr ein wenig an, bis nach z. B. acht Jahren die Normalprämie erreicht wird.

Was bekommt der Kunde nun an Entschädigungen ausbezahlt?

Ersetzt werden bei beschädigten Gebäuden natürlich die Reparaturkosten, wie z. B. nach einem Sturmschaden die Reparatur des Daches oder bei einem Leitungswasserschaden die Reparatur des Rohrbruchs mit anschließender Renovierung der vom Wasser betroffenen Sachen. Eventuelle Wertminderungen werden ausgeglichen. Restwerte werden angerechnet.

Auf die Entschädigung bei zerstörten Gebäuden in der Gleitenden Neuwertversicherung mit dem Unterversicherungsverzicht sind wir teilweise bereits eingegangen. Entschädigt werden die ortsüblichen Wiederherstellungskosten einschließlich der Architektengebühren sowie sonstiger anfallender Konstruktions- und Planungskosten – und das ohne eine Begrenzung nach oben! Sie wissen, dass der Kunde das Objekt an gleicher Stelle wiederaufbauen muss, ansonsten verliert er den Neuwertanspruch. Ist dies aber z. B. aus einem rechtlichen Grund nicht möglich, wird kein Versicherer etwas dagegen haben, wenn das Haus in einer anderen Ecke der Stadt oder an anderer Stelle in Deutschland wiederaufgebaut wird.

Bekommt Ihr Kunde den Neuwert denn auch, wenn er das Haus überhaupt nicht wiederaufbauen will, weil er z. B. seinen Lebensabend im Ausland verbringen will oder das Geld für etwas anderes benötigt? Der Kunde hat in jedem Fall einen Anspruch auf die Erstattung des **Zeitwerts** seines Gebäudes, der dem Neuwert abzüglich der Wertminderung durch Alter und Abnutzung entspricht. Dies kann bei einem 30 Jahre alten Objekt schon eine Menge Euro weniger ergeben. Der Kunde soll sich faktisch nicht an dem Schaden bereichern. Dies wäre der Fall, wenn er eine Entschädigung bekäme, die über dem aktuellen Wert seines Hauses liegt. Will der Kunde nicht wiederaufbauen, scheint es ihm auch nicht so wichtig zu sein und dafür soll er nicht noch belohnt werden. Zudem soll mit dieser Regelung ein indirekter „Anreiz" zur Brandstiftung vermieden werden.

Baut Ihr Kunde allerdings wieder auf, bekommt er auch die Differenz zwischen Zeit- und Neuwert nach den tatsächlich entstandenen Baukosten erstattet. Es muss innerhalb von **drei Jahren** sichergestellt sein, dass die Entschädigung für den Wiederaufbau verwendet wird (z. B. durch Vorlage der Baupläne und Verträge mit den Bauunternehmern). Abweichende Regelungen können natürlich mit dem Versicherer getroffen werden.

Neu aufgebaut werden muss ein Haus gleicher Art und Zweckbestimmung – also ein abgebranntes Einfamilienhaus muss grundsätzlich auch als Einfamilienhaus wiederaufgebaut gebaut werden. Der Kunde kann aber z. B. die Raumaufteilung, Dachform oder die Ausstattung des Gebäudes verändern. Ebenso kann er in einem gewissen Umfang eine größere oder eine kleinere Wohnfläche als die ursprünglich vorhandene schaffen. Es ist auch schon vorgekommen, dass kein neues Haus erbaut, sondern ein bereits bestehendes Objekt gekauft wurde. Alles sollte aber möglichst nach Absprache mit dem Versicherer erfolgen. Nicht möglich ist es, z. B. an Stelle des Einfamilienhauses ein Mietshaus mit sechs Wohnungen zu errichten.

Sie werden nun verstehen, dass es für den Kunden generell keinen Sinn macht, sich mit einer Zeitwertentschädigung zu begnügen. Es wird in den meisten Fällen lukrativer sein, das Haus neu wieder aufbauen zu lassen, um es anschließend zu verkaufen. Der Verkaufspreis wird sicherlich über dem Zeitwert seines abgebrannten Gebäudes liegen.

Neben den Wiederherstellungskosten werden auch die sonstigen anfallenden Kosten, wie z. B. die Aufräumungs- und Abbruchkosten, übernommen. In der **Gleitenden Neuwertversicherung** werden diese Kosten zusätzlich zu den Wiederaufbaukosten erstattet. Bedingungsgemäß sind diese Kosten auf jeweils 5 % der Versicherungssumme begrenzt. Wie berechnet sich dies in Euro?

Angenommen, Ihr Kunde hat einen Wert 1914 von 20.000 Mark versichert. Hiervon 5 % ergeben 1.000 Mark. Um auf den heutigen Euro-Wert zu kommen, wird dieser 1.000 Mark-Betrag mit dem **Anpassungsfaktor** und nicht mit dem Baukostenindex multipliziert. Sie wissen bereits, dass zur Prämienberechnung ebenfalls der Anpassungsfaktor dient, weil die Versicherer zusätzliche Kosten, wie z. B. Aufräumungskosten, einkalkulieren müssen. Dann ist es nur gerecht, wenn bei der Entschädigungsberechnung auch mit dem Anpassungsfaktor und nicht mit dem niedrigeren Baukostenindex gerechnet wird:

20.000 Mark x 5 % x 18,55 (für 2019) = 18.550 €

Diese 18.550 € stellen auch die Obergrenze für die Entschädigung dar. Mehr gibt es bei einer prozentualen Begrenzung von 5 % nicht. Noch einmal zum Vergleich: Gelten versicherte Kosten in der Gleitenden Neuwertversicherung bis zu 100 % mitversichert, gibt es nach oben hin keine Begrenzung!

Die Auswirkungen einer Unterversicherung sind Ihnen ebenfalls bekannt. In eine Unterversicherung kann der VN z. B. auch rutschen, sofern die Fragen nach Größe, Art und Ausstattung des Gebäudes nicht zutreffend beantwortet und der Wert 1914 zu niedrig bemessen wurde. Dann gilt der Unterversicherungsverzicht nicht!

Zur Berechnung einer Entschädigung müssen Sie die Formel anwenden, die Sie aus der Hausratversicherung kennen. In der Wohngebäudeversicherung stellt sich das Ganze nur noch dramatischer dar:

Versicherungssumme = 20.000 Mark

Versicherungswert = 30.000 Mark

Schaden = 30.000 €

Sie haben zur Entschädigungsberechnung nur die Versicherungssumme 1914 in Mark und den Wert, den ein Gutachter im Schadenfall ermitteln wird. Der Schaden ist natürlich in Euro beziffert.

Formel zur Berechnung einer Unterversicherung in der Wohngebäudeversicherung

$$\text{Entschädigung} = \frac{\text{Schaden} \times \text{Versicherungssumme}}{\text{Versicherungswert}}$$

Eine Vorsorge wie in der Hausratversicherung gibt es hier nicht.

Beispiel zur Berechnung einer Unterversicherung in der Wohngebäudeversicherung

$$\text{Entschädigung} = \frac{30.000 \times 20.000}{30.000}$$

Entschädigung = 20.000 Euro

Es ergibt sich in diesem Beispiel ein Abzug vom Schaden in Höhe von 10.000 €.

Mit Unterversicherungsverzicht wäre dies nicht passiert!

Sie können auch mit beliebigen anderen Zahlen die Auswirkungen einer Unterversicherung Ihren Kunden deutlich vor Augen führen.

2.2.8 Veräußerung des Gebäudes

Für Ihre Praxis sollten Sie auch wissen, was mit der Wohngebäudeversicherung passiert, wenn das versicherte Objekt veräußert wird. Ihr Kunde ruft an und teilt Ihnen mit, dass er sein Haus verkauft hat. Er möchte daher seinen bestehenden Vertrag kündigen, was ein nachvollziehbarer Entschluss ist. Dieses ist aber nicht so ohne Weiteres möglich! Der Gesetzgeber hat hier eine Schutzvorkehrung eingebaut, indem er geregelt hat, dass ein Haus möglichst immer auch versichert ist. Stellen Sie sich vor: Sie kaufen ein Haus, bezahlen den Kaufpreis und kurz darauf brennt das Objekt nieder. Anschließend stellen Sie fest, dass überhaupt kein Versicherungsschutz besteht, weil der Verkäufer seinen Vertrag gekündigt hat. Dies wäre eine unverzeihliche Existenzgefährdung, vor der ein Käufer geschützt werden soll. Und wer denkt bei einem Hauskauf zuerst über eine entsprechende Versicherung dafür nach?

Daher gibt es folgende Bestimmungen, die in derartigen Fällen zu beachten sind:

- Der Verkäufer hat kein außerordentliches Kündigungsrecht,
- der Erwerber tritt in die Rechte und Pflichten des Vertrages nach der Veräußerung ein,
- der Erwerb eines Hauses gilt erst mit der grundbuchamtlichen Umschreibung als vollzogen, und nicht bereits mit Abschluss des Kaufvertrages,
- der Käufer kann innerhalb eines Monats nach grundbuchamtlicher Umschreibung den Vertrag mit sofortiger Wirkung oder zum Schluss des Versicherungsjahres kündigen,
- erlangt der Käufer erst später von dem Vertrag Kenntnis, beginnt die Monatsfrist nach Kenntniserlangung zu laufen, dem Versicherer steht ebenfalls ein Kündigungsrecht innerhalb der Monatsfrist zu,
- die Prämie wird bei Kündigung durch den Erwerber oder durch den Versicherer dem Verkäufer anteilsmäßig erstattet.

Meist wird beim Notar auch über die Versicherung für das Haus gesprochen und eine entsprechende Regelung gefunden.

Oftmals wird auch der Erwerber bei Ihnen anrufen und Ihnen mitteilen, dass er das Haus Ihres Kunden gekauft hat. Nutzen Sie diese Chance und den Kontakt, um neue Kunden und Verträge zu gewinnen!

2.2.9 Wohngebäudeversicherungen im Markt

Wie Ihnen auch hier bekannt sein dürfte, wird die Wohngebäudeversicherung in den unterschiedlichsten Paketen mit zahlreichen Erweiterungen angeboten. Der Markt für dieses Versicherungsprodukt ist heiß umkämpft, da Kunden mit einem Eigenheim meist auch treue und zahlungskräftige Kunden sind. Auf der anderen Seite haben die Versicherer in diesem Segment – anders als in der Hausratversicherung – mit hohen Schadenquoten zu kämpfen. Für Neubauten wird oft ein sehr preiswerter Schutz angeboten, da diese Gebäude in den ersten Jahren weniger schadenanfällig sind. Je älter und schadenbelasteter ein Gebäude ist, desto höher wird auch die Versicherungsprämie ausfallen. Die Prämie ist sicherlich ein wichtiges Argument, aber gerade bei einem Wohngebäude sollte im Interesse der Kunden auf einen umfangreichen und lückenlosen Versicherungsschutz geachtet werden. Dies ist besonders wichtig, wenn das Wohngebäude zur Existenzsicherung oder für die Altersvorsorge genutzt werden soll. Basisprodukte ohne jegliche Erweiterung zu einem Minimalbeitrag sind hier völlig fehl am Platz. Die Mitversicherung der Elementargefahren sowie Erweiterungen wie

- Fahrzeuganprall oder
- Gebäudebeschädigungen durch unbefugte Dritte

wurden bereits angesprochen.

Zusätzlich sind noch folgende Bausteine zu nennen (wobei man sicherlich über einige Punkte geteilter Meinung sein kann, was auch oftmals regional begründet ist):

2.2.9.1 Aufräumungs- und Abbruchkosten

Diesen Punkt hatten wir bereits ausreichend behandelt. Jedes Angebot, welches hierfür nicht bis zur Höhe der Versicherungssumme Versicherungsschutz bietet, sollten Sie im Verkauf vernachlässigen.

2.2.9.2 Dekontaminationskosten für verseuchtes Erdreich

Die Aufräumungskosten gelten nur für versicherte Sachen. Versichert ist das Gebäude, aber nicht der Boden, auf dem es steht. Wenn durch ein Feuer Sondermüll anfällt, dann gilt es auch als sicher, dass die Schadstoffe in den Boden gelangen und das Erdreich verseucht wird. Nach unseren Umweltbestimmungen und -gesetzen ist davon auszugehen, dass die Behörden verlangen werden, das Erdreich zu untersuchen und anschließend auszutauschen. Bezahlt werden von dem Versicherer dann diese Untersuchungskosten, die Dekontamination (= Entgiftung) des Erdreichs oder der Austausch. Ebenso werden die Transportkosten zur nächstgelegenen Deponie und die Entsorgungsgebühren übernommen.

Dieser Punkt kann ebenso wie die Aufräumungskosten jeden Kunden betreffen. Lange Zeit wurde die Deckung dieser Kostenposition von vielen Versicherern noch nicht unbegrenzt angeboten, sondern meist mit festen Beträgen wie z. B. 5.000 € oder in der besseren Variante mit einer prozentualen Begrenzung von z. B. 10 % bis 20 % der Versicherungssumme. Seit der Erstauflage dieses Buches haben die Versicherer hier nachgebessert und Sie können bei vielen Versicherern diesen Baustein für Ihre Kunden ohne eine Summenbegrenzung unterbringen. Proximus 4 kennt diese Erweiterung auch und bietet Versicherungsschutz bis zu 2 % der VS, max. 20.000 €.

Mehrkosten durch behördlich nicht vorgeschriebene energetische Modernisierung

Die Mehrkosten durch behördliche Auflagen werden im Rahmen des Entschädigungsanspruchs ersetzt. Nun kann es aber auch sein, dass der VN nach einem größeren Schaden im eigenen Interesse einen energetischen oder umweltfreundlicheren Wiederaufbau vornehmen lassen will, der behördlich nicht vorgeschrieben ist, aber dem neuesten Stand der Technik entspricht. Derartige Mehrkosten sind mittlerweile ebenfalls bis z. B. einem Betrag von 10.000 € absicherbar.

2.2.9.3 Aufräumungskosten für Bäume

Fällt durch einen Sturm ein Baum auf das Haus, wird der Schaden am Haus natürlich bezahlt. Aber wer zersägt den Baum und transportiert diesen fort (falls der Kunde dies nicht selber zwecks Brennholzgewinnung erledigen will)? Der Baum ist grundsätzlich keine versicherte Sache und daher macht diese Erweiterung durchaus für Kunden Sinn, die einen gewissen Baumbestand auf ihrem Grundstück stehen haben – gerade in ländlichen Gebieten. Versicherungsschutz wird hier bis zu mehreren Tausend Euro geboten, was im Normalfall ausreichend sein dürfte. Ebenso können auch Bäume versichert werden, ohne dass diese einen Schaden am versicherten Objekt verursacht haben, sowie die Wiederaufforstung mit Jungbäumen.

2.2.9.4 Kosten für eine Wiederbepflanzung nach einem Brand- oder Sturmschaden

Neben den Bäumen können auch Blumen, Sträucher, Büsche und Hecken von insbesondere Sturmschäden betroffen sein. Versichert sind die Entsorgung der Pflanzenreste sowie die Wiederbepflanzung bis zu einer vereinbarten Entschädigungsgrenze.

2.2.9.5 Ableitungsrohre auf dem Versicherungsgrundstück

Dieses Thema hatten wir bereits bei der Gefahr „Rohrbruch, Frost" besprochen. Die Mitversicherung der Ableitungsrohre wird von den Gesellschaften mittlerweile wieder etwas „lockerer" gesehen und es stehen die verschiedensten Einschlussmöglichkeiten zur

Verfügung. Soweit die Möglichkeit gegeben ist, achten Sie bitte auf eine entsprechende Vereinbarung.

2.2.9.6 Diebstahl von fest mit dem versicherten Gebäude verbundenen Sachen

Die Diebe schrecken mittlerweile vor kaum mehr etwas zurück, auch nicht vor Sachen, die fest mit dem Gebäude verbunden sind. Obwohl es nicht einfach ist, derartige Gegenstände von dem Objekt zu trennen, hört und liest man immer häufiger von diesen Fällen. Gemeint sind z. B. Teile aus dem wertvollen Rohstoff Kupfer (Dachrinnen, Regenfallrohre), die ein begehrtes Gut darstellen. Da die Gefahr Diebstahl keine Grundgefahr in Wohngebäude ist, ist eine entsprechende Erweiterung in guten Angeboten zumeist enthalten.

2.2.9.7 Kosten für die Beseitigung von mutwilligen Sachbeschädigungen

In unruhigen Zeiten mit vielen Demonstrationen oder ähnlichen Aufläufen zahlreicher Menschen kommt es leider immer wieder zu Beschädigungen, die nicht nur Autos, sondern auch verstärkt Wohn- oder gemischt genutzte Objekte mit Ladengeschäften betreffen. Die Übernahme dieser Kosten war bislang auf den gewerblichen Bereich beschränkt, ist mittlerweile aber auch für die Wohngebäudeversicherung mit einschließbar.

2.2.9.8 Kosten für die Beseitigung von Graffitischäden

Graffiti fallen nicht unter die Sachbeschädigung, sondern sind gesondert einzuordnen. Gerade in Städten ist diese Erweiterung eine notwendige Ergänzung für Hausbesitzer. Die Graffitischmierer oder auch „-künstler" werden in der Regel nicht gefasst, sodass Ihre Kunden die Beseitigung selbst vornehmen oder mit dem Graffito leben müssen. Hier bietet sich der Einschluss an, mit dem die Kosten der Reinigung je nach Angebot mit bis zu einigen Tausend Euro erstattet werden.

2.2.9.9 Sonstiges Zubehör und sonstige Grundstücksbestandteile / Photovoltaikanlage

Beispiele hierfür finden Sie unter den versicherten Sachen. Zu jedem Haus gehört auch ein Grundstück und es befinden sich darauf immer Objekte, die mitzuversichern sind. Berücksichtigen Sie bitte, dass eine ausreichende Summe hierfür zur Verfügung steht.

Ebenso können Sie eine etwa vorhandene Photovoltaikanlage einschließlich der Einspeisevergütung umfassend über einen Wohngebäudevertrag absichern.

2.2.9.10 Versicherter Mietausfall (Verlängerung der zeitlichen Entschädigungsgrenze)

Die Begrenzung auf zwölf Monate wird in vielen Fällen nicht ausreichen, da der Neubau oft längere Zeit in Anspruch nehmen wird. Der Mietausfall bei vermieteten bzw. der ortsübliche Mietwert bei selbst genutzten Objekten sollte daher für mindestens 18 bzw. 24 Monate bezahlt werden.

2.2.9.11 Mietausfall und Kosten bei vermieteten Objekten

Vermieter sind zudem noch weiteren Risiken ausgesetzt. Neben der einfachen Nichtzahlung und dem damit verbundenen Ausfall der Miete (**nicht versicherbar – nur die Einklagung der Miete über einen Vermieter-Rechtsschutz**) sind die Versicherer aber bereit, andere Risiken über die Wohngebäudeversicherung für Vermieter abzudecken, so z. B.

- Kosten für die Müllentsorgung aus den versicherten Gebäuden und Desinfektion nach Auszug von „Messies" oder „Mietnomaden",
- Mietausfall, weil das Mietverhältnis nach einem Versicherungsfall beendet wurde und die Wohnung nicht so schnell neu vermietet werden kann oder ein Mietverhältnis kann wegen eines größeren Schadens gar nicht erst angetreten werden,
- Mietausfall nach einer Legionellen-Kontamination in der Trinkwasserinstallation.

Zu berücksichtigen sind auch hier Zeitraum- und Summenbegrenzungen des jeweiligen Anbieters.

2.2.9.12 Verzicht auf den Einwand der groben Fahrlässigkeit

Die anteilige Entschädigung bei grober Fahrlässigkeit findet auch in der Wohngebäudeversicherung Anwendung. Zugunsten des Kunden sollte hiervon abgewichen und angeboten werden, dass derartig verursachte Schäden bis zu einem bestimmten Betrag oder noch besser ohne jegliche Einschränkung mitversichert sind.

Es gibt noch viele weitere marktübliche Einschlüsse für die Wohngebäudeversicherung. In einem Beratungsgespräch werden Sie aber nicht alle möglichen Erweiterungen auflisten können, sondern sich auf die wichtigsten beschränken müssen. Hierfür haben Sie jetzt gute Beispiele vorliegen.

2.2.10 Notwendige Absicherungen für den Bauherren

Ein Haus zu bauen ist für viele Menschen einer der wichtigsten Schritte in ihrem Leben. Es wird oft „für die Ewigkeit" geplant, soll Generationen eine Heimstatt bieten und z. B. auch für die Altersvorsorge dienen. Für jeden Bauherren ist es spannend, das Objekt zu planen, mit Architekten und Bauunternehmen zu verhandeln, die Materialien auszusuchen etc. Umso wichtiger ist es, eine vernünftige Absicherung während der Bauzeit zur Verfügung zu stellen, damit der Traum vom eigenen Heim nicht vorzeitig zerplatzt bzw. unliebsame Zwischenfälle die Freude am Bau beeinträchtigen.

Viel Ärger gibt es oft mit Handwerkern, Bauunternehmern und Behörden. Sie haben bereits erfahren, dass kaum eine Rechtsschutzversicherung für derartige Streitigkeiten eine Deckung bietet. Dennoch gibt es viele sinnvolle Absicherungen für den Bauherren, die ihm für die schlimmsten Fälle Schutz bieten.

2.2.10.1 Feuer-Rohbauversicherung

Die Feuer-Rohbauversicherung ist ein unverzichtbarer Bestandteil der Wohngebäudeversicherung für Neubauten. Während der Bauphase ist das Objekt gegen die Grundgefahr Feuer versichert. Darüber hinaus sind die auf dem Versicherungsgrundstück befindlichen Bauteile und Baustoffe versichert, die zum Einbau in das Gebäude bestimmt sind. Es gilt alles als versichert, was Ihrem Kunden zuzurechnen ist. Demnach sind Baustoffe oder auch Baumaterialien der Handwerker nicht versichert. Diese sollten und haben normalerweise Ihre Gegenstände selbst abgesichert.

Versicherungsschutz wird bis zur Bezugsfertigkeit des Hauses angeboten, also wenn der Kunde mit seinen Möbeln das Objekt beziehen kann. Nach Bezugsfertigkeit schließt sich automatisch die Wohngebäudeversicherung mit den zusätzlichen Gefahren Leitungswasser, Rohrbruch, Sturm/Hagel und bei entsprechender Vereinbarung den Elementargefahren an. Der Vertrag wird generell bei Beginn der Bauarbeiten mit einer Wertermittlung abgeschlossen. Nachträgliche Veränderungen während der Bauphase können dann nach Fertigstellung noch berücksichtigt werden. Die Feuer-Rohbauversicherung wird in der Regel kostenfrei für eine Dauer von 12 Monaten gewährt, wobei jederzeit problemlos eine prämienfreie Verlängerung möglich ist.

Die Prämie wird erst mit Inkrafttreten des „ganzen" Wohngebäudevertrages erhoben. Sollte das Objekt vor Ablauf der zwölf Monate fertiggestellt sein, bedarf es einer Meldung an den Versicherer. Eine etwas verspätete Anzeige durch den Kunden wird sich aber nicht negativ auf den Versicherungsschutz auswirken, da der Vertrag selbst schon zustande gekommen ist.

2.2.10.2 Bauleistungsversicherung

Wenn Sie die Inhalte der Feuer-Rohbauversicherung kennen, werden Sie sich bestimmt fragen, wie denn die anderen Gefahren versichert sind, durch die ein Rohbau beschädigt bzw. zerstört werden kann. Kann ein Rohbau denn nicht durch Sturm beschädigt werden? Hierfür bietet die Bauleistungsversicherung Versicherungsschutz, die im gleichen Atemzug mit der Feuer-Rohbauversicherung genannt werden muss.

Die Bauleistungsversicherung bietet aber nicht nur für Sturmschäden Versicherungsschutz, sondern u. a. auch für

- ungewöhnliche Witterungseinflüsse, z. B. Starkregen und einen dadurch verursachten Erdrutsch,
- Vandalismus und böswillige Beschädigung, wenn z. B. Randalierer auf der Baustelle Mauern wieder einreißen oder bereits fertiggestellte Innenausbauten beschädigen,
- Diebstahl fest eingebauter Teile, z. B. Sanitäreinrichtungen oder Heizkörper,
- Zerstörung bereits fest eingesetzter Fensterscheiben.

Der Vertrag läuft in der Regel als Zwei-Jahres-Vertrag, wofür einmalig eine Prämie berechnet wird. Eine separate Kündigung ist nicht erforderlich. Der Vertrag endet automatisch nach zwei Jahren bzw. nach Fertigstellung des Baus. Die Prämie berechnet sich nach der Höhe der Bausumme ohne Nebenkosten und liegt bei 1,20 ‰ bis 2,00 ‰

(200.000 € zu 1,50 ‰ = 300 € zzgl. Versicherungsteuer). Die Bedingungen sind bei den Versicherern weitestgehend identisch. Zu achten wäre noch auf die Höhe der Selbstbeteiligung, die generell Vertragsbestandteil ist (höher als 200 € sollte diese aber nicht liegen).

Die Bauleistungsversicherung wird oftmals von den General-/Bauunternehmen mit in dem Werkvertrag angeboten. Diese können die Versicherung aufgrund von Rahmenverträgen sehr günstig anbieten. Verhandeln Sie mit Ihren Versicherern und versuchen Sie, den Kunden an sich zu binden und auch diesen Vertrag in Ihren Bestand einzugliedern.

2.2.10.3 Bauherren-Haftpflichtversicherung

Die Bauherren-Haftpflichtversicherung wurde Ihnen bereits in dem ersten Kapitel vorgestellt. Sie ist für jeden Bauherren ein Muss, da niemand vor berechtigten oder auch unberechtigten Forderungen anderer Personen sicher sein kann. Selbst das Schild auf vielen Baustellen

„Betreten der Baustelle verboten"

befreit niemanden von einer Haftung, wenn sich z. B. Personen auf der Baustelle verletzen.

Wie bei der Bauleistungsversicherung wird die Prämie einmalig für marktüblich zwei Jahre erhoben und richtet sich ebenfalls nach der Bausumme. Die Bauherren-Haftpflichtversicherung ist sehr preiswert zu bekommen; so liegt die Prämie bei einer Bausumme von 200.000 € bei vielen Anbietern nicht höher als 100 € zzgl. der Versicherungsteuer.

2.2.10.4 Bauhelfer-Unfallversicherung

Kaum ein Bau wird heute noch ohne Eigenleistungen errichtet. Oft kommen dann Freunde, Bekannte und Verwandte als Bauhelfer zum Einsatz. Wenn man sich derartiger Hilfe bedient, sollte man auch seiner Verantwortung für diesen Personenkreis gerecht werden und zumindest für eine Grundabsicherung sorgen. Hierfür steht die Bauhelfer-Unfallversicherung, die bei Unfällen auf dem Bau zumindest einen finanziellen Ausgleich schafft.

Angeboten werden meist Zahlungen

- im Invaliditätsfall (z. B. 100.000 € bei 100 % Invalidität, bei Teilinvalidität entsprechend weniger),
- im Todesfall (z. B. 10.000 €) oder auch ein
- Krankenhaustagegeld bei Behandlungen im Krankenhaus (z. B. 30 € je Tag).

Schauen Sie sich die Tarife Ihrer Versicherer an. Es gibt die unterschiedlichsten Varianten.

Versichert werden dann alle auf dem Bau tätigen Helfer in einem Versicherungsvertrag. Sprechen Sie Ihre Kunden offen auf diese Möglichkeit an. An diese Absicherung denken die wenigsten.

Der Bauherr muss im Übrigen auch alle Helfer der zuständigen Bau-Berufsgenossenschaft melden. Unterlässt er dies, wird er mit empfindlichen Geldstrafen rechnen müssen. Die Bauhelfer-Unfallversicherung ersetzt aber nicht die Meldung bei der Berufsgenossenschaft!

Neben den hier genannten Produkten gibt es noch weitere Angebote, die Sie dem Kunden zur Abrundung seines Versicherungsschutzes sinnvollerweise unterbreiten können. Vorrangig sind hier Angebote aus dem Finanzdienstleistungsbereich zu nennen, die Sie idealerweise ebenfalls vermitteln können – so z. B.

- Baufinanzierungsangebote,
- Altersvorsorgeprodukte,
- Risiko-Lebensversicherungen,
- Fonds-Sparpläne.

Diese Produkte sind im Zusammenhang mit Bauvorhaben ebenfalls anzusprechen, wenn auch vielleicht nicht alle auf einmal.

Wenn Sie in dieser für den Kunden so wichtigen Lebensphase kompetente und bedarfsgerechte Lösungen anbieten und sich auch wirklich intensiv um den Kunden kümmern, werden Sie einen treuen und dankbaren Kunden gewinnen. Unter „kümmern" verstehe ich natürlich auch die 100 %ige Unterstützung in einem eventuellen Schadenfall.

Können Sie den Kunden umfassend an sich binden und unterlaufen Ihnen bei der Betreuung keine schwerwiegenden Fehler, werden die Mitbewerber zudem kaum Möglichkeiten haben, Ihnen Ihr Geschäft streitig zu machen.

Übersicht zur Wohngebäudeversicherung mit Verkaufstipps

Risiken, die automatisch in der Wohngebäudeversicherung enthalten sind	zusätzlich zu versichernde Risiken	Anmerkungen
Gebäude Gebäudebestandteile Gebäudezubehör	Weiteres Zubehör und sonstige Grundstücksbestandteile	Achten Sie darauf, dass jedes Gebäude auf dem Grundstück auch erfasst wird und die sonstigen Grundstücksbestandteile ausreichend hoch miteingeschlossen sind. Der Abschluss der Gleitenden Neuwertversicherung mit Vereinbarung des Unterversicherungsverzichts ist das erklärte Ziel.
Brand, Blitzschlag, Überspannung durch Blitz, Explosion, Implosion	Sengschäden, die nicht Folge eines Feuers sind	Hier sind die Angebote der Versicherer sehr unterschiedlich. Achten Sie auf einen möglichst umfangreichen Versicherungsschutz.

Risiken, die automatisch in der Wohngebäudeversicherung enthalten sind	zusätzlich zu versichernde Risiken	Anmerkungen
Sturm, Hagel,	Elementarschäden, wie Lawinen oder Schneedruck	Sturm ist erst ab Windstärke 8 = 62 km/h gegeben
Leitungswasserschaden	Elementarschäden, hier insbesondere Rückstau und Überschwemmung	
Rohrbruch, Frost an Zu- und Ableitungen innerhalb des Gebäudes sowie an Zuleitungen auf dem Grundstück, die der Versorgung **versicherter** Gebäude dienen	Ableitungsrohre auf dem Grundstück sowie Leitungen auf dem Grundstück, die **nicht** der Versorgung versicherter Gebäude dienen Alle Rohre außerhalb des Grundstücks, sofern Ihr Kunde bei Schäden dafür zahlen muss	Der Einschluss der Ableitungsrohre ist besonders wichtig!
Aufräumungskosten bis zu 5 % der Versicherungssumme	Aufräumungskosten – für Bäume, Kosten für eine Wiederbepflanzung mit Blumen, Hecken etc.	5 % für Aufräumungskosten sind entschieden zu wenig. 100 % sollten hierfür zur Verfügung stehen.
	Dekontaminationskosten für verseuchtes Erdreich	Diese Kosten fallen definitiv bei einem größeren Feuerschaden an!
Mehrkosten durch behördliche Auflagen	Mehrkosten durch energetische Modernisierungen	Die Mehrkosten sollten nicht unterschätzt werden!
Versicherter Mietausfall bis zu zwölf Monaten	Mietausfall für gewerblich genutzte Räume	Eine Vereinbarung von 24 Monaten ist heute schon marktüblich
	Graffitischäden Gebäudebeschädigungen durch unbefugte Dritte, Spezielle Bausteine für Vermieter / vgl. Wohngebäudeversicherungen am Markt	Kommt immer häufiger vor. Insbesondere bei Mehrfamilienhäusern darf dieser Baustein im Angebot nicht fehlen.
Feuer-Rohbauversicherung bei Neubauten wird prämienfrei gewährt	Bauherren-Haftpflichtversicherung Bauleistungsversicherung Bauhelfer-Unfallversicherung	Binden Sie einen Eigenheimbesitzer so umfassend wie möglich. Es wird sich jahrelang für Sie auszahlen!

Tab. 27: *Übersicht zur Wohngebäudeversicherung mit Verkaufstipps*

3 Gewerbliche Versicherungen

Viele Berater scheuen zunächst den Kontakt zu den gewerblichen Kunden, da sie der Meinung sind, dass sie sich hiermit nicht auskennen oder sich damit überfordert fühlen. Ich möchte Ihnen mit meinen Ausführungen die Scheu davor nehmen und Sie ermutigen, aktiv auf Gewerbekunden zuzugehen.

Sie werden erkennen, dass sich meine Ausführungen nach dem Prinzip „leicht gemacht" richten und ich mich auf wesentliche Inhalte eines „normalen" Gewerbekunden beschränke. Sie sollen in die Lage versetzt werden,

- Gewerbekunden anzusprechen und erste Anfangsgespräche zu führen,
- wichtige Inhalte zum Versicherungsschutz zu erklären und Angebote zu gestalten.

Zunächst werden Sie sicherlich noch mit Unterstützung eines Spezialisten unterwegs sein, aber auch sehr schnell erkennen, dass die Grundlagen der Beratung sich wiederholen.

Es soll und kann als Verkäufer auch nicht Ihre Aufgabe sein, jedes einzelne Risiko des Kunden im Detail bewerten zu können. Wichtig für Sie ist, dass Sie kompetent auftreten, die richtigen Fragen stellen und Ihrem Kunden letztendlich eine passgenaue Lösung anbieten. Je intensiver Sie sich in die Materie nach und nach einarbeiten, umso schneller werden Sie auch ein Verständnis für die Versicherungssituation eines Gewerbekunden entwickeln. Es wird Ihnen mit der Zeit leichter fallen, die Gespräche mit der jeweils verantwortlichen Person zu führen.

Bereits als Auszubildender im 1. Lehrjahr hatte ich die Möglichkeit und Chance, mich neben Privatkunden auch mit kleineren und größeren Gewerbekunden zu beschäftigen. Anfangs dachte ich noch, oh mein Gott, was kommt da auf mich zu? Aber je mehr ich über eine Firma erfahren konnte, ihre Geschichte kannte und mit Schadenfällen konfrontiert wurde, umso interessanter wurde die Arbeit für mich und sie machte mir zunehmend Spaß.

Was gibt es Schöneres, als ein Risiko erkannt zu haben (ich muss zugeben, leider oft auch erst nach einem Schadenfall), dann gemeinsam mit dem Versicherer an einer Lösung zu tüfteln und anschließend dem Kunden eine optimale Lösung anbieten zu können? Wenn er diese dann auch noch begeistert annimmt, steigt das Selbstwertgefühl ungemein – gerade als Anfänger in der Branche. Von den Einkommensmöglichkeiten einmal ganz zu schweigen.

Aber was macht einen Gewerbekunden so interessant?

Wo liegen Ihre Möglichkeiten?

Was unterscheidet den Gewerbekunden von einem Privatkunden?

> Das Potential bei einem Gewerbekunden ist im Normalfall viel, viel höher als bei einem Privatkunden.

Denken Sie allein an die Vielzahl der möglichen Vertragsabschlüsse mit einem oft hohen Prämienvolumen.

Ich habe Vermittler erlebt, die konnten von den Einnahmen eines einzelnen Betriebes sämtliche Büro- und Personalkosten ihrer Agentur abdecken. Natürlich ist mir klar, dass es nicht einfach ist, einen derartigen Betrieb zu bekommen, geschweige denn, auf Dauer halten zu können. Aber jeder fängt einmal an und wenn es eines Tages dazu kommt, wäre das der große Hauptgewinn!

Davon träumt jeder Verkäufer!

Eine breite Streuung zu erzielen und erst einmal klein anzufangen, wird sich auf Dauer auch auszahlen. Und ein Gewerbekunde entwickelt sich auch ganz anders als ein Privatkunde.

Eine Firma wächst mit der Konjunktur, mit ihren Aufgaben und mit ihren Chancen am Markt. Nehmen Sie den kleinen Handwerker vor Ort, der zunächst mit zwei Mitarbeitern seinen Betrieb startet, aufgrund der guten Auftragslage mehr Personen einstellt, größere Geschäftsräume anmieten muss, vielleicht eine Werkstatt baut, Maschinen least oder kauft, seinen Fuhrpark erweitert. Dies passiert nicht von heute auf morgen, aber eine Kundenbeziehung entwickelt sich in den Jahren und Sie erkennen an diesem Beispiel, dass natürlich auch der Versicherungsbedarf von Jahr zu Jahr wachsen wird.

Ich habe selbst in einer Agentur gearbeitet, die mit „ihren" Firmen groß geworden ist. Dies erfordert natürlich eine Menge an intensiver Arbeit und Know-how, aber bei der richtigen Vertrauensbasis wird das Geschäft dann auch irgendwann zum Selbstläufer. Betriebshaftpflicht, Inhalts- und Gebäudeversicherungen, Technische Versicherungen, Kfz-Verträge, Rechtsschutz, Gruppen-Unfall, die Betriebliche Altersvorsorge für den Geschäftsführer und die Mitarbeiter lassen eine Vielzahl von Möglichkeiten erkennen. Sie fangen mit einer oder zwei Sparten an und wenn der Grundstein gelegt ist, wird der Betrieb Sie als Verkäufer akzeptieren und bei weiterem Bedarf von allein auf Sie zukommen und Sie ansprechen. Sie müssen nur am Ball bleiben und natürlich auch von selbst die Betreuungsinitiative ergreifen. Weisen Sie auf Risiken hin, zeigen Sie Engagement, bringen Sie Leidenschaft mit und beachten Sie so grundlegende Dinge, wie sie im letzten Kapitel dieses Buches beschrieben sind: „Einflussfaktoren im Verkauf".

> Gewerbekunden akquirieren Sie hauptsächlich durch persönliche Beziehungen und Empfehlungen.

Die Kaltakquise ist beim Gewerbekunden (noch) nicht verboten, jedoch weiß jeder, der diese schon einmal gemacht hat, wie schwer dieses Brot verdient werden muss. Sie können z. B. versuchen, mit Hilfe von Handelsregistereintragungen auf Firmenkunden zuzugehen und sich als Spezialist von Existenzgründern vermarkten. Hier sollten Sie sich von Ihrer Gesellschaft unterstützen lassen und insbesondere auf ein professionelles Auftreten und Erscheinungsbild achten.

Zu 90 % gewinnen Sie Gewerbekunden jedoch über persönliche Beziehungen und Empfehlungen anderer Unternehmen. Die Empfehlungsbereitschaft von Unternehmen in Form einer „Mund-zu-Mund-Propaganda" liegt erfahrungsgemäß um ein Vielfaches höher als bei einem Privatkunden.

Denken Sie allein an das Netzwerk eines mittelständischen Unternehmens:

- Kunden, die beliefert werden,
- Zulieferbetriebe,
- Betriebe der gleichen Branche, befreundete Unternehmen,
- Abnehmer.

Sofern Sie sich bei Ihrem Unternehmen richtig positionieren, werden Sie auch positiv wahrgenommen und „man spricht über Sie". Bei anderen Unternehmen eine Chance zur Vorstellung zu bekommen, wird dadurch um ein Vielfaches einfacher. Ihr Auftreten und Erscheinungsbild bildet dann die Grundlage für den späteren Erfolg:

Der erste Kontakt entscheidet über die weitere Geschäftsbeziehung!

Warten Sie aber nicht auf Ihre Chancen, sondern fordern Sie diese ein bzw. fragen Sie aktiv nach.

Ein Gewerbekunde ist viel offener für das Thema Versicherungen.

Ein Gewerbetrieb ist sich der Bedeutung einer guten Absicherung durchaus bewusst. Hier müssen Sie keinen mehr überzeugen, ob eine Haftpflichtversicherung abgeschlossen werden soll oder nicht (wenn doch, sollten Sie von dem Betrieb lieber die Finger lassen). Es geht vielmehr als beim Privatkunden um Inhalte und um eine Bewusstseinsschärfung für die verschiedenen Risiken. Jeder Existenzgründer wird von seiner IHK darauf hingewiesen, welche Versicherungen am Anfang zwingend notwendig sind. Diese Überzeugungsarbeit können wir uns daher zum größten Teil sparen.

Größere Unternehmen beschäftigen eigene Mitarbeiter, die sich um das Thema Versicherungen kümmern. Hier sprechen Sie teilweise mit den Kunden fachlich auf Augenhöhe und sollten schon ein entsprechendes Fachwissen mitbringen. Gerade diese Gespräche sind aber auch sehr reizvoll.

Andererseits erwartet der Gewerbekunde von Ihnen auch Einiges. Nicht nur eine gute und aussagekräftige Beratung, sondern auch ein intensives „Kümmern im Schadenfall". Ich will nur einmal erwähnen, welche Dienstleistungen ein Vermittler einem Kunden beispielhaft bieten kann:

- Der Vermittler stellt sich und sein Know-how in einer vermittlereigenen Beratungsbroschüre vor.
- Der Vermittler kann in technischen Fragen dem Kunden eine wertvolle Unterstützung bieten bzw. vermitteln.
- Im Schadenfall ist der Vermittler die betreuende Person. Jeder Schriftverkehr und jede Auszahlung wird im Namen der Agentur durchgeführt. Der Versicherer tritt nur am Rande auf.
- Dokumente zur Versicherung enthalten vorrangig das Emblem der Agentur. Es wird ganz klar deutlich, dass die Agentur der Ansprechpartner und sozusagen der „Versi-

cherer" ist. Jedes Dokument, jede Änderung des Versicherungsvertrages wird dem Kunden persönlich oder zumindest ausführlich schriftlich erläutert.

Dies sind nur einige Beispiele, wie Service für einen Gewerbekunden aussehen kann. Es ist natürlich auch immer abhängig davon, mit welcher Versicherungsgesellschaft Sie zusammen arbeiten und welche Leistungen möglich sind. Zumindest größeren Unternehmen müssen Sie heutzutage schon einiges bieten, um sie zu gewinnen und auch halten zu können. Ich habe selbst einmal erlebt, dass ein größerer Kunde genaue Vorstellungen davon hatte, was er von uns als Betreuer erwartet und wie wir dieses erfüllen können. Unsere Antwort darauf war ein knapp 50-seitiges Werk, welches wir dem Kunden dann in knapp drei Stunden präsentieren konnten. Das Gestöhne über die viele Arbeit war – wie Sie sich vorstellen können – sehr groß, aber die Mühe hat sich letztendlich mehr als gelohnt und bezahlt gemacht. Auch Sie sollten nach den Wünschen und der Zusammenarbeit aktiv fragen und sich dann gut präsentieren und die Bedürfnisse erfüllen können. Wenn Sie hier schon positiv auffallen und sich von anderen abheben, wird der Kunde sicher sein, dass Sie dies im laufenden Prozess auch tun werden. Versuchen Sie es!

Das Privatkundengeschäft wird mitgenommen.

Vielleicht haben Sie auch schon einmal erlebt, dass in einem Beratungsgespräch mehr über Privates gesprochen wird als über das eigentliche Thema selbst. Das letzte Bundesliga-Wochenende, das zurzeit laufende Wimbledon-Turnier, das nächste Formel 1-Rennen, vielleicht etwas über die aktuelle politische Lage oder Vorkommnisse im eigenen privaten Umfeld. Zu guter Letzt werden zwei Stunden miteinander gesprochen. Sie verstehen sich gut mit Ihrem Kunden und dann werden in 10 Minuten die Details über das Thema eingeholt und der Kunde unterschreibt unten rechts.

Sie denken, das geht doch nicht so? Und ich sage Ihnen, diese Verkaufsgespräche sind die allerbesten! Das Vertrauen ist hier vorhanden; der Vermittler wird schon alles Notwendige richten. Ebenso wird der Preis für die Geschäftsversicherungen hier eine untergeordnete Rolle spielen, insbesondere in Zeiten einer guten Konjunktur. Es muss halt laufen.

Ebenso werden Sie feststellen, dass die Privatverträge der Geschäftsführer, Entscheider und vieler Mitarbeiter wie von selbst in Ihren Bestand übergehen und einen positiven Mitnahmeeffekt darstellen. Oftmals können Sie für das einfache Geschäft, wie die PHV oder die Hausratversicherung auch Sonderkonditionen anbieten, die viele Mitbewerber nicht halten können (abgesehen davon, dass z. B. die Privathaftpflicht für den Geschäftsführer ohnehin in der Betriebshaftpflicht enthalten ist). Sehr wichtig ist dann auch ein guter Preis für die Kfz-Versicherung der Ehefrau oder für die Kinder des Chefs.

Es gab Momente in meinem Verkäuferleben, da war die SFR-Einstufung des Sohnes dem Chef viel, viel wichtiger als der Preis für die Betriebshaftpflicht des Unternehmens. Nun denn, es mag daran liegen, dass dieser Vertrag dem Chef viel näher liegt als eine Versicherung, die ohnehin als Betriebsausgabe von der Steuer abgesetzt werden kann. Ich lasse das mal so stehen.

Sie erkennen an diesen Ausführungen, welche Möglichkeiten sich aus der Absicherung eines Gewerbekunden ergeben. Schaffen Sie es, sich hier gut aufzustellen und zu positionieren, werden Sie es in der Praxis für sich und Ihr Büro weit bringen.

Aber genug der einleitenden Worte mit den für Sie hervorragenden Chancen. Um sich gut aufzustellen und positionieren zu können, müssen Sie natürlich auch viele Fähigkeiten besitzen. **Hierzu zählen ein gutes Auftreten, eine sichere Kommunikation und nicht zuletzt ein fundiertes fachliches Basiswisse**n. Hierzu möchte ich mit den nachfolgenden Seiten die Grundlage bilden und Ihnen Appetit auf „mehr" machen. Sie werden mit diesem Buch kein Spezialist werden, aber doch hoffentlich erkennen, dass diese Materie bei der Vielzahl von Gewerbekunden überhaupt nicht so schwer ist und Sie sich ohne Weiteres mit Hilfe Ihres Versicherers und durch die tägliche Praxis weiter entwickeln können. Sollten Sie nach dem Lesen dieses Buches für sich sagen: „Super, das probier' ich einmal aus", dann ist das Ziel erreicht. Wichtige fachliche Details können Sie immer wieder nacharbeiten.

Fangen wir auch hier mit der Haftpflichtversicherung, sprich mit der Betriebshaftpflicht für ein Unternehmen an. Meiner Meinung nach auch für eine Firma **die** existenzielle Absicherung, ohne die die Aufnahme der Geschäftstätigkeiten ein viel zu großes Risiko darstellt. Wie die Privathaftpflicht ist die Betriebshaftpflicht ein unbedingtes „Muss", um sich vor den Schadenersatzansprüchen von Kunden und Geschäftspartnern schützen zu können.

Wichtige Haftungsgrundlagen, wie z. B. die Verschuldenshaftung nach § 823 BGB, haben Sie bereits kennengelernt. Sie gelten auch uneingeschränkt für den betrieblichen Bereich. Ich möchte daher hier den Fokus auf die **Absicherung** von Betrieben legen und dieses nur vereinzelt mit entscheidenden Haftungsgrundlagen hinterlegen. Unterteilen werde ich meine Ausführungen in verschiedene Gewerbegruppen. Sie haben so die Möglichkeit, einzelne Absicherungen auch nachzulesen, sofern Sie tatsächlich auf einen derartigen Betrieb treffen (was ich natürlich hoffe). Wiederholungen lassen sich manchmal nicht vermeiden, da verschiedene Inhalte einer BHV auch für mehrere Gewerbearten wichtig sind.

3.1 Gewerbliche Haftpflichtversicherungen – Betriebshaftpflicht (BHV)

Bei jedem Risiko, welches Sie beraten wollen, müssen Sie sich zunächst elementar wichtige Fragen stellen:

3.1.1 Was macht der Betrieb?

Eine detaillierte Risikoanalyse ist hier unverzichtbar. Der Unternehmenszweck, die Betriebsbeschreibung ist die entscheidende Größe bei der Erfassung des Risikos. Bitte reden Sie mit Ihrem Ansprechpartner im Detail hierüber und halten Sie jede noch so winzige Kleinigkeit fest, erscheint sie zunächst auch noch so unbedeutend. Ein einfaches Beispiel soll dies verdeutlichen:

Nehmen wir den klassischen Handwerker, einen Schreinerbetrieb.

Genügt es in dem Antrag aufzunehmen, dass Sie eine Schreinerei versichern wollen? Einige Zusatzfragen hierzu sollen Ihnen selbst die Antwort geben:

- Was für Produkte werden genau hergestellt?
- Wird nur produziert oder erfolgen auch Arbeiten auf fremden Grundstücken?
- Werden Möbel von Kunden auch in der eigenen Werkstatt repariert / restauriert?
- Welche Maschinen kommen zum Einsatz?
- Wird mit umweltgefährdenden Stoffen gearbeitet oder werden welche gelagert?

Lassen Sie sich Unternehmensbroschüren geben, schauen Sie sich den Internetauftritt der Firma an und stellen Sie die richtigen Fragen. Hierfür hält jeder Versicherer **Risikoanalysebögen** bereit, die Sie bei der Vorbereitung unterstützen werden. Sträflich wäre es und leider schon häufig genug passiert, wenn Sie ein Risiko nicht erfassen und im Schadenfall Ihr Kunde dann ohne Versicherungsschutz dasteht. Sie können sich vorstellen, wen der Kunde dann zur Rechenschaft ziehen wird (unabhängig davon, dass er Sie hätte aufklären müssen). Es soll sogar Kunden geben, die absichtlich etwas verschweigen, nur um so die Prämie niedrig halten zu können. Sie sind dann ja der Betreuer, der es im Schadenfall schon richten wird.

Gefasst sein sollten Sie auch auf Fälle, in denen Sie ein Vergleichsangebot zu einer bestehenden Absicherung machen, aber verwundert feststellen müssen, dass Ihr Angebot viel, viel teurer ist. Vergleichen Sie bitte unbedingt die derzeitige Betriebsbeschreibung mit der zu Ihrem neuen Angebot. Bei genauem Hinsehen werden Sie nicht selten Lücken im bisherigen Versicherungsschutz finden, was für Sie wiederum positiv ist.

Achten Sie daher bitte unbedingt auf eine exakte Betriebsbeschreibung!

3.1.2 Worauf muss ich den Betrieb hinweisen? – Beispiel Handwerk

Was sind wichtige Inhalte in den Deckungskonzepten der Versicherer?

Beginnen wir mit der so wichtigen Branche, dem Handwerk. Hier finden Sie die unterschiedlichsten Zielgruppen, wie z. B. Schreinerbetriebe, Maler, Heizung-Klima-Sanitär, Raumausstatter, Bodenverlegebetriebe, Frisöre etc.

Durchleuchten wir einmal stellvertretend für das Handwerk den Versicherungsschutz anhand eines Boden- und Fliesenlegerbetriebes:

Anbieten werden Sie eine Betriebshaftpflicht für einen Boden-/Fliesenleger. Bitte halten Sie genau fest, was dieser Betrieb alles für Tätigkeiten verrichtet – siehe oben. Handelt es sich um einen reinen Handwerksbetrieb oder werden z. B. auch Fliesen selbst verkauft? Dann haben Sie bereits einen gemischten Handels-/Handwerksbetrieb.

Berechnet wird die Prämie meist nach Anzahl der beschäftigten Personen und Sie bekommen ziemlich schnell nach der richtigen Auswahl eine Prämie mit einem entsprechenden Angebot aus Ihrem EDV-Programm präsentiert.

Dass Firmen für ihre Fehler haften müssen, die sie in Ausübung ihrer Tätigkeit verrichten, versteht sich meist von selbst. Hier gibt es die unterschiedlichsten Anspruchsgrundlagen, wie z. B. § 823 BGB oder die Haftung aus dem Vertragsverhältnis heraus. Neben dem Betriebsinhaber sollen natürlich auch die Angestellten durch die BHV geschützt sein. Unter Umständen können diese auch selbst zur Verantwortung gezogen werden; jedoch soll hierauf nicht näher eingegangen werden. Der Betrieb verlangt den Versicherungsschutz und jede gute Firma stellt auch seine Mitarbeiter unter diesen Schutz.

Was steckt aber in diesem Angebot und was sind Besonderheiten, die Sie mit dem Kunden besprechen sollten? Wie in der Privathaftpflicht werden viele Inhalte automatisch Vertragsbestandteil sein, aber genau diese Inhalte sind neben dem Preis so entscheidend für einen vernünftigen Versicherungsschutz.

Anhand von einigen Beispielen machen wir uns verschiedene Punkte bewusst:

1. Schadenbeispiel – Bearbeitungs- oder Tätigkeitsschaden

Beim Auswechseln der alten und dem Verlegen der neuen Fliesen wird die Fußbodenheizung des Kunden beschädigt.

„Wo gehobelt wird, fallen auch Späne." Diese Redensart gibt sinnbildlich die Notwendigkeit bestimmter Vereinbarungen zum Versicherungsschutz wieder, die für einen Betrieb unverzichtbar sind. Wenn eine Firma insbesondere handwerklich tätig wird, kann diese Tätigkeit auch leicht mögliche Schäden nach sich ziehen.

Lange Zeit war es für die Versicherer nicht selbstverständlich, derartige Schäden, die durch den unmittelbaren Einwirkungsbereich der beruflichen Tätigkeit entstehen, ohne Weiteres mitzuversichern. Umso wichtiger ist es, dass eine gute BHV diese Risiken in ihren Bedingungen formuliert und mitaufnimmt. Eine mögliche Formulierung hierzu könnte wie folgt aussehen:

„Schäden durch Bearbeitung fremder Sachen (Tätigkeitsschäden)"

Tätigkeitsschäden sind Schäden an fremden Sachen und alle sich daraus ergebenden Vermögensschäden durch eine betriebliche oder berufliche Tätigkeit, die dadurch entstanden sind, dass der Versicherungsnehmer oder ein Bevollmächtigter oder Beauftragter des Versicherungsnehmers

1. an diesen Sachen tätig geworden ist (Bearbeitung, Reparatur, Beförderung, Prüfung oder dergleichen),

2. diese Sachen zur Durchführung seiner Tätigkeiten als Werkzeug, Hilfsmittel, Materialablagefläche oder dergleichen benutzt hat oder

3. Sachen beschädigt hat, die sich im unmittelbaren Einwirkungsbereich der Tätigkeit befunden haben.

Sind zum Zeitpunkt der Tätigkeit offensichtlich notwendige Schutzvorkehrungen getroffen worden, um diese Schäden zu vermeiden, liegt kein Tätigkeitsschaden vor.

Bei unbeweglichen Sachen liegt ein solcher Tätigkeitsschaden nur dann vor, wenn diese Sachen oder Teile von ihnen unmittelbar von der Tätigkeit betroffen gewesen, unmittelbar benutzt worden sind oder sich im unmittelbaren Einwirkungsbereich befunden haben." (Quelle: GDV-Musterbedingungen)

Dieser Einschluss, der als sogenannte Mitversicherung der **Tätigkeitsschäden** bzw. **Bearbeitungsschäden** bezeichnet wird, ist insbesondere für alle Handwerksbetriebe unverzichtbar. Oft wurde diese Erweiterung früher nur mit einer niedrigen Deckungssumme und einer hohen Selbstbeteiligung angeboten.

Heutzutage sind die Versicherer in diesem Bereich sehr viel großzügiger geworden. Es werden Versicherungssummen bis zur Grunddeckungssumme des Vertrages angeboten; **ideal wären je nach Betrieb 5 Mio. € für derartige Sachschäden**. Auf eine Selbstbeteiligung von z. B. 10 % bis zu max. 500 oder 1.000 € pro Schaden wollen die meisten VR noch nicht verzichten, was allerdings auch nachvollziehbar ist.

Die Firmen sollen aufpassen, wenn sie ihre Arbeiten ausführen und nicht zu nachlässig „werken".

Schauen Sie sich auch ältere Verträge einmal an und achten Sie auf diesen Baustein. Finden Sie noch Summen von 10.000 € oder 25.000 €, sollten Sie schnell tätig werden und den Vertrag aktualisieren oder ihn bei einem anderen Versicherer platzieren. Bei einem Dachdecker, der während seiner Arbeiten den kompletten Dachstuhl in Brand setzt, wird die Notwendigkeit einer hohen Deckungssumme besonders deutlich.

Diese Tätigkeitsschäden lassen sich auf die verschiedensten Betriebe übertragen. Viele Firmen wissen um deren Sensibilität und kennen sich in diesem Bereich aus. Suchen Sie sich auf den Betrieb zugeschnittene Beispiele für einen Tätigkeitsschaden heraus und reden Sie hierüber mit Ihrem Geschäftspartner. Die Beispiele finden Sie in den unternehmenseigenen Broschüren Ihres VR oder auch zahlreich im Internet. Einige Beispiele für Tätigkeitsschäden möchte ich hier abschließend noch aufführen:

- Ein Zimmerer setzt in einem Altbau neue Fenster ein. Dabei benutzt er vorhandene Fensterbänke als Arbeitsplattform, die dadurch beschädigt wurden.

- Ein Installateur repariert einen Heizkessel und lässt zu diesem Zweck das Wasser aus der Anlage ab. Nach Beendigung seiner Arbeiten vergisst er das Wiedereinfüllen des Wassers. Nach erneuter Inbetriebnahme brennt der Kessel durch.

- Ein Malerbetrieb hat den Auftrag, das Holz-Fachwerk eines Fachwerkhauses zu streichen. Der Malermeister verwendet eine völlig luft- und wasserundurchlässige Farbe. Im Laufe der Zeit verfaulen die Balken von innen. Die hierdurch entstehenden Kosten der Erneuerung der Balken werden durch die Mitversicherung der Tätigkeitsschäden ersetzt.

Eine Besonderheit der Tätigkeitsschäden liegt dann vor, wenn der Handwerker Sachen von Kunden mit in die eigene Werkstatt nimmt und dort repariert. Werden diese Sachen dann bei der Reparatur beschädigt, stellt dieses ein zusätzliches Risiko dar, auf dessen Einschluss Sie achten müssen.

Abzugrenzen sind die Tätigkeitsschäden von den sogenannten **Erfüllungsschäden**. Die Abgrenzung führt in der Praxis nicht selten zu Unstimmigkeiten. Die Betriebshaftpflicht ist nicht dafür da, das Risiko der Vertragserfüllung des Betriebes zu tragen. Verrichtet ein Handwerker seine Arbeit nicht oder nur unzureichend, kann er nicht von seiner BHV verlangen, seine eigene Leistung zu erbringen.

Der Fliesenleger, der die von ihm mitgebrachten Fliesen beschädigt, muss auf seine Kosten für Ersatz sorgen.

Der Balkonbauer, der das Geländer nicht fachgerecht anbringt und daraufhin ein Teil davon abbricht, muss dieses Geländer auch auf eigene Kosten wieder neu installieren.

Die Vertragserfüllung ist Unternehmerrisiko!

Es gibt mittlerweile Einschlüsse, die immer weiter in diesen Erfüllungsbereich vordringen. Es werden Kosten abgedeckt, die unmittelbar mit der vertraglichen Leistung zusammenhängen. Schauen Sie einmal in die Deckungskonzepte Ihrer Versicherer und Sie werden z. B. Einschlüsse bzw. Angebote zu den **„Mängelbeseitigungsnebenkosten"** oder den **„Nachbesserungsbegleitschäden"** finden. Eine nähere Erläuterung finden Sie in der abschließenden Übersicht zu den Deckungserweiterungen.

Die Nachbesserungsbegleitschäden stellen eine Erweiterung dar, die oft gesondert vereinbart werden muss und nicht unbedingt von jedem Versicherer angeboten wird. Setzen Sie sich zu gegebener Zeit bei der Beratung für einen Handwerksbetrieb hiermit auseinander.

2. Schadenbeispiel – Leitungsschaden

Beim Anbringen von Fußleisten wird von dem Fliesenleger ein Heizungsrohr angebohrt und beschädigt.

Dieses Schadenbeispiel ist eng mit den Tätigkeitsschäden verbunden. Bei der Verrichtung der Tätigkeit wird ein unmittelbar in der Nähe liegendes Heizungsrohr beschädigt. Alle Betriebe, die mit Erdarbeiten zu tun haben oder in Decken und Wände „gehen", tragen das Risiko, etwas zu beschädigen, was sie zunächst nicht sehen können.

Hierzu benötigen sie die Mitversicherung der **sogenannten Leitungsschäden oder auch Tätigkeitsschäden an Leitungen**. Dieser Punkt wird gesondert mit in den Risikobeschreibungen aufgeführt und sollte bis zur vereinbarten Deckungssumme abgesichert sein.

Eine Besonderheit stellt die vereinbarte Selbstbeteiligung dar. Erkundigt sich der Betrieb vor Beginn der Arbeiten, wo die Leitungen verlegt sind, wird oftmals eine geringere SB angerechnet, als wenn einfach ohne Vorsichtsmaßnahmen und Erkundigungen begonnen wird zu arbeiten.

Schauen Sie auf die angebotene SB und weisen Sie Ihre Kunden darauf hin.

3. Schadenbeispiel – Allmählichkeitsschaden

Das angebohrte Heizungsrohr wird nicht sofort bemerkt und durch über einen längeren Zeitraum austretendes Wasser entsteht ein Feuchtigkeitsschaden.

Gerade im Zusammenhang mit Feuchtigkeit entstehen oft Schäden, die erst nach einem gewissen Zeitraum sichtbar werden. Diese Schäden entstehen allmählich und aufgrund des ungewissen Risikos hatten die Versicherer früher Probleme damit, dieses Risiko zu versichern. Heute fängt die Mitversicherung der sogenannten **Allmählichkeitsschäden** dieses Risiko auf.

4. Schadenbeispiel – Medienverlust

Durch das verlorengegangene Wasser aus dem 3. Beispiel entstehen dem Kunden Mehrkosten, die dieser ersetzt haben möchte.

Hier ist kein klassischer Personen- oder Sachschaden entstanden, sondern es handelt sich um Wasser, das einfach verschwunden ist. Die Kosten für das Wasser, stellen einen Vermögensschaden dar, der nicht so ohne Weiteres mitversichert ist. Wasser ist ein Medium und der **Medienverlust** ist ein nicht unwesentlich mitversicherter Bestandteil einer guten Betriebshaftpflicht. Ebenso sollten Sie darauf achten, dass auch **Mehrkosten für die Nutzung von Strom/Energie** mitabgesichert sind. Angesichts der hierfür zu erwartenden Preisentwicklung kann dies je nach Schadenentwicklung die Ersatzansprüche in die Höhe treiben.

5. Schadenbeispiel – Regress der Berufsgenossenschaft

Durch einen fehlerhaften Fliesenschneider verletzt sich ein Mitarbeiter der Fliesenfirma. Die Berufsgenossenschaft nimmt den Inhaber der Firma wegen des Arbeitsunfalls in Regress.

Dies mag für Sie zunächst überraschend klingen. Warum sollte die Berufsgenossenschaft (BG) den Inhaber in Regress nehmen? Dafür ist die BG doch zuständig, dass sie bei Arbeitsunfällen einspringt. Und dafür zahlt der Firmeninhaber doch auch Beiträge an die BG. Dies stimmt auch alles soweit. Nur hat der Gesetzgeber festgelegt, dass sich die BG in bestimmten Fällen die erbrachten Leistungen von den Verantwortlichen der Firma zurückholen darf. Dies gilt insbesondere in den Fällen, wenn der Schaden vom Inhaber **grob fahrlässig** herbeigeführt worden ist. Auch der Vorsatz führt zu Regressverpflichtungen, jedoch wissen Sie, dass Vorsatztaten nicht mitversichert sind und deshalb soll hierauf auch nicht näher eingegangen werden.

Die BG untersucht genau, wie es zu dem Arbeitsunfall gekommen ist und der Inhaber hat gegenüber seinen Mitarbeitern eine Fürsorgepflicht, die er im Rahmen der Betriebstätigkeiten zu erfüllen hat. Hierbei geht es insbesondere um die Einhaltung der **Arbeitsschutzbestimmungen**, damit den Mitarbeitern im Rahmen der Ausführung ihrer Tätigkeiten nichts passiert. Der Inhaber hat dafür zu sorgen, dass alle Maschinen einwandfrei laufen, dass benutzte Geräte wie z. B. Leitern, Schneidewerkzeuge, Schweißgeräte etc. in Ordnung sind. Unterlässt er dieses bzw. geht hierbei zu sorglos damit um, wird sich der Inhaber schnell im Bereich der groben Fahrlässigkeit wiederfinden. Da die BG auch nichts zu verschenken hat, wird sie natürlich immer die Möglichkeit eines Regresses prüfen, wobei der Vollständigkeit halber gesagt werden muss, dass die BG nach eigenem Ermessen auch auf einen Regress verzichten kann. Jedoch sollte sich hierauf kein Betrieb verlassen. Selbst wenn einmal ein Regress der BG nicht berechtigt sein sollte, ist der Einschluss der Deckungserweiterung **„Regressansprüche der Sozialversicherungsträger"** immens wichtig, damit sich der VR zumindest um die Ansprüche und evtl. auch um die **Abwehr einzelner Ansprüche** kümmert. Hierbei sollten Sie darauf achten, dass sich diese Erweiterung auch auf Regressansprüche von Angehörigen des Versicherungsnehmers bezieht, die mit ihm in häuslicher Gemeinschaft leben. Auch für mitarbeitende Familienangehörige können Regressansprüche auf den Firmeninhaber zukommen (normalerweise sind Ansprüche von in häuslicher Gemeinschaft lebenden Angehörigen generell ausgeschlossen – daher muss die Mitversicherung besonders erwähnt werden).

Anhand dieses Deckungseinschlusses erkennen Sie zudem, wie wichtig es ist, eine ausreichend hohe Deckungssumme zu vereinbaren. Arbeitsunfälle mit schweren Verletzungen ziehen oft hohe Geldleistungen nach sich und die Personenschäden können leicht in die Millionen gehen.

Abschließend ist noch zu erwähnen, dass neben den Regressansprüchen der BG dem Inhaber auch noch strafrechtliche Konsequenzen drohen, da hier ein Personenschaden entstanden ist. Hier ist es ratsam, eine Rechtsschutzversicherung zu haben, die sich um die Anklage kümmert. Wir werden dieses Thema nochmals im Bereich der Gewerblichen Rechtsschutzversicherung aufgreifen.

6. Schadenbeispiel – Mietsachschaden

In dem angemieteten Verkaufsraum entsteht aus unerklärlicher Ursache ein Feuer. Der Vermieter verlangt vom Inhaber der Fliesenfirma Schadenersatz.

Die Problematik der gemieteten/geliehenen Sachen hatten wir bereits im Rahmen der PHV angesprochen. Schäden an derartigen Sachen werden in einem gewissen Umfang, wie z. B. an Gebäuden/Gebäudebestandteilen, mitversichert. Ähnlich verhält es sich im gewerblichen Bereich. Auch hier werden Sie immer wieder auf Betriebe stoßen, die ihre Verkaufs- und Betriebsstätten angemietet bzw. gepachtet haben. Im Normalfall handelt es sich dabei um Gebäudekomplexe, die einen noch viel größeren Wert als bei einem Privatkunden haben.

Umso wichtiger ist es, für einen Betrieb diese **Mietsachschäden** miteinzuschließen. Gerade bei der Gefahr Feuer, die große Schäden verursachen kann, spielt dieser Einschluss eine immens wichtige Rolle. Versichert werden die Gefahren Brand, Explosion, Leitungs- und Abwässer. Die Deckungssumme sollte zumindest die Höhe des Grundvertrages betragen. Viele Versicherer erweitern die Mietsachschäden an Gebäuden mittlerweile auch auf **„Schäden durch sonstige Ursachen"**. Eine sinnvolle Erweiterung, wenn Sie sich folgende Beispiele vor Augen halten:

- Ein Mitarbeiter fährt mit dem Gabelstapler gegen das Rolltor der gepachteten Lagerhalle.
- Beim Abladen von größeren Paletten mit Fliesen beschädigen diese die Wände des Gebäudes.

Überlegen Sie sich je nach Betriebsart einige gute Beispiele, die für den Verkauf dieses Einschlusses sprechen und fragen Sie Ihren Gesprächspartner, welche Deckungssumme er hierfür benötigt.

Zu guter Letzt fragen Sie bitte nach, was sonst noch alles gemietet, geleast oder für den Geschäftsbetrieb gepachtet wird. Vieles können Sie bei guten VR mittlerweile einschließen, z. B. auch Schäden an **ausgeliehenen Arbeitsmaschinen und -geräten**. Achten Sie auf eine möglichst vollständige Mitversicherung in dem Deckungskonzept des VR und schauen Sie sich mögliche Einschränkungen hierzu an. Zu nennen wäre hier z. B. der Ausschluss von Schäden an gemieteten / geleasten Produktionsanlagen.

7. Schadenbeispiel – Hub- und Gabelstapler

Beim Abladen einer Palette Fliesen durch einen 20 km/h fahrenden Gabelstapler wird ein Kunde durch herabfallende Teile verletzt.

Den Gabelstapler hatte ich in dem obigen Beispiel zu den Mietsachschäden bereits erwähnt. Sofern die Schäden durch den Gabelstapler an dem gemieteten Gebäude bezahlt werden sollen, müssen Sie zunächst darauf achten, dass auch der **Gabelstapler selbst miteingeschlossen ist**. Der Gabelstapler als Kfz stellt ein höheres Risiko dar und wird von vielen Versicherern gesondert behandelt. Dies hängt natürlich von der Größe des Betriebes ab und davon, wie viel Beitrag allein die Betriebshaftpflicht abwirft. Unter Umständen sind dann alle „sonstigen" Fahrzeuge mitversichert, die nicht über die Kfz-Deckung abgesichert werden müssen, oder alle Fahrzeuge werden je nach Tarifposition als Zusatzeinschluss erfasst. Nur wenn diese Fahrzeuge mitaufgenommen werden, werden auch derartige Schäden, wie z. B. der Personenschaden durch den Gabelstapler, ersetzt. Schön wäre hier auch eine Pauschallösung, damit nicht jedes „Gefährt" einzeln mitaufgenommen werden muss.

Schauen Sie sich einmal ein Betriebsgelände an, auf dem reger Verkehr mit Hub- und Gabelstaplern herrscht. Ist dieses Gelände auch noch für den Kundenverkehr offen, können Sie sich leicht mögliche Schäden an Personen oder an Fahrzeugen der Kunden vorstellen; eine kleine Verkehrswelt für sich.

Fragen Sie daher bitte akribisch nach vorhandenen Kraftfahrzeugen, beweglichen Arbeitsmaschinen, Hub- und Gabelstaplern oder sonstigen Fahrzeugen, um wirklich jedes derartige Risiko zu erfassen. Sinnvoll ist hier eine Zusammenarbeit mit der Kfz-Abteilung, um Abgrenzungsschwierigkeiten zu vermeiden. Pflichtversicherte Fahrzeuge decken Sie dann ohnehin über die K-Abteilung Ihrer Gesellschaft ein und erzielen dann zusammen mit der Betriebshaftpflicht und der Kfz-Versicherung eine 100 %ige Lösung für Ihren Kunden.

3.1.3 Handelsbetrieb

Neben den bereits beschriebenen Deckungsinhalten werde ich Ihnen noch weitere Einschlüsse an die Hand geben, damit Sie einen größeren Überblick bekommen. Lassen Sie uns zunächst aber noch weitere Beispiele speziell zu einem **Handelsbetrieb** durchleuchten. In der Praxis werden Handels- und Handwerksbetriebe oder auch weitere Dienstleister meist mit einem Konzept unterlegt, wobei nicht jeder Einschluss für den jeweiligen Betrieb eine gleich hohe Bedeutung haben wird.

Wie in den Beispielen zu dem Fliesenleger sollten Sie sich für die Beratung einige gute Argumente zurechtlegen, die auf den Betrieb zugeschnitten, für den Inhaber einfach nachvollziehbar und natürlich auch praxistauglich sind. Wenn Sie dann noch zusätzlich Risiken seitens des Betriebes mitgeteilt bekommen, die Sie mit Ihrem Konzept ohne Weiteres abdecken können, sind Sie schon ein gutes Stück weiter.

Kommen wir nun zu dem Handelsbetrieb. Hierzu vier Beispiele, die auf einen Laden für Unterhaltungselektronik zugeschnitten sind. Alle bereits genannten, wie z. B. die Mietsachschäden für gemietete Geschäftsräume, lassen sich natürlich 1 zu 1 übertragen.

1. Schadenbeispiel – Bearbeitungs- oder Tätigkeitsschaden

Beim Anliefern eines neuen Fernsehers beschädigt ein Mitarbeiter den wertvollen Eichentisch des Kunden.

Anhand dieses Beispiels erkennen Sie, dass auch für einen reinen Handelsbetrieb der Einschluss der **Tätigkeitsschäden** wichtig ist. Hier wird sozusagen mit dem Tisch „gearbeitet", da dieser als Abstellfläche genutzt wird. Die Auslieferungsarbeiten stellen ein höheres Risiko dar, als wenn sich die Tätigkeit lediglich auf den reinen „Ladenbetrieb" beschränkt. Dieses Risiko werden Sie vermutlich auch in einer höheren Prämie Ihres VR wiederfinden.

2. Schadenbeispiel – Verkehrssicherungspflicht

Ein Kunde rutscht auf dem nassen Laub vor dem Geschäft aus und verletzt sich.

Gerade Ladengeschäfte mit hohem Kundenverkehr sind besonders dazu verpflichtet, die **Verkehrssicherungsvorschriften** einzuhalten. Wo viele Personen unterwegs sind, sind auch Schäden jeglicher Art miteinzukalkulieren. Die Mitversicherung der „Verletzung von Verkehrssicherungsvorschriften" wird im Beratungsgespräch oft nicht oder nur gering thematisiert. Dabei sind Schäden und Ansprüche von Kunden, die gestellt werden, sehr naheliegend. Je nach Geschäft und den örtlichen Gegebenheiten lassen sich eine Vielzahl von Situationen darstellen. Oftmals sind die Ansprüche der Kunden auch unbegründet; aber auch hier gilt wiederum, wie wichtig es ist, auf die **Abwehr** derartiger Ansprüche hinzuweisen.

3. Schadenbeispiel – Schlüsselverlust

Ein Mitarbeiter verliert den Schlüssel zu seinem angemieteten Geschäft. Alle Schlösser des Gebäudekomplexes müssen für ca. 20.000 € ausgetauscht werden.

Das Risiko **Schlüsselverlust** haben Sie bereits beim Privatkunden kennengelernt. Ebenso ist bei Betrieben, die Gebäude und / oder Räumlichkeiten angemietet haben, dieser Einschluss zwingend notwendig. Wenn ganze Schließanlagen auf Verlangen des Verpächters, aber natürlich auch im eigenen Interesse des Betriebes (zu erwähnen ist hier das Einbruchdiebstahlrisiko) ausgewechselt werden müssen, können u. U. hohe Kosten anfallen. Fragen Sie Ihren Kunden, wie teuer das Auswechseln der Schließanlage im Extremfall werden wird und vereinbaren Sie eine entsprechend hohe Deckung mit Ihrem VR. Deckungssummen bis zu 50.000 € sind je nach Kunde machbar, wobei dieser Einschluss selten ohne die Vereinbarung einer SB abzuschließen ist.

4. Schadenbeispiel – Be- und Entladeschaden

Beim Abstellen eines Fernsehers in den Kofferraum eines Kunden verursacht ein Mitarbeiter einen Lackschaden an dessen Pkw.

Sie erinnern sich bestimmt an den Schaden mit dem Einkaufswagen zu der PHV, der als **Be- und Entladeschaden** bezeichnet wird. Ebenso verhält es sich mit diesem Beispiel eines Schadens, der beim Beladen des Pkw entstanden ist. Eine kleine Unachtsamkeit in der Handhabung mit Waren kann schnell Ansprüche von Kunden nach sich ziehen. Derartige Schäden sind auch in einer Betriebshaftpflicht miteingeschlossen.

Sie erkennen an diesen Beispielen, dass auch ein reiner Handelsbetrieb Risiken ausgesetzt ist, die Sie mit einer guten Betriebshaftpflicht zu einem nicht mal hohen Beitrag – je nach Betriebsgröße – absichern können.

Für Handels-/Handwerksbetriebe haben wir hiermit bereits viele wichtige Inhalte angesprochen. Eine Übersicht hierzu mit weiteren Ergänzungen, Beispielen und Tipps für die Praxis erhalten Sie nachstehend.

In einem guten Angebot sind darüber hinaus noch weitere Inhalte enthalten, die Sie sich im Vorfeld in den Bedingungen anschauen und für sich verdeutlichen sollten. Nur so erlangen Sie die nötige Beratungsqualität.

3.1.4 Übersicht wichtiger Deckungseinschlüsse in einer Betriebshaftpflicht

Versicherte Risiken	Anmerkungen / Beispiele
Haus- und Grundbesitzer-haftpflicht **Allgemeine Verkehrs-sicherungspflicht**	Grundlegende Absicherung für die Betriebsstätten. Achten Sie darauf, dass alle Einrichtungen / Gebäude, von denen Risiken ausgehen, auf dem Grundstück erfasst sind. Der Betrieb haftet für Schäden, die durch diese Einrichtungen entstehen, z. B. wenn sich Kunden oder Besucher verletzen (Streu- und Räumpflicht etc.) Die vom VN als **Mieter oder Pächter** übernommene gesetzliche Haftpflicht (der Verpächter überträgt die Haftung auf den Pächter) sollte ebenfalls mitversichert sein. **Beispiel:** Weil in der Winterzeit nicht gestreut wurde, kommt ein Kunde zu Fall und wird erheblich verletzt.
Arbeitsunfälle von Mitarbeitern im Betrieb des VN, bei denen ein gesetzlicher Unfallver-sicherer (BG) Regress nehmen kann	Dieser Einschluss ist immens wichtig und wurde bereits beschrieben. **Beispiel:** Ein Schlosser arbeitet mit schadhaften Schweißgeräten. Bei Schweißarbeiten kommt es zu einer Verpuffung. Der Monteur erleidet erhebliche Verletzungen. Die BG leistet an den Verletzten und nimt anschließend den Betriebsinhaber wegen Verletzung der Verkehrssicherungspflicht in Regress.
Tätigkeitsschäden	Bitte achten Sie auf eine ausreichend hohe Deckungssumme – wenn möglich bis zu 5 Mio. € – und weisen Sie den Kunden auf eine evtl. vereinbarte Selbstbeteiligung hin. **Beispiele:** Von einem Party-Service wird Essen ausgeliefert. Beim Abstellen der Behälter in der Wohnung des Kunden wird ein wertvoller Tisch beschädigt. Ein Elektroinstallateur hat den Auftrag, einen Heizkessel anzuschließen. Aufgrund der fehlerhaft durchgeführten Verkabelung wird die Regelelektronik des Kessels zerstört.
Mängelbeseitigungs-nebenkosten	Eine wichtige Deckungserweiterung, die dem Betriebsinhaber hohe Kosten ersparen kann. **Beispiel:** Der VN hat eine Fußbodenheizung verlegt, die undicht geworden ist und weitere Schäden verursacht hat. Zwecks Mängelbeseitigung müssen die Fliesen herausgenommen und wieder neu verlegt werden. Bezahlt wird über die Position die Herausnahme der Fliesen und das neue Verlegen, nicht aber die Nachbesserung an der Fußbodenheizung! **Teilweise werden für Handwerker auch schon Kosten übernommen, die bei einer Nachbesserung zusätzlich entstehen, ohne dass weitere Schäden durch das mangelhafte Werk entstanden sind (Nachbesserungsbegleitschäden).** Fragen Sie Ihren Versicherer insbesondere für Handwerksbetriebe nach derartigen möglichen Deckungserweiterungen!

Versicherte Risiken	Anmerkungen/Beispiele
Leitungsschäden	Das ausführende Unternehmen sollte sich vorher erkundigen, wo die Leitungen beim Kunden verlaufen. Ansonsten besteht oft eine höhere Selbstbeteiligung im Schadenfall. **Beispiel:** Ein Elektriker erneuert einen Teil der Installation. Durch Unachtsamkeit bei den Arbeiten wird eine Gasleitung mitbeschädigt.
Be- und Entladeschäden	Vorsicht: Schäden an der Ladung des Fahrzeuges, welches be- oder entladen wird, sind aber meist nicht versichert. **Beispiel:** Beim Abladen von Waren durch den Gabelstapler des VN wird der Lkw des Lieferanten ramponiert. Der Gabelstapler muss hier ebenfalls mitversichert sein!
Einsatz von selbstfahren-den Arbeitsmaschinen, Gabelstapler	Auch hier bitte darauf achten, dass die vorhandenen Arbeitsmaschinen/Kraftfahrzeuge mitversichert sind. **Beispiele:** Ein Bagger auf einer Autobahnbaustelle gerät aus unerklärlichen Gründen zu weit auf den befahrenen Streifen und verursacht einen Verkehrsunfall. Ein Bagger beschädigt bei Aushubarbeiten eine Leitung der Telekom.
Auslandsschäden/direk-ter Export von Produkten Auch Montagetätigkeiten im Ausland	Von existenzieller Bedeutung, wenn Produkte in das Ausland geliefert werden! Soweit Produkte in die USA/Kanada exportiert werden, stellt dies ein besonderes Risiko für die Versicherer dar (größeres Haftungsrisiko). Bitte fragen Sie Ihre Kunden, welche Waren wohin exportiert werden! **Beispiel:** Vom VN hergestellte und nach Frankreich gelieferte Produkte sind schadstoffbelastet und verursachen Erkrankungen bei zahlreichen Endverbrauchern. Vgl. z. B. Tätigkeitsschäden
Mietsachschäden an Immobilien durch Brand, Explosion, Leitungs- und Abwässer	Für alle Mieter/Pächter von Gebäuden unerlässlich. Die vereinbarte Grunddeckungssumme sollte auch für diesen Baustein zur Verfügung stehen! Für Schäden durch andere Ursachen oder an weiteren gemieteten/gepachteten Sachen kann vereinzelt ebenfalls Versicherungsschutz erlangt werden. **Beispiel:** Ein Mitarbeiter hatte bei Geschäftsschluss vergessen, die Kaffeemaschine abzustellen. Ein hierdurch verursachter Kurzschluss führt dazu, dass das vom Betrieb angemietete Geschäftshaus abbrennt. Der Gebäudefeuer-VR nimmt Regress.
Mietsachschäden anläss-lich Geschäftsreisen	Hierbei handelt es sich im beruflichen Bereich um die Absicherung von Schäden in gemieteten Räumen anlässlich von Geschäftsreisen. **Beispiel:** Auf einer Geschäftsreise verschmutzt der Betriebsinhaber durch eine Feier in seinem Hotelzimmer den teuren Teppichboden mit Rotwein.

Versicherte Risiken	Anmerkungen/Beispiele
Schlüsselschäden	Wie für Privatpersonen ein wichtiger Einschluss, wenn der Betrieb Schlüssel zu seinen angemieteten Räumen besitzt. Aber auch für den Verlust von Kundenschlüsseln ein wichtiger Einschluss. Achten Sie auch hier bitte auf eine ausreichend hohe Absicherung! **Beispiel:** Der Maler erhält vom Hausbesitzer eines Mehrfamilienhauses einen Zentralschlüssel, um das Treppenhaus streichen zu können. Der Geselle verliert den Schlüssel und die zentrale Schließanlage muss ausgetauscht werden.
Bauherrenhaftpflicht für eigene Bauvorhaben	Diese Erweiterung kennen Sie ebenfalls bereits aus dem Privatbereich. Die Höhe der Bausumme für eigene Bauvorhaben sollte vertraglich nicht begrenzt sein. **Beispiele:** Anlässlich der Bauarbeiten zur Vergrößerung der Werkstatt wird Baumaterial verkehrsbehindernd auf der Straße abgeladen. Ein Autofahrer, der das Hindernis zu spät sieht, beschädigt sein Kfz. Der VN baut eine Lagerhalle. Nach Arbeitsende nutzen Kinder die Baustelle als Spielplatz. Dabei stürzt ein Kind in die ungesicherte Baugrube und verletzt sich schwer.
Medienverlust	Flüssigkeiten oder Gase (jeweils ein Medium) können eine Menge Geld kosten, wenn diese verloren gehen, ohne dass es bemerkt wird. Hier ersetzt der Versicherer die zusätzlich entstandenen Kosten (Vermögensschaden). **Beispiel:** Der Monteur vergisst nach der Installation einen Wasserhahn zuzudrehen. Nach der Inbetriebnahme der Hauptwasserleitung läuft das Wasser für mehrere Stunden, ohne dass es jemand bemerkt. Dadurch entstehen dem Kunden zusätzliche Wasserkosten.
Beauftragung fremder Unternehmen (Subunternehmer)	Bedient sich ein Unternehmer fremder Unternehmen zur Erfüllung seines Auftrages, haftet er für deren Fehler bei der Auftragserledigung. Der geschädigte Kunde wird sich ausschließlich an seinen „Hauptunternehmer" halten. **Beispiel:** Der VN hat einen großen Fensterbaubetrieb. Aufgrund der guten Auftragslage kann er nicht alle Gewerke allein erledigen, sondern bedient sich anderer Firmen, die ihn dabei unterstützen und bei seinen Kunden tätig werden. **Hinweis:** Die Subunternehmer benötigen in jedem Fall auch eine eigene Betriebshaftpflicht.
Wachhund (Tierhaltung für gewerbliche Zwecke)	Der Wachhund reißt sich los und beißt einen Besucher in den Arm.

Tab. 28: Übersicht wichtiger Deckungseinschlüsse in einer Betriebshaftpflicht

Wie bereits erwähnt, handelt es sich hierbei nicht um eine abschließende Aufstellung, sondern lediglich um eine Übersicht über Deckungseinschlüsse, die für jeden Betrieb mehr oder weniger wichtig sind. Die Versicherer haben ihre Deckungskonzepte in der Vergangenheit stark erweitert und sind immer mehr bereit, sich von früheren Tabus zu lösen.

Fragen Sie nach Lösungen – auch nach individuellen –, nachdem Sie den Bedarf ausreichend ermittelt haben.

Nachfolgend noch einige generelle Hinweise, die bei einer Betriebshaftpflicht-Absicherung eine Rolle spielen.

3.2   Umwelthaftpflicht

Anfang der 90er-Jahre nahm dieses Thema rasante Fahrt auf. In den früheren Haftpflichtpolicen spielte die Mitversicherung von Umweltschäden eine eher untergeordnete Rolle und war weitestgehend Bestandteil des Vertrages. Dann änderte sich die Rechtslage: Für Schäden durch Umwelteinwirkung auf **Boden, Wasser oder der Luft** wurde vom Gesetzgeber die Gefährdungshaftung eingeführt, also die Haftung ohne Verschulden. Dadurch änderte sich auch schnell das Verhalten der Versicherer. Diese drängten darauf, die Umweltrisiken eines Betriebes genauer zu prüfen und gesondert zu vereinbaren.

Die Umweltdeckung wurde insbesondere für größere Betriebe vollständig aus dem Versicherungsschutz gestrichen und es wurden separate Umwelthaftpflichtpolicen angeboten, die an die neue Rechtslage angepasst waren.

Heute ist die sogenannte „Umwelthaftpflicht-Basisversicherung" in der normalen mittelständischen Betriebshaftpflicht enthalten. Diese sagt pauschal aus, dass Umweltschäden durch einen unerwarteten Störfall im Betrieb versichert sind.

Interessant wird es dann, wenn größere umweltgefährdende Anlagen, wie z. B. Mineralöltanks oder Gastanks, vorhanden sind. Aber auch kleinere Geräte, wie der Benzinabscheider in einer Kfz-Werkstatt oder Fettabscheider in einem Restaurant, stellen Umweltrisiken dar, die gesondert erfasst werden müssen. Bei größeren Firmen finden Sie auch Risiken vor, wofür der Gesetzgeber nach den verschiedenen Umweltgesetzen eine Versicherungspflicht vorschreibt, das sind sogenannte **deckungsvorsorgepflichtige Umweltanlagen**.

Die Versicherer haben hierfür verschiedene Lösungen in Form von Modellen an der Hand, mit denen sie derartige Risiken abdecken können. Es finden sich auch vermehrt Angebote wieder, in denen viele Risiken, insbesondere für kleine und mittelständische Unternehmen pauschal miteingeschlossen werden.

Sofern Sie sich zunächst mit kleinen Betrieben beschäftigen, werden Sie hierzu eher keine großen Hindernisse vorfinden. Fragen Sie aber bitte nach umweltgefährdenden Anlagen bzw. nutzen Sie vorgefertigte Fragebögen Ihres Versicherers!

Zu erwähnen ist hierzu noch die sogenannte **Umweltschadenversicherung** (USV). Nach dem im Jahre 2007 eingeführten Umweltschadensgesetz besteht für Gewerbetreibende eine öffentlich-rechtliche Haftung für Umweltschäden. Gemeint sind Ansprüche für Schäden an der sogenannten Biodiversität, d. h. Schäden an der biologischen Vielfalt. In den Medien haben Sie bestimmt schon einmal wahrgenommen, dass eine Firma für das Verschwinden einer gewissen Hamsterart oder von Fröschen zur Verantwortung gezogen worden ist. Ungeachtet der Gründe stehen hier meist sehr langwierige Verfahren im Raum, die mit hohen Kosten sowohl für den Rechtsstreit (Abwehr der Ansprüche) als auch mit der Schaffung von Ausgleichsflächen und einer Neuansiedlung der Tiere enden können.

Die Umweltschadenversicherung ist neben der Umwelthaftpflicht als **Basisdeckung** in jeder guten Betriebshaftpflicht enthalten. Auch hier beschränkt sich der Versicherungsschutz allerdings in der Regel auf Schäden durch einen unerwartet aufgetretenen Störfall.

Neben Schäden durch den Umweltschaden an Dritten können auch **eigene Schäden an Gebäuden und Grundstücken** im Rahmen einer **Bodenkaskoversicherung** als Zusatzdeckung mitabgeschlossen werden. Vereinbart wird für diesen Baustein meist eine separate Versicherungssumme. Nehmen Sie für Ihre Kunden auch diese Möglichkeit wahr!

3.3 Produkthaftpflicht und erweiterte Produkthaftpflicht

Ähnlich wie in der Umwelthaftpflicht verhält es sich mit der Produkthaftung. Auch hier hat der Gesetzgeber Anfang der 90er-Jahre die Haftung verschärft, in dem er für Hersteller von Produkten eine **verschuldensunabhängige** Haftung beschloss. Zu Recht meiner Meinung nach, um den Verbraucher zu schützen, der dadurch leichter seine Schadenersatzansprüche durchsetzen kann.

Die Haftung geht allerdings noch weiter als gedacht, denn es lassen sich verschiedene Konstellationen bilden, die eine Gefährdungshaftung erkennen lassen:

a) Der Begriff des Herstellers ist nicht weiter erklärungsbedürftig. Im alltäglichen Leben finden Sie ausreichend Marken, die diese Eigenschaft erfüllen, sei es die Herstellung von Lebensmitteln, Autos, Fahrrädern, Spielzeug, Werkzeug etc. Die Hersteller haften z. B. für Konstruktions-, Entwicklungs- und Fabrikationsfehler – dies zum Schutz des Endverbrauchers. Wird eine Person jedoch geschädigt, müssen die Wege kurz sein, um Ansprüche verwirklichen zu können.

b) Hinzu kommt, dass auch ein Händler wie ein Hersteller zur Haftung herangezogen werden kann, wenn z. B. eine fehlerhafte Lagerung oder unterlassene Ausgangskontrollen zu dem Schaden geführt haben. Noch einschneidender sind vermutlich die Fälle, in denen ein Händler Produkte unter eigenem Namen verkauft. Hier lassen sich insbesondere Beispiele aus der Lebensmittelbranche oder von Drogeriemärkten finden:

  - „tip"-Produkte von real,
  - „ja"-Produkte von Rewe,

- „gut und günstig" von Edeka,
- „Balea" von dm.

Sind die eigentlichen Hersteller klar zu erkennen oder können diese vom Händler nach einem Schaden kurzfristig benannt werden? Wenn nein, dann treten die Lebensmittelhändler wie die Hersteller der Produkte auf und haften für etwaige Schäden durch das Produkt.

Viele Händler importieren Waren aus Nicht-EU-Ländern nach Deutschland. China ist hier an vorderster Stelle zu nennen. Was macht ein Kunde, wenn er durch ein derartiges Produkt verletzt wird? Soll er sich an den Hersteller in China wenden und dort evtl. vor Gericht streiten?

Auch hier hat der Gesetzgeber zugunsten des Verbrauchers entschieden, damit kurze Wege zu einer schnelleren Entscheidung führen. Der Importeuer von Waren aus dem außereuropäischen Raum kann zur Haftung herangezogen werden und muss sich wie ein Hersteller mit den Ansprüchen beschäftigen.

Insbesondere sprechen wir in diesen Fällen von Personenschäden, die leicht vorstellbar von den entsprechenden Produkten ausgehen können. Bezogen auf Sachschäden grenzt der Gesetzgeber die verschärfte Haftung auf Privatpersonen ein, um diese besser zu schützen. Bei Firmenvertragspartnern bleibt es hier bei der verschuldensabhängigen Haftung.

Aber es gibt noch weitergehende Punkte, die der nachfolgende Sachverhalt verdeutlicht:

c)   Die Rechtsprechung hat sich in Bezug auf fehlerhafte Produkte in dem letzten Jahrzehnt sehr zugunsten der Verbraucher entwickelt und diese Tendenz wird voraussichtlich noch weiter zunehmen.

Folgendes Beispiel hierzu:

Ein Baumarkt verkauft seinem Kunden Parkett. Nach einiger Zeit quillt das Parkett auf, was auf eine fehlerhafte Eigenschaft des Materials zurückzuführen ist. Hier kann es dem Baumarkt passieren, dass er nicht nur für das neue Parkett einstehen muss, sondern zudem für den Ausbau des fehlerhaften Parketts und die Neuverlegung des mangelfreien Parketts (ungeachtet der Haftung des Parkettherstellers, die hier ebenfalls besteht). Für das neue Parkett wird keine Versicherung aufkommen (Erfüllungsschaden). Aber was ist mit den zusätzlich entstandenen Aus- und Einbaukosten?

Hier befinden wir uns in einer neuen Dimension der Schäden, nämlich im Bereich der **Vermögensschäden**.

Auch hier soll der Verbraucher es einfacher haben, seine Ansprüche durchzusetzen, denn der Händler ist in dem Moment sein Vertragspartner. Wird mit fehlerhaften Produkten gehandelt, kann der Baumarkt auch für diesen Bereich zur Verantwortung gezogen werden.

Nochmals zur Verdeutlichung:

Den reinen Personen- oder Sachschaden aus einem fehlerhaften Produkt können Sie ohne Weiteres je nach Betriebsrisiko mitversichern. Dieses Risiko ist Bestandteil der konventionellen Betriebshaftpflicht. Alles nur eine Frage der zu vereinbarenden Prämie.

Die in dem Beispiel angesprochenen Aus- und Einbaukosten stellen dagegen eine Besonderheit dar und fallen unter die erwähnten Vermögensschäden. Die Deckung derartiger Risiken lässt sich nur mit einer **„erweiterten Produkthaftpflicht"** lösen, von der Sie vielleicht schon einmal gehört haben. Betroffen sind insbesondere **herstellende** Betriebe, aber auch Händler und Handwerker, wie z. B. Tischler, können zur Verantwortung gezogen werden.

3.3.1   Erweiterte Produkthaftpflicht

Welche weiteren Beispiele gibt es und welche Fragestellungen sollte ich mit meinem Kunden klären?

1. Schadenbeispiel – Vermischung von Produkten

Ein Schokoladenhersteller lieferte Zutaten für die Herstellung von Keksen. Nach Fertigstellung der Kekse waren diese aufgrund der mangelhaften Schokolade allerdings ungenießbar. Beim Abnehmer der Schokolade entstanden zahlreiche Kosten, wie z. B. Entsorgungskosten, Reinigung der Maschinen, Kosten für weitere verbrauchte Zutaten oder auch der Produktionsausfall.

Frage hierzu: Stellt Ihr Kunde Produkte her bzw. handelt er mit welchen, die mit Produkten anderer Betriebe zwecks Herstellung einer neuen Sache **untrennbar** verbunden sind oder vermischt werden?

Wird diese Frage bejaht, besteht Bedarf für den Baustein der **Verbindungs-, Vermischungs- und Verarbeitungsschäden**.

2. Schadenbeispiel – Weiterverarbeitung von Produkten

Ein Betrieb liefert verschiedene Materialien, die für die Herstellung von Werkzeug weiterverarbeitet werden. Nach Fertigstellung der Werkzeuge stellt sich heraus, dass die gelieferten Materialien verschiedene Fehler aufweisen, die die Werkzeuge unbrauchbar machen. Der Hersteller der Werkzeuge macht den Lieferanten für die entstandenen Mehrkosten haftbar.

Frage hierzu: Liefert Ihr Kunde Produkte, die von einem Abnehmer weiterver- oder -bearbeitet werden, ohne mit anderen Produkten vermischt zu werden?

Wird diese Frage bejaht, besteht Bedarf für den Baustein der **Weiterver- und -bearbeitungsschäden**.

3. Schadenbeispiel – Aus- und Einbau von Produkten

Die Aus- und Einbaukosten wurden bereits in dem Parkettfall angesprochen.

Noch ein weiteres Beispiel:

Ein Fensterhersteller liefert für einen größeren Komplex eine große Anzahl an neuen Fenstern. Diese stellen sich nachträglich alle als undicht heraus und müssen ausgetauscht werden. Die immensen Kosten hierfür sind versicherbar.

Frage hierzu: Stellt Ihr Kunde Produkte her, die in andere Produkte **trennbar** eingebaut oder verlegt werden?

Wird diese Frage bejaht, besteht Bedarf für den Baustein der **Aus- und Einbaukosten des Erzeugnisses.**

4. Schadenbeispiel – Herstellung von Produkten durch fehlerhafte Maschinen

Ein Maschinenbauer stellt Maschinen zur Herstellung von Verpackungsmaterial, wie z. B. Milchtüten, her. Aufgrund eines Fehlers lässt sich die Öffnung der Milchtüten nicht richtig verschließen und die komplette „Serie" muss vernichtet werden. Neben diesen Kosten fallen noch weitere, wie Lohn- und Energiekosten, entgangener Gewinn, Produktionsausfall etc. an.

Frage hierzu: Produziert Ihr Kunde Maschinen, Formen oder Werkzeuge, mit denen andere Produkte hergestellt werden können?

Wird diese Frage bejaht, besteht Bedarf für den Baustein der **„Maschinenklausel".**

Es sind noch weitere Bausteine denkbar, z. B. ein **Einzelteileaustausch**, reine **Prüf- und Sortierkosten** oder auch der **Rückruf von Produkten,** auf die ich hier aber nicht weiter eingehen möchte.

Ich hoffe, dass Sie mit den Beispielen erkannt haben, welche zusätzlichen Risiken auf die Hersteller / Händler oder auch Handwerker zukommen können, die mit enormen Kosten verbunden sind.

Wie bereits erwähnt, bewegen wir uns hier im Bereich der Vermögensschäden, die oft nicht so ohne Weiteres kalkulierbar sind. Jeder Versicherer kann Ihnen Hilfestellungen in Form von Fragebögen und Prospekten etc. geben, mit denen Sie das Risiko Ihres Kunden besser beurteilen können. Haben Sie dies mit Ihrem Kunden gemeinsam besprochen und hat Ihr Kunde sein Risiko auch selbst einschätzen können, sind bereits wichtige Schritte zu einer Lösung erfolgt.

Und die Lösung findet sich dann in Ihrem entsprechenden Angebot wieder, das mit einer **ausreichend hohen Versicherungssumme** für die einzelnen Bausteine der **„erweiterten Produkthaftpflicht"** ausgestattet ist.

Neben den ausführlich beschriebenen Handels- und Handwerksbetrieben gebe ich Ihnen abschließend zu bestimmten Betrieben / Berufen noch einige Hinweise in Form von Fragestellungen, worauf Sie achten sollten und die Ihnen den Einstieg in die Beratung erleichtern. Jeden Betriebszweig hier im Detail zu betrachten, würde den Rahmen sprengen und ist auch nicht die Intention dieser Ausführungen für gewerbliche Risiken.

3.3.2 Haftpflichtbedarf weiterer Betriebe im Überblick

Landwirtschaftliche Betriebe	Die Zielgruppe Landwirte, die die Grundstoffe für verschiedenste Lebensmittel liefern, kann z. B. an vorderster Stelle für die erweiterte Produkthaftpflicht genannt werden. Hinzu kommen die Umweltanlagen, nach denen Sie fragen sollten. Viele Landwirte haben Mineralöltanks, Gastanks, Güllebehälter, Flüssigdünger oder auch einen Öl- oder Fettabscheider. Betreibt der Landwirt einen Hofladen oder einen Marktstand? Gibt es eventuell andere gewerbliche Nebenbetriebe? Ist er als Lohnunternehmer tätig? Ist der gesamte Tierbestand vom Versicherungsschutz erfasst? Hat der Landwirt Pensionspferde? Stellt er eventuell Flächen zur Verfügung, auf denen andere Personen Fahrzeuge unterstellen? Werden Acker- oder Waldflächen verpachtet? Welche Maschinen werden eingesetzt? Leiht er sich für seinen Betrieb Fahrzeuge oder Maschinen von Dritten? Besteht dann auch Versicherungsschutz, wenn er diese beschädigt oder zerstört?
Gaststätten, Hotels, Cafés, Restaurants	Viele Lokale sind gepachtet. Wie ist der Versicherungsschutz für gemietete Gebäude oder auch bewegliche Sachen gestaltet? Welche Deckungssummen werden hierfür zur Verfügung gestellt? Werden alle betrieblichen Einrichtungen wie z. B. der Saalbetrieb, Schießstände, Kegelbahnen, Kinderspielplätze oder Sportanlagen vom Versicherungsschutz erfasst? Für Beherbergungsbetriebe sieht der Gesetzgeber für vom Gast eingebrachte Sachen eine **Gefährdungshaftung** vor. Diese ist grundsätzlich auf bestimmte Summen begrenzt. Eine unbegrenzte Haftung liegt wiederum bei Vorliegen eines Verschuldens vor oder wenn z. B. der Hotelier die Sachen in Verwahrung genommen hat. Sie sollten daher auf folgende Punkte achten: Wie ist der Versicherungsschutz für vom Gast eingebrachte Sachen geregelt? Gibt es eine Garderobe, an der Sachen abgegeben werden können? Werden Fahrzeuge der Gäste eingestellt oder sogar von Angestellten bewegt? Welche Deckungssummen werden für die einzelnen Positionen zur Verfügung gestellt?
Kfz-Handels-/ Handwerksbetriebe	Die Haftpflichtversicherung für Kfz-Handel / Handwerk teilt sich in drei Vertragsarten. Die meisten Kfz-Betriebe werden diese Deckung benötigen. Nur Teilbereiche hiervon zu versichern, wird sich für viele Betriebe im Schadenfall als verheerend herausstellen. **1. Die allgemeine Betriebshaftpflicht** Sie deckt Schäden ab, die nicht unmittelbar aus dem eigentlichen Tätigkeitsbereich des Handels oder der Reparatur von Kraftfahrzeugen resultieren. Gemeint sind hier insbesondere die Einhaltung der Verkehrssicherungspflichten, Regressansprüche von Sozialversicherungsträgern oder evtl. benötigte Mietsachschäden für gepachtete Objekte.

Kfz-Handels-/Handwerks-betriebe	**2. Zusatzhaftpflicht für Kfz-Handel und -Handwerk** Hierdurch werden die Schäden abgesichert, die durch die eigentliche Tätigkeit der Reparaturwerkstatt entstehen können, wie z. B. durch Instandsetzungs- und Wartungsarbeiten. Gedeckt werden Schäden, die eine Beschädigung, Vernichtung oder das Abhandenkommen von fremden Fahrzeugen durch eine fehlerhafte Reparatur/Wartung zur Folge haben. Mitversichert werden können auch Schäden am Inhalt des Kfz.
	Zu beachten wäre hier eine ausreichend hohe Deckungssumme. Welche Fahrzeugtypen werden repariert? Ein Skoda oder auch einmal ein Porsche? **3. Haftpflicht- und Fahrzeugversicherung für Kfz-Handel und -Handwerk** Die unter 2. beschriebene Zusatzhaftpflicht deckt nicht die Risiken, die Sie aus der **Voll- bzw. Teilkaskoversicherung** für ein Fahrzeug aus der „normalen" Kfz-Versicherung kennen. Hierfür benötigt Ihr Kunde den 3. Baustein, der u. a. Schäden an eigenen oder fremden Fahrzeugen im Kaskobereich absichert. Denken Sie allein an die zahlreichen Schäden, die bei einer Probefahrt oder beim Rangieren auf dem Werksgelände entstehen können. Bei Händlern spielt das Diebstahl- oder Beschädigungsrisiko für zum Kauf angebotene Fahrzeuge eine entscheidende Rolle. Aber nicht nur Schäden an dem Fahrzeug, sondern ebenfalls die Schäden, die durch das Fahrzeug entstehen können, werden mit dem **Haftpflichtrisiko** dieser Zusatzdeckung erfasst. Für nicht zugelassene Fahrzeuge wird meist ein Rotes Dauerkennzeichen vom Versicherer vergeben, mit dem der Händler dann kurzzeitige Fahrten durchführen kann. Die unterschiedlichen Risiken müssen zur Prämienfindung genau eingeteilt werden. Um welche Fahrzeuge handelt es sich? Eigene oder fremde Fahrzeuge? Zugelassen oder nicht? Achten Sie auch hier in der Kaskoversicherung auf die vereinbarte Entschädigungsgrenze pro Fahrzeug und ebenso pro Schadenereignis. Zu guter Letzt ist noch das Umweltrisiko zu nennen, das bei Kfz-Betrieben durchaus von größerer Bedeutung ist (Ölabscheider, Benzin, Farben, Lacke oder ein separater Waschplatz für Fahrzeuge).
DV-Betriebe und Informations-technologie	Die IT-Branche ist im Haftpflichtbereich besonderen Risiken ausgesetzt, die oft mit vielen unbekannten und zunächst schwer vorstellbaren Folgen versehen sind. Deshalb ist hier eine genaue Risikoanalyse notwendig, zu der die Versicherer meist einen speziellen Fragebogen entwickelt haben. Dieser wird Ihnen helfen, das Risiko einzuschätzen und keine wesentlichen Punkte zu vergessen. Was macht der Betrieb? Softwareherstellung, Programmierung, Installation von Netzwerken, reine Beratungsleistungen etc.? Welche Risiken werden dann z. B. vom Versicherungsschutz erfasst? Schäden durch Viren, Hackerangriffe, Datenlöschung, fehlerhafte Programme oder Programmierung etc. sind nur einige Punkte, die eine Rolle spielen und auch versichert sind. Hierbei sind die Vermögensschäden besonders zu erwähnen, die im Zusammenhang mit einem Schadenfall fast immer auftreten. Bewerten Sie hierfür bitte ebenfalls die zur Verfügung gestellten Versicherungssummen.

Rechts-anwälte, Notare, Steuerbe-rater	Die Vermögensschäden sind auch für diese Berufsgruppen an erster Stelle zu nennen. Aufgrund unseres umfangreichen deutschen Rechtssystems mit den unzähligen Vorschriften und Gesetzen sind fehlerhafte Beratungsleistungen, Fehler bei der Prozessführung oder die Nichteinhaltung von Fristen keine selte-nen Schadenfälle. Versichert werden müssen hier sowohl die Vermögensschäden als auch die Betriebshaftpflicht für den normalen Bürobetrieb.
Architekten und Ingeni-eure	Eine fehlerhafte Planung von Objekten kann zu immensen Schadenersatzan-sprüchen führen. Dies sowohl im Personen- als auch im Sach- und Vermögens-schadenbereich. Nicht jeder Versicherer bietet hierfür ein Deckungskonzept an. Informieren Sie sich und holen Sie sich einen Spezialisten zur Unterstützung dazu.
Heilberufe (Ärzte, Physiothe-rapeuten etc.)	Hier steht der Personenschadenbereich wieder im Vordergrund. „Normale" Risi-ken wie Allgemeinmediziner, Physiotherapeuten, Logopäden, Heilpraktiker oder Fußpfleger werden Sie ohne Weiteres unterbringen können. Eine Haftpflicht für einen Orthopäden oder einen Gynäkologen werden Sie schon verstärkt auf dem Markt suchen müssen. Erfragen Sie bitte genau, welche Leistungen alle von dem Kunden erbracht und ob diese vom Deckungskonzept bzw. den Risikobeschreibungen Ihres Versiche-rers erfasst werden.

Tab. 29: Haftpflichtbedarf verschiedener Betriebe im Überblick

3.4 Gewerbliche Sachversicherungen – Inhalts- und Gebäudeversicherung

Die gewerblichen Sachversicherungen sind vom Aufbau her ähnlich anzusehen wie die private Hausrat- und Wohngebäudeversicherung. Auch hier müssen wir uns zunächst fragen, was soll im Einzelnen versichert werden?

3.4.1 Versicherte Sachen

Versichert wird üblicherweise die komplette **kaufmännische und technische Betriebs-einrichtung**, die sich in einem Gebäude befindet. Hinzu kommen die **Waren und Vorrä-te** des Betriebes sowie eine **Vorsorge für Neuanschaffungen und Wertsteigerungen** und eventuell noch **als Mieter / Pächter eingebrachte Gebäudebestandteile und Ge-bäudezubehör**.

Hier sind Sie mehr als in der Hausratversicherung auf die Unterstützung des Betriebes angewiesen, da es Ihnen schwerfallen wird, hierfür ohne besondere Kenntnisse einen Wert als Versicherungssumme festzulegen. Wie in der Hausratversicherung wird auch hier der Neuwert der versicherten Sachen zugrunde gelegt.

Bei kleinen bis mittleren Betrieben wird für die o. g. Positionen eine Pauschalversiche-rungssumme angenommen, die den Neuwert der Sachen insgesamt abdecken soll.

Verantwortlich für die korrekte Festlegung der Versicherungssumme ist der Betrieb, der sich anhand seiner „Bücher" einen Überblick verschaffen soll, welche Werte zusammenkommen. Für die Summe der Waren und Vorräte sollte immer der höchstmögliche Stand einkalkuliert werden. Es ist ja nicht voraussehbar, an welchem Tag der Schaden eintreten wird.

Über dieser Wertermittlung schwebt immer die Gefahr der Ihnen bekannten Unterversicherung. Eine Lösung mit m²-Gewerbefläche x einer bestimmten Summe gibt es hier leider nicht, mit der der so wichtige Unterversicherungsverzicht gewährt wird. Daher ist hier eine exakte Wertermittlung unerlässlich.

Viele Versicherer verzichten in ihren Angeboten bis zu einem bestimmten Betrag auf die Anrechnung einer Unterversicherung. Dies ist aber immer abhängig von der vereinbarten Versicherungssumme und den Vertragsinhalten. Achten Sie auf diesen Punkt und thematisieren Sie dies in Ihren Gesprächen!

In der Gewerblichen **Gebäudeversicherung** versichern Sie die jeweils vorhandenen Gebäude mit ihren Bestandteilen und Zubehör. Achten Sie bitte darauf, jedes Gebäude auf dem Firmengelände mit einem Wert zu erfassen und sonstige versicherbare Grundstücksbestandteile entweder separat oder insgesamt mit in die Deckung einzubeziehen. Getrennt wird in der Tarifierung nach reinen Verwaltungsgebäuden und nach Lager- und Produktionshallen. Gemischt genutzte Gebäudekomplexe sind natürlich ebenfalls vorstell- und versicherbar. Zu erwähnen ist auch die Photovoltaikanlage, die hier berücksichtigt werden muss oder über eine separate Absicherung, wie z. B. eine Elektronikversicherung, abgesichert werden kann.

Anders als in der Inhaltsversicherung können Sie für die Gebäude den Unterversicherungsverzicht komplett miteinschließen, sofern die Wertermittlung korrekt durchgeführt wird. Auf die Notwendigkeit dieser Vereinbarung muss ich nicht wiederholt gesondert hinweisen! Gerechnet wird für Firmengebäude oft mit dem **Wert 1914**. Aber auch andere Formen, wie z. B. die Vereinbarung einer **Wertzuschlagsklausel,** sind denkbar. Egal wie Sie es machen: die korrekte Festlegung der Versicherungssumme ist hier der entscheidende Faktor!

3.4.2   Versicherte Gefahren

Die Grundgefahren sind Ihnen aus der Hausrat- und Wohngebäudeversicherung bekannt. Feuer, Leitungswasser, Sturm / Hagel und in der Inhaltsversicherung zusätzlich Einbruchdiebstahl, Raub und Vandalismus gehören zu jeder Grundabsicherung dazu. Da sich die Basisinhalte weitestgehend decken, möchte ich hierauf nicht näher eingehen, sondern vielmehr speziellere, unternehmensrelevante Risiken und Inhalte ansprechen, auf die Sie in Ihrer Beratung achten sollten.

Wie in der Hausratversicherung ist auch hier in der Inhaltsversicherung das **Einbruchdiebstahlrisiko** mit das größte Risiko für die Versicherer. Gerade abgelegene Gewerbegebiete sind ein beliebtes Ziel von Einbrechern. Wenn Sie bereits einmal mit Sachversicherungen für Betriebe zu tun hatten, werden Sie sehr schnell das Wort „Sicherungen" von den Versicherern gehört haben. Längst nicht alles ist mehr mit einer hohen Prämie auszugleichen, sondern die Versicherer legen zunehmend Wert auf Präventivmaßnahmen oder tendieren zu einer restriktiven Annahmepolitik. Nehmen Sie Beispiele wie:

- Juweliere,
- Geschäfte für Unterhaltungselektronik,
- Fotogeschäfte,
- Kaufhäuser,
- Vereinsheime,
- Tankstellen.

Hier vermuten die Täter oft reiche und leichte Beute. Deshalb sind besondere Schutzmaßnahmen entsprechend erforderlich. Eine ausreichende Sicherung der Türen und Fenster steht an oberster Stelle der zu vereinbarenden Sicherungen bis hin zur Einbruchmeldeanlage mit oder ohne Videoüberwachung. Für die Unternehmen ist dies häufig kein beliebtes Thema, da jede zusätzliche Maßnahme auch Geld kosten wird. Schauen Sie sich einmal einen Sicherungsfragebogen sowie die Tarifbedingungen Ihres Versicherers an, damit Sie einen Eindruck davon bekommen, worüber Sie alles sprechen müssen.

Ungeachtet dessen haben Sicherungen ja auch zwei entscheidende Vorteile für den Kunden:

- der eigene Schutz des Betriebsvermögens sollte immer oberste Priorität haben, ob mit oder ohne Versicherung; hierfür bieten Sie eine kostenlose Beratung;
- oft lassen sich durch zusätzliche Sicherungen auch Prämiennachlässe erzielen.

Ähnliches gilt für das Feuerrisiko. Geeignete Brandschutzmaßnahmen sind hier unerlässlich.

Kommen wir zurück auf die Inhalte des Versicherungsschutzes. Zu der Gefahr Einbruchdiebstahl/Raub sollten Sie im Rahmen der mitversicherten Inhalte der Inhaltsversicherung auf folgende Punkte achten:

Inhalt	Erläuterung
Bargeld und Wertsachen in feststehenden oder eingemauerten mehrwandigen Stahlschränken – je nach Sicherungsanforderung des Versicherers	Jeder Betrieb wird mehr oder weniger Bargeld in seinen Geschäftsräumen „lagern". Denken Sie nur an die Vielzahl von Einzelhandels- und Gastronomiebetrieben. Je nach Umsätzen können hier schon über Nacht hohe Geldbeträge liegen. Wie in der Hausratversicherung werden auch hier vom Versicherer Einschränkungen in der Höhe der Versicherungssumme gemacht. Bis zu 20.000 € sollten es aber schon mindestens sein.
Bargeld und Wertsachen in anderen Behältnissen, die eine erhöhte Sicherheit bieten – z. B. abgeschlossener Einbauschrank	Nicht jeder Betrieb wird jeden Cent gleich zur Bank bringen oder einen Tresor hierfür haben. Bis zu einigen Tausend Euro wird auch hierfür Versicherungsschutz geboten, wenn Einbrecher das Geld finden.

Inhalt	Erläuterung
Bargeld ohne Verschluss	Offen liegen lassen sollte das Geld niemand. Jedoch wird immer mal wieder Bargeld z. B. in Registrierkassen oder ähnlichen Kassen vorhanden sein. Hierfür wird ebenfalls Versicherungsschutz geboten, sofern diese Kassen geöffnet sind (die aufgebrochene Kasse stellt oft einen höheren Schaden dar als der gestohlene Inhalt). Aber auch in nicht verschlossenen sonstigen Behältnissen wie z. B. einer Schreibtischschublade besteht Versicherungsschutz. Verständlicherweise wird die Entschädigung hierfür sehr begrenzt ausfallen, meist 500 € oder 1.000 €.
Zerschlagen der Schaufensterscheibe und Wegnahme der ausgelegten Ware	Dieser Fall stellt eine Besonderheit dar, wenn die Täter den Raum des Gebäudes nicht betreten und dennoch die Auslage stehlen. Versicherungsschutz sollte allerdings hierfür bis zur Versicherungssumme bestehen.
Raub von versicherten Sachen einschl. Bargeld und Wertsachen **innerhalb** des Versicherungsortes	Für das Risiko **Raub** wird oft eine Entschädigungsgrenze vereinbart. Je nach Branche wird dies eine unterschiedliche Bedeutung haben. Von 30.000 € bis zu 50.000 € oder noch mehr ist hier vieles möglich.
Raub auf Transporten **außerhalb** des Versicherungsortes	Hier wird insbesondere Versicherungsschutz für den Fall benötigt, wenn die Tageseinnahmen durch einen Angestellten zur Bank gebracht werden. Bis zu 20.000 € werden ohne Weiteres versichert. Höhere Beträge sind durchaus machbar, je nachdem unter welchen Sicherheitsvorkehrungen bzw. mit wie vielen Personen der Transport durchgeführt wird. Alternativ hat Ihr Kunde immer noch die Möglichkeit, ein professionelles Geldtransportunternehmen zu beauftragen.
Sachen von Gastronomiebetrieben im Freien	Gerade in den Sommermonaten, wenn Stühle und Tische im Freien stehen bleiben, ist dies eine leichte Beute für Täter. Versicherungsschutz kann daher nur sehr eingeschränkt für diese Sachen geboten werden; z. B. bis zu 5.000 €. Die Tische und Stühle müssen gesichert werden, z. B. miteinander verkettet. Eine Selbstbeteiligung wird oft vertraglich mitvereinbart. Achten Sie aber bei dieser Zielgruppe auf den Einschluss. Auch für die Gefahr Sturm wichtig!
Sachen in Schaukästen oder Vitrinen	Es ist einfach für die Täter, Schaukästen oder Vitrinen einzuschlagen und Sachen mitzunehmen. Versicherungsschutz besteht hier ohne eine Summenbegrenzung, da oft ohnehin keine großen Werte betroffen sind. Der Schaukasten oder die Vitrine selber wird allerdings nicht bezahlt. Dies ist nur über die Abdeckung im Rahmen einer Glasversicherung denkbar. Ohnehin sollten größere Glasflächen separat über eine Glasversicherung abgedeckt werden. Achten Sie hier darauf, wie hoch die m^2-Begrenzung des VR für die Einzelscheibe ist.

Tab. 30: Einbruchdiebstahl-/Raubrisiken in der Gewerblichen Inhaltsversicherung

Sie haben nun einige wichtige Inhalte kennengelernt, die ich zu der Gefahr Einbruchdiebstahl und Raub hervorgehoben habe. Thematisieren Sie bitte diese Punkte und sprechen

Sie über die vereinbarten Entschädigungsgrenzen. Sollten Ergänzungen notwendig sein (z. B. ein Aufbruch von Automaten), lassen sich auch hier individuelle Lösungen mit dem Versicherer finden.

Natürlich lassen sich viele Punkte auch auf die anderen Gefahren übertragen, z. B. können Bargeld und Wertsachen ohne Weiteres auch durch Feuer zerstört werden bzw. abhandenkommen. Dieses fällt ebenfalls unter den Versicherungsschutz, jedoch sind die beschriebenen Risiken zu der Gefahr Einbruchdiebstahl am einfachsten vorstellbar.

Zu den anderen Gefahren werden Sie ebenfalls viele Einschlüsse im Rahmen der „**Pauschaldeklaration**" finden, die eine wichtige Grundlage für die Absicherung des Betriebes bilden. Sie müssen sich damit beschäftigen, damit Sie das Angebot Ihres Versicherers auch einschätzen können.

Viele in dieser Pauschaldeklaration beschriebenen Inhalte sind ähnlich zu denen der Hausrat- bzw. Wohngebäudeversicherung. Beispiele sind die Aufräumungs- und Abbruchkosten und die Mehrkosten durch behördliche Auflagen – vgl. S. 179/180. Einiges ist aber auch neu und sollte von Ihnen in den Bedingungen einmal nachgelesen werden. Dabei sind die Formulierungen heute um einiges verständlicher geworden und es wird Ihnen gelingen, die für Ihren Betrieb wichtigsten Punkte herauszustellen und erklären zu können.

Bevor ich abschließend auf einige Zusatzangebote eingehe, will ich Ihnen mit einigen Fragestellungen noch die Problematik verschiedener Bereiche aufzeigen. Diese sollten Sie je nach Gewichtung für den Betrieb klären bzw. besprechen:

- Wie ist die Entschädigung bei Datenverlust bzw. bei zerstörten Programmen und Geschäftsunterlagen geregelt?
- Inwiefern besteht allgemein Versicherungsschutz im Rahmen der Außenversicherung? In welchen Ländern und bis zu welcher Höhe?
- Wie ist der Versicherungsschutz für auf dem Grundstück, aber im Freien gelagerte Materialien geregelt? Für welche Gefahren und bis zu welcher Summe?
- Wenn mehrere Betriebsstätten vorhanden sind, sollte die sogenannte **Freizügigkeit** zwischen den Versicherungsorten vereinbart werden. Denn: Ist es vorhersehbar, an welcher Betriebsstätte sich die Waren und Vorräte, wenn auch nur zeitweise, befinden? Hierdurch entstehen unterschiedlich hohe Versicherungssummen an den einzelnen Standorten und eine Unterversicherung kann schnell eintreten. Hier hilft die Vereinbarung der „Freizügigkeit".
- Wie ist in der Gebäudeversicherung die Absicherung der Schäden an den Zu- und Ableitungsrohren geregelt?

Die Absicherung mit den Ihnen bekannten Grundgefahren beinhaltet bereits eine Menge an Versicherungsschutz, die insbesondere für kleinere Firmen eine solide Basis darstellt. Je größer der Betrieb, desto mehr Bedarf besteht auch nach zusätzlichem Versicherungsschutz. Hier gibt es noch viele **Erweiterungsmöglichkeiten**, wovon ich Ihnen einige kurz und knapp in tabellarischer Form aufzeigen werde.

Einige Versicherer lassen die Grenzen der einzelnen Absicherungsmöglichkeiten in Paketlösungen verschwimmen; jedoch werden Sie die Inhalte zum größten Teil immer wiederfinden. Kalkuliert wird jedes Risiko vom Versicherer, egal ob Sie dies in einer Paketlösung oder in einer Zusammenstellung der Angebote vorliegen haben. Es liegt nur an Ihnen, dies voneinander zu trennen und den Bedarf Ihres Kunden ermitteln zu können. Bieten Sie die Möglichkeiten mit an!

Als Erstes wird die Betriebs-Unterbrechungs-Versicherung erwähnt, die ich noch zur Basisabsicherung für den Betrieb hinzuzählen möchte. Es gibt nur sehr wenige Firmen, die sich hier als beratungsresistent erweisen und auf diesen immens wertvollen Versicherungsschutz verzichten.

3.4.3 Wichtige Zusatzangebote in der Gewerblichen Sachversicherung

Angebot zugehörig zur Gebäude-/ und/oder Inhaltsversicherung?	Erläuterung
Betriebsunterbrechungsversicherung (BU) Inhaltsversicherung	Wenn der Betrieb nach einem größeren Brandschaden nicht weiterlaufen kann, werden auf das Unternehmen erhebliche finanzielle Belastungen zukommen. Der entgangene Gewinn ist hiervon nur eine wichtige Position. Nach gängiger Rechtsprechung ist eine Betriebsunterbrechung aufgrund eines Feuerschadens kein Grund, die Löhne, Miet- oder Pachtzahlung einzustellen. Denn hiergegen kann der Betrieb sich ausreichend versichern! Umso wichtiger ist es, hierfür eine ausreichende Versicherungssumme festzulegen. **Für kleine bis mittlere Betriebe wird meist immer die Versicherungssumme der Inhaltsversicherung auch für die BU-Versicherung angesetzt.** Diese Vorgehensweise hat sich in der Praxis bewährt. Entscheidend ist allerdings immer der Wert, den der Betrieb vor Ende der Unterbrechung innerhalb der letzten 12 Monate erwirtschaftet hätte. Berücksichtigt werden hierbei der entgangene Betriebsgewinn und die fortlaufenden Kosten, also die Betriebskosten, die während der Unterbrechung auch weiter angefallen wären. Empfehlenswert ist hierfür eine genaue Prüfung nach den Büchern des Betriebes, da jederzeit die Gefahr der Unterversicherung über der vereinbarten Summe „schwebt". Leisten wird der Versicherer für einen Zeitraum von 12 Monaten, längstens bis zum tatsächlichen Zeitraum der Unterbrechung (sogenannte „Haftzeit"). Diese Haftzeit kann in der Regel auch auf 18 oder 24 Monate verlängert werden. Danach sollte durch den Wiederaufbau oder das Ausweichen in ein anderes Quartier die Aufnahme des Betriebes wieder möglich sein.
	Die Betriebsunterbrechung durch ein Feuer stellt sicherlich das größte Risiko dar. Aber auch zu den anderen Grundgefahren bzw. zu den meisten der nachfolgend beschriebenen Risiken kann eine Betriebsunterbrechungsversicherung vereinbart werden.

Angebot zugehörig zur Gebäude-/ und/ oder Inhaltsversicherung?	Erläuterung
Betriebsunterbrechungsversicherung (BU) Inhaltsversicherung	**Ein Hinweis noch:** Bislang haben wir immer nur darüber gesprochen, wenn ein Schaden in der Firma Ihres Kunden entsteht. Was ist aber, wenn Ihre zu versichernde Firma aufgrund eines Schadenfalls in einem Zuliefer- oder Abnehmerbetrieb nicht mehr produzieren bzw. fertigen kann, weil z. B. wichtige Teile für zur Fertigstellung (Zulieferbetrieb) fehlen? Auch diese Form der Betriebsunterbrechung kann versichert werden (sogenannte **Rückwirkungsschäden**). Überprüfen Sie das Angebot Ihres Versicherers und thematisieren Sie die möglichen Risiken mit Ihren Kunden.
Innere Unruhen, böswillige Beschädigung, Streik und Aussperrung Inhalts- und Gebäudeversicherung	Diese Gefahren sind auf die gewerbliche Versicherung zugeschnitten und Sie konnten sie in dieser Form bisher nicht in der Hausrat- oder Wohngebäudeversicherung wiederfinden. Die Begriffe allein erklären das versicherte Risiko und wenn eine Vielzahl von Menschen aktiv wird und z. B. ihrem „Frust" freien Lauf lässt, können Sie sich die möglichen Beschädigungen an versicherten Sachen vorstellen. Ob dieser Versicherungsschutz benötigt wird, hängt sicherlich auch von der Lage des Unternehmens ab. In Großstädten, Ballungszentren oder Konfliktregionen liegt der Bedarf sicherlich um einiges höher als auf dem flachen Land. Da der Beitrag hierfür kaum der Rede wert ist, sollte dieses Risiko ohne eine große Diskussion mit vereinbart werden. Ohne die Vereinbarung einer Selbstbeteiligung ist diese Deckung aber im Normalfall nicht zu bekommen. **Hierzu ebenfalls noch ein Hinweis:** Vielleicht haben Sie bei dem Begriff „Innere Unruhen" auch an Terrorakte gedacht. Diese sind aber nicht damit gemeint. Nach dem 11. September 2001 sind die Versicherer verständlicherweise hiermit sehr vorsichtig umgegangen und haben in den Versicherungsbedingungen hierzu einen Ausschluss definiert. Mittlerweile ist die Mitversicherung terroristischer Anschläge aber in jeder Geschäftsversicherung für kleinere und mittlere Betriebe möglich.
Fahrzeuganprall, Rauch und Überschalldruckwellen Inhalts- und Gebäudeversicherung	In der Feuerversicherung ist der Anprall oder Absturz eines **Luftfahrzeuges** mitversichert. Durch diese Erweiterung ist es möglich, auch Schienen- oder Straßenfahrzeuge mit in die Deckung einzubeziehen. Für Betriebe an viel befahrenen Straßen bzw. mit viel Betriebsverkehr ist dies kein unerheblicher Einschluss. Es entstehen oft genug Schäden durch Fahrzeuge, zu denen das schädigende Fahrzeug selber nicht mehr ermittelbar ist. Ob Schäden durch Rauch- und Überschalldruckwellen für Ihren Kunden interessant sind, sollte dieser selbst beurteilen. Der Fahrzeuganprall ist die wichtigere Position in dieser Deckungserweiterung.
Elementargefahren Inhalts- und Gebäudeversicherung	Natürlich sind auch die Elementargefahren ein wichtiger Baustein einer Geschäftsversicherung. Die einzelnen Gefahren wie **Überschwemmung**, Rückstau oder Erdbeben sind Ihnen bereits bekannt. Verfolgt man die aktuellen Wettergeschehnisse und Berichterstattungen der Medien in den vergangenen Jahren, ist eine Vernachlässigung der Mitversicherung dieses Risikos schon fast sträflich.

Angebot zugehörig zur Gebäude-/ und/oder Inhaltsversicherung?	Erläuterung
Elementargefahren Inhalts- und Gebäudeversicherung	Ohne eine Selbstbeteiligung ist dieser Schutz allerdings nicht zu bekommen. Vergleichen Sie auch hier die Höhe der einzelnen Anbieter. Explizit zu dieser Gefahr möchte ich auch noch einmal die Möglichkeit der Mitversicherung einer **Betriebsunterbrechung** erwähnen!
Erweiterter Schutz für technische Geräte Inhalts- und Gebäudeversicherung	Insbesondere technische Geräte sind nicht nur den Grundgefahren wie Feuer, Einbruchdiebstahl, Leitungswasser, Sturm und Hagel ausgesetzt, sondern unterliegen oft anderen Einflüssen, die in der Praxis weitaus häufiger vorkommen. Dies könnten z. B. sein: • Wasser und Feuchtigkeit, • Versagen von Mess-, Regel- oder Sicherheitseinrichtungen, • Bedienungsfehler, Ungeschicklichkeit oder Vorsatz Dritter, • Konstruktions-, Material- oder Ausführungsfehler. Es sind zwar noch mehrere Gefahren versichert, jedoch lassen allein die letzten beiden die Notwendigkeit dieser Zusatzabsicherung zu einem relativ geringen Beitrag erkennen. Versichert werden kann dieser Zusatz im Rahmen der Gebäudeversicherung für technische Gebäudebestandteile als auch im Rahmen der Inhaltsversicherung für die technische Ausstattung wie z. B. • die Anlagen und Geräte der Datenverarbeitung, • die Büro- und Kommunikationstechnik, • die Sicherungs- und Meldetechnik, • die elektronischen Kassen und Waagen. Zu bedenken ist, welche Versicherungssumme für diese Gefahren zur Verfügung gestellt wird. Oft wird hierfür nur eine eingeschränkte Versicherungssumme vereinbart. Je nach Größe und Ausstattung des Unternehmens ist hier dann eine umfangreichere Deckung erforderlich, die dann nur über eine separate Elektronikversicherung geboten werden kann. Bitte informieren Sie sich bei Ihrem Versicherer auch über diese Möglichkeit, bevor Sie in die Einzelheiten des Beratungsgesprächs einsteigen.
Transportgefahren Inhaltsversicherung	Es werden oft Waren oder Gegenstände des Betriebsinhalts mit den eigenen Firmenfahrzeugen transportiert, die durch einen Unfall beschädigt oder zerstört werden können. Denken Sie allein an die Kundendienstfahrzeuge von Handwerksbetrieben oder an die Auslieferungsfahrten von Möbelgeschäften. Hier hilft keine Kaskoversicherung für das Fahrzeug weiter, sondern eine separate Vereinbarung in der Geschäftsversicherung, damit auch diese Gegenstände während des Transports versichert sind. Hierzu zählen z. B.: • Unfallschäden, • höhere Gewalt, wie Naturgefahren oder auch eine Demonstration, • die mit nicht erwarteten Gewalttätigkeiten endet, • Diebstahl des gesamten Fahrzeugs oder nach dessen Aufbruch, • Unterschlagung des Fahrzeugs durch die eigenen Arbeitnehmer der versicherten Firma, • Raub.

Angebot zugehörig zur Gebäude-/ und/oder Inhaltsversicherung?	Erläuterung
Transportgefahren Inhaltsversicherung	Insbesondere bei den Monteurfahrzeugen der Handwerker ist es üblich, dass die Gegenstände auch während der Nacht in dem Fahrzeug verbleiben. Hier stellt das Diebstahlrisiko eine besondere Gefahr dar, die ebenfalls mitversicherbar ist. Oft wird hierzu allerdings eine separate Selbstbeteiligung vereinbart. Sprechen Sie diese Risiken an und achten Sie auf eine ausreichend hohe Versicherungssumme!
Glasversicherung Inhalts- und Gebäudeversicherung	Wie in der Hausrat- und Wohngebäudeversicherung können Sie auch für Gewerbebetriebe die Glasbruchversicherung separat miteinschließen. Hiermit können Sie fast alle Gegenstände aus Glas oder Kunststoff gegen **einfache Bruchschäden** mitabdecken. Achten sollten Sie darauf, bis zu welcher Größe Einzelscheiben versichert sind. Oft müssen Sie die übergroßen und teureren Schaufensterscheiben noch separat miteinschließen (sofern vorhanden). • Wenn Sie beim Kunden sind und die Glasdeckung thematisieren, sprechen Sie bitte auch folgende Punkte mit an: • Wie ist die Regelung für künstlerisch bearbeitete Scheiben oder für Blei- und Messingverglasungen? • Sind die Scheiben und Röhren von evtl. vorhandenen Sonnenkollektoren mitversichert? • Wie werden Werbeanlagen, wie z. B. Firmenschilder und Leuchtröhrenanlagen berücksichtigt?

Tab. 31: Wichtige Zusatzangebote in der Gewerblichen Sachversicherung

Hiermit haben Sie einen ersten Einblick in die Geschäftsinhalts- und -gebäudeversicherung sowie die Möglichkeiten der Absicherung erhalten. Wie Ihr Versicherer die Risiken „verpackt" und welche Besonderheiten oder auch Ausschlüsse zur Anwendung kommen, können Sie letztendlich nur in dem detaillierten Angebot nachlesen.

Fragen Sie nach, worauf der Kunde Wert legt, und gleichen Sie Ihr Angebot damit ab. Dann sind Sie schon ein gutes Stück weiter!

3.5 Gewerbliche Rechtsschutzversicherungen

Einfach betrachtet ist die Rechtsschutzversicherung für einen Betrieb ähnlich aufgebaut wie die für eine Privatperson. In einem **Paket** werden die bekannten Bereiche abgedeckt wie der

- Verkehrs-RS,
- Berufs-RS,
- Wohnungs- und Grundstücks-RS und der,
- Privat-RS für den Inhaber und seine Familie.

Versichert sind auch hier die verschiedensten Leistungsarten, mit deren Hilfe Sie Ihre Verkaufsargumente für die Betriebe finden. Hinzu muss nun aber noch etwas Spezielles für Firmen kommen, was den Verkauf einer Gewerblichen Rechtsschutzversicherung für diese Zielgruppe so interessant macht. Dieses gibt es natürlich auch, doch lassen Sie mich zu den altbewährten Produkten noch einige Anmerkungen machen, die für Sie und Ihren Beratungsalltag hilfreich sein werden.

3.5.1   Verkehrs-Rechtsschutz für Unternehmen

Versichert werden sämtliche Fahrzeuge der Firma einschl. der Privatfahrzeuge des Inhabers und seiner Familie. Alle berechtigten Fahrer dieser Fahrzeuge, also insbesondere die Angestellten, kommen ebenfalls in den Genuss dieses Versicherungsschutzes. Dieses gilt, solange sie im Rahmen ihrer beruflichen Tätigkeit für den Versicherungsnehmer im Straßenverkehr unterwegs sind.

Versichert sind neben dem VN u. a. der Ehepartner und die minder- und volljährigen Kinder mit den Definitionen aus dem Ihnen bekannten Privat-RS. Für diesen Personenkreis gilt uneingeschränkt Versicherungsschutz als Halter und Fahrer der Fahrzeuge, Fahrer oder Insasse fremder Fahrzeuge oder als Fußgänger und Radfahrer.

Oft ist die Anzahl der versicherbaren Fahrzeuge je nach Firmengröße beschränkt. Für bestimmte Betriebsarten wie Taxiunternehmen oder Speditionen gibt es Sonderregelungen. Schauen Sie hier in den Tarif Ihres Anbieters.

3.5.2   Berufs-Rechtsschutz für Unternehmen

Der Berufs-RS spiegelt den Arbeits-RS aus der **Sicht des Arbeitgebers** wider.

Ebenso wie der Arbeitnehmer als Nichtselbstständiger kann hier der Arbeitgeber Kostendeckung für außergerichtliche und gerichtliche Streitereien bekommen. Große Unternehmen haben hierfür u. U. eigene Rechtsabteilungen mit eigenen Anwälten und können die Kosten auffangen. Für kleine oder mittelständische Unternehmen ist dieser Bereich jedoch unverzichtbar.

Mitversicherte Familienangehörige haben zudem Versicherungsschutz für die Ausübung nicht selbstständiger Tätigkeiten, z. B. arbeitet die Ehefrau des VN als Angestellte oder der Sohn arbeitet als Student nebenbei in einem Café.

3.5.3   Wohnungs- und Grundstücks-Rechtsschutz für Unternehmen

Öfter als im Eigentum stehend, sind Betriebsstätten angemietet bzw. gepachtet. Hier lassen sich wie für einen Mieter ausreichend Beispiele für den Bedarf nach diesem Baustein finden.

Versichert sind alle selbst genutzten Gewerbeeinheiten bzw. Betriebsstätten. Entscheidend für die Mitversicherung ist häufig die Höhe der Jahresbruttomiete/-pacht.

Ebenso fällt die private selbst genutzte Wohneinheit des Inhabers unter den Versicherungsschutz.

3.5.4 Privat-Rechtsschutz für den Inhaber und seine Familie

Es macht wenig Sinn, wenn der Inhaber einer Firma einerseits seinen Betrieb absichert und dann noch zusätzlich für sich und seine Familie im privaten Bereich einen Vertrag abschließen muss. Deswegen wird der Privat-RS mit in die Gewerbe-Deckung integriert wie z. B. auch im Verkehrs-Bereich für die in der Familie genutzten Fahrzeuge.

Versichert sind hier so wichtige Leistungsarten wie **Schadenersatz-RS, Vertrags-RS, Sozialgerichts-RS, Straf- und Ordnungswidrigkeiten-RS.**

Nicht selten sind in einem Betrieb mehrere Inhaber tätig bzw. es gibt mehrere Geschäftsführer. Bisher war immer von dem „Hauptinhaber" die Rede, der im privaten Bereich versichert ist. Für weitere Inhaber bzw. Geschäftsführer lassen sich aber ebenfalls für alle privaten Bereiche – auch für die Kfz und die privat genutzte Wohnung – Lösungen im Gewerbe-Rechtsschutz finden. Dies aber meist nur zu einem vereinbarten Mehrbeitrag.

Sie haben hoffentlich bemerkt, dass alle Ihnen bereits bekannten Inhalte aus der Rechtsschutz-Versicherung für Nichtselbstständige ebenso Argumente für die Absicherung eines Betriebes hergeben.

Zu dem Grundpaket zählt noch der Firmen-RS mit vielen wichtigen Inhalten. Doch hierzu vorab eine nicht so erfreuliche Information:

3.5.5 Firmen-Rechtsschutz

Wenn Sie sich mit Ihren Kunden über Rechtsschutzrisiken unterhalten, werden Sie schnell auf das Problem der z. B. nicht zahlenden Kunden Ihres Betriebes zu sprechen kommen. Verträge zu schließen, Verträge zu erfüllen gehört zum Tagesgeschäft eines Unternehmens. Diese werden mit Kunden, aber auch mit Lieferanten geschlossen und oft gibt es etwas zu bemängeln an der gelieferten Ware oder der ausgeführten Handwerkerleistung.

Dieses Risiko haben die Versicherer natürlich auch erkannt und sind in der Deckung derartiger Fälle sehr zurückhaltend. Wir bewegen uns in der Leistungsart **Vertrags-RS**. Was im Privat- oder Verkehrs-Bereich kein Problem darstellt, ist für unternehmerische Leistungen schon eher eine Schwierigkeit in der Absicherung. Früher galt dieser Baustein strikt als nicht versicherbar; heute jedoch sind die Möglichkeiten einer derartigen Deckung vielfältiger und werden von den Versicherern auch offen kommuniziert, vgl. S. 237.

Konzentrieren wir uns aber zunächst darauf, was ein guter Firmen-RS enthalten sollte und womit Sie punkten können. Da ist zunächst die wichtige Leistungsart Schadenersatz-RS zu nennen, die z. B. bei einer Beschädigung von Waren und der Betriebsausstattung durch **fremde** Personen zur Anwendung kommt. (Es sind nicht die Vertragspartner der Firma gemeint, da dann wiederum der Vertrags-RS angesprochen wird!)

Hinzu kommen der Straf- und Ordnungswidrigkeiten-RS, der Steuer-RS vor Gerichten oder auch der Sozialgerichts-RS. Beispiele für den Verkauf finden Sie in dem nachstehenden Überblick auf S. 233.

Die bereits erwähnten **Vertragsstreitigkeiten** sind meist nur eingeschränkt in dem Paket für Gewerbekunden enthalten. Mindestinhalte sind:

- Streitigkeiten aus personenbezogenen Versicherungsverträgen, z. B. aus der Gesellschafter-Geschäftsführer-Versorgung;
- Streitigkeiten **vor Gericht aus sonstigen Versicherungsverträgen**, die in unmittelbarem Zusammenhang mit der selbstständigen Tätigkeit stehen, z. B. wegen einer Forderung aus der Inhaltsversicherung. Oft wird hier eine Grenze bzgl. der Höhe der streitbaren Forderung festgelegt;
- Streitigkeiten **vor Gericht**, wenn diese aus der Anschaffung von Einrichtungsgegenständen oder Arbeitsmitteln für den Betrieb heraus entstehen (auch hier bis zu einer bestimmten Höhe der Forderung).

Neben diesen Inhalten sind bestimmte **Dienstleistungen** im Zusammenhang mit Verträgen und Forderungen für viele Kunden noch interessanter und wirken im Verkaufsgespräch überzeugender.

Angeboten werden:

- **Inkasso-Service:**

  Manche Vertragspartner wollen oder können einfach nicht bezahlen, obwohl die Forderung vom Grundsatz her unstrittig ist. Hier bieten gute Versicherer über externe Inkasso-Unternehmen an, die Forderung für ihre Rechtsschutz-Kunden einzuziehen. Es geht hierbei um die außergerichtliche Geltendmachung der Forderungen bis zu einer bestimmten Höhe.

- **Bonitäts-Service:**

  Bevor es zu Zahlungsausfällen kommt, wäre es gut zu wissen, ob der Vertragspartner überhaupt vom Grundsatz her in der Lage und bereit ist, seine Rechnungen zu begleichen. Hierfür bieten die Versicherer eine Bonitätsprüfung an, mit der verfügbare Infos über die Zahlungsmoral eines Kunden oder Lieferanten bereitgestellt werden können.

- **Firmen-Vertrags-Mediation:**

  Auch wenn kein Anwalt für außergerichtliche Streitigkeiten auf Kosten der Rechtsschutz-Versicherung bei Streitigkeiten im Firmen-Vertragsbereich eingeschaltet werden kann, bieten viele Versicherer mittlerweile hierfür die immer moderner werdende Mediation an. Hier versucht ein professioneller Mediator unter Einbeziehung aller Beteiligten eine außergerichtliche Lösung zu finden, mit der die Vertragsparteien gut leben können. Dies wird häufig telefonisch erfolgen und ist auf eine bestimmte Anzahl von Mediationsverfahren pro Jahr begrenzt.

Alle diese beschriebenen Inhalte stellen ein Komplettangebot für ein gutes Rechtsschutzprodukt für Gewerbetreibende dar. Kombiniert werden die verschiedenen Vertragsarten, daher findet sich häufig die Bezeichnung **„Gewerbe-Kombi"**.

Der Beitrag wird in der Praxis überwiegend nach der Anzahl der beschäftigten Personen berechnet, wobei Teilzeitkräfte und Auszubildende nicht als vollständig zu zählende Beschäftigte gewertet werden, sondern zwei Teilzeitkräfte entsprechen z. B. einen Mitarbeiter.

Natürlich gibt es auch Angebote für „Einzelkämpfer" ohne einen Mitarbeiter, die dann entsprechend preisgünstig ausfallen.

Der Versicherungsschutz kann auch variabel gestaltet werden, indem verschiedene Bausteine abgewählt werden, wie z. B. der Berufs- oder Wohnungs- und Grundstücks-RS. Je nach Anbieter sind die verschiedensten Kombinationen möglich.

Bieten Sie aber bitte zunächst immer die Komplettlösung an! Streichen können Sie im Nachhinein immer noch.

Bevor ich auf wichtige Ergänzungen zu diesem Paket zu sprechen komme, gebe ich Ihnen nachfolgend nochmal eine Übersicht mit praktischen Beispielen zum Versicherungsschutz. Diese ist eingeteilt nach verschiedenen Betriebszweigen, wobei sich die Beispiele leicht auf andere Branchen übertragen lassen. Nutzen Sie dies als Erklärungs- und Verkaufshilfe.

3.5.6 Beispiele zum Versicherungsschutz in der Gewerblichen Rechtsschutzversicherung

Branche/Betrieb	Im Gewerbe-Kombi versicherter Baustein bzw. vereinbarte Leistungsart	Schadenbeispiel
Baugewerbe	Schadenersatz-RS	Der Fahrer eines fremden Lkw wirft beim Zurücksetzen eine der Baumaschinen um. Die Maschine wird erheblich beschädigt. Der Bauunternehmer macht Schadenersatz geltend.
	Arbeits-RS	Der Unternehmer kündigt einem Arbeiter, weil die Auftragslage rückläufig ist. Der Arbeitnehmer beruft sich auf falsche Sozialauswahl und erhebt Kündigungsschutzklage.
	Straf-RS	Eine Baustelle wird ungenügend abgesichert. Die Warnlampen funktionieren nicht. Ein Motorradfahrer fährt in die unbeleuchtete Absperrung und verletzt sich tödlich. Gegen den Baustellenleiter wird ein Strafverfahren wegen fahrlässiger Tötung eingeleitet.
	Ordnungswidrigkeiten-RS	Das Bauunternehmen erhält einen Bußgeldbescheid, weil der Kompressor eines Pressluftbohrers die zulässige Phonzahl überschritten habe. Das örtliche Bauaufsichtsamt war von Anliegern über die Lärmbelästigung informiert worden.

Branche / Betrieb	Im Gewerbe-Kombi versicherter Baustein bzw. vereinbarte Leistungsart	Schadenbeispiel
	Sozialgerichts-RS	Auf dem Weg zu einer benachbarten Baustelle verunglückt der Polier, der Werkzeug abholen will. Die Berufsgenossenschaft lehnt eine Unfallrente mit der Begründung ab, es liege kein Arbeitsunfall vor.
	Arbeits-RS	Der Bauunternehmer beschuldigt eine Gruppe seiner Arbeiter der Unterschlagung von Baumaterial. Er kündigt ihnen fristlos. Ein Teil der Arbeiter wehrt sich gegen die Kündigung mit der Begründung, sie seien nicht beteiligt gewesen.
Handwerk / Elektroinstallateur	Straf-RS	Ein Elektriker verlegt Leitungen in einem Neubau. Nach dem Bezug des Hauses kommt es zu einem Kurzschluss, aus dem sich ein Großbrand entwickelt. Der Meister und sein Geselle werden wegen fahrlässiger Brandstiftung angezeigt.
	Schadenersatz-RS	Der Elektroinstallateur führt im Mehrfamilienhaus eines Kunden eine Reparatur aus und schaltet vorsichtshalber die Sicherungen aus. Ein Mieter übersieht trotz Hinweis der Hausverwaltung, dass noch jemand an den Leitungen arbeitet und stellt die Sicherungen wieder an. Der Elektriker erleidet einen Stromschlag und fällt daraufhin von der Leiter. Er will von dem Mieter Schmerzensgeld, Verdienstausfall und Lohn für eine Ersatzkraft einklagen.
	Schadenersatz-RS	Auf der Baustelle werden teure Glasfaserkabel entwendet. Als Täter werden Bauarbeiter einer anderen Firma ermittelt. Diese bestreiten die Täterschaft. Der Elektriker erhebt Schadenersatzklage.
	Vertrags-RS für Hilfsgeschäfte (vor Gericht)	Die Firma schafft sich ein neues Verwaltungssystem an. Dieses verursacht allerdings häufig Ausfälle auf dem Computersystem.
Frisörhandwerk	Sozialgerichts-RS	Eine Mitarbeiterin bekommt durch das ständige Arbeiten mit Färbemitteln und Dauerwellenflüssigkeit eine Hautkrankheit. Das Arbeitsamt lehnt die Übernahme der Umschulungskosten auf einen anderen Beruf ab. Dagegen will die Frisörin klagen.
	Straf-RS	Ein Frisör lässt das Dauerwellenmittel zu lange einwirken. Die Kundin erleidet schwere Kopfverletzungen. Der Frisör wird wegen fahrlässiger Körperverletzung angeklagt.

Branche / Betrieb	Im Gewerbe-Kombi versicherter Baustein bzw. vereinbarte Leistungsart	Schadenbeispiel
	Ordnungswidrigkeiten-RS	Ein Frisör möchte seinen Kunden original italienischen Espresso anbieten. Er besorgt sich dafür eine italienische Espressomaschine. Die Maschine entspricht jedoch nicht den in Deutschland vorgeschriebenen Normen und der Frisör erhält nach einer Prüfung vom Gewerbeaufsichtsamt einen Bußgeldbescheid.
	Schadenersatz-RS	Das Frisörgeschäft befindet sich im Erdgeschoss eines Mehrfamilienhauses. Eines Nachts bricht im 1 OG ein Wasserrohr, das fehlerhaft repariert worden war. Das darunterliegende Frisörgeschäft wird stark in Mitleidenschaft gezogen. Der Frisör will seinen Schaden (Verdienstausfall, beschädigte Einrichtung) vom Verursacher ersetzt bekommen.
	Straf-RS und Arbeits-RS	Eine Angestellte raucht kurz vor Feierabend im Nebenzimmer des Salons eine Zigarette. Achtlos wirft sie die Zigarette in den Papierkorb. Nachts entwickelt sich ein Feuer, bei dem erheblicher Sachschaden entsteht. Gegen den Inhaber und die Frisörin wird wegen fahrlässiger Brandstiftung ermittelt. Zudem will der Inhaber seine Angestellte abmahnen, diese will sich aber dagegen wehren.
Gastgewerbe	Schadenersatz-RS	Gäste setzen ihre Meinungsverschiedenheit mit einer Schlägerei fort; dabei wird das gesamte Mobiliar der Gaststätte zerstört. Der Gastwirt will seinen Schaden gerichtlich einklagen.
	Ordnungswidrigkeiten-RS	Der Gastwirt erhält eine Anzeige, weil er angeblich die Sperrstunde überschritten hat und sich ständig Jugendliche unter 16 Jahren ohne Begleitung in seiner Gaststätte aufhalten.
	Straf-RS	Ein Gast verursacht (infolge übermäßigen Alkoholgenusses) auf dem Nachhauseweg einen schweren Unfall, bei dem ein Mensch getötet und einer verletzt wird. Außer dem Fahrer wird auch der Gastwirt wegen fahrlässiger Tötung/ Körperverletzung angezeigt, da er den Gast nicht am Benutzen seines Pkw gehindert hat.

Branche/Betrieb	Im Gewerbe-Kombi versicherter Baustein bzw. vereinbarte Leistungsart	Schadenbeispiel
	Verwaltungsgerichts-RS	Der Orientalische Grill soll angeblich gegen die Hygienevorschriften verstoßen haben. Das Gewerbeaufsichtsamt schließt den Grill.
Handel	Straf-RS	Der Zutritt zum Geschäft ist durch angelieferte Waren erschwert. Ein Kunde kommt dadurch zu Fall und verletzt sich schwer. Der Ladeninhaber erhält eine Anzeige wegen fahrlässiger Körperverletzung.
	Schadenersatz-RS	Das Kind einer Kundin wirft ein Regal mit Waren um, die dabei zerstört werden. Der Händler will den entstandenen Schaden von den Eltern einfordern.
	Ordnungswidrigkeiten-RS	Der Händler vergisst bei Waren, die offen verkauft werden, Hinweise auf Behandlung bzw. Inhaltsstoffe der Waren. Bei einer Kontrolle wird dies beanstandet und er bekommt einen Bußgeldbescheid. Dagegen will er sich zur Wehr setzen.
	Arbeits-RS	Der Händler kürzt einem Teil seiner Angestellten aufgrund der schlechten Geschäftsentwicklung das Weihnachtsgeld. Diese wollen sich dagegen wehren.
	Steuer-RS vor Gerichten	Das Finanzamt fordert nach einer umfassenden Betriebsprüfung eine Nachzahlung.
Landwirtschaft	Schadenersatz-RS	Der Landwirt leiht einem Nachbarn die Dreschmaschine. Durch unsachgemäßen Gebrauch wird diese schwer beschädigt. Er möchte den Schaden von seinem Nachbarn ersetzt haben.
	Schadenersatz-RS	Der Bauer treibt seine Kühe von einer Weide zur anderen. Dabei muss die Herde die Straße überqueren. Trotz aufgestellter Sicherheitspfosten fährt ein Lkw in die Herde und mehrere Tiere müssen notgeschlachtet werden. Die Haftpflicht des Lkw-Fahrers wendet Mitverschulden ein. Aus diesem Grund wird eine Schadenersatzklage erforderlich.
	Ordnungswidrigkeiten-RS oder je nach Schwere Straf-RS	Wegen angeblicher Verletzung von Umweltvorschriften erhält der Landwirt ein saftiges Bußgeld.

Branche/Betrieb	Im Gewerbe-Kombi versicherter Baustein bzw. vereinbarte Leistungsart	Schadenbeispiel
	Vertrags-RS	Der Landwirt least einen Mähdrescher. Über die Abrechnung der Leasingraten kommt es zum Streit mit der Leasinggesellschaft. Die Angelegenheit muss vor Gericht geklärt werden.
	Vertrags-RS	Der Landwirt kauft Jungpflanzen von einem Pflanzenzüchter. Diese Pflanzen sind schädlingsbefallen. Der Landwirt fordert deshalb Schadenersatz.

Tab. 32: Beispiele für eine Gewerbliche Rechtsschutzversicherung

Hinzu kommen noch die vielen denkbaren Fälle aus dem Verkehrsbereich für die Firmen- oder auch Privatfahrzeuge.

Bei den letzten Beispielen aus der Landwirtschaft konnten Sie erkennen, dass es für diesen Betriebszweig keine Bedenken bei der Mitversicherung des bereits beschriebenen **Vertrags-RS** gibt. Für die anderen Branchen kann dieser Baustein oft nur über eine separate **Zusatzvereinbarung** zur Verfügung gestellt werden, wenn z. B. auch keine Mediation oder der Inkasso-Service mehr weiterhilft.

3.5.7 Firmen-Vertrags-Rechtsschutz

Wie bereits erwähnt, ist es noch nicht so lange her, da war es undenkbar, für Firmen den vertraglichen Bereich abzusichern. Der Druck des Marktes ließ jedoch Lösungen aufkommen und es gibt immer mehr Versicherer, die hierfür Angebote bereitstellen. Aufgrund des nach wie vor hohen Risikos kann hier aber keine Pauschallösung zur Verfügung gestellt werden, sondern die Versicherer behalten sich eine **Prüfung des Einzelfalls** vor. Es werden auch nicht alle Branchen versichert (wie z. B. der Kfz-Handel) und die Versicherungssumme ist niedriger als die Grunddeckungssumme des Gewerbe-Kombi-Vertrages.

Versichert wird die **gerichtliche** Wahrnehmung rechtlicher Interessen aus schuldrechtlichen Verträgen im unmittelbaren Zusammenhang mit der angegebenen selbstständigen Tätigkeit des versicherten Unternehmens. Hierbei kann es sich um gerichtliche Auseinandersetzungen mit privaten oder gewerblichen Kunden, Herstellern, Lieferanten, Subunternehmern und sonstigen Dienstleistern handeln.

Die Nichtzahlung oder Kürzung von Rechnungen wegen der verschiedensten Gründe lassen sofort zahlreiche Beispiele erkennen. Welche Firma hat hiermit nicht bereits einmal zu tun gehabt?

Berechnet wird die Jahresprämie oft nach dem Jahresbruttoumsatz unter Vereinbarung einer Selbstbeteiligung. Der Schutz wird für kleine und mittelständische Unternehmen üblicherweise auch nur für Streitfälle hier in Deutschland geboten, die vor einem deutschen Gericht verhandelt werden. Hierdurch soll das Risiko einigermaßen überschaubar bleiben.

Thematisieren Sie diesen so wichtigen Schutz mit Ihrem Kunden und unterbreiten Sie ihm möglichst ein Angebot.

Ein Hinweis noch zum Schluss:

Für die Zielgruppe der niedergelassenen Ärzte und Heilwesenberufe werden Sie diesen Schutz einfacher bei Ihrem Versicherer unterbringen können.

3.5.8   Erweiterter Strafrechtsschutz

Wenn Sie sich schon einmal mit einer Gewerblichen Rechtsschutz-Versicherung beschäftigt haben, sind Sie bestimmt bereits auf den Begriff des Erweiterten Straf-Rechtsschutzes gestoßen. Was bedeutet dies im Einzelnen?

Die Leistungsart Straf-Rechtsschutz kennen Sie bereits. Hier haben Sie gelesen, dass insbesondere für **Vorsatzvergehen** kein Versicherungsschutz zur Verfügung gestellt wird, egal ob die Person die „Tat" tatsächlich begangen hat oder nicht.

Dies ist auch durchaus nachvollziehbar, stellt jedoch gerade Firmen vor ein nicht einfaches Problem.

Wie leicht sieht sich ein Geschäftsführer oder Inhaber Vorwürfen ausgesetzt, die völlig aus der Luft gegriffen sind. Denken Sie allein an den Vorwurf der Steuerhinterziehung nach einer Betriebsprüfung oder der Verletzung von Umwelt- oder Sicherheitsvorschriften. Aber auch Vorwürfe von z. B.

- Betrug,
- Unterschlagung,
- ausgehend vom Produktrisiko oder einer
- Insolvenzverschleppung

lassen sich leicht konstruieren.

Und genau hier setzt der Erweiterte Straf-Rechtsschutz an. **Er bietet auch dann Versicherungsschutz, wenn der Vorsatzvorwurf zunächst im Raume steht.**

Von Beginn an wird durch anwaltliche Hilfe Beistand geleistet. So kann möglichst schnell Schaden von dem Betrieb abgewendet werden, was auch durchaus oder gerade für das öffentliche Ansehen eine wichtige Rolle spielt. **Nur bei einer rechtskräftigen Verurteilung wegen Vorsatz entfällt der Versicherungsschutz rückwirkend.** Dieses wird aber in den meisten Fällen nicht passieren.

Bis dahin ist es aber ein oft langer und streitbarer Weg, der mit hohen Anwalts- und Gerichtskosten verbunden ist.

Lassen Sie mich einzelne Bausteine aus diesem wichtigen Paket näher erläutern und zusammenfassen, um Ihnen einen Überblick zu den einzelnen Inhalten zu geben. Die Punkte erheben nicht den Anspruch auf Vollständigkeit. Sie finden auf dem Markt die verschiedensten Inhalte wieder; die nachfolgenden stellen bereits eine sinnvolle und gute Grundlage dar. Aber: je mehr, umso besser!

Vorsatzvergehen

Der eigentliche Grund, warum der Erweiterte Strafrechtsschutz entwickelt und ins Leben gerufen wurde: Vorsatztaten gelten als mitversichert, solange keine rechtskräftige Verurteilung wegen Vorsatz erfolgt – vgl. vorangegangene Erläuterungen.

Vorsicht: Wir sprechen von Vergehen und nicht von einem Verbrechen!

Verbrechen wie Raub, Körperverletzung mit Todesfolge, Mord oder schwerer sexueller Missbrauch fallen nicht unter diesen Versicherungsschutz.

Bitte achten Sie darauf, dass auch bei einer rechtskräftigen Verurteilung durch einen Strafbefehl bei nicht so schweren Vergehen der Versicherungsschutz bestehen bleibt!

Freie Honorarvereinbarungen

Die Anwaltskosten werden nach den „normalen" Bedingungen bis zur Höhe der gesetzlichen Gebührenordnung für Rechtsanwälte nach dem Rechtsanwaltsvergütungsgesetz bezahlt. Gute, auf bestimmte Fachgebiete spezialisierte Anwälte geben sich allerdings mit dieser Vergütung nicht immer zufrieden – und dies auch bestimmt zu Recht. Der Erweiterte Strafrechtsschutz gibt Ihrem Kunden die Möglichkeit, mit seinem Strafverteidiger **ein Honorar schriftlich zu vereinbaren, welches auch über diese gesetzliche Vergütung hinausgeht**. Der Versicherer behält sich allerdings die Angemessenheit dieser Vergütung vor und muss dieser auch zustimmen.

Kosten für Sachverständige

Oft müssen möglichst schnell Sachverständige eingeschaltet werden, um einen Vorwurf auch schon vor einer etwaigen Gerichtsverhandlung zu entkräften. Dies ist z. B. leicht bei jedem Produkthersteller denkbar. Durch das hergestellte oder gelieferte Produkt kommt es angeblich zu einem Personenschaden, mit dem eine Strafverfolgung in Gang gesetzt wird. Ihr Kunde lässt sofort ein Gutachten in Auftrag geben, womit die Vorwürfe widerlegt werden sollen und es erst gar nicht zu einer weiteren Strafverfolgung kommt. Die Kosten für ein derartiges **außergerichtliches** Gutachten werden meist bis zu einer bestimmten Höhe vom Versicherer übernommen.

Firmenstellungnahme

Die Staatsanwaltschaft ermittelt meist gegen die Firma als eine Einheit, ohne zunächst eine konkrete Person als Beschuldigten benannt oder erkannt zu haben. Hier ist es hilfreich, sofort tätig zu werden und mit der Unterstützung eines Anwaltes eine fundierte Stellungnahme abzugeben, um unbeteiligte bzw. nicht betroffene Personen vor weiteren

Ermittlungen zu schützen. Die Kosten für diese Stellungnahme werden dann ebenfalls übernommen.

Rechtsschutz bei einer Durchsuchung und Beschlagnahme

Es ist für eine Firma immer äußerst unangenehm, wenn die Polizei anrückt, die Räumlichkeiten durchsucht und gleichzeitig Unterlagen beschlagnahmt (z. B. ein Verdachtsfall wegen Steuerhinterziehung). Dies kann sogar dann der Fall sein, wenn gegen Ihren Kunden überhaupt nicht ermittelt wird, sondern die Untersuchungen sich z. B. gegen einen Vertragspartner richten. Ihr Kunde wird aber mit in das Verfahren hineingezogen. Unabhängig von der Schuldfrage ist hier Eile geboten und es kann mithilfe dieses Punktes zügig ein Anwalt zu Rate gezogen werden.

Zeitpunkt Versicherungsfall

Voraussetzung für den Versicherungsschutz ist grundsätzlich, dass der Rechtsschutzfall innerhalb der Vertragslaufzeit eingetreten ist. Dies kann aber für viele Betriebe ein Hindernis darstellen, wenn z. B. der Verstoß gegen eine Umweltvorschrift bereits längere Zeit zurückliegt, die Ermittlungen der Staatsanwaltschaft aber erst Jahre später eingeleitet werden. Glücklich für den Betrieb, wenn zum Zeitpunkt der Ermittlungen der Vertrag dann besteht. **Der Vorteil liegt darin, dass nicht wie üblich die Ursache für den Verstoß als Zeitpunkt des Versicherungsfalls genommen wird, sondern der Beginn der Ermittlungen.**

Diese Punkte stellen die wichtigsten Gründe für die Absicherung des Erweiterten Strafrechtsschutzes dar. Wie bereits erwähnt, gibt es noch weitere Inhalte, jedoch sollten die genannten für den Verkauf mehr als ausreichen. Ein Betrieb, der schon einmal mit der Staatsanwaltschaft zu tun hatte, wird für diesen Schutz ohnehin sensibilisiert genug sein.

Diese Ausführungen sollen zum Thema Rechtsschutz für Gewerbebetriebe ausreichen, um Ihnen einen ersten Einblick in die Thematik für den Verkauf zu geben.

Ohne hierauf näher einzugehen, möchte ich noch mögliche **Zusatzdeckungen für Photovoltaik-, Biogas- und Windkraftanlagen** erwähnen. Eigentümer derartiger Anlagen sollten Sie auf den Rechtsschutz für derartige erneuerbare Energien hinweisen und auf die Mitversicherung achten. **Denken Sie allein an vertragliche oder steuerrechtliche Streitigkeiten!**

Neben der Kfz-Versicherung für die Firmenfahrzeuge stellen diese Versicherungslösungen eine gute Grundlage für die Absicherung eines Betriebes dar. Die Betriebshaftpflicht und die Gewerbliche Sachversicherung bilden dabei die Mindestabsicherung.

Dennoch sind weitergehende Versicherungslösungen für die Mehrzahl der Firmen nicht uninteressant und je größer ein Betrieb ist, desto stärker wird der Bedarf vorhanden sein. Zu nennen sind hier u. a.:

- Elektronik-Pauschalversicherung,
- Maschinenversicherung,
- Maschinen-Betriebsunterbrechungsversicherung,

- Montageversicherung oder
- Transportversicherung.

Für den Einstieg in das gewerbliche Geschäft wünsche ich Ihnen allen erdenklichen Erfolg und hoffe, Ihnen mit meinen Ausführungen den Weg hierzu ein wenig erleichtern zu können.

4   Einflussfaktoren im Verkauf

Vielleicht denken Sie jetzt: „Oh nein, nicht schon wieder jemand, der uns beibringen will, wie man verkauft und uns dafür alles mögliche theoretische Zeug erläutert."

Genau das möchte ich nicht tun. An dieser Stelle soll vielmehr ein Überblick zu den meiner Meinung nach wichtigsten Faktoren für ein erfolgreiches Verkaufsgespräch gegeben werden.

Es gibt auf dem Markt zahlreiche Bücher, die eine Hilfe für den Verkauf in der Praxis sind. Sie liefern Erklärungsansätze, warum manche Verkäufer erfolgreicher sind als andere und durchleuchten das Ganze nochmals mit wissenschaftlichen Untersuchungen. Viele von ihnen haben sicherlich ihre Berechtigung und können Ihnen als Verkäufer nützlich sein, Ihren eigenen Arbeitsalltag einmal zu überdenken. Aber vergessen Sie dabei eines nicht:

Sie reden tagtäglich mit Menschen, die meistens von Versicherungen oder hochpsychologischen Verkaufsstrategien kaum eine Ahnung haben. Zudem werden Sie sich im Gespräch nicht gleich an eine Weisheit aus einem Buch erinnern und diese dann situationsgerecht anwenden. Daher gilt in jedem Fall die goldene Regel:

Bleiben Sie einfach natürlich und versuchen Sie nicht, sich zu verstellen!

Jeder von uns hat seine Eigenarten, die sich nicht nur im Privatleben, sondern auch in einem Verkaufsgespräch zeigen werden und die der Kunde bemerken wird. Aber vielleicht sind es gerade diese Eigenarten, die der Kunde an Ihnen schätzt und warum er gerade bei Ihnen die Versicherung kauft. Fragen Sie sich doch einmal selbst, warum Ihre besten Kunden gerade bei Ihnen den Vertrag abgeschlossen haben und Ihnen über Jahre die Treue halten. Es wird sicherlich nicht allein Ihre Fachkompetenz oder gar der gute Preis sein. Auch wenn Sie durch Ihre Natürlichkeit nicht jeden Kunden bekommen, so ist dies in jedem Fall besser als der Versuch, sich zu verstellen. Das halten Sie ohnehin nicht lange durch.

Dennoch möchte ich Ihnen gerne einige Punkte mit auf den Weg geben, die mir persönlich in der Verkaufspraxis weitergeholfen haben und mit denen ich vieles besser einschätzen konnte. Nehmen Sie sich die Punkte heraus, mit denen Sie etwas anfangen können und finden Sie Ihren eigenen Weg. Diesen müssen Sie ohnehin allein gehen und es wird Ihnen auch niemand die Worte in den Mund legen können, die Sie dem Kunden gegenüber sagen.

Seien wir einmal ehrlich: In unserem täglichen Geschäft reduziert sich alles auf die drei Faktoren

Leistung – Preis – Beziehung

4.1 Leistung

Die Leistungsinhalte der vier erläuterten Versicherungssparten für den Privatkunden sind Ihnen nun mit zahlreichen Verkaufstipps bekannt. Sie müssen Ihr Wissen nur auf das Angebot Ihres jeweiligen Versicherers übertragen. Ihr angebotenes Produkt sollte die dargestellten Mindestanforderungen erfüllen, das sind Sie schon allein Ihrer Beraterpflicht schuldig. Aber natürlich muss Ihr Produkt insbesondere auf die Bedürfnisse der Kunden zugeschnitten sein – dies gilt ohne Zweifel für alle Versicherungssparten:

- Was will der Kunde?
- Welche Inhalte sind ihm wichtig?
- Was kann ich ihm mit meinen Produkten bieten?

Sie alle kennen bestimmt das Spiel „Vier gewinnt". Vier gleichfarbige Plättchen müssen senkrecht, waagerecht oder diagonal in eine Reihe gebracht werden. Das Problem hierbei ist nur, dass Ihr Gegenspieler dies ebenfalls tun muss und Ihre Reihe mit seinen Plättchen immer wieder zu unterbrechen versucht.

> Mit welcher Strategie kommen Sie nun weiter?

- Sie versuchen ohne Rücksicht auf Ihren Gegenspieler Ihre eigene Reihe zu vervollständigen.
- Sie achten darauf, wie Ihr Gegenspieler seine Plättchen setzt und versuchen ihn zu stören, wobei Sie Ihre eigene Reihe ebenfalls zu vervollständigen versuchen.

Die Antwort dürfte klar sein. Nur die eigene Strategie zu verfolgen und nicht die Strategie Ihres Gegenspielers zu durchleuchten, dies wird nicht funktionieren. So werden Sie das Spiel nicht gewinnen. **Die Situation in einem Verkaufsgespräch ist identisch. Sie werden nicht zu einem Erfolg kommen, wenn Sie nicht wissen, was Ihr Kunde will und Sie letztendlich nur den Verkauf Ihrer Produkte durchsetzen wollen.** Wenn doch, dann wird der Erfolg aber nicht von Dauer sein. Denn auf diese Weise können sie keine Kunden gewinnen, die Ihnen lange die Treue halten.

Nun ist Ihr Kunde natürlich nicht Ihr Gegenspieler, sondern Ihr Partner, mit dem Sie gemeinsam die Strategie entwickeln und Lösungen bereitstellen. Reden Sie mit Ihren Kunden und stellen Sie Fragen. Fachbezogene Monologe sind hier völlig fehl am Platz.

Für die gemeinsame Strategie müssen Sie sich in Ihren Produkten auskennen. Kennen Sie die Vorteile und Qualitätsmerkmale Ihres Angebotes, dann haben Sie auch die notwendige Sicherheit für das Gespräch. Zudem können Sie auf Mitbewerberangebote reagieren und Argumente liefern, die gerade für Ihr Angebot sprechen.

Ihr Produkt sollte dem Kunden deutlich machen, welchen Nutzen er mit dem Kauf erzielt. Sie werden sich z. B. auch keine neue Hose im Geschäft kaufen, wenn Sie nicht von deren Nutzen überzeugt sind. Die Hose sieht gut aus, ist bequem, hält warm etc. Ansonsten werden Sie die Hose umtauschen. Versicherungskunden können Ihren Vertrag nicht umtauschen, sondern werden diesen schnellstmöglich wieder kündigen. Dies passiert immer dann, wenn Verträge einfach nur „aufgequatscht" wurden. Nehmen Sie sich daher einzelne spezielle Leistungsinhalte aus Ihrem Angebot heraus und verdeutlichen Sie den Sinn und Zweck dieser Bausteine für den Kunden. Idealerweise haben Sie bereits vorher Kundensignale wahrgenommen und bringen diese in Ihre Nutzenargumentation wieder mit ein. Es gibt zahlreiche Formulierungen, wie Sie so etwas einleiten können, wie z. B.:

- Das heißt für Sie, dass wir für Sie in einem Rechtsstreit alle anfallenden Kosten übernehmen werden …
- Das bedeutet für Sie, dass wir nach einem Feuer Ihren Traum von einem Haus wieder aufbauen werden …
- Sie erreichen damit …
- Ihr Vorteil ist …
- Sie sparen somit …
- Damit verbessern Sie …

Üben Sie derartige Formulierungen einmal und wenden Sie diese im Verkaufsgespräch an. Es wirkt!

Noch einmal: Alles was Sie sagen, muss natürlich zu Ihnen passen, und Sie müssen selbst überzeugt von dem sein, was Sie verkaufen. Gegenteiliges macht keinen Sinn und wird dem Kunden schnell auffallen.

Wenn wir von Leistung sprechen, geht es nicht nur um Produktinhalte, sondern auch um den Namen des Versicherers, der hinter einem Angebot steckt. Viele Kunden legen hierauf großen Wert und wollen bei einem Unternehmen versichert sein, welches bekannt ist und eine gewisse Größe aufweist. Nur so fühlen sie sich wirklich „sicher" und glauben, dass im Leistungsfall auch genügend Kapital zur Verfügung steht. Nicht umsonst hat die Allianz-Versicherung die meisten Kunden hier in Deutschland, was sicherlich nicht nur an den Produktinhalten oder gar am Preis festzumachen ist. Können Sie Ihren Versicherer dem Kunden nicht schmackhaft machen, weil er auf Größe und Bekanntheitsgrad setzt, müssen Sie dieses Defizit mit den anderen hier besprochenen Punkten ausgleichen.

Ein Hilfsmittel ist auch immer der unabhängige Versicherungsvergleich in einigen Zeitschriften (Finanztest, Capital, Focus, Stern, Wirtschaftswoche etc.). Viele Kunden schenken den Verbraucherschützern bzw. diesen Tests oftmals mehr Glauben als den Argumenten der eigenen Versicherungsberater. Hier ist es von Vorteil, wenn die angebotene Gesellschaft in solchen Empfehlungen immer mit ganz oben steht und Sie das dem Kunden zeigen können. Aber Vorsicht: Die Vergleiche geben nur eine Momentaufnahme wieder. **Idealerweise haben Sie mehrere Vergleiche zur Verfügung, die die Beständigkeit des Versicherers der letzten Jahre oder gar Jahrzehnte widerspiegeln.** Achten Sie auch darauf, dass es in den Vergleichen nicht nur um den Preis, sondern auch um die Servicestärke und die Zufriedenheit des Kunden im Schadenfall geht.

Der Versicherungsverkäufer in Deutschland hat ein gravierendes Problem: Einerseits genießt der Beruf kein so hohes Ansehen wie in anderen Ländern Europas und andererseits muss etwas verkauft werden, was für den Kunden nicht sichtbar ist. Für den Verkauf wäre es fantastisch, wenn jeder Kunde zunächst einmal mit einem Schadenfall starten würde und dieser zur 100 %igen Zufriedenheit für den Kunden reguliert wird. So manche langwierigen Erläuterungen über Produktinhalte oder das Gezerre über den Preis wären dann überflüssig.

Dies ist natürlich nicht machbar und deswegen werden wir uns weiter größtenteils mit der Erklärung des unsichtbaren Gutes Versicherung beschäftigen müssen. Aber hatten Sie auch schon einmal einen Kunden, für den Sie einen Schadenfall „perfekt" reguliert haben und dann gemerkt, dass der Verkauf weiterer Verträge fast wie von selbst lief? Oder nur die Vertragsneuordnung?

Auch das zählt zu den Leistungen der Versicherer bzw. zu Ihren Leistungen dazu. Eine unkomplizierte, unbürokratische, schnelle und kompetente Schadenregulierung, wenn es den Kunden einmal wirklich trifft. Hier zeigt sich die tatsächliche Servicestärke eines Versicherers wie eines Verkäufers. Wird der Kunde gut bedient, wird er auch zukünftig bleiben und ist für Neuerungen und Ergänzungen offen. Nicht nur er, sondern auch alle, denen er von dem Service berichtet, werden zu potenziellen Kunden. Deswegen: Reden Sie darüber, wie Sie Ihren Kunden im Schadenfall unterstützen werden und erläutern Sie ihm, welche Möglichkeiten Sie haben bzw. mit welchen Vollmachten Sie ausgestattet sind. Hier greift ebenfalls die Nutzenargumentation:

- Wir bieten Ihnen …
- Unser Team bietet Ihnen …
- Ich biete Ihnen …

Ich muss Ihnen nicht erzählen, wie ein im Schadenfall schlecht behandelter Kunde reagieren wird und wie hoch die Kündigungswahrscheinlichkeit ist. Ganz zu schweigen von der schlechten Presse bzw. Mundpropaganda.

4.2 Preis

Ganz bewusst habe ich nicht mit dem Preis angefangen, sondern mit den Leistungen des Produkts und Ihren Leistungen als Vermittler und Verkäufer. Und hier haben Sie doch schon eine ganze Menge zu bieten, oder?

Das Verkaufs- und Beratungsgespräch sollte ebenfalls nicht mit dem Thema Preis beginnen. Es darf und kann hier nicht allein um den Preis gehen. Der Preis ist zunächst einmal gesetzt. Das Produkt mit seinen Inhalten muss im Vordergrund stehen. Wenn der Preis das Maß aller Dinge wäre, müssten die Direktversicherer ohne ihren Außendienst Hochkonjunktur haben. Doch entgegen vieler Befürchtungen und Marktprognosen bleibt deren Anteil am Gesamtgeschäft doch eher gering. Und mit den Service-Centern vieler Dienstleister (z. B. im Bereich Telekommunikation und Internet) machen viele Kunden nicht nur gute Erfahrungen. Wer von uns hat nicht schon einmal bei einem Call-Center angerufen und verärgert wieder aufgelegt, da keine kompetente Beratung zustande kam und das Problem eher vergrößert als gelöst wurde.

Ohne einen fachkundigen Außendienst – ohne Sie – wird es auch in Zukunft nicht funktionieren. Achten Sie im Gespräch mit dem Kunden auf seine Erfahrungen mit Dienstleistern und stellen Sie daraufhin Ihre persönliche Betreuung als ein wichtiges Nutzenargument in den Vordergrund. Aus meiner eigenen Verkaufspraxis kann ich berichten, dass viele zum Direktversicherer gewechselte Kunden spätestens nach dem ersten Schaden wieder zurückgekommen sind, und dass der Preis dann erstaunlicherweise auf einmal keine Rolle mehr gespielt hat.

> Die Betreuung hat ihren Preis! Der Preis ist die Summe Ihrer Leistungen!

Neben Ihrer Betreuung erläutern Sie mit zahlreichen Argumenten, was zusätzlich für Sie und Ihr Produkt spricht. Sie müssen Ihren Preis nicht rechtfertigen, sondern können stolz auf das hervorragende Preis-Leistungs-Verhältnis sein und vertreten dies gegenüber dem Kunden.

Warum verkauft ein Autohersteller mehr Autos im höheren Preissegment als im unteren? Wenn man die Statistiken mancher Autohersteller betrachtet, erkennt man staunend: Je teurer und luxuriöser ausgestattet ein Auto angeboten wird, desto höher sind die Verkaufszahlen. Wollen Ihre Kunden als Versicherung nicht auch lieber einen gut ausgestatteten Oberklassewagen als einen mittelmäßigen Kleinstadtflitzer?

Nun verkaufen wir ja keine Autos, sondern Versicherungen, und das Verhalten und die Erwartungen uns gegenüber sind bei vielen Kunden etwas anders. Wer kennt nicht den mit folgender Frage ins Büro kommenden Kunden:

> „Ich brauche eine XY-Versicherung. Was kostet die bei Ihnen?"
>
> oder
>
> „Ich habe hier ein Angebot für eine XY-Versicherung. Wie teuer ist die bei Ihnen? Warum ist meine Versicherung teurer?"

Schon sind Sie mitten im Preiskrieg und viele Gespräche reduzieren sich dann auch auf diesen Bereich. Das Ende wird sein, dass der Kunde einen bereits bestehenden Vertrag bei Ihnen kündigt, dass Sie den Vertrag prämienmäßig reduzieren oder dass Sie einen neuen Vertrag nur mit einem deutlichen Preisnachlass verkaufen können.

Verlassen Sie diese Preisebene so schnell wie möglich. Schwenken Sie um auf den Leistungsbereich mit den vielen Vorteilen, die der Kunde bei Ihnen hat. Folgende Denkanstöße sollen Ihnen hierbei helfen:

- Veranschaulichen Sie – wenn nötig, auch mal grafisch – mit einer Skizze die Leistungen Ihres Produktes, Ihres Unternehmens oder Ihrer Person.
- Gehen Sie auf das Angebot der Mitbewerber ein und stellen Sie Ihre Vorteile heraus.
- Rechtfertigen Sie nur die Mehrprämie Ihres Produkts und rechnen Sie diesen auf den monatlichen Zahlungsbetrag um (das ist dann überhaupt nicht mehr so viel).

- Fragen Sie die Kunden, warum Ihr Produkt angeblich zu teuer ist und woran sie das außerhalb des Preises festmachen (bezogen auf die Inhalte werden viele Kunden ins Stottern kommen).
- Können Sie eventuell etwas tun, was den Preis für den Kunden preiswerter macht (z. B. Zusatzleistungen miteinschließen)?
- Auf welche Leistungen will der Kunde verzichten, damit der Preis gedrückt werden kann (das ist dann aber ausschließlich seine Entscheidung)?

Mir ist klar, dass ein derartiges Umschwenken von der Preis- auf die Leistungsebene nicht ganz einfach ist, sondern im Gegenteil sehr anstrengend sein kann. Es wird auch nicht immer funktionieren. Aber die Mühe lohnt sich und zahlt sich in baren Euros letztendlich aus. Sie haben nicht ein billiges, sondern ein gutes Produkt zu verkaufen. Weisen Sie Ihre Kunden darauf hin! Oder wollen Ihre Kunden nur etwas Billiges?

Ist Ihre Überzeugungsarbeit mit all den Argumenten dennoch hoffnungslos, versuchen Sie Ihren Kunden zu halten – dann auch zur Not zu einem geringeren Preis. Es ist viel schwieriger einen Neukunden zu gewinnen, als die Kundenverbindung eines Bestandskunden auszubauen. Lassen Sie sich aber bitte nicht auf einen Preiskrieg ein, den Sie nur verlieren können. In letzter Konsequenz müssen Sie auch bereit sein, einen Kunden gehen zu lassen. Haben Sie bislang alles richtig gemacht, wird er früher oder später den Weg zu Ihnen schon zurückfinden.

Bei alledem darf ein Faktor nicht unberücksichtigt bleiben, der in der Praxis eine immens wichtige Rolle spielt, ja für viele Situationen überhaupt das Verkaufskriterium schlechthin ist – die Beziehung zwischen Ihnen und dem Kunden.

Kontakt kommt immer vor Kontrakt.

4.3   Beziehung Verkäufer / Kunde

Was nützen Ihnen ein gutes Produkt und ein guter Preis, wenn Sie mit dem Kunden aus welchen Gründen auch immer persönlich nicht zurechtkommen? Der Abschluss eines Versicherungsvertrages ist nun einmal der Beginn einer langjährigen Verbindung. Hier ist es ganz besonders wichtig, eine gewisse Beziehung zu Ihren Kunden aufzubauen. Versicherungen zu verkaufen ist und bleibt oftmals Vertrauenssache! In manchen Fällen wird Ihnen dies besser, in vielen Fällen aufgrund der Vielzahl der Kunden eher durchschnittlich und in einigen Fällen überhaupt nicht gelingen. Den oberen Bereich sollten Sie bewusst ausbauen und dann erfahren, dass der Verkauf Ihnen um ein Vielfaches leichter fallen wird.

Lassen Sie mich das mit einem Schaubild mit Blick auf den Preis und die Nachfragemenge einmal verdeutlichen:

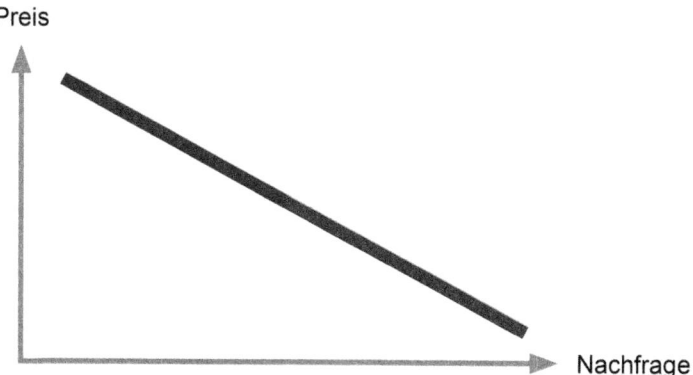

Abb. 16: Schaubild Preis/Nachfragemenge

Die Linie verdeutlicht den bekannten Marktmechanismus, dass bei einem sinkenden Preis die Nachfragemenge entsprechend steigen wird. BMW und Porsche konnten dieses allgemeingültige Gesetz aufgrund ihrer hohen Qualität durchbrechen und verkaufen trotz hoher Preise auch viele Autos.

Bei uns in der Versicherungsbranche stellen die Leistungen ebenfalls ein gewichtiges Kaufargument dar – ohne Zweifel. Die Beziehungsebene beeinflusst jedoch noch stärker das Kaufverhalten der Kunden. Die Beziehungsebene ist daher für uns Versicherungsverkäufer – zumindest bis zu einem gewissen Grad – ausschlaggebender als der Preis.

Das Schaubild verändert sich wie folgt:

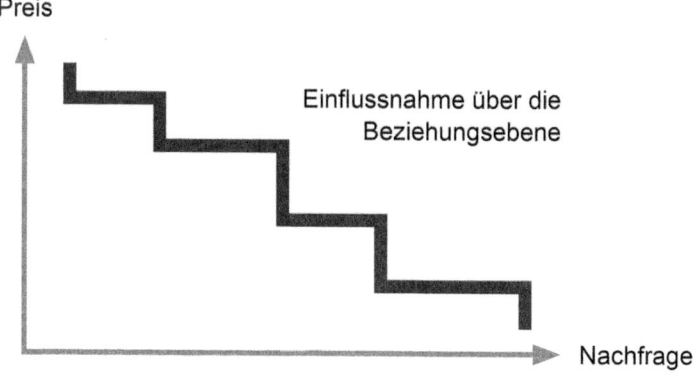

Abb. 17: Schaubild Beziehungsebene-Preis-Nachfrage

Die Beziehungsebene stoppt die sinkende Nachfrage aufgrund eines hohen Preises. Ausschlaggebend sind Bemerkungen der Kunden wie:

- „Bei Karl bin ich gut versichert. Der kennt sich aus ..."
- „Bei Karl fühle ich mich gut aufgehoben, auch im Schadenfall ..."
- „Mit dem Karl kannste vernünftig reden. Der macht das schon ..."
- „Wenn Du eine Versicherung brauchst, dann empfehle ich Dir Karl. Der ist so wie Du und ich ..."

Ich habe Verkäufer gesehen, die zwei Stunden beim Kunden waren und über Gott und die Welt geredet haben – nur nicht über das Thema Versicherung. Dennoch kamen sie mit einem unterschriebenen Antrag zurück, der mehrere Tausend Euro Provisionen einbrachte. Der Antrag wurde auch verarbeitet und sowohl die Verkäufer als auch die Kunden waren zufrieden. Diese Verkaufsweise hat sich in allen Kundensegmenten, im Privat-, Gewerbe- und Industriegeschäft bewährt (wie gesagt, bis zu einer gewissen Grenze). Ein guter Verkäufer weiß, was er wie zu tun und seinen Kunden anzubieten hat. Ansonsten wäre eine langjährige, für beide Seiten gewinnbringende Geschäftsbeziehung überhaupt nicht denkbar.

> Wie erreichen Sie denn nun eine gute und erfolgversprechende Beziehung zu Ihren Kunden?

Diese Frage wird Ihnen niemand zu 100 % beantworten können. Jeder von Ihnen hat eine andere Persönlichkeit und seine eigene Art und Weise, mit dem Kunden eine Beziehung aufzubauen. Ich möchte Ihnen ebenfalls nur ein paar Denkanstöße geben, die Ihnen helfen können:

- Sorgen Sie für eine gemeinsame Wellenlänge im Gespräch mit dem Kunden. Dies hat absolute Priorität. Stellen Sie sich auf den Kunden ein und versuchen Sie ihn zu verstehen. Achten Sie darauf, was der Kunde sagt und wie er es sagt. Und wenn der Kunde über das Fußball-Länderspiel von gestern Abend reden will, dann reden Sie mit. Wenn es um sein Hobby geht, versuchen Sie darauf einzugehen. Wenn er einfach nur einen Kaffee trinken will, dann nehmen Sie sich die Zeit und trinken Sie einen mit ihm.

Ähnlich wichtig ist es, Signale des Kunden aufzunehmen und zu verarbeiten. Wenn Sie merken, dass der Kunde Familie hat und Kinder über alles liebt, dann sprechen Sie auch mit ihm über Kinder. Wenn er einen Ferrari fährt, dann sprechen Sie ihn darauf an.

Damit wir uns nicht missverstehen: Sie sollen Ihrem Kunden nicht nach dem Mund „plappern". Darum geht es nicht und das wäre auf Dauer auch viel zu anstrengend für Sie. Es geht darum, eine gemeinsame Basis zu schaffen und Vertrauen aufzubauen. Die Beziehungsebene lässt sich halt nicht über das Thema Versicherungen herstellen, dafür ist das Thema zu trocken und zu kühl.

Viele genannte Punkte beherzigen Sie bestimmt schon intuitiv „aus dem Bauch heraus". Machen Sie sich Ihr Verhalten immer wieder bewusst, um es zielgerichteter einsetzen zu können.

- Betreuen Sie den Kunden so, wie er es wünscht. Rufen Sie ihn dann auch wirklich an und teilen Sie ihm Neuerungen mit. Beraten und betreuen Sie Ihre Kunden umfassend, belästigen Sie Ihre Kunden aber nicht. Wenn es zu einem persönlichen Gespräch kommt, nehmen Sie sich Zeit und reden Sie über alle Verträge, damit Sie nicht in einem Monat schon wieder anrufen müssen. Melden Sie sich auch einmal, wenn Sie Informationen oder Neuerungen haben, die dem Kunden kein Geld kosten und woran Sie keinen Euro verdienen.

- Lassen Sie den Kunden im Schadenfall niemals allein. Gerade hier treten oftmals Emotionen auf, die sich auf die Beziehungsebene stark auswirken, sowohl in positiver als auch in negativer Hinsicht. Gerade dieses Leistungsmerkmal Ihres Berufs wird heute noch zu sehr unterschätzt. Der Prozess einer vernünftigen Betreuung im Schadenfall bringt neben den Risiken auch gewaltige Chancen im Verkauf mit sich. Geschäftsmodelle, bei denen zu Anfang der schnelle Euro gemacht und der Kunde dann allein gelassen wird, werden sich auf Dauer nicht bewähren.

- Besuchen Sie einmal eine oder mehrere angebotene Verkaufsschulungen. Ich verstehe darunter nicht eine Motivationsveranstaltung, sondern eine Schulung, in der klassische Inhalte besprochen und dann ausprobiert werden. Themen wie

  - Rhetorik,
  - Körpersprache,
  - eine gute Vorbereitung und ein sinnvoller Aufbau des Verkaufsgesprächs oder
  - die Einwandbehandlung

  werden Ihnen helfen, im Umgang mit dem Kunden die so wichtige Beziehungsebene zu stärken und die Gespräche zu einem erfolgreichen Abschluss zu führen. Oftmals erhalten Sie auch ganz neue Denkanstöße und werden sagen: „Ja, so habe ich das noch nie gesehen. Das werde ich gleich einmal ausprobieren ..."

- Lernen Sie zudem von erfahrenen Verkäufern und lassen Sie sich aufzeigen, warum es gerade bei denen funktioniert. Nichts ist effektiver und spannender als der Alltag selbst.

Bei allem, was Sie sich vornehmen und auch tun werden, versprechen Sie mir bitte nur eines:

Bleiben Sie sich selbst treu und stellen Sie sich vor jedem Gespräch mit Ihren Kunden die folgenden Fragen:

- Warum sollte der Kunde jetzt gerade bei mir Kunde werden?
- Warum sollte er den Vertrag bei mir abschließen bzw. ergänzen oder verändern?
- Was kann ich bzw. mein Unternehmen besser als die anderen?

Wenn Sie diese entscheidenden und strategisch wichtigen Fragen für sich beantworten können, sind Sie für das Gespräch bestens gerüstet und können beruhigt auf den Kunden zugehen.

In diesem Sinne wünsche ich Ihnen viel Erfolg bei der Anwendung des Erlernten in Ihrer täglichen Arbeit!

Abbildungsverzeichnis

Abbildungsverzeichnis

Tabellenverzeichnis

Tabellenverzeichnis

Abkürzungsverzeichnis

Abkürzungsverzeichnis

AS	Anspruchsteller
BGB	Bürgerliches Gesetzbuch
BHV	Betriebshaftpflichtversicherung
BRAGO	Bundesrechtsanwaltsgebührenordnung
eVB	elektronische Versicherungsbestätigung
HR	Hausrat
HV	Haftpflichtversicherung
Kfz	Kraftfahrzeug
KH	Kraftfahrthaftpflicht
PflVG	Pflichtversicherungsgesetz
PHV	Privat-Haftpflichtversicherung
RS	Rechtsschutzversicherung
RVG	Rechtsanwaltsvergütungsgesetz
SB	Selbstbeteiligung
SF	Schadenfreiheit
SFR	Schadenfreiheitsrabatt
StVG	Straßenverkehrsgesetz
TK	Teilkasko
VGB	Verbundene Wohngebäude-Bedingungen
VK	Vollkasko
VN	Versicherungsnehmer
VR	Versicherer
VVG	Versicherungsvertragsgesetz
WG	Wohngebäude